INCREDULIDAD Y REVOLUCIÓN

INCREDULIDAD Y REVOLUCIÓN

Guillermo Groen van Prinsterer

Revisión de la traducción,
cuidado de la edición
y estudio introductorio
Adolfo García de la Sienra

cántaro
publications

www.cantaroinstitute.org

Published by Cántaro Publications, a publishing imprint of the Cántaro Institute, Jordan Station, ON.

El Cántaro Institute es una organización cristiana evangélica confesional, la cual busca recuperar las riquezas del protestantismo español para la renovación y edificación de la Iglesia contemporánea y promover la filosofía cristiana de la vida para la reforma religiosa del Occidente y el mundo iberoamericano.

© 2022 por Cántaro Institute. Todos los derechos reservados. Derechos internacionales registrados.

Ninguna parte de esta publicación puede ser reproducida ni distribuida de manera alguna ni por ningún medio electrónico o mecánico, incluidos el fotocopiado, la grabación y cualquier otro sistema de archivo y recuperación de datos, sin el consentimiento escrito del Cántaro Institute.

Versión tapa blanda publicada por Paideia Press, 3248 Twenty First St., Jordan Station, ON. L0R 1S0, Canadá

Libro diseñado por Adolfo García de la Sienra Guajardo
Traducido por Adolfo García de la Sienra Guajardo

Library & Archives Canada

ISBN: 978-1-990771-10-1

Printed in the United States of America

CONTENIDO

PREFACIO A LA PRIMERA EDICIÓN HOLANDESA	VII
PREFACIO A LA SEGUNDA EDICIÓN HOLANDESA	XI
PREFACIO A LA EDICIÓN EN INGLÉS	XIII
PREFACIO A LA EDICIÓN EN ESPAÑOL	XIX
ESTUDIO INTRODUCTORIO	XXV
RECONOCIMIENTO	LIX
CONFERENCIA I: INTRODUCCIÓN	1
CONFERENCIA II: LA SABIDURÍA DE LAS EDADES	15
CONFERENCIA III: PRINCIPIOS ANTIRREVOLUCIONARIOS	27
CONFERENCIA IV: FORMAS HISTÓRICAS DE GOBIERNO	49
CONFERENCIA V: ABUSOS	63
CONFERENCIA VI: LA PERVERSIÓN DE LA LEY CONSTITUCIONAL	77
CONFERENCIA VII: LA REFORMA	103
CONFERENCIA VIII: LA INCREDULIDAD	119
CONFERENCIA IX: LA INCREDULIDAD II	139
CONFERENCIA X: EL CONFLICTO CON LA NATURALEZA Y LA LEY	159

CONFERENCIA XI: HISTORIA DE LA REVOLUCIÓN
EN SU PRIMERA FASE: LA PREPARACIÓN
(HASTA 1789)   193

CONFERENCIA XII: LA SEGUNDA FASE:
EL DESARROLLO (1789–1794)   245

CONFERENCIA XIII: EL REINO DEL TERROR   273

CONFERENCIA XIV: VISIÓN GENERAL: 1794–1845   311

CONFERENCIA XV: CONCLUSIÓN   343

REFERENCIAS BIBLIOGRÁFICAS   383

ÍNDICE ONOMÁSTICO   393

ÍNDICE TEMÁTICO   399

REFERENCIAS ESCRITURALES   409

PREFACIO A LA PRIMERA
EDICIÓN HOLANDESA
(EXTRACTO)

Las siguientes conferencias constituyen un intento de demostrar, por medio de la historia, que hay una relación natural y necesaria entre la *incredulidad* y la *revolución*; que la escuela de pensamiento que, como resultado de la autoexaltación del hombre, domina hoy en día en el derecho constitucional y en el saber —aunque no sin oposición— surgió de un rechazo del Evangelio.

He intentado aclarar, a partir de la experiencia pasada, que esta perniciosa escuela trastornó sistemáticamente los fundamentos de la verdad y el derecho con el fin de erigir castillos en el aire; que su progreso, que comúnmente es exaltado hasta los cielos, guía a los hombres por la senda de una deducción legítima hacia el radicalismo y el ateísmo consumado; que su principio, tan pronto como se adopta, deja a sus abogados sin defensa contra una aplicación consecuente, salvo la interrupción violenta de su totalmente lógico desarrollo.

A partir de la naturaleza mortal del fruto he sacado la conclusión —sin forzar el argumento— de que el árbol en que este fruto crece no es árbol de vida. La meta sería no cultivar la planta ponzoñosa, sino erradicarla. En otras palabras, he llegado a la conclusión de que, también en el campo de la política, el hombre no puede cosechar sino lo que ha sembrado; y así como una variación del terreno no puede cambiar el carácter peculiar de la semilla, el alterar las circunstancias no puede producir cambios en la cosecha revolucionaria. Por el contrario, lo inevitable del fracaso proviene de la naturaleza misma del experimento. Así como la negación del Dios vivo está relacionada con el desorden, la injusticia y la esclavitud, así también la unión de la libertad con la ley y el orden, como la piedra filosofal, ha de buscarse en vano fuera de la sumisión al más grande Legislador y Rey.

Pero ¡basta! Podría declarar por anticipado, fácil y osadamente lo que se presenta cuidadosa y gradualmente en el libro mismo. Pero podría asegurar con facilidad que, introduciendo su contenido en una forma demasiado abrupta, el libro podría ser juzgado inadecuado e inconveniente para ser leído; que el trabajo en el que por primera vez he escrito con cierta extensión la totalidad de mi punto de vista histórico-cristiano sería desechado con desprecio e indignación.

Exceptuando unos pocos cambios secundarios, estoy publicando el texto tal y como fue presentado oralmente durante el invierno de 1845–46 en la biblioteca de mi hogar ante un pequeño número de amigos, cuyo interés en la tesis y su buena voluntad hacia el orador estaban asegurados. Inicialmente no me había propuesto una publicación rápida; más bien había planeado revisar cuidadosamente estas conferencias, aun cuando ya eran el resultado de una extensa investigación y madura reflexión y, atendiendo al refrán de Horacio *nonum prematur in annum* ("reténgase [el manuscrito] nueve años"),

PREFACIO A LA PRIMERA EDICIÓN HOLANDESA   IX

llevarlas a su gran consumación a través de la reflexión e investigación continuas. Pronto, sin embargo, llegué a convencerme de que ni el tema de este estudio, ni la crisis de nuestra época, hacían que tales planes fuesen aconsejables, ni permisible su posposición. Cuando uno se arriesga a tratar cuestiones de peso, nada tiende hacia lo perfecto en lo concerniente al campo de los deseos insatisfechos. También aquí, en nuestro país [Holanda], se está librando una batalla acerca de la historia y el derecho constitucional. Este es un debate del que no deseo permanecer al margen. Esta pugna alcanza a los más preciados y sagrados intereses de nuestra patria y de la humanidad, y directa o indirectamente atañe al reconocimiento o al rechazo de la Luz del Mundo, y por ende a la salvación de las almas inmortales. Por tanto, en vista del peso del problema y la urgencia del momento, no me fue permitido olvidar, dejando a un lado los escrúpulos egoístas en cuanto a publicidad, que la hora del peligro no es hora de preparación: que cuando la espada del enemigo reluce por todos los lados uno no debe afilar y pulir sus armas, sino más bien hacer uso de ellas.

vii

Concluyo con la declaración de que, frente a toda la sabiduría del hombre y consciente de mi fragilidad, tengo como lema dos frases a modo de señal de victoria: ¡Está escrito! y ¡Ha sucedido!: una base que permanecerá contra cualquier artillería, una raíz que se sostendrá ante todo torbellino de incredulidad filosófica. ¡Ha sucedido! Esta es la Historia, la cual también es llameante letra del Dios Santo. ¡Está escrito! Ésta es la Santa Escritura, en la cual evento y doctrina han sido inseparables, por lo que es, además, Escritura histórica. ¡La Historia!, que está formada no sólo por la simple sucesión de hechos, sino especialmente por el desarrollo de las ideas.

¡La Historia!, que recibe sus principios, significado, dirección y unidad de los hechos de la Revelación. ¡La Santa Escritura!, que dicta sus propias leyes a los estudiantes de las Escrituras, confundiendo en la locura de la cruz la profundidad del filósofo o sofista con la fe humilde de los niños pequeños. ¡La Santa Escritura! que da testimonio del Cordero que fue inmolado, de la Vara del Tronco de Isaí e invencible León de la Tribu de Judá, hijo de David, Señor de David, Dios y hombre, Mediador y Juez que, después de extender el báculo de la gracia en vano, tiene en su mano una vara de hierro para quebrantar a la gente soberbia. ¡La Historia y La Escritura! que al unísono, ante la bendición legalmente perdida de una medida de longanimidad que excede todo lo esperado, dirige al pecador convertido hasta Él, quien se ha revelado a sí mismo en toda la gloria de sus perfecciones —también en suelo neerlandés— y cuya promesa y amenaza —"Yo honraré a los que me honran, y los que me desprecian serán tenidos en poco" (1 Sam. 2:30)— se ha cumplido en la magnitud de la bendición a través de la cual una nación que difícilmente era nación fue elevada a un primer lugar entre las potencias, y en la magnitud de la humillación y miseria que la negación de Su Nombre santo ha traído sobre una posteridad ingrata.

Guillermo Groen van Prinsterer
Agosto de 1847

PREFACIO A LA SEGUNDA EDICIÓN HOLANDESA

Para esta segunda edición, simplemente unas cortas frases a modo de introducción.

Apenas *Incredulidad y Revolución* había hecho su aparición pública, cuando estalló la Revolución de 1848 en Francia y Europa.

El texto es virtualmente el mismo; sin embargo, en las notas, por medio de referencias adicionales a mis escritos subsiguientes, me he esforzado por convertir en provechosa la experiencia de veinte años en una época excepcionalmente revolucionaria.

Por consiguiente, se hará evidente que mi convicción, que se ha cristalizado en una perspectiva cristiano-histórica o antirrevolucionaria del mundo, no ha permanecido precisamente igual, sino que se ha hecho más fuerte: con todos sus méritos, la sociedad moderna, habiéndose hecho esclava de la teoría de la incredulidad, está siendo guiada en forma creciente a una negación sistemática del Dios vivo.

Guillermo Groen van Prinsterer
Julio de 1868

PREFACIO A LA EDICIÓN EN INGLÉS

Guillermo Groen van Prinsterer (1810-1876), importante historiador y estadista, estudió derecho y los clásicos en Leiden (Países Bajos). Como secretario del Rey Guillermo I, fue un observador cercano de la revolución belga de 1830, la cual suscitó importantísimas cuestiones en lo constitucional y en lo histórico. En este tiempo Groen fue llevado a una sincera fe evangélica por el ministerio cristiano de Merle d'Aubigné, quien también le introdujo a las obras de Edmundo Burke. La lectura de éstas fortaleció las crecientes convicciones políticas antirrevolucionarias de Groen.

Más adelante, Groen ingresó al parlamento, donde se convirtió en el más grande de los oponentes del movimiento liberal dominante en el siglo XIX, y de su eminente portavoz, Johan Thorbecke. Los debates Thorbecke-Groen van Prinsterer constituyen un capítulo distinguido y crucial en la historia parlamentaria de los Países Bajos. Groen defendía la monarquía constitucional y los derechos parlamentarios, y se oponía a las tendencias totalitarias de la democracia liberal. A pesar de que cada vez estuvo más aislado, el disentimiento sistemático de Groen y su consecuente testimonio evangélico dieron como resultado el fortalecimiento del gobierno parlamentario y el crecimiento de la libertad.

Mientras tanto, Groen sirvió durante varias décadas como archivista de la familia real, adquiriendo justa fama a través de Europa como editor de la obra de múltiples volúmenes *Archives de la Maison d'Orange-Nassau.* Fue el pionero de la historiografía científica en los Países Bajos y estuvo en contacto profesional con historiadores tan importantes como Guizot, Gachard y Ranke. Groen fue el líder de la lucha por la libertad de enseñanza en su país, donde en la actualidad las escuelas parroquiales y las escuelas cristianas privadas están en pie de igualdad con las estatales. Por esto, y por sus esfuerzos para evitar que el modernismo dominara en los púlpitos y seminarios, se hizo muy famoso. De ahí que no sorprende que fuera extraordinariamente bienvenido como orador en la quinta conferencia internacional de la Alianza Evangélica celebrada en Ámsterdam en 1867.

Groen van Prinsterer condujo al partido político evangélico de los Países Bajos a involucrarse nuevamente en forma activa en la vida pública. Él fue el vínculo entre el avivamiento evangélico de la década de 1820 y el despertar espiritual de la década de 1880, entre Bilderdijk y Da Costa, los poetas, y Abraham Kuyper, el emancipador.

El libro *Ongeloof en Revolutie,* publicado en el verano de 1847, es una declaración clásica del pensamiento cristiano antirrevolucionario. Su tesis central es que la revolución de 1789 fue preparada por una revolución en el pensamiento europeo que se produjo durante el siglo anterior, una revolución que el autor identifica como fruto de la incredulidad. Groen arguye que la nueva filosofía política, que no reconocía autoridad más alta que el hombre y su razón, fue una consecuencia natural del escepticismo total por medio del cual la Ilustración se rebeló contra Dios y sus ordenanzas para la vida humana. En este libro Groen presenta la revolución surgiendo por fin a la superficie visible en 1789,

PREFACIO A LA EDICIÓN EN INGLÉS   XV

con todo el entusiasmo, determinación y vigor de un movimiento apóstata que está en auge. Toda interpretación de la revolución francesa y sus repercusiones que no examine el carácter religioso de los acontecimientos es fundamentalmente errónea.

Cabe destacar que las apreciaciones de Groen preceden por toda una década al estudio de De Tocqueville sobre el *Ancien Régime et la Révolution*, en el cual sostiene que el curso de la Revolución Francesa estuvo influenciado preponderantemente por el rechazo del siglo XVIII a la antigua religión. Pero donde De Tocqueville agregó: "sin poner otra en su lugar", Groen comenta: "la otra religión era la de Rousseau".[1] Si hubiera conocido el libro de Groen, Carl Becker probablemente no hubiera escrito como lo hizo en 1932: "No ha sido sino hasta nuestro tiempo que los historiadores se han desligado bastante de la religión para entender que la revolución, en sus etapas posteriores especialmente, adquirió el carácter de una cruzada religiosa".[2]

Groen explica que, debido a sus profundas raíces religiosas, la Revolución no había terminado con la Restauración, sino que sólo había entrado en otra fase. En tanto los hombres no quisieran romper con el espíritu de la Revolución, ésta seguiría socavando los fundamentos de la sociedad, y aun haría que erupciones como la de 1830 fuesen inevitables. La

---

[1] "¡La otra revolución era la de Rousseau!" Esta es la lectura efectiva de un comentario en el manuscrito de Groen que se encuentra en la página 229 de su copia de *L'Ancien Régime et la Revolution*, ahora en la Biblioteca Real de la Haya. La publicación del libro del famoso De Tocqueville ocurría en 1856, mientras que las conferencias de Groen eran escuchadas entre 1845-46.
[2] Carl L. Becker, *The Heavenly City of the Eighteenth-Century Philosophers* (Yale, 1959), p. 155.

percepción de su carácter permanente es, pues, inherente a la visión de Groen acerca de la Revolución. Es de esta percepción que *Incredulidad y Revolución* deriva su tono profético.[1] El autor no se sorprendió ante los explosivos acontecimientos de 1848, al año siguiente de la publicación de estas conferencias, porque creía que el único antídoto efectivo contra la Revolución es el Evangelio. *Incredulidad y Revolución* niega que sea beneficiosa la secularización de los asuntos públicos, y llama a los cristianos a no "permanecer ajenos" a la política.

Groen predijo el deslizamiento de la política occidental hacia la izquierda. Señaló la solidez ideológica del socialismo comunista y predijo sus triunfos. Consideraba que el radicalismo y el liberalismo eran dos ramas del mismo árbol, con una raíz común; y advirtió contra la debilidad de una posición conservadora basada solamente en un cauteloso interés propio. Groen no podía encontrar alternativas significativas dentro del espectro político existente, donde, desde su punto de vista, la izquierda tenía creyentes radicales, el centro creyentes moderados o resignados, y la derecha creyentes descreídos, que, al no entender las causas de la tendencia, sólo podían reaccionar contra sus efectos más desagradables. Para él la elección entre estas alternativas era sólo elegir la velocidad de aplicación de los principios de la Revolución. Groen pasó su vida intentando trazar un nuevo derrotero para la política, en conformidad con las líneas históricas cristianas antirrevolucionarias.

---

[1] En un discurso político de 1860, Groen diagnosticó explícitamente su tiempo como uno de "permanente revolución". *Cfr. Le Parti antirévolutionnaire et confessionel dans l'Eglise Réformée des Pays-Bas* (Amsterdam, 1860, p. 31): "la Révolution en permanence".

PREFACIO A LA EDICIÓN EN INGLÉS

Nunca antes se había publicado una obra de Groen van Prinsterer en inglés (tampoco en castellano). Sin embargo, el lector familiarizado con el inglés puede consultar el artículo de G.H. Hospers, "Groen van Prinsterer and His Book", en el *Evangelical Quartely*, tomo VII (1935), páginas 267-286.

Desde su comienzo en 1955, la traducción de *Ongeloof en Revolutie* al inglés (*Unbelief and Revolution*) ha sido un proyecto de cooperación bajo la dirección general del profesor Evan Runner. El trabajo fue iniciado por miembros de la *Groen van Prinsterer Society*, un club de estudiantes en Grand Rapids, Michigan (EE.UU.). Más adelante, la mayor parte de una primera redacción estuvo a cargo del profesor Henry van Zyl. En 1963 todo el manuscrito fue entregado a este editor.

La versión inglesa está basada en la primera edición de 1847 con el fin de mantener los muy útiles resúmenes, las frases más explícitas y de conexión, los párrafos de transición, y las cálidas referencias personales al ambiente original de la conferencia, todo lo cual el autor suprimió al revisar su libro en 1868. Sin embargo, de la edición revisada dejamos las notas al pie de páginas adicionales, las que están marcadas con una cruz (+) y las mejoras en cuanto a estilo que ayudaron a evitar las repeticiones innecesarias. También se indican las variaciones significativas en el texto. Hasta donde ha sido posible, las citas de referencia y otros datos bibliográficos se han adaptado al uso moderno.

Esta publicación la hace posible un obsequio del *Groen van Prinsterer Fund* y es parte de una serie que, Dios mediante, presentará en forma completa *Incredulidad y Revolución*. La primera redacción de la Conferencia XI fue preparada por Aaldert Mennega hace más de 15 años. Agradecemos al Profesor H. Smitskamp (ya fallecido) el permiso de usar algunas de las notas explicativas de su edición moderna en holandés de 1951.

Harry van Dyke
Amsterdam, otoño de 1973

PREFACIO A LA EDICIÓN EN ESPAÑOL

El libro que tiene el lector en sus manos contiene el meollo de una serie de conferencias dictadas a mediados del siglo XIX por el historiador y estadista holandés Guillermo Groen van Prinsterer (1801-1876). Después de siglo y medio, creo que las conferencias todavía contienen un mensaje vigente para el siglo XXI. El tema de estudio del Dr. Groen es la Revolución Francesa, lo que condujo a ella y fluyó de ella (sus antecedentes y consecuencias). Pero, ¡esté alerta! En este libro la palabra 'revolución' no significa una toma del poder sino, más bien, una revuelta contra el cielo. El título de Groen podría ser fácilmente traducido como "apostasía y secularismo" porque su tema es el abandono del cristianismo por la civilización occidental y el abandono de sus raíces cristianas con la declaración de que los asuntos públicos son neutrales, sujetos solamente a la decisión humana, de que la predicación de la Revelación divina puede ser útil para la salvación personal de uno pero es irrelevante para la vida comunitaria de la humanidad. Predicar esta cosmovisión, dice este libro, es cometer Revolución.

El estudio de Groen es una radiografía espiritual de la Edad de la Razón y de la Revolución durante los críticos años de 1750-1815. Groen no despreció las muchas reformas que trajo la Revolución Francesa, ni tampoco quería regresar el reloj. Pero vio claramente que 1789 representaba mucho más que un correctivo necesario al antiguo orden de cosas, el *ançien régime*. El secularismo fue entronizado. Ubicar toda cultura sobre una base manifiestamente secular constituye una revolución de alcance colosal, imitada por doquier y en su esencia nunca repudiada. En un análisis cuidadoso, paso a paso, Groen arguye que esta revolución está destinada a acarrear enormes desastres en su despertar. Una vez que el hombre moderno le da la espalda a Dios, su entera cultura y sociedad se halla expuesta a un peligro mortal. La ley divina es proscrita de la vida pública. La razón humana, no la revelación divina, ahora regula las leyes y las costumbres y las somete a todas a la experimentación y regimentación que la mente humana, abandonada a sí misma, es capaz de concebir. Tal civilización se parece a un bote agujerado sin brújula ni piloto. Lo que el mundo necesita es retornar a Dios y escuchar su voz en la Escritura y la Creación. *Incredulidad y revolución* identifica el núcleo del problema y apunta al único remedio eficaz.

Pocos comentadores cristianos sobre la cultura occidental discirnieron con tanta agudeza que el espíritu moderno socava los pilares mismos de una sociedad justa. Al mismo tiempo, como explica Groen en la Conferencia X, los cristianos no tienen por qué perder la esperanza. Se concede que la ideología del secularismo tiene una influencia abrumadora en nuestra cultura, debido a un conjunto de creencias profundamente enraizadas que han sido abrazadas con una especie de fervor religioso. No obstante, esta misma ideología constantemente encuentra su contraparte en el inmutable orden de la creación que es sostenido por la Divina Providencia y en contra del cual lucha a la larga en vano.

Incredulidad y Revolución se hizo famosa como una contribución distintivamente protestante reformada (neocalvinista) a lo que es actualmente conocido como el pensamiento y la acción democratacristiana. En su día, los cristianos encararon los nuevos retos de la cultura moderna y la sociedad secular. El profundo análisis de Groen ofreció una guía. La revolución secular se había convertido en una característica permanente de la sociedad occidental, definiendo a la modernidad desde sus comienzos. Ahora podemos ver que está alarmantemente viva en la civilización occidental, en el mundo postmoderno, en ambos lados del Océano Atlántico.

El lector pronto descubrirá que la percepción de la Revolución como condición crónica otorga a *Incredulidad y revolución* un tono profético. Predice futuros levantamientos y predice la deriva de la política hacia la izquierda. Apunta a la consistencia ideológica del socialismo colectivista y anticipa sus triunfos. De modo semejante, presenta al liberalismo secular como una estación de paso hacia una sociedad atea administrada por un estado burocrático con tendencias totalitarias. Predice que bajo la influencia de la revolución la norma guía de las relaciones internacionales puede fácilmente convertirse en una política del poder (*Realpolitik*) basada en la conveniencia y el desnudo interés propio. Advierte que el capital del *laissez-fair* y el radicalismo populista son dos ramas del mismo árbol que comparten una misma raíz, a saber la autonomía humana, y que un conservadurismo basado solamente en el cauteloso interés propio no puede sobrevivir en la sombra. Por ende, escoger de entre el espectro político existente es solamente escoger el *tempo* (la velocidad) con la que los principios de la revolución secularista han de ser aplicados. Consecuentemente, Groen van Prinsterer pasó su vida haciendo un mapa del nuevo curso para la vida pública a lo largo de lo que llamó líneas o principios históricos cristianos y antirrevolucionarios. Predicó y practicó la acción política inspirada y guiada por premisas cristianas. Respetó las tareas respectivas, bajo Dios, de la iglesia y el estado, pero propugnó su cooperación, no su separación.

El manifiesto antirrevolucionario de Groen van Prinsterer apareció seis meses antes que el *Manifiesto comunista* de Carlos Marx. Ofrecía una solución alternativa a la enfermedad de la sociedad moderna, llamando a sus contemporáneos a abandonar el antagonismo de clase, el orgullo intelectual y la arrogancia humanas. En vez de ello invitaba a los hombres a abrazar el Evangelio cristiano en su plena importancia práctica para la sanidad de los pecaminosos corazones humanos y la cura de las sociedades enfermas. No puede haber esperanza de cumplir con las promesas de libertad, justicia y prosperidad, creía Groen, a menos que estos valores sean perseguidos en sujeción y obediencia a las leyes reveladas de Dios. Algunos lectores de su libro pensaron que Groen era un reaccionario. Pero las críticas de Groen contra la "democracia" estaban dirigidas contra el radicalismo y su llamado a favor de un irrestricto "poder para el pueblo", sin consideración de una ley más alta. No se opuso a nuevas formas de gobierno que fueran responsables ante representantes populares y sensibles a las necesidades populares. Su propia carrera como miembro del parlamento holandés fue la carrera de un tribuno querido por el pueblo que firmemente creía que un gobierno es instituido por Dios para administrar justicia pública para todos sus ciudadanos de todas las clases. Pero se rehusó a intercambiar la soberanía divina por la convención humana, a reducir la verdad al consenso público y a identificar lo correcto con el poder de las mayorías electas o los dictadores de plebiscito. Esto es lo que hace ser a su mensaje básico tan trascendente en el tiempo, para hablar todavía a nuestra generación en el siglo XXI.

La presente edición es una versión editada del trabajo original de 1847, la cual fue abreviada aproximadamente en un tercio reduciendo referencias a la disposición de las conferencias, eliminando figuras de habla elaboradas, sumarios repetitivos, digresiones no esenciales y alusiones de interés transitorio. Hace treinta años, cuando empecé la publicación de una traducción al inglés, esperaba que la clásica obra de Groen alcanzara muchas más personas que en la propia vida del autor. No me atreví a pensar que un día aparecería publicada en los sonoros sonidos y hermosas cadencias de la lengua castellana, la cual es entendida por incontables millones en el mundo. Así, naturalmente, cuando se terminó la traducción inglesa y se me pidió permiso para traducirla al español, me llené de alegría y accedí al momento. Me congratulo ahora de que el Dr. Adolfo García de la Sienra haya revisado la traducción y puesto a disposición de los hispanoparlantes, con un estudio introductorio explicativo, esta importante obra.

Harry van Dyke
Ancaster, primavera de 2005

ESTUDIO INTRODUCTORIO

La finalidad de este estudio es explicar el sentido de *Incredulidad y revolución*, destacar la contribución específica que hace a la filosofía política y a la filosofía de la historia cristianas, y mostrar la relevancia que tiene en la actualidad para el cristianismo ibérico e iberoamericano. Para ello procederé primero a describir el desarrollo del pensamiento político de Willem (o 'Guillermo', ya que ésta es la traducción castellana de dicho nombre) Groen van Prinsterer en la circunstancia histórica que le tocó vivir en Nederlandia.[1] Después de describir el desarrollo del pensamiento político de Groen van Prinsterer en su circunstancia histórica, procederé a analizar su obra y a destacar su contribución positiva específica tanto al pensamiento político cristiano como a la filosofía de la historia. Finalmente discutiré su relevancia actual para los países ibéricos e iberoamericanos.

---

[1] Castellanización de 'Nederland'. 'Neer' o 'neder' significa "abajo" en neerlandés, de modo que 'nederland' significa, literalmente, país de abajo. Es por ello que en español Nederlandia es conocida también como 'Países Bajos', aunque esta designación —además de larga— suele abarcar (o abarcaba) también a Bélgica y Luxemburgo, por lo que no me parece apropiada y me ciño a 'Nederlandia'. Nederlandia también es conocida como 'Holanda' aunque, en rigor, Holanda es sólo una de las provincias que la constituyen. El *Koninkrijk der Nederlanden* (Reino de las Nederlandias) incluye actualmente las Antillas Neerlandesas y Aruba.

1. El desarrollo de Groen van Prinsterer

Guillermo Groen van Prinsterer (al que me referiré como 'Groen' simplemente, ya que así era llamado frecuentemente), nació en la mansión solariega de sus padres *Vreugd en Rust* (Alegría y Reposo) en Voorburg, cerca de 's-Gravenhage, el 21 de agosto de 1801, doce años después del inicio de la Revolución Francesa con la toma de la Bastilla. Murió el 19 de mayo de 1876 después una prolífica vida como pensador, funcionario público, parlamentario y fundador. Sus padres fueron Petrus Jacobus Groen van Prinsterer y Adriana Hendrika Caan, cuya posición económica desahogada le permitió a Groen recibir la mejor educación. En 1817 se matriculó en la Universidad de Leiden en dos facultades, la de leyes y la de literatura. Fue un alumno sumamente brillante y destacado, lo que le permitió completar exitosamente los estudios de doctorado en ambos campos y defender las correspondientes disertaciones el mismo día, en 1823.

Groen creció en un ambiente protestante autocomplaciente, en el que se pensaba que una posición moderadamente liberal era compatible con la fe. A fines de 1873 escribió en sus *Nederlandsche Gedachten*:[1]

> Hasta 1828 yo era aproximadamente como Guizot antes de que el relámpago de 1848 le enseñara a entender el carácter satánico de la Revolución; [yo era] como la principal mayoría protestante. *Liberal y cristiano*: con el lema *medio tutissimus ibis* [lo más seguro es seguir el camino medio]; como cualquiera en la iglesia reformada, un miembro del *gran partido protestante*. Según lo requiriera el termómetro, *conservador*-liberal o *liberal*-conservador.

---

[1] Tomo la cita de Lubbegiena van Essen 1990, p. 16. La traducción es mía.

ESTUDIO INTRODUCTORIO   XXVII

La separación de Bélgica del Reino de Nederlandia desinfló el entusiasmo que muchos sentían ante la "grandeza" del país a pesar de que el siglo XIX anunciaba una pobreza comparable a la de los países iberoamericanos a principios del siglo XXI, o más bien peor, debido a lo inclemente del clima y a la carestía del carbón, que era el único energético en ese pequeño país. Los trabajadores que tenían empleo debían contentarse con un salario mínimo de subsistencia y el desempleo llegó a ser crónico, subiendo la proporción de la población que requería de ayuda pública al 13% en 1841 y hasta el 27% en 1850 (*cfr.* Van Dyke 1989, p. 11). Sin embargo, ya para 1828 Groen había recibido la influencia del gran poeta Willem Bilderdijk. Monarquista convencido, fue fundador de un movimiento espiritual denominado *Het Réveil* (El Avivamiento), el cual intentaba dar una respuesta cristiana a los ideales de la Revolución Francesa. Si bien Groen nunca abrazó la vehemencia contrarrevolucionaria de Bilderdijk y criticó muchas de las posiciones del mismo,[1] no por ello deja de reconocer que escucharlo conmovió la complacencia en la que había estado instalado y le enseñó a ser más crítico del espíritu de la época.

Sin embargo, lo que realmente provocó un cambio radical en su forma de pensar fue la Escritura, a través de su esposa, Betsy van der Hoop, y de predicadores como J.H. Merle d'Aubigné y Willem de Clercq. Hacia 1833, después de una grave enfermedad que lo acercó a la tumba, se apoderó de su mente "esa creencia por la cual una persona se convierte en una nueva creación; por la cual, en vez de la voluntad

---

[1] Como se puede ver en esta misma obra, ¶39. Con el *pilcrow*, ¶, me refiero a la paginación original del texto de Groen, la cual he puesto al margen del texto principal. Los índices al final se refieren a esta paginación.

y la pasión propia de uno, asume preeminencia el deseo de servir a Dios, por el cual las personas están plenamente satisfechas, en paz, felices, y ya se sienten salvas sobre la tierra".[1] En adelante el motivo religioso de la Palabra de Dios iba a dominar enteramente su pensamiento y le iba a dar la perspectiva desde la cual iba a hacer su crítica de la Revolución.

2. Análisis de la obra

Ongeloof en revolutie, publicado en 1847, es el resultado de quince conferencias dictadas por el autor entre 1845 y 1846. La tesis principal del libro es que los movimientos revolucionarios que azotaron Europa desde fines del siglo XVIII, particularmente la Revolución Francesa, son fruto de la incredulidad. Nosotros podríamos extender la tesis, incluso con mayor vigor, a la Comuna de París en 1848 y a los posteriores movimientos de izquierda revolucionaria en el mundo, sin excluir desde luego a la Revolución Bolchevique. Todos esos movimientos estuvieron inspirados y dirigidos por la apostasía respecto del Evangelio. Dejo para después el análisis de los movimientos de independencia y reforma en Hispanoamérica.

El tema surgió en la mente de Groen mientras trabajaba en la última parte de su *Handboek der geschiedenis van het vaderland* (*Manual de historia de la patria*), cuando se dio cuenta de lo bajo que había caído Nederlandia en todos los ámbitos: político, económico, social, cultural, ideológico y religioso. Después de observar que había habido gobiernos de todos los tipos, e incluso gente bien intencionada al frente de los

---

[1] De una carta a su amigo Van Rappard, citada por Lubbegiena van Essen 1990, p. 20. La traducción es mía.

mismos, llega a la conclusión de que, no siendo la causa la falta de buenos gobernantes, debe haber una causa general. Encuentra esa causa en las ideas que habían predominado, en el espíritu de la época, en el *Zeitgeist* (¶5).

Enseguida introduce los términos 'Revolución' e 'ideas revolucionarias' para referirse a esas ideas conformadoras del *Zeitgeist* de su época. Por 'Revolución' Groen no entiende cualquier asonada conducente al derrocamiento de un gobierno, sino "más bien ese total trastocamiento del espíritu general y del modo de pensar que ahora es manifiesto en toda la cristiandad" (¶5). Por lo que concierne a su uso del término 'idea revolucionaria', nos aclara que cuando habla de ideas revolucionarias se refiere a "los axiomas básicos de libertad e igualdad, de soberanía popular y contrato social, y a la reconstrucción artificial de la sociedad por el consentimiento común" (¶5, 6). La tesis de Groen es que estas ideas, las cuales habían causado innumerables calamidades en los países en que se habían instaurado, surgieron precisamente del rechazo del Evangelio. La metodología historiográfica que habrá de seguir Groen consiste en mostrar que la aplicación consecuente de estas ideas conduce a atrocidades sin fin, lo cual hace que ciertos espíritus que las sustentan retrocedan horrorizados ante su aplicación consecuente. Esto los lleva a una posición vacilante, dominada por los acontecimientos, carente de principios y sin brújula, lo cual conduce finalmente a la rutina, la indolencia y el letargo.

2.1. La contribución principal

La contribución principal y positiva de la obra se centra en los capítulos del VIII al XV. En los capítulos VIII y IX Groen expone el contenido de la incredulidad para mostrar en el x cómo los principios políticos implicados en la doctrina de la incredulidad entran en un inevitable conflicto con la naturaleza y la ley constitucional. El método de Groen consiste en mostrar, primero, mediante una deducción lógica, las consecuencias prácticas de los principios políticos de la incredulidad (la Revolución) si se les dejara operar libremente. Y en segundo lugar en mostrar, mediante el análisis de los hechos históricos particulares de la Revolución Francesa, que de hecho esa revolución tuvo tales consecuencias prácticas, excepto cuando fuerzas opuestas la obligaron a detenerse o moderarse. La reconstrucción histórica de este gran proceso histórico la lleva a cabo Groen en los capítulos del XI al XIII. El capítulo XIV es una recapitulación de éstos, del proceso revolucionario desde 1794 hasta 1845, mientras que el XV y último es una reflexión sobre el impacto de la Revolución en el derecho internacional, el conservadurismo como una reacción carente de principios a la Revolución, el lugar que el catolicismo romano hubiera podido jugar en el nuevo escenario, y el resurgimiento de la fe cristiana. Culmina con un examen de la historia de Nederlandia durante el proceso revolucionario y con el llamamiento político de aquellos que confiesan el Evangelio.

La propuesta de Groen a los cristianos (que se puede extender a los judíos) es repudiar enteramente las ideas revolucionarias para ubicarse en una posición política que parta de admitir la autoridad de la ley de Dios en la arena política como auténtico cimiento de la justicia pública. Ésta es la base de lo que Groen llama 'ideas antirrevolucionarias'.

2.2. La parte polémica

Los capítulos del II al VIII son más polémicos, ya que contienen confusiones y argumentos que terminan por defender realidades políticas que no se pueden defender sobre la base de los principios antirrevolucionarios, o atacan doctrinas que en realidad forman parte (junto con los mismos principios antirrevolucionarios) del pensamiento político de la cristiandad. Trataré de desenmarañar estas confusiones empezando por la apelación que Groen hace en la Conferencia II a "la sabiduría de las edades" en contra de las nuevas ideas políticas; es decir a la historia, a los autores antiguos y a ciertos autores modernos.

Después de insistir en que "la Escritura contiene los cimientos de la justicia, la moral, la libertad y la autoridad para los individuos así como para las naciones y gobiernos" (¶22), procede Groen a mostrar que los revolucionarios distorsionaron los hechos históricos al proyectar, de manera anacrónica, ideas totalmente extrañas a personas y periodos. Trae a colación también los escritos de los antiguos en contra de la Revolución señalando una distinción conceptual que es de importancia crucial para formular una doctrina política escritural: la distinción entre una posición republicana y una revolucionaria.[1] Dice Groen (¶27):

> Reconocemos que estudiar sólo la antigüedad tiene sus inconvenientes, lo cual analizaremos en otra conferencia. Pero sus efectos sobre la ley constitucional, no importa cuán buenos o cuán ineptos, fueron republicanos, no revolucionarios.

---

[1] Es común, por ejemplo, la confusión entre republicanismo y revolución entre los que suspiran por la "república española", ese caos político que hubiera terminado en una dictadura estalinista si Francisco Franco no hubiera derrotado a los revolucionarios.

Es sorprendente que en su apelación a los escritores anteriores, sin embargo, Groen no se haya referido a la escuela de pensadores políticos cristianos que, empezando con los católicos españoles Fernando Vázquez de Menchaca y Diego Covarrubias y Leyva, continuara nada menos que con Juan Altusio, el famoso teórico político calvinista de Herborn. Se limita tan sólo a señalar que Calvino "como ciudadano de Ginebra prefería la república" para citarlo enseguida:

> si quienes por voluntad de Dios viven bajo el dominio de los príncipes y son súbditos naturales de los mismos, se apropian tal autoridad e intentan cambiar ese estado de cosas, esto no solamente será una especulación loca y vana, sino además maldita y perniciosa. (¶147; *Institución de la religión cristiana*, libro IV, capítulo XX, §8.b)

Sin embargo, en primer lugar, posiblemente aludiendo a Cicerón, cuya obra seguramente conocía bien, Calvino se refiere a tres tipos de gobierno, a ninguno de los cuales llama 'republicano':

> Tres son las formas de gobierno que se enumeran: la monarquía, cuando es uno solo el que manda, se le llame rey, duque, o de cualquier otra forma; aristocracia, cuando son los nobles y poderosos quienes mandan; y la tercera, la democracia, que es un señorío popular, en el que cada ciudadano tiene autoridad. (Ibídem)

Hay que tener cuidado, por lo tanto, con el uso que Groen hace de 'república'. En esta acepción, por el término Groen entiende simplemente "magistratura elegida" y así, cuando dice que Calvino "como ciudadano de Ginebra prefería la república" no quiere decir que Calvino prefería la democracia, pues no es así: él prefería la segunda forma, la aristocracia, aunque en realidad era un tanto indiferente ante las tres. La frase 'los que intentan cambiar ese estado de cosas' en la cita anterior no se refiere a los demócratas sino a aristócratas que, viviendo en una monarquía, quisiesen cambiar al régimen aristocrático, el cual es una magistratura elegida.

Por lo demás, esta atribución de republicanismo a Calvino es desorientadora, ya que en *De re publica*, libro III, Cicerón define la *res publica* como "la cosa propia del pueblo", pero "pueblo no es toda reunión de hombres, congregados de cualquier manera, sino una congregación de hombres que aceptan las mismas leyes y tienen intereses comunes".[1] Altusio, basado en esta definición, define la república como la "consociación universal, pública y mayor" (*La política*, IX, 1) y argumenta, con Cicerón, que ésta puede ser un reino:

> La república, dice [Cicerón], es cosa del pueblo, cuando bien y justamente se gestiona por un solo rey, o por unos pocos optimates o por todo el pueblo. Es más, se dice república de una ciudad y cierta policía [*politeia*], como república de los atenienses, de los lacedemonios, de los hebreos y de los romanos, de los que muchos tampoco carecieron de sus reyes. ... Ciertamente, la etimología de república y de reino arguye que ambas voces se pueden aplicar a esta simbiótica universal. Y ¿qué impide que la misma voz se pueda usar propia y tópicamente? (*La política*, IX, 4)

Así, 'república' había tenido un uso desde la antigüedad, confirmado por los doctores cristianos de los siglos XVI y XVII, conforme al cual el término no significa más que el cuerpo político de algún país, independientemente de su forma de gobierno. En lo subsiguiente me atendré a este uso preciso para poder sortear los arrecifes de la anfibología del lenguaje.

---

[1] Según la traducción de José Guillén, p. 27. Véase la referencia al final.

Otra pregunta, muy diferente, es si toda república en sus comienzos fue el resultado de un contrato social. Se ha vuelto un lugar común, como si fuera una obviedad, que el estado tuvo su origen en un "contrato social". De hecho, para el liberalismo y sus sucedáneos radicales, la afirmación de que hubo un contrato social originario es parte crucial y esencial de sus conceptos de soberanía y legitimidad: si originariamente los individuos como "pueblo" decidieron hacer un pacto para formar el estado y salir del "estado de naturaleza", los depositarios originarios de esa soberanía eran ellos, lo cual implicaba que ningún régimen que no hubiese surgido de un contrato social podía ser legítimo.

Siguiendo a Vázquez de Menchaca y Covarrubias, Altusio afirma que la soberanía (*maiestas*) de la república (aunque esté gobernada por un monarca) reside en el pueblo, el cual, mediante un pacto, concede a un magistrado o grupo de ellos el mandato de administrar y mandar conforme a determinadas leyes. Si el magistrado viola el pacto y se convierte en tirano, el pueblo puede revocarle el mandato e incluso matarlo.

Llevados por el sonido de las palabras, algunos han confundido esta doctrina con la doctrina revolucionaria, y hasta han atribuido al protestantismo el origen de las ideas revolucionarias. Algunos quisieran ver en estas tesis una alusión al "contrato social" en el sentido revolucionario, pero ahora me apuro a mostrar que eso sería un error. Con antelación al contrato social en este sentido, como lo expresa con precisión Rousseau, "no hay ni puede haber ninguna especie de ley fundamental obligatoria para el cuerpo del pueblo, ni aun el mismo contrato social" (*El contrato social*, libro I, cap. VII). Ello significa que el pueblo, al menos antes del contrato, posee no solamente soberanía, sino también lo que Altusio llama "suprema potestad"; es decir, se encuentra por encima de toda ley, natural o divina (*cfr. La política*, IX, 21). Ahora bien, a esta tesis se opone la tesis cristiana contraria: no puede haber ningún pacto entre el pueblo y el gobernante si antes no hay una ley que los gobierne a todos y esta ley debe ser la ley divina (al menos para judíos y cristianos), las tablas de la ley. La oposición de Groen al contrato social podría fundamentarse en un argumento de este tipo, pues hemos visto ya que los principios antirrevolucionarios de Groen nos remiten a la obediencia de la ley divina.

Además hay otro argumento en contra del contrato social que ha sido elaborado por los pensadores institucionalistas actuales, a saber, que no es posible que un grupo social construya reglas si previamente no ha admitido algunas de ellas, al menos implícitamente: "el punto de partida de las instituciones no puede ser libre de instituciones" (Hodgson, p. 911):

> Se ha visto que el proyecto neoinstitucionalista [y nosotros podríamos agregar el de explicar el origen del estado como un contrato social] tropieza con dificultades para explicar el surgimiento de las instituciones sobre la base de individuos dados, en particular con respecto a la concepción del estado inicial, del cual se supone que surgen las instituciones.

La idea de pacto político desde Cicerón hasta Altusio presupone, en efecto, que cualquier pacto tendría que realizarse dentro de un marco jurídico e institucional y, en cualquier caso, reconociendo la obligatoriedad de una ley fundamental. Para Cicerón no es posible congregar a un pueblo en república si previamente los hombres que habrán de constituirla no han aceptado las mismas leyes. En otras palabras, para Cicerón, la existencia de principios constitucionales es una condición *previa y necesaria* para la constitución de una república. Para Altusio, la república o estado, cuando surge mediante un pacto, no es mediante un pacto de *individuos* libres de toda ley, sino mediante la confederación de provincias o ciudades unidas por la sumisión a una misma ley. Aunque Altusio acepta la idea de soberanía popular, no acepta la de contrato social, de manera que estos dos conceptos deben ser claramente distinguidos. Que el pueblo es soberano no significa para los salmantinos y Altusio (aunque no está muy claro en los primeros) que la soberanía haya sido depositada en el magistrado mediante una especie de asamblea popular de individuos que hayan decidido hacerlo. Más bien significa que el poder político se instituye para el bien del pueblo (Vázquez), el cual se mide mediante el rasero de la ley divina.

Tanto los salmantinos como Altusio hubieran estado de acuerdo en la descripción histórica que hace Groen del origen y naturaleza de las monarquías europeas. Con profundo conocimiento de la historia real, y en contra de las fantasías revolucionarias, Groen muestra que las cosas no fueron así al principio y que en realidad nunca existió ningún evento histórico real que pudiera ser visto como la realización de un contrato social.

El origen de las monarquías europeas

Dejando de lado las despóticas formas orientales, africanas y mesoamericanas prehispánicas de gobierno, las cuáles difícilmente puede argumentarse que fueron producto de una asamblea popular, se observa que

ESTUDIO INTRODUCTORIO

las monarquías europeas se levantaron de las ruinas del Imperio Romano ayudadas por las guerras, la ley de la guerra y las memorias del régimen imperial. Su fundamento principal fue la propiedad de la tierra. Desde su comienzo el reinado representó una forma de poder privado, personal e individual. (¶81)

Groen dedica la Conferencia IV a mostrar la naturaleza y origen de las monarquías europeas. Describe con precisión científica la naturaleza de las mismas, cuya esencia es la soberanía:

El rey era el señor y dueño del poder soberano en materias de legislación, justicia y administración. Correctamente se le llamaba señor hereditario y príncipe soberano. Gobernaba los asuntos del estado en su propio nombre, ya que éste estaba formado por la relación que el rey tenía con sus súbditos y corporaciones y porque los asuntos del estado eran los asuntos de su casa y dinastía. Como rey tenía sus propios dominios, sus propios medios monetarios privados, sus propios amigos y enemigos. (¶81)

Las monarquías eran moderadas, sin embargo, por los derechos adquiridos por los estamentos; es decir, las comunidades e instituciones sociales distintas de la monarquía misma. Para Groen eran precisamente los derechos de los estamentos los que constituían el límite y freno a la monarquía. Pero el interés de Groen no es defender la monarquía como organización del estado,[1] sino contrastar las moderadas monarquías europeas del antiguo régimen con el totalita-

---

[1] Aunque él en lo particular, al igual que los demás calvinistas neerlandeses, tenía una peculiar inclinación hacia la Casa de Orange, debido a que ésta dinastía se constituyó, desde el siglo XVI, en defensora de la libertad religiosa en Nederlandia.

rismo de las modernas monarquías emanadas de la Revolución

Las personas que quedaron en los territorios de los señores que se adueñaron de las tierras con medios militares suficientes para defender su posesión de la mismas quedaron como vasallos de estos señores. Nada hubiera impedido que el señor de un territorio exterminara a los vasallos que habían quedado en su tierra si hubiera querido, aunque seguramente un sentido de humanidad aunado a la conveniencia de tener una población tributaria, los vestigios del *ius gentium* romano y la presión de la Iglesia, hicieron que se estableciera un particular tipo de relación entre ellos. Jamás se reunieron los campesinos y siervos de la gleba para hacer un contrato social con nadie: simplemente quedaron bajo la égida de los señores feudales como vasallos tributarios. Es a partir de esta condición que empieza a conformarse el nuevo derecho de gentes; que surge una nobleza con un cierto sentido de justicia hacia los vasallos; que aparecen gremios, cofradías, ciudades libres y diversas comunidades que van acotando y limitando el poder y jurisdicción de los señores feudales. Y es a partir de los señores feudales, de la disminución de su poder en aras del poder de un gobernante general, que se crean las monarquías, las cuales nacen ya limitadas y moderadas por los estamentos y los derechos históricamente adquiridos.

De esta manera se va decantando un sentido público de la justicia y se van delineando los contornos de la legitimidad de los gobernantes. Esta legitimidad no puede estar fundamentada en un supuesto evento histórico, el contrato social, que nunca existió. Más bien parecería que la visión normativa de la legitimidad así surgida la concebía como ligada al *ius civile* y al *ius gentium*. En la medida que un gobierno estatal promulga y pone en vigor leyes justas de este tipo (leyes positivas que interpreten correctamente, en su circunstancia histórica, la ley divina), en esa medida el gobierno posee legitimidad. Un señorío patrimonialista que establece vías públicas y derechos legales justos para todos los seres humanos que habiten o transiten por su territorio puede tener legitimidad si pone en vigor dichas leyes sin excepción. La legitimidad de un gobernante no dependía de que hubiera recibido la soberanía mediante una asamblea popular, sino de la medida en que obedecía la ley divina. En todo caso, los pactos sociales eran hechos por los príncipes, no los vasallos, como ocurría en Alemania, donde había un colegio de príncipes electores que nombraba al emperador.

El caso de la dinastía de Orange-Nassau

Un ejemplo de pacto social no contractual particularmente relevante para Groen es la historia de la accesión de la dinastía de Orange-Nassau al principado en Nederlandia. Willem van Oranje, Guillermo de Orange (conocido como Willem de Zwijger, Guillermo el Taciturno), Príncipe de Orange-Nassau, había sido miembro del *Rad van State*, el Consejo de Estado de las provincias neerlandesas, habida cuenta que era dueño de vastas posesiones en esas provincias, Señor de Egmond, Conde de Buren y, desde 1559, Regente o Estatúder (*Stadtholder*) de las provincias de Holanda, Zelanda, Utrecht y Burgundia. Junto con Lamoral, Conde de Egmont, y Felipe de Montmorency, Conde de Hoorn, Guillermo se convirtió en uno de los líderes de la oposición dentro del Consejo, buscando con ellos más poder para la nobleza neerlandesa y quejándose de que demasiados españoles estaban involucrados en el gobierno de Nederlandia.[1] Guillermo, además, se hallaba profundamente insatisfecho con la creciente persecución de los protestantes en Nederlandia. La brutal política inquisitorial del cardenal Antoine Perrenot de Granvelle había provocado una creciente oposición del (mayoritariamente católico) pueblo neerlandés.

Después de la *Beeldenstorm*, la Tormenta Iconoclasta, en la que calvinistas, anabaptistas y menonitas por igual se dieron a la tarea de destruir imágenes y estatuas en centenares de iglesias a lo largo y ancho de los Países Bajos (incluyendo lo que hoy es Bélgica), Felipe II envió a reprimir las revueltas a Fernando Álvarez de Toledo, Duque de Alba, quien arribó en 1567 para tomar como una de sus primeras medidas la organización de un tribunal que juzgara a los implicados en las mismas. Guillermo de Orange fue citado a comparecer pero ya se había retraído a sus posesiones en Alemania, previendo el baño de sangre que se avecinaba y que podía ser inculpado. En efecto, el Tribunal de los Tumultos (conocido popularmente como "de la Sangre") sentenció a muerte a Montmorency y Lamoral, quienes fueron ejecutados en Bruselas el 5 de junio de 1568.

A partir de estos decisivos eventos, Guillermo de Orange empezó a organizar una fuerza militar capaz de derrotar y expulsar a los españoles. La primera batalla tuvo lugar el 23 de mayo de 1568 en Heiligerlee, Groninga, en la que resultaron victoriosas las fuerzas orangistas. La segunda batalla ocurrió dos meses después, el 21 de julio en Jemmingen (Alemania), en la que las fuerzas libertadoras fueron derrotadas por los

---

[1] Queja familiar, sobre todo después de la instrumentación de las políticas centralizadoras borbónicas, entre los nacidos en las colonias españolas de América.

españoles. Se considera que estas batallas dan inicio a la Guerra de los Ochenta Años, la cual concluyó en 1648 con el tratado de paz de Münster, en el cual España reconocía la independencia de Nederlandia. Pero el punto de esta historia, por lo que ahora nos concierne, es la forma en que Guillermo el Taciturno entra en "pacto" con el pueblo neerlandés. Claramente, jamás hubo ninguna consulta popular o plebiscito mediante el cual el pueblo neerlandés hubiera elegido a Guillermo. Se ve, también claramente, que su legitimidad se derivó del compromiso que asumió de defender los derechos de los neerlandeses en contra de la opresión española y mediante el uso de la fuerza militar. En el momento mismo que los neerlandeses se vieron protegidos por las fuerzas de Guillermo, se realiza un pacto implícito con él y sus descendientes, un pacto que hasta la fecha persiste, basado más bien en un consentimiento general. Está claro que la legitimidad de Guillermo y la dinastía que reina en Nederlandia se deriva de que, como Estatúder de ciertas provincias, asumió la responsabilidad de velar por los derechos del pueblo y la nobleza que él representaba. No sólo del pueblo presbiteriano, sino también del católico, pues bajo su principado se instauró por primera vez en un territorio europeo la libertad religiosa, cuando permitió (contra la intolerancia de la clerecía presbiteriana) que los católicos celebraran su culto (al principio sólo en privado).

Legitimidad y soberanía popular

Debe ser tomando en cuenta este tipo de realidades históricas que se deben interpretar los conceptos cristianos de soberanía popular, legitimidad y pacto social. Quizá el primer teórico del derecho en tratar de excogitar los fundamentos judeocristianos de la legitimidad fue Vázquez de Menchaca, en sus *Controversiarum ilustrium* (1564). Según Reibstein (1949), Vázquez de Menchaca fue el introductor de principios inmutables para el estado —vale decir, principios inmutables para la ley constitucional— a través de la distinción entre *ius gentium naturales vel primaevum* y *ius gentium secundarium*. Según Vázquez de Menchaca, el *ius gentium* primario "tuvo su origen con el género humano" y no es otra cosa que "la misma naturaleza humana o un cierto instinto innato, y la razón natural que inclina a los honesto y aparta de lo contrario".[1] El *ius gentium* secundario es la positivación del primario, con lo cual se da existencia a la *lex civilis*, cuando aparecen las primeras autoridades estatales.

Después de afirmar la clásica doctrina cristiana del origen de la autoridad política que se desprende de Romanos 13, Vázquez de Menchaca aclara que la causa particular e inmediata de que un hombre o grupo de ellos acceda al poder *legítimamente* es el consentimiento del pueblo, "ya que todo poder legítimo ha dimanado [*processerit*] inmediata y particularmente del consenso del pueblo, y elección de los ciudadanos [*a populo consensum et electione civium*]".[2]

Pudiera sorprender que un funcionario de Felipe II, uno de lo más grandes tiranos de la historia, haya podido afirmar tal cosa, como si los Habsburgo hubieran consultado a los españoles si estaban de acuerdo en aceptarlos como monarcas. Pero ya he mostrado de qué manera podemos interpretar el pensamiento de los salmantinos, con Altusio, sin caer en la falsa aserción de un contrato social originario.

---

[1] Libro I, cap. X, §18, vol. 1, p. 240.
[2] Libro I, cap. XXI, §8, vol. 2, p. 40.

ESTUDIO INTRODUCTORIO   XLIII

Análisis de las causas de la revolución

Después de revisar cuidadosamente los supuestos abusos cometidos durante el antiguo régimen (en la Conferencia V), Groen concluye que no pudieron ser y realmente no fueron la causa de la Revolución. Ésta nació, nos dice, "de una doctrina, de una teoría filosófica de la libertad" (¶120). Vemos con más claridad ahora que esta doctrina de la libertad surge del motivo religioso humanista de la autonomía de la voluntad, pero son sus consecuencias para el pensamiento político las que interesan a Groen. Como teoría política, esta doctrina se expresa en una teoría de la ley constitucional, "según la cual todo estado era una república, aun la monarquía. De manera que, gradualmente, sólo la república se tomó como la situación normal y legítima" (¶123), y surge y se fortalece en la falsedad histórica de que las monarquías europeas eran poderosas repúblicas bajo el mando de un hombre. Incluso el afamado teórico del derecho internacional Hugo Grocio, quien entendió perfectamente bien y explicó como pocos el verdadero origen de las monarquías europeas, define el estado como "un cuerpo perfecto de personas libres que se han asociado a fin de gozar cómodamente de sus derechos y de los intereses comunes" [*De Jure Belli ac Pacis*, vol. I, 1.14.2.].

> En consecuencia, la monarquía es una modificación de la república [es decir, de una república democrática popular establecida mediante un contrato social], pues todo estado es una asociación, la unión de ciudadanos libres, teniendo su origen en la asamblea reunida y su criterio y metas en el bien común. ¿Es necesario que cite a otros autores cuando para el mismo Grocio la verdad permaneció como escondida? (¶134)

Obviamente, aquí Groen toma 'república' en el sentido de "magistratura elegida popularmente mediante un contrato social", por lo que no debemos interpretar a Groen como rechazando que las monarquías hayan sido repúblicas en el sentido general altusiano, sino concentrarnos en lo que verdaderamente quiere hacer, que es mostrar que la Revolución no surge de los abusos sino de una doctrina errónea.

La reconstrucción de la sociedad por el "consentimiento común", o más bien por el contrato social, desemboca en el tema de la ley constitucional. Aquí se vincula Groen con la Escuela Histórica Alemana de derecho. Groen coincide con ésta en lo inapropiado e inconveniente de pretender codificar la ley constitucional a partir de principios abstractos sin tomar en cuenta el desarrollo histórico de la sociedad. Subraya Groen que jamás vieron las edades, antes de Descartes, semejantes ideas políticas como las que fueron introducidas por los modernos revolucionarios.

Después de argumentar que ni los principios de la ley constitucional anterior, ni las formas de gobierno, ni los abusos que sin duda se cometieron, pueden ser tenidos como las causas que hicieron surgir la Revolución, Groen procede a hacer una cierta defensa del vilipendiado *Ancien Régime*.

A la objeción de que se dio mucha atención a derechos históricos dudosos en detrimento de los principios generales de la justicia, Groen responde que los primeros no se derivan simplemente de la historia, sino que son

> el lento pero maduro fruto que surge del principio de justicia, cuya acción en el tiempo, lejos de doblegarse a los acontecimientos, somete la informe masa de hechos y circunstancias a su propia influencia reguladora y purificadora. (¶45)

Es este lento proceso el que hizo surgir los derechos adquiridos, los cuales, al combinarse de una forma determinada en un país, dieron lugar a su "constitución natural". La crítica a la ley constitucional revolucionaria (en la que converge Groen con la Escuela Histórica Alemana y con Edmundo Burke) es que dejó de lado esta constitución natural para crear constituciones enteramente nuevas a partir de principios abstractos. No se opone Groen a la existencia de una constitución, o a que se someta el príncipe a la misma, sino tan sólo a la *forma* en que los revolucionarios quisieron crear las constituciones. Otra cosa hubiera sido si hubieran empezado por reconocer los derechos adquiridos a lo largo de los siglos, lo cual desde luego hubiera requerido conceder derechos no sólo a individuos, sino también a comunidades.

Los principios básicos de las constituciones naturales europeas —que Groen considera como principios antirrevolucionarios— se referían a la esencia, origen, forma y límite del estado. La esencia de la autoridad era la soberanía. El origen del estado no era concebido como la realización de un contrato social sino como "una institución divina, inseparable de la naturaleza y las necesidades de la humanidad caída" (¶43). En contra de la históricamente falsa teoría del contrato social, se sabía que las formas de gobierno

> habían evolucionado a través del tiempo desde la autoridad patriarcal, a través del poder y el dominio conseguido por conquistas militares, la expansión de los terratenientes o el reconocimiento de la justicia y la sabiduría, hasta llegar a las monarquías o repúblicas. En el primer caso un rey es el centro y alma del gobierno; en el segundo, la asociación termina creando una república, en la cual la soberanía pertenece a aquella comunidad por cuya aprobación se confió la administración a una magistratura elegida. (¶43)

"Finalmente, respecto a los límites de autoridad, se creía que cada uno estaba limitado a su esfera de competencia" (¶43, 44).

A continuación Groen discute las objeciones que con tanta vehemencia levantó la Revolución a estos principios básicos, así como a la "unión" entre la iglesia y el estado.

A la objeción de que el *Ancien Régime* toleraba la existencia de pequeños estados dentro del estado, Groen replica que la misma surge de la tendencia centralizadora de las ideas revolucionarias, la cual encontraba escandalosa e inadmisible la relativa autonomía de municipios, provincias y otras organizaciones sociales:

> Detrás de este reproche se puede ver la tendencia a la *centralización*. [...] La centralización siempre empieza por destruir los derechos de provincias y municipalidades, todo lo cual termina, si se ven forzados a ser consistentes, en la supresión de todo derecho o actividad o existencia que no sea la que esté bajo su supervisión y control, como si fuera un favor. No hay lugar aquí para la autonomía e independencia dentro de su propia esfera. (¶48)

Este importante pasaje, que ya anuncia el concepto de soberanía en su propia esfera (*souvereiniteit in eigen kring*), el cual había sido anticipado ya por Juan Altusio (federalismo) y habría de ser forjado con más precisión por Abraham Kuyper tiempo después, apunta también a una consecuencia de las ideas revolucionarias que tuvo que ver con la independencia de las colonias españolas en América: la centralización. Cuando esta tendencia se combina con el absolutismo real da lugar al despotismo ilustrado, una perniciosa combinación de autoritarismo con racionalismo ilustrado. En la figura de Carlos III de España apareció esta combinación de mane-

ESTUDIO INTRODUCTORIO

ra exacerbada, y es precisamente ésta la que va empujar a las colonias hispanoamericanas a sus respectivas guerras de independencia a principios del siglo XIX. Sin embargo, el absolutismo de los reyes iba a palidecer ante el totalitarismo de los regímenes emanados de las ideas revolucionarias.

La réplica que da Groen a la objeción de que la creencia en el origen divino de la autoridad apoyó el despotismo es particularmente importante para despejar los malentendidos y propiciar una recta comprensión de Romanos 13. Después de repudiar la deformación que algunos déspotas hicieran del principio del origen divino de la autoridad, Groen explica su verdadero significado. Romanos 13:1 afirma que "no hay autoridad sino de parte de Dios, y las que hay, por Dios han sido establecidas". Esto no se refiere tan sólo a las acciones de la divina Providencia en general ni quiere decir que Dios permite o tolera a las autoridades:

> Lo cierto es que los poderes que existen no sólo son tolerados, sino que han sido instituidos, santificados y determinados por Dios. Éste es el único sentido admisible de las palabras: *han sido establecidas*. (¶51)

Esto se refiere, desde luego, a toda autoridad legítima, "según el sano sentido que el contexto demanda al recordarnos la justicia y santidad de Dios" (ibídem). Como Pablo habla de *toda* autoridad, esto no se refiere exclusivamente a la monarquía: "la *monarquía* no es la marca registrada divina, sino que lo mismo se aplica a todo tipo de gobierno" (¶52). Tampoco se refiere exclusivamente a la autoridad estatal, sino a toda autoridad legítima en cualquier esfera. El punto es que cualquier autoridad, en cualquier esfera, es lugarteniente y ministro de Dios:

Esta doble relación, vertical y horizontal, viene a ser la base de la teoría del derecho divino. *Nosotros* debemos obedecer a las autoridades superiores porque Dios así lo quiere. Pero *ellas* deben obedecer a Dios: "Porque es servidor de Dios para tu bien" [Romanos 13:4], escribe Pablo. El poder supremo [cualquier poder] es un don de Dios que debe ser empleado en su servicio, para el bien de todos y la gloria de Dios. (¶52, 53)

Obviamente, esta doctrina no tiene nada que ver con la consagración de "castas divinas" y mucho menos con la instauración de una autoridad despótica o el abuso del poder. Por el contrario, está marcando en términos generales los límites constitucionales de las autoridades civiles. Corresponde a Vázquez de Menchaca el honor de haber teorizado por primera vez sobre estos límites, señalando incluso la propiedad del tiranicidio cuando el gobernante ha dejado de ser servidor de Dios para convertirse en déspota. La doctrina del origen divino de la autoridad no es una patente de corso para el abuso de autoridad, sino más bien el único fundamento que impone límites estrictos e impasables a los gobernantes.

Por lo que concierne a la unión entre la iglesia y estado, Groen expone la doctrina correcta en el ¶57. El estado no debe estar supeditado a la autoridad de la iglesia ni la iglesia a la autoridad del estado en lo que compete a sus esferas de soberanía. Pero el gobernante (al igual que el funcionario de la iglesia) *debe estar sometido a Dios*.

> Hasta donde llegue su legítima autoridad, también deberá aplicar las normas de la ley de Dios a todos sus actos y ordenanzas. Como dice la Escritura: "Ahora, pues, oh reyes, sed prudentes; admitid amonestación, jueces de la tierra. Servid a Jehová con temor, y alegraos con temblor" [Salmo 2:10-11]. En lo que a la iglesia se refiere, ésta está llamada a ser la luz, la sal y la le-

ESTUDIO INTRODUCTORIO   XLIX

vadura del mundo. La iglesia no debe buscar el martirio o la humillación. Si el estado le pide su cooperación, debe dársela. La iglesia debe esforzarse por conseguir autoridad e influencia para el Evangelio, a fin de que los mandamientos divinos sean obedecidos. Éstas son las bases para una unión de estado e iglesia. (¶58)

Aquí se refiere Groen, desde luego, a la iglesia reformada, pero en sentido amplio —políticamente ecuménico— puede abarcar a todas las iglesias cristianas y también a las sinagogas judías. Un país que carece de esta influencia está fuera de orden, pero incluso en países alejados de la tradición judeocristiana se encuentran analogías —si bien maltrechas— de esta relación.

En el capítulo XI Groen se extiende sobre lo que llama "la perversión de la ley constitucional", por lo que en realidad entiende la paulatina introducción de la idea de contrato social en la mentalidad europea. El capítulo XII lo dedica a mostrar que la Revolución, contrariamente a lo que algunos suponen, no se origina en la Reforma protestante, ni en principios ni en actitudes. Pero hemos ya revisado *in extenso* las diferencias que hay entre ellas.

3. Relevancia actual de la obra

Mientras España firmaba la Paz de Münster con los neerlandeses, en México y el resto de Hispanoamérica se consolidaba un régimen que había instaurado de manera deliberada y sistemática los principios de la Contrarreforma. Felipe II se había propuesto que en sus posesiones americanas la "herejía luterana" no tuviera absolutamente ninguna cabida. Después de la Conquista, tuvo lugar en Nueva España un intenso esfuerzo catequístico que, habiendo iniciado en el Altiplano, se movió paulatinamente en todas direcciones. Pero es con la llegada a la capital de Nueva España del segundo arzobispo, el dominico Alonso de Montúfar, que se asienta "con firmeza la autoridad episcopal y regalista de la Iglesia española que propugnaba por la estricta observancia de la ley canónica" (Mayer 2008, p. 49). A lo largo de tres siglos la Iglesia Católica novohispana se iba a caracterizar por una intensa labor cultural y educativa, además por realizar múltiples funciones económicas, como la de banco central de avío.[1]

Bajo el control teológico y moral de la Iglesia, y el ojo vigilante de la Inquisición, los Habsburgo instauraron en México un régimen de tipo patrimonialista que legalizó la diferenciación social. Nos dicen Florescano y Menegus (2000, p. 368) que

> En lugar de un proceso que hiciera a todos los ciudadanos iguales ante la ley y el Estado, los Habsburgos promovieron una diferenciación estamental de la sociedad, que apoyó la formación de grupos que tenían privilegios y jurisdicciones particulares. Cada uno de los grandes grupos étnicos: indios, españoles, negros y castas, fue protegido con una serie de disposiciones que tendían a conservarlos como tales, al mismo tiempo que los rodeaban de privilegios y jurisdicciones que reglamentaban desde su forma de vestir hasta sus derechos políticos. Este proceso afectó a grupos más específicos: clero regular y secular, comerciantes, hacendados, mineros, artesanos, universidad, pueblos de indios; a cada uno de estos sectores se le otorgaron diversos privilegios según la función social que desempeñaban.

Con este tipo de organización social Nueva España desarrolló, sin embargo, una cultura vigorosa y llegó a tener

---

[1] *Cfr.*, además de Mayer 2008, Gruzinski 1991, Kuri 2008, Lafaye 1977 y Ricard 1986.

ESTUDIO INTRODUCTORIO   LI

una economía relativamente fuerte hacia mediados del siglo XVIII, si bien basada en la agricultura, la ganadería, la minería y el comercio; lejos de la Revolución Industrial que estaba transformando a Inglaterra en una potencia capitalista, ya que dicha organización imponía limitaciones al desarrollo capitalista de la economía

> por la arbitrariedad con que impone y distribuye la carga tributaria, por la irregularidad que adopta en la protección de los monopolios, y por el carácter mismo de su administración: falta de disposiciones legales racionales, imposibilidad de calcular la duración y el aprovechamiento económico que podría originar una disposición, inexistencia de un cuadro administrativo profesional, ilimitadas facultades discrecionales del soberano y del cuadro administrativo para imponer cualquier exacción. (ibídem)

En Hispanoamérica la Revolución empezó a anunciarse desde el siglo XVIII, bajo la guisa del despotismo ilustrado, en las políticas centralizadoras de la dinastía borbónica, particularmente las de Carlos III, las cuales se oponían precisamente a los privilegios de los diferentes estamentos. En su afán por criticar la ideas revolucionarias, Groen parece defender en cierto modo el sistema patrimonialista, pero finalmente se alineó con toda claridad a la visión de los salmantinos y Altusio, de que todo estado es por esencia republicano.[1]

---

[1] Según reporta Dooyeweerd 1998, p. 168: "Como Groen van Prinsterer declarara en su segundo periodo, todo Estado verdadero tiene un carácter *republicano*. ... No obstante, la forma monárquica de Gobierno no es incompatible con el carácter de una república. La autoridad real puede funcionar como la oficina más alta dentro de la *res publica*. La oposición entre "monarquía" y "república" sólo surgió debido a que la visión indiferenciada de la autoridad real, como prerrogativa privada del

La gran contribución de la Revolución Francesa, a pesar de las válidas críticas que le planteó Groen sobre todo a los principios que la animaron, fue la de disolver las estructuras feudales indiferenciadas para dar lugar a una forma más sistemáticamente racional de organización política, social y económica. Éste es un proceso que tenía que darse y que se dio al margen de las ideas revolucionarias en algunos países, pero fue en Francia donde ocurrió de una manera particularmente dramática (*cfr.* Dooyeweerd 1998, p. 58).

Francia se convirtió sin duda en el ejemplo a seguir por todos aquellos que habían abrazado el ideal humanista de la personalidad autónoma y libre. Entre éstos se encontraban los libertadores de América: Simón Bolívar, Miguel Hidalgo y Costilla, Bernardo O'Higgins, el Mariscal Antonio José de Sucre, José de San Martín, Jorge Washington y Tomás Jefferson (aunque estos dos últimos atemperados por el impacto del puritanismo). Todos ellos abrazaron las ideas revolucionarias y, así como el calvinismo había sido el pendón de los neerlandeses en su guerra de independencia contra España, las ideas revolucionarias se convirtieron en el pendón de los libertadores hispanoamericanos. Las tertulias y grupos intelectuales criollos y mestizos se empapaban del pensamiento enciclopedista francés, a pesar de que sus libros estaban prohibidos por la Inquisición. Por ejemplo, en Valladolid (hoy Morelia) se formó una tertulia dirigida por el cura Hidalgo, en la que se estudiaba asiduamente autores como Voltaire, Diderot o D'Alembert. La erradicación de la "herejía luterana" en los territorios hispanoamericanos había arrojado al niño junto con la bañera: como señaló Hegel, en los países donde no

---

gobernante, fue mantenida por un tiempo tan largo precisamente en el entorno monárquico".

triunfó la reforma protestante, el catolicismo romano fue reducido por la fuerza de las armas. Precisamente debido a la violenta acción de la Inquisición y de la Corona, en los países hispánicos no sólo no pudo tener lugar la reforma protestante, sino que tampoco prosperaron las ideas de los teóricos políticos cristianos salmantinos y calvinistas. Como resultado de ello, y de la gran influencia que empezaron a tener las ideas ilustradas en Europa y sus colonias a mediados del siglo XVIII, fue en el marco de éstas que se dio la crítica a las políticas de la Corona española en América y se empezó a gestar la idea de la independencia.

Pero al asumir los principios de la Ilustración los libertadores cesaron, de hecho, de pertenecer a la religión católica, ya que el principio que anima a aquélla es el de la autonomía de la voluntad y la soberanía de la razón frente a toda tradición o autoridad eclesiástica. Hegel se dio cuenta de este hecho y lo expresó de una manera clarificadora:

> El mundo se aferra a una religión determinada y se deja llevar a la vez por principios opuestos: en la medida en que se practican éstos y a la vez se quiere, no obstante, seguir perteneciendo a aquella religión, se comete una grave incoherencia. Así, por ejemplo, los franceses, que mantienen el principio de la libertad civil, han cesado de hecho de pertenecer a la religión católica, pues ésta no puede ceder en nada, sino que exige consecuentemente la sumisión incondicionada, en todo, a la Iglesia. De esta forma, la religión y el Estado se encuentran en contradicción: se deja entonces a un lado la religión, ella debe arreglárselas como pueda; es considerada tan sólo como un trasunto individual acerca del que no tiene que preocuparse el Estado y después se añade, además, que la religión no se ha de mezclar en los asuntos del Estado. (Hegel 1981, pp. 344-345)

Como Hegel creía, sin embargo, que el protestantismo había introducido el principio de la "libertad de la subjetividad", el "rehusarse a reconocer en convicción nada que no esté ratificado por el pensamiento", si bien le faltaba desarrollarse como Idea filosófica a través del pensamiento sistemático (*cfr.* Hegel 1952, p. 12), pensó que el protestante no caería en incoherencia al abrazar los principios de la Revolución. Pero el sentido central del texto de Groen radica en mostrar, precisamente, que esto no es así. El principio de la reforma protestante no es la "libertad de la subjetividad", sino la sumisión a la autoridad de la Palabra de Dios, el rehusarse a reconocer en convicción nada que no esté ratificado por la Escritura.

A nadie debe extrañar, por lo tanto, que el siglo XIX hispanoamericano, particularmente en México, haya estado marcado por un conflicto irreconciliable entre los representantes del *Ancien Régime* y los liberales. El triunfo del liberalismo significó la instauración de una ley constitucional basada en las ideas revolucionarias. La tolerancia liberal a las comunidades religiosas, en la medida que éstas estén dispuestas a limitarse al ámbito de la "conciencia subjetiva" y a no hacer absolutamente ninguna propuesta política (es decir, a callarse la boca en los asuntos públicos), permitió el ingreso de misioneros protestantes y evangélicos a México y varios países de Hispanoamérica. Como fruto del trabajo de estos misioneros se constituyeron las iglesias reformadas y presbiterianas, habiéndose fundado la mexicana en 1872, bajo los auspicios del régimen del presidente Benito Juárez. El afectuoso reconocimiento que los evangélicos hacen a la obra de este gran reformador mexicano, sin embargo, los ha conducido a una forma de incoherencia parecida a la

ESTUDIO INTRODUCTORIO   LV

de los revolucionarios liberales que querían seguir siendo católicos, ya que ese reconocimiento a la obra de los liberales los ha conducido a *abrazar el liberalismo como ideología política* y a apoyar de manera ingenua y acrítica regímenes que se presentan con la careta liberal. La relevancia principal del texto de Groen para los evangélicos mexicanos, y en general hispanoamericanos y españoles, radica en mostrar que ello lleva a una confusión de los espíritus y a una consecuente incapacidad para pensar los asuntos políticos, económicos y sociales desde la perspectiva del Evangelio. La última de las conferencias de Groen es precisamente un llamado a liberarnos del yugo de las ideas revolucionarias para pasar a constituir un pensamiento social propio.

Congruente con su propio llamado, Groen fundó el Partido Antirrevolucionario neerlandés, el cual llegó a tener una gran influencia en Nederlandia. En coalición con el movimiento católico ha gobernado ese país durante décadas manteniendo presente siempre, en la arena política, la autoridad de Cristo Jesús como soberano sobre el estado y la vida social. La coalición ha dado lugar al *Christen Democratisch Appèl* (Llamado Cristiano Democrático) al fusionarse en 1980. Desde 2002 hasta 2010 gobernaron Nederlandia con el gabinete de Jan Peter Balkenende. Uno de los grandes discípulos de Groen fue Abraham Kuyper, fundador de la Universidad Libre de Ámsterdam y Primer Ministro de Nederlandia de 1901 a 1905. De Abraham Kuyper fueron a su vez discípulos Herman Dooyeweerd y una pléyade de filósofos y juristas que han producido una concepción filosóficamente desarrollada de los principios antirrevolucionarios.

La tradición política iberoamericana desde las guerras de independencia ha sido hostil a una visión cristiana de la vida política, a pesar de lo cual operan varios partidos democratacristianos en Hispanoamérica (los agrupados en la Organización Demócrata Cristiana de América, ODCA). Por obvias razones históricas, estos partidos surgieron en el seno de movimientos católicos, pero ciertamente tienen una clara tendencia antirrevolucionaria y están francamente abiertos a evangélicos y protestantes.

Ello es importante porque la Revolución sigue teniendo una gran influencia en Hispanoamérica. La gran desigualdad social heredada del periodo colonial, la pobreza de grandes cantidades de habitantes de esta región, han sido un caldo de cultivo favorable a su penetración y difusión. Está claro que para contrarrestar la Revolución se requiere que los partidos cristianos abanderen con una clara visión filosófica política la lucha por la libertad, la igualdad, la justicia y la prosperidad para todos. Seguramente *Incredulidad y revolución* habrá de ser siempre una fuente de inspiración para aquellos que creen que la justicia sólo puede ser alcanzada en obediencia a la ley divina y que confiesan el señorío de Jesucristo sobre todas las esferas de la existencia.

Adolfo García de la Sienra
Coatepec, Veracruz, junio de 2010

Referencias

Altusio, J., 1990, *La política. Metódicamente concebida e ilustrada con ejemplos sagrados y profanos*, Centro de Estudios Constitucionales, Madrid. Traducción de *Politica metodice digesta, atque exemplis sacris et profanis illustrata*, Christophorus Corvinus, Herborn en Nassovia, 1603.

Calvino, J., 1986, *Institución de la religión cristiana*, Fundación Editorial de Literatura Reformada, Rijswijk.

Centro de Estudios Históricos, 2000, *Historia general de México*, El Colegio de México, México.

Cicerón, M.T., 1992, *Sobre la República*, Tecnós, Madrid.

Dooyeweerd, H., 1998, *Las raíces de la cultura occidental*, Editorial CLIÉ, Barcelona.

Florescano, E., y M. Menegus, 2000, "La época de las reformas borbónicas y el crecimiento económico (1750-1808)", en Centro de Estudios Históricos 2000, pp. 363-430.

Gruzinski, S., 1991, *La colonización de lo imaginario*, Fondo de Cultura Económica, México.

Hegel, G.W.F, 1981, *El concepto de religión*, Fondo de Cultura Económica, México.

——, 1952, *Hegel's Philosophy of Right*, Oxford University Press, Nueva York.

Hodgson, G.M., 2003, "El enfoque de la economía institucional", *Comercio Exterior*, vol. 53, no. 10, pp. 895-916.

Kuri, R., 2008, *El barroco jesuíta novohispano: la forja de un México posible*, Universidad Veracruzana, Xalapa.

Lafaye, J., 1977, *Quetzalcóatl y Guadalupe*, Fondo de Cultura Económica, México.

Lubbegiena van Essen, J., 1990, "Guillaume Groen van Prinsterer and His Conception of History", en Lubbegiena van Essen y Morton 1990, pp. 15-54.

Lubbegiena van Essen, J. y H.D. Morton (comps.), 1990, *Guillaume Groen van Prinsterer. Selected Studies*, Wedge Publishing Foundation, Jordan Station, Ontario.

Mayer, A., 2008, *Lutero en el Paraíso*, Fondo de Cultura Económica, México.

Reibstein, E., 1949, *Die Anfange des neueren Natur-und Volkerrechts*, Verlag Paul Haupt, Berna.

Ricard, R., 1986, *La conquista espiritual de México*, Fondo de Cultura Económica, México.

Van Dyke, H., *Groen van Prinsterer's Lectures on Unbelief and Revolution*, Wedge Publishing Foundation, Jordan Station, Ontario.

Vázquez de Menchaca, F., 1931, *Controversias fundamentales y otras de más frecuente uso*, Cuesta, Valladolid. Traducción de *Controversiarum ilustrium aliarumque usu frequentium*, Imprenta de Francisco Rampaceto, Venecia, 1564.

RECONOCIMIENTO

La producción de esta edición en español de *Incredulidad y revolución* hubiera sido imposible sin el apoyo moral y financiero de *Partners in Reformation - Latin America* (PIRE-LA), organización canadiense —ya desaparecida— dedicada a promover el pensamiento reformacional en Iberoamérica. Quiero agradecer, en particular, el continuado apoyo de Harry Antonides, Wybe Bylsma y Cornelis van Dam. También agradezco la asesoría de Harry van Dyke, uno de los principales expertos en la obra de Groen van Prinsterer en la actualidad.

Adolfo García de la Sienra

CONFERENCIA I

INTRODUCCIÓN

El propósito de estas conferencias será demostrar que la causa de los acontecimientos que han venido sucediéndose, *desde el surgimiento de las ideas revolucionarias*, radica en el desarrollo natural de estos desastrosos conceptos.

Es correcto, pues, que les explique, estimados amigos: (1) la elección, (2) la naturaleza, (3) la utilidad, y (4) la organización de este amplio tema.

1. La elección del tema

Este tema surgió cuando trabajaba en la última parte de mi *Manual de historia de la patria*. Al reflexionar sobre lo que ha venido ocurriendo en los Países Bajos desde 1795 hasta el presente, me percaté profundamente de nuestra declinación y humillación nacional.

Nuestro país ha llegado a ser insignificante en el área del progreso material. Tenemos un bajísimo nivel de comercio e industria y el número de los indigentes crece rápidamente. En el área de la política solo hay confusión, después de una larga serie de experimentos constitucionales que no dieron resultado. El alma de nuestro cuerpo político, la nación, está empantanada y frustrada. La falta de orden se extiende a toda la sociedad: se anuló la distinción entre estamentos, existe una competencia ilimitada, se han borrado los antiguos lazos de subordinación y amor, los obreros permanecen indefensos a merced de los empresarios, el poder de los grandes capitalistas es casi irresistible y la condición de la asistencia pública a los pobres es cada vez más ominosa. Un deterioro tan generalizado sugiere la presencia de una causa general.

¿Hemos realmente aprendido de la experiencia y la reflexión? ¿Hemos logrado teorías más firmemente establecidas? Tenemos que reconocer que no es así. Nunca antes cada problema había sido tan incierto. Nuestros teóricos están escépticos y los pragmáticos vacilan. Se contentan sólo con tratar los asuntos que surgen a diario. Las teorías han bajado a niveles de impopularidad nunca vistos.

El mismo escepticismo se nota respecto a los fundamentos de la religión, la moral y la justicia. Nuestra generación está dividida al extremo respecto a estas materias. Todo punto de vista es subjetivo e individual. Cada uno tiene su propia creencia, su propia opinión, la cual habrá de cambiar por otra igualmente fugaz, según el tiempo y las circunstancias cambien. Han surgido un sinnúmero de confesiones y creencias, todas supuestamente cristianas. Ha disminuido la controversia pero no por haber crecido el consenso, sino porque reina la indiferencia. El discutir sobre doctrina molesta el sentimiento de tranquilidad de la gente. No pasará mucho tiempo cuando nuestra única esperanza, la verdad misma, haya desaparecido.

¿De dónde ha surgido esta regresión, confusión y debilitamiento general? ¿Hay que echarle la culpa a las formas de gobierno? Pero si las hemos tenido todas: democrática, aristocrática, monárquica, despótica y constitucional. La gama más amplia de gobiernos revolucionarios han estado a nuestro servicio. ¿Le echaremos la culpa a las circunstancias? No, pues no siempre han sido desfavorables. ¿Será la degeneración de nuestro pueblo la causa? Nunca antes cayeron tan bajo que no pudieran levantarse otra vez. ¿Será que nos han faltado hombres de talento y energía? Han habido estadistas a quienes en ningún momento se les podrá acusar de falta de carácter o talento. Además, sus intenciones han sido buenas. Todo esto nos presiona mucho más para buscar la razón de por qué su sabiduría se descarrió y su energía se paralizó.

Por lo tanto, todo apunta a una *causa general*, a la cual se subordinan las formas políticas, las circunstancias, el carácter de la nación y los grandes personajes. Esta causa debe buscarse en las *ideas* que han predominado. Concuerdo con Lamennnais, cuando observa que "todo procede de las doctrinas: las costumbres, la literatura, la constitución, las leyes, la felicidad y desgracia de las naciones, la cultura y la barbarie, y todas aquellas terribles crisis que borran del mapa a las naciones o bien las renuevan, dependiendo de su grado de vitalidad".[1]

Tanto en su contenido como en su significado principal, los acontecimientos históricos no son más que formas y contornos que delatan la acción sostenida del espíritu de la época. Esto es lo que me propongo demostrarles en la sucesión de etapas revolucionarias, en nuestro país y fuera de él. No importa cuáles hayan sido las acciones subordinadas de las causas secundarias, pues, si hablamos de la causa principal, nos damos cuenta de que la historia de Europa por más de medio siglo sólo ha sido el resultado de errores que se han apoderado del modo de pensar predominante.

---

[1] Lamennais, *Essai sur l'indifférence*, cap. 1.

2. La naturaleza del tema

Para poder definir bien la naturaleza de este estudio, será necesario explicar qué es lo que quiero decir con 'Revolución' o 'ideas revolucionarias'.

Cuando hablo de Revolución no me refiero a los acontecimientos por los cuales un gobierno es derrocado, ni tampoco apunto solamente al huracán de trastornos que se ensañó con Francia. Por Revolución quiero significar más bien ese total trastocamiento del espíritu general y del modo de pensar que ahora es manifiesto en toda la cristiandad.[1]

Cuando hablo de *ideas revolucionarias* me refiero a los axiomas básicos de libertad e igualdad, de soberanía popular y contrato social, y a la reconstrucción artificial de la sociedad por el consentimiento común. Todas estas ideas hoy se veneran como la piedra angular de la ley constitucional y el orden político.

El curso de los acontecimientos ha reforzado mi convicción de que muchas de las calamidades que sufrieron nuestros padres y nuestra propia generación han surgido de esta sabiduría revolucionaria y de su origen; a saber, el rechazo del Evangelio. He visto nuevamente con toda claridad que, donde quiera que estas teorías echan ancla, el pueblo es arrojado al torbellino de la miseria y la aflicción.

Permítanme expresar mis conclusiones principales. La aplicación consistente y estricta de la doctrina revolucionaria empujará a los hombres a los absurdos más excesivos y a las más groseras atrocidades. Pero cada vez que los hombres se horrorizan por el *desarrollo* revolucionario (lo que ellos

---

[1] La Revolución es el desarrollo del escepticismo total, el cual ha hecho a un lado la Palabra y la ley de Dios.

consideran una *exageración*) y reaccionan a él insistiendo en la *moderación*, más sin abandonar este principio, lo único que pueden hacer para evitar la anarquía (ya que retroceden ante las consecuencias de sus propias convicciones) es optar por una conducta caprichosa y vacilante, que no tiene Norte, que no sea la sucesión y presión de las circunstancias. Aun hoy en día se tiene este proceder como la más alta sabiduría política.

Me refiero al método de consultar al *teórico doctrinario*, la política que hoy domina bajo el nombre de *juste-milieu* o del término medio, la teoría de los *conservadores* y la rutina, la indolencia y el letargo, el hábito que también prevalece en nuestro país.

No podremos combatir las consecuencias de las ideas revolucionarias exitosamente, a menos que evitemos su influencia con base en principios antirrevolucionarios. Sin embargo, esta base será inaccesible mientras no queramos reconocer que el cimiento de la justicia está en la ley de Dios. Bonald ha expresado esta verdad en forma concisa y llena de significado: "la Revolución empezó con la declaración de los derechos del hombre, y solo terminará con la declaración de los derechos de Dios".

3. La utilidad del tema

La *utilidad* de nuestro estudio es obvia. Da en el corazón de las actuales controversias sobre religión y política. La doctrina revolucionaria es la incredulidad aplicada a la política. Una batalla de vida o muerte se está llevando a cabo entre el Evangelio y este ateísmo práctico. Esperar una reconciliación entre estas dos corrientes es un absurdo. Es una batalla que abarca todo lo que estimamos y consideramos sagrado, y todo aquello que es beneficioso e indispensable para la iglesia y el

8　estado. De manera que conviene que examinemos este tema, particularmente si queremos saber cuál es nuestro deber hoy como ciudadanos de este país y como cristianos.

Si contemplamos la condición de nuestra patria con ojos patrióticos, nos preguntaremos con base en nuestro compromiso solemne: ¿Qué podremos hacer? ¿Deberemos unirnos y enfrascarnos en todo tipo de detalles o en posibles reformas a la constitución? ¿Deberemos arrojarnos a la contienda política, a fin de frenar la observancia de opiniones que consideramos tan perniciosas? Por cierto, podría ser conveniente

9　que hagamos esto ahora o en el futuro. Pero, ante todo, lo que debemos hacer es aprender a percibir no solo la furia del mal, sino especialmente su *raíz* y *ramificaciones*, a fin de que junto con la enfermedad podamos detectar el verdadero remedio, y para obtener de una erudición cristiana confiable la perseverancia que necesitaremos para permanecer firmes frente a tantos vientos de doctrinas. De otra manera, al defender la verdad seremos culpables de aquel toque de guerra incierto, el cual con frecuencia reduce a nada aún un testimonio fiel, ya que los mismos testigos sólo están convencidos a medias. Aún los esfuerzos mejor intencionados serán infructuosos mientras no quede clara la conexión que existe entre las actuales dolencias del estado y estas teorías dañinas. Si no tomamos en cuenta los principios que la arrogancia humana bien puede ignorar pero no abolir, todo intento de reforma no será más que sepulcros blanqueados.

Es importante, sin embargo, que, como hombres que aman su país y que son cristianos, reconozcamos la naturaleza y dirección de la filosofía política de nuestro tiempo.

Por supuesto que me doy cuenta de que sólo hay una cosa que todos necesitamos. Es como pecadores que buscamos ser

CONFERENCIA I

salvados y no como estadistas o eruditos. Hay un solo camino y una sola verdad. Encuentro descanso y paz para mi alma en la buena nueva de que por la libre gracia de Dios hay perdón y salvación en el sacrificio expiatorio de nuestro Salvador para todos aquellos que creen. Quiero decir esto desde el mismo principio, porque de ninguna manera quiero eludir la vergüenza de esta confesión. Una declaración general de "principios cristianos" es lo suficientemente vaga como para provocar alguna oposición seria. Hablar de estos principios en relación a la historia y la política implica poco riesgo de ser acusado o ser sospechoso de ser estrecho de mente, mientras uno se cuide de no especificar a qué se refiere con esas declaraciones tan generales. Es por esto que en la misma introducción a mis conferencias quiero afirmar que por estos principios quiero significar las verdades registradas en las santas Escrituras e impresas por el Espíritu Santo en el corazón del cristiano más sencillo.

No obstante, asirse de la verdad también implica cumplir con los deberes impuestos por el rango y ocupación que uno tenga. De esta manera, hasta donde podamos influir en el curso de la política y en la mente de los hombres, es nuestro deber, agradecidos de la luz que la Palabra nos derrama para no tropezar, penetrar más profundamente que los demás en los lugares más recónditos de la ciencia y en el laberinto de los acontecimientos históricos. Tenemos el deber de aprender a adorar a nuestro Dios aún en estas sus obras. También en esta forma debemos ser testigos del Evangelio para no ser infieles a nuestra confesión cristiana; esto es, en aquello en lo que ella tiene que ver con nuestra sociedad. De esta forma le devolveremos a nuestra sociedad el poder sanador que se le ha negado rechazando los fundamentos de un estado ordenado.

Solo una cosa es necesaria, pero si la poseemos sus frutos deben manifestarse en todo. En cuanto a la salvación de las almas estamos decididos a no saber ninguna otra cosa que no sea Cristo, y a éste crucificado. Pero, si tenemos esto, entonces el conocimiento del amor de Cristo debiera impulsarnos y constreñirnos a buscar la gloria de Dios en toda ocasión que pueda ser glorificado. Toda persona que ha conocido el Evangelio está llamado a predicarlo, ya que predicar el Evangelio a toda criatura se puede hacer de muchas formas diferentes. No debemos descuidar ningún medio que pueda abrirnos las puertas de las mentes y corazones de la gente. Por cierto que uno podría llegar hasta la exaltación poética sobre las maravillas de Dios en la creación y en su gobierno del mundo sin haber tenido una conversión del corazón. Y si actuásemos así, Dios lo impida, solo aumentaremos nuestro castigo. Pero si conocemos al Señor en el reino de su gracia, es doblemente responsable no percibirlo en los caminos de su Providencia e ignorar con indiferencia las huellas de su omnipotencia y amor, sin percatarse de sus tremendas bendiciones y juicios. Los cielos declaran la gloria de Dios. ¿Acaso la historia de la era revolucionaria no declara igualmente la gloria de Dios, mostrando que cuando el apóstata, que no puede aducir ingenuidad o falta de inteligencia o circunstancias desfavorables, abandona la Palabra de Dios se lanza a un abismo de miseria? Si le mostráremos al filósofo las tinieblas de su ilustración y la necedad de su sabiduría en la secuencia narrativa de hechos incontrovertibles, ¿no lo llevará ésto a inclinar su orgullosa cabeza delante del Evangelio de la salvación? Este tipo de testimonio también podría llamarse confesar el Evangelio, esto también es predicar las Buenas Nuevas.

Se equivoca el cristiano si cree que por tener la guía de la Escritura puede prescindir del estudio. Para que esté capacitado para trabajar diligente y concientemente en su oficio, el cristiano también necesita conocimiento preciso de todo aquello que pertenece a su área de trabajo. El temor de Dios es el principio del conocimiento, pero el principio no lo es todo. La totalidad del conocimiento también incluye los otros elementos, en los cuales el principio se lleva a cabo. La verdad del Evangelio es la levadura, pero para que tengamos un rico pan alimenticio también necesitaremos de la masa. Ambas cosas constituyen la sólida base del estudio. De tal manera que la suficiencia de la Palabra de Dios no es excusa para el letargo. Tampoco es cierto que algún tipo de instinto cristiano sea suficiente para guardarnos de error en asuntos políticos que tienen que ver con la vida diaria. Pensemos en hombres piadosos como Lavater, Klopstock, Stilling, Van de Kasteele, cuya fe sincera no los salvó de aclamar el comienzo de la Revolución francesa como si fuese el amanecer de una edad dorada. También podría mencionar a algunos de nuestros amigos protestantes en Suiza y Francia hoy en día, quienes escriben y realizan muchas cosas buenas, pero que por ignorar la historia y la ley constitucional apoyan opiniones muy dudosas tan pronto como entran al terreno político. En cuanto a nuestro país, podría mencionar ejemplos de seria confusión conceptual cuando se trata de la iglesia y el estado y de su relación mutua, o ejemplos del mal uso que se le da al dicho "uno debe obedecer a Dios antes que a los hombres", o del mal uso que se le da a la otra exhortación apostólica: "sométase toda persona a las autoridades superiores".[1] El mal uso de estos textos hace que la gente se precipite en teorías de una falsa libertad o bien que sea presa de una pasividad que daña tanto las leyes y las libertades como también el orden, siendo una actitud que de ninguna manera se asemeja al sometimiento cristiano genuino.

El deber que tiene el cristiano de estar familiarizado con el terreno político se hace más evidente cuando uno considera el alcance y tenor de la ley constitucional revolucionaria. Aquí no está en juego un gobierno responsable o elecciones libres o cosas similares que han sido llamadas "los fundamentos inestimables de la libertad política".[2] Lo que está en juego es algo mucho más de fondo. La iglesia ha sido separada del estado sólo para después serle devuelta. Los separatistas han sido perseguidos en el nombre de la justicia moderna. El gobierno cree que tiene el derecho de estorbar la educación cristiana, cuando no se opone a ella abiertamente controlando las escuelas públicas y dificultando las iniciativas privadas hacia una alternativa. Aún en nuestra nación, favorecida con la bendición de la verdad salvadora, sólo se tolera la verdad del Evangelio bajo severas restricciones. Cual raíz de amargura, la sombra de la incredulidad ha protegido y promovido muchas ideas erróneas sobre el estado. Por esto, no sacamos nada con reclamar contra la gente, pues a muchos de ellos se les puede aplicar las palabras "no saben lo que hacen".[3] Lo que debemos hacer más bien es estudiar deliberadamente las ideas que los guían en su trabajo, para poder advertir-

---

[1] Hechos 5:29; Romanos 13:1.

[2] Aludo con esto a la propuesta que en 1844 hicieran los Nueve para una revisión constitucional, discutida brevemente en la Conferencia XV, más abajo.

[3] Véase Lucas 23:34.

CONFERENCIA I 🕭

les sobre sus consecuencias, luchar con las armas de luz y guardarnos sin mancha del mundo.

Un último comentario para todos nosotros como cristianos. La Revolución debe entenderse dentro del contexto de la historia del mundo. Su significado para el cristianismo es tan importante como la Reforma, pero a la inversa. La Reforma rescató a Europa de la superstición; la Revolución más bien precipitó al mundo civilizado al abismo de la incredulidad. Al igual que la Reforma, la Revolución toca cada área del conocimiento y de la acción. En los días de la Reforma el principio vital era la sumisión a Dios, en estos días es la sublevación contra Dios.[1] Ésta es la razón de por qué hoy en día otra vez ruge una guerra dentro de la iglesia, el estado y el mundo del conocimiento; ésta es una batalla sobre la pregunta más importante; a saber, sobre si nos someteremos o no incondicionalmente a la ley de Dios. Por tanto, tenemos la responsabilidad de entender como nunca antes nuestra época y nuestros deberes, para estudiar la Revolución precisamente desde este punto de vista.

4. La organización del tema

Unas pocas palabras acerca de la organización de estas conferencias. La tesis que me propongo demostrar es que la *Era*

---

[1] A menudo encontramos que se hacen analogías entre la Revolución y la Reforma. Tratemos de resumirlas. La Revolución procede de la soberanía del hombre, la Reforma procede de la soberanía de Dios. Una busca que la razón juzgue a la Revelación, la otra somete la razón a las verdades reveladas. Una crea un desorden de opiniones individuales, la otra nos lleva a la unidad de la fe. Una rompe con los lazos sociales y aún familiares, la otra los fortalece y santifica. Una se mantiene por masacres, la otra triunfa a través de sus mártires. Una sube del abismo insondable, la otra baja del cielo (*Archivos*, vol. I, p. 117).

de la Revolución con todas las vicisitudes y calamidades que ha producido no es más que *el fruto de las ideas revolucionarias*.

Las primeras pruebas que presentaré serán negaciones, ya que mostraré que las causas que por lo general se presentan como productoras de la Revolución no son suficientes para explicar una revolución de este tipo. Me propongo probar que ni los *principios* que sustentaba el antiguo orden, ni las *formas* que se desarrollaron de estas verdades básicas y ni siquiera los *abusos* que se introdujeron sutilmente en el sistema, pueden explicar el enigma de la situación permanentemente revolucionaria que hoy en día encontramos.

Los argumentos positivos los sacaré de la teoría y de la historia. Primero, expondré la *doctrina* de la Revolución en su origen y desarrollo para así hacerles ver, por medio de los principios que guían a la Revolución, que no había forma de evitar que las cosas sucedieran tal como se dieron. En segundo lugar, me volveré a la *historia* de la Revolución para mostrarles, por medio de lo acaecido en varios países, que sus ideas se desarrollan en la práctica de acuerdo con los dictados de la lógica. Así como el fruto se conoce por el árbol, así también el árbol por sus frutos.

En esencia, mi argumento en su totalidad será *histórico*. Será la historia de lo que se enseñó y, por lo tanto, de lo que ocurrió. Para invalidar y refutar las teorías que combato, no necesito evaluarlas; la experiencia me ha mostrado que sólo necesito describirlas en su naturaleza y acción por medio de traer a la luz los *hechos* —en el entendido de que el término "hechos" abarca también el quehacer espiritual. Porque las *ideas* y los *principios* son también hechos del más alto orden, desde los cuales surge todo lo demás. Guizot ha dicho: "nuestra mente trabaja con hechos; los hechos son su único material y, cuando descubre las leyes generales que la controlan, entonces estas leyes son también hechos que la mente determina... Los hechos que uno estudia pueden asombrar de tal manera a la mente que la degraden, disminuyan y materialicen, hasta que la mente llegue a creer que no existen otros hechos que no sean los observados a primera vista, hechos evidentes al ojo y que, como dicen, caen bajo nuestros sentidos. Éste es un error muy grave y grosero, porque también hay hechos que son más remotos, hechos inmensos, oscuros, sublimes, hechos difíciles de alcanzar, de observar y describir, pero hechos al fin y al cabo. El hombre también está obligado a estudiarlos y conocerlos. Más si el hombre los ignora o se olvida de ellos, degradará enormemente su pensamiento, y todas sus ideas llevarán la marca de este envilecimiento".[1]

¿Podría ahora añadir una petición? Les pido sean condescendientes con vuestro compañero de estudio. Además, cuando no sea convincente les pido me contradigan y corrijan con bondad. Sólo la historia será nuestro maestro, y ser enseñados por ella nos aprovechará en todo momento.

Hasta donde hayamos puesto nuestra confianza en Cristo, continuemos pensando qué se nos requiere como *cristianos*. El estado de ánimo que hoy prevalece en la política es uno de incertidumbre, duda, pesimismo, apatía, indiferencia y resignación. El cristiano conoce un principio que da firmeza al pensamiento político y que será suficiente, si lo seguimos, para restaurar las fluctuantes estructuras políticas sobre un fundamento inamovible. Tampoco le está permitido al cristiano descuidar la defensa de la justicia y la verdad sólo porque sus intereses personales no son amenazados. La os-

---

[1] Guizot, *Civilisation en France*, vol. I, p. 31.

curidad y la corrupción de estos tiempos imponen un difícil deber sobre los que son la luz del mundo y la sal de la tierra. Este sentimiento de deber es doble, cuando miramos las favorables señales de nuestro tiempo. Después de todo, estamos en una posición hoy en día en la que podemos mirar hacia atrás, a una era rica en pruebas tangibles de la impotencia de un hombre soberbio, a una era que empezó con promesas rimbombantes y que terminó en la decepción total. Además, no hay duda de que Dios está trabajando hoy en día, cuando vemos un regreso hacia la verdad del Evangelio que, si se compara con la situación de hace un siglo, es como una revivificación de huesos muertos.[1] También es cierto que vivimos en una atmósfera opresiva. Con todo, al observar las señales de los tiempos, el cristiano tiene el privilegio de subir con las alas de la fe a una esfera más alta. Usemos este nuestro privilegio. Miremos a Aquel que nos da la sabiduría y la fuerza, no perdamos de vista la abundancia de los beneficios de Dios y recordemos siempre nuestra gran responsabilidad.

---

[1] Véase Ezequiel 37:1-14.

CONFERENCIA II

LA SABIDURÍA DE LAS EDADES

Quizás no sea impropio que, antes de empezar con mi bosquejo, invoque el consenso de las generaciones pasadas en contra de la arrogancia de nuestra época, la que podría hacernos sentir, si bien no inseguros, por lo menos aislados. Nuestra era con mucha facilidad está lista para juzgar y condenar, pero nosotros somos lo suficientemente modestos como para darle el debido valor a la opinión pública de la humanidad. Ahora bien, la ciencia cabal ha hablado a través de todos los siglos en contra de la doctrina política de la Revolución. La posición antirrevolucionaria o histórico-cristiana se confirma inequívocamente por los testimonios unánimes de las edades pretéritas.

Quiero llamar vuestra atención a la Biblia, a la historia y a los escritores políticos, antiguos y modernos.

La Biblia es el Libro de los libros, especialmente en lo que se refiere a la biblioteca antirrevolucionaria. La nueva sabiduría, aun cuando no rechaza de plano la revelación, opina que sus pronunciamientos están fuera de lugar, por lo menos en el área de la teoría política. Por el contrario, sin querer encontrar en ella una enciclopedia, nosotros sostenemos que la Escritura contiene los cimientos de la justicia, la moral, la libertad y la autoridad para los individuos así como para las naciones y gobiernos. Si se le estudia sinceramente y en oración, la Biblia se convierte en nuestro criterio infalible. El sometimiento incondicional a la Palabra de Dios ha sido

23   siempre la salvaguarda tanto de una obediencia como de una resistencia acorde con el deber, del orden y la libertad. Ninguna doctrina que orgullosamente se arrogue la perfección o que promueva un libertinaje desenfrenado podrá coexistir junto a los pronunciamientos de la Revelación. *¡Está escrito!* Ésta es el hacha que corta de raíz todo crecimiento revolucionario.

Naturalmente, lo que la Biblia dice se reflejará tanto en la vida como en los escritos de aquellos hombres que renuncian a sus ideas personales para tomar la Biblia como su guía. Pensemos en los reformadores. Muchas de las páginas de los escritos de Lutero y Calvino prueban lo que sus vidas confirmaron: cuando se trató de la autoridad de los magistrados y los deberes de los príncipes, ellos afirmaron: "de tus mandamientos he adquirido inteligencia; por tanto, he aborrecido todo camino de mentira".[1] Los credos cristianos nos dan una sorprendente evidencia de lo que decimos (por ejemplo, el artículo 36 de nuestra *Confesión Belga*). Lo mismo podemos decir de tiempos más recientes. Podemos mencionar el excelente *Berliner Evangelische Kirchenzeitung* que demostró, en 1830 y 1831, cómo sólo la fidelidad a la Palabra y Ley de Dios nos puede preservar del espíritu desenfrenado de la agitación revolucionaria y del impulso neurótico de recurrir a medidas opresivas.

Así como las teorías revolucionarias se oponen a la Biblia, también se dirigen contra la historia.[2]

Se me podría objetar que los teóricos de la Revolución apelaron a la Escritura. Por cierto que lo hicieron, teniendo

---

[1] Salmo 119:104.
[2] En cuanto a esto, Renán ha hecho una observación reveladora: "lo que les faltó a los hombres de 1789 fue conocimiento de la historia".

sus razones para ello. La forma tan superficial con la que trataban la historia les ayudó mucho a apoyar sus absurdas doctrinas. Así como en la niebla o en el crepúsculo la imaginación da forma a los contornos a voluntad, así también la Revolución se dió la libertad de reconstruir la historia como le dió la gana, por carecer de un conocimiento preciso de los hechos. La antorcha de esta nueva sabiduría se usó precipitadamente para iluminar todo el campo de la historia. De tal forma que cayeron en lo que Montesquieu ha llamado correctamente la fuente más fértil de errores históricos (a pesar de que él mismo cayó también en ella). El error estaba en que proyectaron en gentes y periodos ideas totalmente extrañas a ellos. Y así como los sueños reflejan aquello en lo que la mente se ocupó en el día, de la misma forma no resulta extraño que los rasgos que los revolucionarios grabaron firmemente en su memoria aparecieran otra vez en las ilusiones que engañosamente ofrecieron como verdades históricas. La historia se convirtió en testigo falso y su falso testimonio se usó como un poderoso medio para empujar a la opinión pública a las fanfarronadas de la escuela revolucionaria. La historia se convirtió en un panteón rayado con clichés revolucionarios, un arsenal lleno de armas revolucionarias para asesinar la verdad.

Por un tiempo esta fue la situación, pero ya no lo es hoy en día, al menos no sin que se le refute vigorosamente. El mirar a la historia a través del prisma revolucionario sólo consigue quitar todo color a la historia. Pero finalmente este vidrio engañoso se cae de las manos, saliendo así a la luz los verdaderos particulares de los acontecimientos. Éste es un privilegio de nuestros tiempos. Especialmente saludable ha sido la publicación de tantas fuentes históricas, en las cuales es como si la vida misma gritara en protesta contra tantas distorsiones y falsificaciones. Numerosas investigaciones han probado concluyentemente que, lejos de apoyar las máximas revolucionarias, la historia del mundo no es más que una refutación ininterrumpida de ellas. Aun hombres renuentes a reconocer la inutilidad de esas máximas, como por ejemplo Guizot,[1] han contribuído mediante iluminadores escritos a expulsar las falsas analogías. Hoy en día el testimonio de la historia en toda su pureza y valor puede ser añadido a la balanza de juicio. Existe hoy en día poco peligro de que un teórico lo impresione a uno con su vestido revolucionario, que aparenta ser honrado por la experiencia. Los sistemas de los más famosos fueron con frecuencia el producto peculiar de sus tiempos y circunstancias inmediatas. Cuán cierto es aquello de que "el espíritu de la época debe ser juzgado por el espíritu de las épocas o edades".

Todo aquello que nos lleva a un genuino conocimiento de la Escritura y de la historia es antirrevolucionario por naturaleza y sirve como un antídoto para neutralizar esta bebida ponzoñosa. Yo añadiría a todos esos escritores de tiempos antiguos y modernos que piensan como nosotros.

Apelo en general a los escritos de los antiguos. Toda la antigüedad griega y latina está de nuestro lado. No debemos convertir en ídolos los aciertos paganos, pues al lado del Evangelio no son más que luz trémula. Sin embargo, la sabiduría de muchos paganos ha avergonzado la sabiduría de muchos que se hacen llamar cristianos. Los cristianos nominales escondieron el talento que se les entregó, mientras que los paganos se han interesado en los restos de una pri-

---

[1] Sólo después de 1848 Guizot empezó a desafiar el error fundamental de la Revolución.

mera Revelación. Nunca se hunden tan profundo como la sabiduría moderna lo ha hecho. Los escritos políticos de los antiguos empiezan con la deidad y siempre consultan con la experiencia. Aristóteles nos entrega descripciones precisas de repúblicas existentes y no de repúblicas hipotéticas. Aún Platón, este autor sin par, a quien he estudiado por muchos años, nunca está desprovisto del elemento histórico. La política de Cicerón es siempre práctica y positiva. Sólo conozco un ejemplo de la filosofía pagana que es comparable con la teoría revolucionaria, pero la excepción confirma la regla. Me refiero a la escuela de los sofistas, a un tal Protágoras que enseñó que uno nada podía saber de los dioses, que la única base del conocimiento son los sentidos de la percepción y que el hombre es una ley para sí mismo, la medida de todas las cosas —éste es el mismo escepticismo que hoy en día convierte todo el conocimiento humano en algo inestable y subjetivo. Por el contrario, la escuela Socrática salvó a Grecia de ser infestada de un ateísmo total y de una inmoralidad sistemática.

Reconocemos que estudiar sólo la antigüedad tiene sus inconvenientes, lo cual analizaremos en otra conferencia. Pero sus efectos sobre la ley constitucional, no importa cuán buenos o cuán ineptos, fueron republicanos, no revolucionarios.

Deberemos limitar nuestras observaciones. Los primeros siglos de la era cristiana fueron más ricos en confusión política que en teoría política. Sobre los períodos que vinieron después, antes que irrumpiera la tormenta revolucionaria, bastará que hagamos dos observaciones.

En primer lugar, con la excepción de Descartes, cuyas premisas básicas prepararon el terreno para la filosofía del

28 siglo siguiente, y aparte de un número de teóricos de orientación deísta, ningún pensador de renombre adoptó ideas revolucionarias. Bacon se basó más bien en la experiencia que en la ociosa especulación. Grocio usó la historia como fuente y prueba para sus opiniones. Leibniz abiertamente temió que explotara una revolución general en Europa si no se rechazaban las nuevas teorías.[1] Si a todos ellos se les hubiera dicho que la investigación imparcial sólo se puede llevar a cabo si la creencia cristiana se pone de lado, habrían respondido "dice el necio en su corazón: no hay Dios".[2]

En segundo lugar, las mentes más dotadas de todo el mundo hacen evidente que las teorías que el siglo XVIII ha considerado como la misma perfección política fueron desconocidas hasta ese entonces. Por ejemplo, nunca estuvieron ausentes en los Países Bajos las controversias amargas y las profundas diferencias. Sin embargo, si a alguno se le hubiera ocurrido, antes de 1750, sugerir que debemos descartar la ley histórica y cristiana para llevar a cabo las ideas incubadas en las mentes de los así llamados filósofos, todo el mundo habría creado un alboroto. Lo mismo se puede decir de otros

29 países. Jamás ningún pueblo de ninguna época acarició una doctrina como ésta. Puede que nos sintamos aislados frente al espíritu que impera en esta época, pero hay que saber que esta época está aislada dentro de la historia del mundo.

Incluso en los días del triunfo de la Revolución se levantaron voces de protesta. Pero fueron silenciadas por los *filósofos* que planearon acabar con la verdad mediante el ridículo y

30 la burla. Pero un estudio más acabado mostrará que el siglo XVIII nunca quedó desprovisto de poderosos defensores de

---

[1] Leibniz, *Nouveaux essais sur l'entendement humain*, p. 410.
[2] Salmo 14:1.

la religión, la moral y la ley. Recordemos a nuestro Gerónimo van Alphen, quien escribió su *Predicad el Evangelio a toda criatura* justo cuando todos negaban lo oportuno y poderoso que es el Evangelio. En Alemania y Francia se silenció a este tipo de defensores pero en Inglaterra, aun cuando fue el vientre y cuna de la filosofía incrédula, sus oponentes se mantuvieron firmes. Podemos mencionar a Pitt y a Burke. El primero, aleonado por la firmeza de su carácter y convicciones, desarmó el espíritu de la Revolución en Inglaterra, organizando batalla tras batalla contra Napoleón. En su *Speeches in the House of Commons* se refuta brillantemente a los simpatizantes de la Revolución. En cuanto al segundo, Edmundo Burke, no existe otro igualmente capaz de describir la naturaleza y acción de las ideas revolucionarias y de enumerar los exitosos métodos para combatirlas. En su *Appeal from the New to the Old Whigs* trae a la luz el contraste entre la verdadera y la falsa libertad. En su *Reflections on the Revolution in France** lanzó sus rayos sobre lo que muchos todavía aplaudían como una bendición. En su *Remarks on the Policy of the Allies* desenmascara el espíritu extraviado que causó que fallaran todas las medidas que fueron tomadas, y en su *Letters on a Regicide Peace* desahoga su última indignación con cualquier acercamiento al régimen revolucionario. Burke estaba dotado de una gran habilidad para detectar en el tejido aparentemente enmarañado de las situaciones presentes la amenaza que pronto vendría. Fue así como predijo con un razonamiento casi matemático que se levantaría un dictador y que después de su caída se restauraría la antigua dinastía.

También tenemos a Friedrich von Gentz. Se puede decir

---

* Hay traducción al castellano: Edmundo Burke, *Escritos políticos*, Fondo de Cultura Económica, México.

que cuando fue secretario en los congresos de las grandes potencias fue menos perceptivo del elemento revolucionario presente en la diplomacia internacional después de 1815. Sin embargo, nunca estuvo más sublime que en los días de la humillación alemana, pues en ese tiempo denunció las ambiciones de Napoleón, los propios intereses de los príncipes y la inercia de las naciones. Si tuviéramos tiempo, también habría citado las *Notes Fiévée*, preparadas a petición del propio Napoleón y que criticaban con toda franqueza sus políticas. También podría citar el *Berliner Politisches Wochenblatt*, que se publicó desde 1832 hasta 1837, y que contenía gran riqueza en su pensamiento político, la cual se derivaba de los grandes principios de la ley. Tampoco me habría olvidado de la escuela de Bonald y Maistre quienes, mirando a Dios, también podían mirar mucho más allá que sus contemporáneos. Una persona que merecería particular atención sería Félicité de Lamennais, el cual, a pesar de todos sus caprichos y desviaciones tardías, nunca deja de lanzar insinuaciones muy valiosas sobre todo lo que es característico del pensamiento y de los estadistas modernos.

Por cierto que no tengo ninguna inclinación hacia la iglesia de Roma pero es posible aprender de todas las escuelas. En el buen sentido de la palabra, deberíamos ser *eclécticos*, para usar un sano criterio que nos permita reconocer el oro genuino dondequiera que se encuentre. Así que me siento libre de citar a cualquier autor sea este católico romano o liberal (como Benjamín Constant o Francois Guizot), o lo que sea, siempre y cuando haya honrado, aunque haya sido involuntariamente o mediante un razonamiento inconsistente, los principios que defiendo. Déjenme terminar con algunas palabras sobre dos autores más, Karl Ludwig von Haller y Willem Bilderdijk.

A pesar de que Haller apostató uniéndose a la iglesia de Roma, y que después no tuvo escrúpulos para añadir su voz a la crítica superficial que se hace de la Reforma y los Reformadores,[1] será difícil encontrar otro que desafíe con la misma habilidad las falacias de la ley constitucional moderna. Los seis volúmenes de su *Restoration of Political Science* verdaderamente prepararon el terreno para levantar una mejor estructura. Eliminó de una vez por todas las peligrosas doctrinas de la soberanía popular y del contrato social original, haciendo ver que estas nuevas teorías descansaban sobre una sola y errónea presuposición: que el estado surgió por consentimiento humano, poniendo fin de esta manera al estado natural. Basta quitar este error y el estado de inmediato se presentará a sí mismo como realmente es, no como una producción artificial, sino como un producto de la naturaleza, como la forma más alta de derechos privados, una forma que encuentra su contrapartida de órbitas más restringidas en la diversidad de relaciones sociales, difiriendo de éstas sólo en que goza de una independencia que sólo reconoce a Dios sobre sí. Todavía puedo recordar cómo, hace más de 20 años, irritado por la naturaleza no histórica de las teorías modernas, percibí que leer a Haller me estaba apartando del idealismo para tocar la tierra firme de la realidad. A pesar de que en otros respectos no me satisface, he aprendido a apreciarlo más y más en esta área.

Ahora presentaré a mi último testigo: Bilderdijk.

---

[1] *Cfr.* especialmente su *Histoire de la Réforme Protestante dans la Suisse Occidentale.*

Tú eres discípulo de Bilderdijk, dicen ellos; y lo soy. Bilderdijk, gran poeta y genio no común, no se avergonzó de la verdad. A causa de sus convicciones cristianas, nunca se cansó de testificar contra los ídolos de la época.

No obstante, estoy lejos de apoyar cada una de sus opiniones sobre historia y teoría política. En mi *Handbook* apunto algunos de sus errores. Para él, sólo la monarquía era legítima. Además poco distinguía, si es que lo hacía, entre la monarquía que descansa sobre la autoridad personal de los reyes, autoridad de muchas maneras restringida, y la forma de autocracia llamada gobierno monárquico que se levanta inevitablemente de la anarquía de la Revolución. Enojado por la constante reafirmación del espíritu de apostasía y sublevación, acarició conceptos y deseos que no estuvieron libres de tintes revolucionarios. Es así como en 1787 quiso ver a nuestro príncipe Guillermo V coronado como soberano de una manera que estaba más de acuerdo con su deseo de lograr un gobierno enérgico que con las necesidades de la República, que demandaban una adecuada reforma como correctivo histórico. Fue el mismo prejuicio monárquico el que produjo su fina pero extraviada obra *Oda a Napoleón* (1806). La misma tendencia lo llevó a estar dispuesto a permitir que el rey, bajo la constitución de 1815 (que él detestaba), tuviese una libertad de acción tal que hubiera estado más de acuerdo con los errores que combatía que con los principios que defendía.

Sin embargo, le debo mucho a Bilderdijk, ya que sus vehementes ataques fueron los que por primera vez me hicieron dudar de cosas que hasta ese punto había aceptado sin cuestionamiento. También estoy orgulloso de compartir la burla y abusos contra sus seguidores, cosas que realmente se dirigen en contra de la justicia y la verdad. Más no quiero que se me identifique mucho con esta escuela. El cruel emperador Calígula una vez dijo que le gustaría que el pueblo romano tuviese una sola cabeza, para así poder decapitarlo de un solo hachazo. De la misma forma a nuestros adversarios les gustaría poder etiquetarnos con el nombre de un partido que se dice derrotado, para así no tener que contestar nuestros argumentos. Pero como yo no caeré en esa trampa, defenderé la verdad en forma independiente, haciendo lo que el mismo Bilderdijk nos enseñó.

Lo que digo de Bilderdijk lo afirmó de todos mis maestros, antiguos y modernos. Estoy abierto a ser instruido. Consciente de mi propia debilidad, siento la necesidad de que mis opiniones sean confirmadas por jueces de reputación. Pero, al mismo tiempo, no quiero depender de nadie. Aunque estoy agradecido por poder consultar muchos autores sabios, ante todo miraré a la Escritura recordando las palabras del Salvador: "Uno es vuestro Maestro, el Cristo".[1]

---

[1] Véase Mateo 23:8-10.

CONFERENCIA III

PRINCIPIOS ANTIRREVOLUCIONARIOS

Empecemos esta noche con la parte negativa de mi argumentación, a saber, que la ley anterior, sea en referencia a los *principios*, las *formas* de gobierno o, por cierto, los *abusos* cometidos, no puede ser tenida como la causa del surgimiento de la Revolución. Vamos a dedicar una conferencia a cada uno de estos puntos.

Por tanto, esta noche quiero probar que la Revolución no se explica simplemente concibiéndola como una reacción en contra de lo pernicioso de los *fundamentos* sobre los que estaban edificadas las diversas constituciones europeas. Echemos primero una mirada a los rasgos básicos en cuestión y después examinemos algunos puntos específicos que han sido considerados particularmente ofensivos.

Los principios básicos que subyacen bajo las constituciones anteriores son más bien sencillos (son las ideas equivocadas las que han hecho la ciencia política algo engorroso). Resumamos la teoría, no en la forma en que se desarrolla en el estudio académico, sino en la forma en que participa del consenso universal y vive en la conciencia de las naciones.

La *esencia* del estado, esto es, su soberanía, se definía en términos de independencia de poder y autoridad.

En cuanto al *origen* de la autoridad civil, se reconocía universalmente que los estados no son invención humana, sino que son una institución divina, inseparable de la naturaleza y las necesidades de la humanidad caída. La primera familia de la historia, teniendo al esposo y padre como señor de toda la tierra, poseía todas las marcas del estado.

En cuanto a las diversas *formas* de gobierno, se sabía que habían evolucionado a través del tiempo desde la autoridad patriarcal, a través del poder y el dominio conseguido por conquistas militares, la expansión de los terratenientes o el reconocimiento de la justicia y la sabiduría, hasta llegar a las monarquías o repúblicas. En el primer caso un rey es el centro y alma del gobierno; en el segundo, la asociación termina creando una república, en la cual la soberanía pertenece a aquella comunidad por cuya aprobación se confió la administración a una magistratura elegida.

Finalmente, respecto a los *límites* de autoridad, se creía que cada uno estaba limitado a su esfera de competencia. Nuestros padres no conocieron mejor salvaguarda que recordarse unos a otros la ley divina de justicia y amor, la cual otorga derechos adquiridos y libertades inviolables. Sabía muy bien que las personas no son niños a los que se les debe castigar ni tampoco ovejas indefensas que pueden ser trasquiladas para beneficio de su dueño. Sin embargo, no rechazaron la ternura paternal ni el cuidado pastoral como los símbolos de la relación que hay entre gobernantes y gobernados.

Estas fueron, entonces, algunas de las máximas de la sabiduría teórica y práctica que una vez fueran impresas en la conciencia del cristianismo. Ésta fue la ley constitucional, tan claramente fundada en los simples pronunciamientos de la Naturaleza y la Revelación, que la Revolución increpó amargamente y atacó con vehemencia. Nos podríamos preguntar: ¿Pero por qué tal rechazo? Quiero, pues, ahora dar una lista de las principales objeciones, para después discutirlas.

CONFERENCIA III 🍂

1. Se le dió mucha atención a derechos históricos dudosos en detrimento de los principios generales de justicia.

2. Poca atención se le dió a la regla: *no debe haber un estado dentro del estado*. Esto produjo que muchas luchas internas frustraran un fuerte y unificado poder político.

3. El origen divino de la autoridad sirvió como pretexto para dar apoyo al despotismo. 45

4. La unión forzada de la iglesia y el estado confundió cosas que son desiguales, trayendo muy malos resultados.

1. Se le dio mucha atención a derechos históricos dudosos

¿Es verdad que el antiguo régimen estaba tan comprometido con los elementos históricos y tan atado al *status quo* que ignoró los principios universales de justicia?

Para empezar, no se puede decir que los derechos históricos se opongan necesariamente a estos principios. De hecho, se afirmaba que los reflejaban. Los derechos históricos no se derivaban simplemente de la historia, como si surgiesen de todo el oleaje que surge sin el control de poderes superiores. Por el contrario, se les tuvo como el lento pero maduro fruto que surge del principio de justicia, cuya acción en el tiempo, lejos de doblegarse a los acontecimientos, somete la informe masa de hechos y circunstancias a su propia influencia reguladora y purificadora. La justicia fue puesta, en el sentido filosófico esencial e histórico *par excellence*, por sobre la historia. Este dominio del derecho por sobre los hechos hizo surgir toda una serie de derechos adquiridos. Ahora 46 bien, cualquier combinación particular de estos derechos determinaron lo distintivo de un estado, formando así su constitución natural.

¿Pero qué de toda la injusticia ocurrida? Ya que, por cierto, casi no hay página o línea de la historia que no esté manchada por el pecado. ¿Acaso no se puede decir que esas obras de injusticia con mucha frecuencia están en el origen de estos derechos históricos?

Tengamos cuidado de no imponer a una generación anterior lo que es la regla moderna. A diferencia de hoy, los hombres no se rindieron simplemente a los *faits accomplis*. No se identificaba el poder con el derecho, un crimen no exoneraba, una conquista no legalizaba por la mera demostración de que había sido un éxito. Pero era posible que como resultado de una obra realizada surgiera un nuevo derecho respecto a una tercera parte. Esto ocurría cuando un resultado de amplias consecuencias, procedente de un acto de injusticia y limpio de su mancha original por medio de una prescripción o inhabilitación (la cual no se funda en alguna decisión arbitraria o en el mero paso del tiempo, sino en la naturaleza del asunto y en el cambio de personas y circunstancias), estaba pronto a ser recibido dentro de la esfera de derechos incontestables. La justicia misma requiere este expediente. Sea como sea, lejos de ceder a la fuerza superior de las circunstancias, los hombres entendían que ningún hecho se tenía por válido a no ser que estuviese estampado, en algún tiempo u otro, con la marca de la justicia. Los hombres no se sentían autorizados para ignorar ningún hecho así estampado sólo porque constituía un estorbo para algún curso de acción. Es así que el respeto a los derechos adquiridos significó al mismo tiempo respeto por el principio más alto de justicia.

Pueden ver, pues, que la acusación se torna en alabanza. Sin esta regla, ningún derecho es sagrado y ninguna posición segura. Con ella, en cambio, se asegura el curso natural de las cosas en contra de interferencia violenta. Se pueden introducir reformas, gradual y saludablemente, de tal forma que las constituciones pueden crecer sanas y estables, recordando las sabias palabras de Catón: "El ordenamiento de una nación no es la obra de un período u hombre".[1]

2. Se toleró que hubiera un estado dentro del estado

¿Se debilitaba la autoridad política en el estado por la independencia permitida a sus divisiones y subdivisiones?

¡Ningún estado dentro del estado! Esta es una sabia advertencia, si quiere decir que en un reino o estado bien ordenado nadie posee completa independencia, que todo habitante es un subordinado, que solo o en unión con otros está en algún grado subordinado a las autoridades, en todo aquello que caiga bajo la jurisdicción del estado. Pero la advertencia se transforma en un peligroso dogma si los hombres la usan para demandar pasividad en lugar de subordinación, para confundir la autonomía con la independencia, para considerar la libre actividad como rebelión, a fin de sujetar todo lo que está dentro de la esfera del estado a la voluntad arbitraria del estado, o para oponerse por principio a cualquier autogobierno de personas o corporaciones privadas a fin de, bajo la apariencia de mantener la ley y el orden, destruir toda autodeterminación y todas las genuinas libertades. Nuestros antepasados creyeron y actuaron de otra forma. En

---

[1] Citado en Cicerón, *De República*, vol. II, 21.37.

esos tiempos, toda cabeza de familia, toda corporación, todo patrimonio, dentro de la esfera de su competencia, tenía el derecho de disponer de personas y propiedades, de hacer reglamentos para sus subordinados y de regular sus asuntos a voluntad. En suma, tenían derecho a ejercer una forma de gobierno que difiere de la autoridad soberana sólo en este respecto, en que carece de independencia, que es la marca distintiva de la soberanía. Creían que la prosperidad general era inseparable del libre desarrollo de los órdenes, de los estamentos que componen el estado, y cuyos derechos se tuvieron como sagrados hasta que vino la Revolución, la cual los consideró un escándalo.

Detrás de este reproche se puede ver la tendencia a la *centralización*. Muchas veces tendremos que volver a lo mismo. La centralización siempre empieza por destruir los derechos de provincias y municipalidades, todo lo cual termina, si se ven forzados a ser consistentes, en la supresión de todo derecho o actividad o existencia que no sea la que esté bajo su supervisión y control, como si fuera un favor. No hay lugar aquí para la autonomía e independencia dentro de su propia esfera.[1]

De manera que, otra vez, nos regocijamos en dicho reproche. El poder supremo debe ser libre y sin límites en la ejecución de sus derechos, precisamente para el bien del pueblo. Pero si quitamos los límites ya mencionados, entonces hemos perdido el único medio de detener la omnipotencia estatal y la única forma de resistir a cualquier teoría política que prefiere ver a las "masas" pasivas y a la maquinaria del es-

---

[1] Ningún estado puede prescindir de un gobierno centralizado, pero la administración centralizada es la que es un veneno para todo el pueblo.

tado como poder irresistible, en vez de aceptar los principios de libre iniciativa y de vitalidad orgánica.[1]

3. La creencia en el origen divino de la autoridad apoyó al despotismo

¿No fue la teoría del derecho divino una simple excusa para el despotismo? 49

Podría tener menos éxito al responder este cargo. Aún hoy en día casi universalmente se denuncia el derecho divino de gobierno como una antigua y errónea concepción que viene de la Edad Media, como el producto *absurdo* de la astucia de los reyes y de los intereses de los sacerdotes, como un tejido de injusticia atado a una multitud de falacias y tonteras. Hasta hace muy poco, levantarse como defensor del derecho divino era una temeraria aventura si uno valoraba más el honor del hombre que el de Dios; era colocarse voluntariamente entre las filas de los fanáticos más retrógradas. A pesar de que hoy en día ha cambiado un poco la cosa, dado que todo otro fundamento de gobierno ha probado ser inestable, todavía un gran número de personas se indignarán o tendrán lástima de aquél que quiera darle al tema un trato justo y bíblico.

Pero nada de esto me impedirá afirmar la excelencia de tan atacada doctrina. Quiero llamar su atención a: (a) la deformación, (b) el significado, y (c) las consecuencias de esta doctrina, que más que ninguna otra verdad merece el

---

[1] Tocqueville, en su libro *L'Ancien Régime et la Révolution*, p. 49, aduce evidencia en cuanto a que la centralización administrativa no fue producto de la Revolución, sino del antiguo régimen. Si esta forma de centralización ocurrió, fue sólo una *degeneración* de la ley constitucional de Europa (p. ej. Inglaterra) mientras que la Revolución la adoptó por *principio*, como parte de su *programa*.

nombre de *principio*, en tanto que el temor de Dios es el *principio* de todo conocimiento.

a. Su deformación

Es necesario que aquí también disipemos las nubes ya que, si combatimos a plena luz del día, venceremos.

Se nos dice que no hay nada más necio y estúpido que dar al hombre el homenaje que le pertenece a Dios. Cuán necio es exaltar a los reyes a la categoría de seres sobrenaturales que llevan en sí la indeleble marca de la santidad. Se nos dice que es tonto fijarnos en la teocracia judía (cosa excepcional en la Escritura misma) para encontrar en ella el modelo del estado. Tampoco es correcto, se nos dice, ser parciales con la forma autocrática de gobierno o vestir intenciones mundanas con ropaje de autoridad prestado del cielo. Agregan que es necio contrabandear para el gobierno una forma sistemática de violencia, que permite al soberano toda injusticia y que niega al súbdito toda resistencia y que sacrifica, en el altar del nuevo ídolo, toda libertad.

¡Ay de nosotros si tramásemos todo esto de lo que se nos acusa! Mas yo no encuentro una pizca de verdad en esta serie de caricaturas. Por supuesto que no pongo en duda el hecho de que la historia nos provee con abundantes ejemplos de todos los abusos recién mencionados. Lo que sí niego es que, para defender esta doctrina, sea necesario defender también tantas deformaciones de ella. Nosotros jamás hemos identificado la voluntad de ningún soberano con la voluntad de Dios, como algunos lo han hecho. Nosotros no hemos levantado ningún altar a ningún gobierno tal como lo hicieron los romanos a sus emperadores. Tampoco queremos transferir impropiamente al estado costumbres y preceptos sacados de la dispensación particular del pueblo de Israel. No soñamos en dinastías sagradas con derechos heredados, como la casa de David. No tenemos ninguna intención de restringir la aplicación de una ley universal para beneficio exclusivo de una forma de gobierno monárquico, como si estuviésemos inclinados a delirar junto a Santiago I, de Inglaterra, acerca del poder absoluto del rey, o unirnos a Napoleón para acudir a Dios para *confirmar* el poder supremo, pero no para *regularlo* y *frenarlo*. De ninguna forma queremos eximir al soberano de las debidas restricciones; más bien estamos convencidos de que la subordinación de gobernantes y súbditos al poder supremo sobre la tierra es restricción suficiente, lo cual provee de la mejor garantía para que ambos guarden sus mutuas obligaciones.

b. ¿Cuál es el significado del derecho divino?

Aunque también podríamos apelar a los clásicos, la respuesta clara y simple está en la Escritura: "Sométase toda persona a las autoridades superiores; porque no hay autoridad sino de parte de Dios, y las que hay, por Dios han sido establecidas".[1]

Toda autoridad ha sido establecida por Dios. No es correcto que suavicemos lo que nos parece chocante, usando interpretaciones forzadas que se acomoden a lo que nosotros consideramos aceptable. Es por esto que no debemos evadir la intención que tienen estas palabras apuntando, por ejemplo, a la divina Providencia, que es capaz de sacar lo bueno de lo malo que tolera. Lo cierto es que los poderes que existen no sólo son tolerados, sino que han sido instituidos, santificados y determinados por Dios. Este es el único sentido admisible de las palabras: *han sido establecidas*.

---

[1] Romanos 13:1.

También debemos estar en guardia en contra de las malas interpretaciones o intenciones que distorsionan el sentido de la Escritura. Cuando la Biblia dice que todas las autoridades han sido establecidas por Dios se refiere a todo tipo de autoridad o poder *legítimo*, según el sano sentido que el contexto demanda al recordarnos la justicia y santidad de Dios. *Autoridad* no significa aquí fuerza o poder. Admito, por cierto, que, cuando Pablo escribió, Nerón estaba en el poder; y admito también que no siempre el cristiano está llamado a entrar en disputas respecto a la legitimidad de los poderes de turno. También estoy dispuesto a que la expresión "también a los difíciles de soportar",[1] que se usa respecto de los amos y esclavos, se aplique, por analogía, a las injusticias de las autoridades civiles. Pero no apoyaré ninguna interpretación que nos obligue a obedecer al villano que nos pone un cuchillo en el cuello o a aclamar al que le robó la corona a nuestro legítimo príncipe, como si fuese una autoridad puesta por Dios.[2]

52   Además, es evidente que la naturaleza de la sumisión que se nos requiere depende de la naturaleza de la autoridad que Dios entregue. En La Haya no tengo la obligación de someterme al tipo de autoridad que legítimamente se ejerce en Constantinopla o en San Petersburgo. De la misma forma, como neerlandés no tengo las libertades y privilegios de que gozan los súbditos y ciudadanos de Londres o París.

Pablo habla de *todo tipo de autoridad*. En otras palabras, la *monarquía* no es la marca registrada divina, sino que lo mismo se aplica a todo tipo de gobierno. Por tanto, lo que

---

[1] 1 Pedro 2:18.
[2] *Cfr.* Otto von Gerlach, *Das Neue Testament, nach Luthers Übersetzung, mit erklärenden Anmerkungen*.

sea que queramos sostener en contra de Juan de Witt y sus compañeros oligarcas, no podemos acusarlos por sus tremendos esfuerzos (dada su insistencia en la soberanía de los estados de Holanda) por defender su autoridad en aquella *república*, apelando al origen divino de sus derechos a la soberanía.

Toda autoridad viene de Dios. La autoridad civil es el *lugarteniente* y *ministro* de Dios. Esta doble relación, vertical y horizontal, viene a ser la base de la teoría del derecho divino. *Nosotros* debemos obedecer a las autoridades superiores porque Dios así lo quiere. Pero *ellas* deben obedecer a Dios: "Porque es servidor de Dios para tu bien", escribe Pablo.[1] El poder supremo es un don de Dios que debe ser empleado en su servicio, para el bien de todos y la gloria de Dios.

Se podría objetar que pasa lo mismo con cualquier don de Dios. El ser un lugarteniente, siervo y mayordomo de Dios es el llamado que todos tenemos, cada uno dentro de su propia esfera. En todo rango o relación, al hombre se le ha entregado un talento que está a su disposición, en el entendido de que Dios le llamará a cuentas respecto de su uso. La autoridad lleva la imagen de Dios, pero —sigue la objeción— también la lleva el padre en relación a su hijo o el juez respecto al acusado. De hecho, lo mismo sucede con el poseedor de cualquier bien o habilidad, ya que cada talento es un *don* y cada posesión un *préstamo*. Así que todo ser humano debe caminar en el nombre y según el mandato de Dios para llevar a cabo las buenas obras que él preparó de antemano.[2] El principio es el mismo para todos, en los derechos que confiere, los deberes que impone, y la norma

---

[1] Romanos 13:4.
[2] *Cfr.* Miqueas 4:5; Efesios 2:10.

que aplica. ¿A qué le achacaremos la extraña y extraordinaria posición que tan pomposamente se le atribuye siempre al gobierno?

Acepto la objeción y concuerdo con todo lo dicho. La simplicidad misma del asunto demuestra lo incontestable que es. Lejos de ser algo peculiar o extraordinario, el derecho divino no es más que la aplicación más natural de una ley universal. La objeción hace surgir el mismísimo punto que ha venido siendo una total fuente de malas interpretaciones; a saber, que aquellos que acuden al derecho divino por mero egoísmo e interés lo tendrán por un derecho *excepcional*, pero los que se le oponen resentidos lo tendrán como un odioso *privilegio*. ¡Fuera con esta restricción arbitraria! La verdad de que una violación de derechos es una violación al derecho divino se aplica a todos o no se aplica a nadie. Todos tienen interés en su observancia. No nos engañemos con la promesa: "guerra para los palacios, pero paz para las cabañas", porque el mismo razonamiento que demuele el palacio del príncipe será también el que no perdonará la oficina del mercader o el humilde techo del pastor o la pequeña cabaña del obrero. Por el contrario, la doctrina del derecho divino protegerá tanto el trono como la propiedad de hasta el último de los súbditos.

Desde este punto de vista, la antigua costumbre de *ungir* a los reyes y la antigua fórmula "soberano por la gracia de Dios", no debería ofender a nadie. Por cierto, la mera ceremonia de ungimiento sería una necia superstición si se le atribuyese algún poder mágico, sin mediar la sincera invocación del nombre de Dios. También sería un sucio truco si con ella se quisiera poner al clero por sobre el rey o al rey por sobre la ley. Pero, si se realiza según su verdadero sentido original, entonces la ceremonia viene cargada de significado; a saber, para que el pueblo reconozca a su soberano como agente y embajador del Altísimo; para recordarle al príncipe de su necesidad de la ayuda divina; para enseñarle a que se dé cuenta de su propia indignidad, a fin de que pida un corazón sabio y entendido;[1] para añadir solemnidad a sus votos de defender las leyes del amor y la justicia; para añadir poder a los compromisos hechos en dicha ocasión. De la misma forma, el título de "soberano por la gracia de Dios" exhorta al gobernante a que dé gracias por el don recibido, ejerciendo su cargo con humildad. Como tal, la fórmula resume toda la teoría del derecho divino.

c. Consecuencias de esta doctrina

Esta marca de autoridad es la salvaguarda contra cualquier falso criterio que uno pudiera querer colocar en su lugar. Siendo responsable sólo ante Dios, el soberano sabe bien que es responsable ante Dios. Señor en la esfera de sus propios derechos, sabe que se le ha encomendado el respeto al derecho de los demás. No se pueden descuidar los derechos y libertades del pueblo sin a la vez minar los derechos del gobernante. Los súbditos no sirven al ojo, para sólo buscar la alabanza de los hombres, sino a Dios, como siervos del Rey eterno que reina sobre todos los reyes de la tierra.[2] Lo que dicen ser una humillación es mas bien una exaltación.

La obediencia que se da como sumisión a Dios debe definirse y delimitarse de acuerdo con las leyes de Dios. No quiere decir que renunciemos a nuestros propios derechos y libertades. Se basa más bien en las palabras "Dad, pues, a

---

[1] *Cfr.* 1 Reyes 3:8–12.
[2] *Cfr.* Efesios 6:6.

César lo que es de César; y a Dios, lo que es de Dios" de lo cual no se deduce: "Dad a César también las cosas que no son de César". Se basa más bien en el mandamiento: "Dad a Dios lo que es de Dios".[1] No se excluye la resistencia pasiva, la que puede desgastar el poder. Tampoco excluye el derecho a juicio privado o aún el derecho a negarse con firmeza o a oponerse valientemente —aunque dicha oposición tiene sus límites, recordando, además, que la injusticia no es por sí misma una excusa para romper relaciones que son sagradas. Fue con este sentir que nuestros ancestros actuaron en el siglo XVI. No tomaron las armas, y cuando lo hicieron fue con dudas y en defensa propia, después de cuarenta años de paciencia y sufrimiento. Sus escrúpulos eran tales que habrían estado dispuestos a sacrificarlo todo, menos la Escritura, con tal de permanecer fieles al rey, aunque fuera Felipe II.

¿Qué más puedo decir acerca de este cimiento de la sabiduría política? La autoridad es confirmada, el gobierno arbitrario refrenado, la obediencia ennoblecida, la libertad salvaguardada y la verdad básica tenida en alto, lo cual, en un sinnúmero de aplicaciones, viene a ser el cimiento de todo el edificio estatal. "Toda verdadera legislación emana de Dios ... Apartémonos de esto, y sólo tendremos voluntades arbitrarias y la regla degradante del poder, sólo veremos hombres enseñoreándose con insolencia sobre otros hombres, sólo esclavos y tiranos".[2] Por otro lado, Vinet escribe: "El que sólo obedece a los hombres, sin tener en cuenta a Dios, obedece mal y no lo hará por mucho tiempo. La anarquía no tiene reclutas en hombres de conciencia, pero ha ganado muchos

---
[1] Mateo 22:21.
[2] F.H.R. de Lamennais, *Essai sur l'indifférence*, cap. X

entre los adeptos a la obediencia ciega. Los esclavos de hoy serán los rebeldes de mañana".[1] En suma, la tesis que parecía contener un camino lleno de viciosos errores es en realidad una fuente de verdades saludables. "Es así que toda verdad sobre la sociedad se desprende de esta primera gran verdad, que *toda autoridad ha sido establecida por Dios*".[2]

4. Se unió de manera forzada a la iglesia con el estado

Todavía queda un punto importante y controvertido, el asunto de *la unión de la iglesia y el estado*. Muchos, incluso cristianos, están en contra de esto. Creo que la mejor manera de empezar es presentar las razones para ello en la forma más simple.

Si un gobernante debe, en todos sus actos, guiarse por los preceptos de la moralidad, entonces dicha moralidad debe estar apoyada en una religión. Si es así, el gobernante deberá proteger y favorecer dicha profesión con fidelidad, a fin de mantener la justicia, la virtud y el orden. Si decimos que un gobernante es el lugarteniente de Dios, está obligado a confesarle y servirle públicamente, así como a ayudar a otros en el ejercicio de su culto. Hasta donde llegue su legítima autoridad, también deberá aplicar las normas de la ley de Dios a todos sus actos y ordenanzas. Como dice la Escritura: "Ahora, pues, oh reyes, sed prudentes; admitid amonestación, jueces de la tierra. Servid a Jehová con temor, y alegraos con temblor".[3] En lo que a la iglesia se refiere, ésta está llamada a ser la luz, la sal y la levadura del mundo. La iglesia no debe buscar el martirio o la humillación. Si el estado le pide su

---

[1] L. Vinet, *L'Education*, p. 430
[2] Lamennais, ibídem.
[3] Salmo 2:10-11.

cooperación, debe dársela. La iglesia debe esforzarse por conseguir autoridad e influencia para el Evangelio, a fin de que los mandamientos divinos sean obedecidos. Estas son las bases para una unión de estado e iglesia.

Notemos que no se trata de algo optativo, sino obligatorio. Por lo tanto, objeciones que surjan del temor a pérdidas que se pudieran causar o de no encontrar provecho alguno, no vienen al caso. Hay gente que pregunta ¿en qué beneficia esto al estado? A veces al estado le ha significado un muy alto precio el apoyo de la iglesia. ¿Y por qué la iglesia habrá de necesitar apoyo estatal? Por el contrario, se ha probado que crece más bajo persecución. Los favores mundanos le son una tentación. El Evangelio tiene poder propio, no necesita de la ayuda humana. Estas son la objeciones que vienen a ser irrelevantes, cuando uno se da cuenta que dicha unión tiene carácter obligatorio. Tanto la intensidad como la manera de la unión podría encontrar obstáculos a causa de los requerimientos que la tolerancia y los derechos de conciencia exigen, pero esto no debiera llevarnos a negar el principio de unidad.

No obstante, los oponentes a este principio crecen cada día. Se dice que la iglesia es santa y el estado profano. La iglesia es la comunidad de Dios, el estado el mundo que yace en pecado. ¿Qué concordia tiene Cristo con Belial?[1] Estas y otras expresiones mucho más fuertes se pueden encontrar en muchos libros y panfletos que exhortan a quienes defienden la unión a que se arrepientan de ella, para atacarla mordazmente como el Cartago que debe ser destruido. Por ejemplo, un celoso cristiano de nuestro país acaba de aparecer afirmando que, con la excepción del antiguo Israel,

---

[1] 2 Corintios 6:15.

todos los estados son del Diablo.¹ El profesor Alexander Vinet, tremendo erudito y creyente humilde, tampoco duda en decir, en su conocido libro publicado hace pocos años, que la confusión que ha causado la unión de iglesia y estado sólo puede atribuirse a Satanás.²

Según Vinet, esta unión es en todo tiempo y circunstancias, y bajo cualquier gobierno, una abominación.

Yo opinaría lo mismo tratándose de un estado Revolucionario. Detesto una unión como la que hemos tenido en los Países Bajos desde 1795. Llamada legalmente una separación, la presente relación que existe entre iglesia y estado es tal que, de hecho, se ha privado a la iglesia del uso de sus legítimos derechos, se le ha obstaculizado en el ejercicio de su debida influencia, ha sido puesta bajo tutelaje y, rompiendo el vínculo recíproco, ha sido sujetada con grilletes. La iglesia debe sacudirse esta esclavitud. Por cierto, con un estado como éste la iglesia no debería tener relación alguna.

Sin embargo, es menester que rechacemos la afirmación tan general que Vinet hace. Vinet se equivoca en su concepto del estado y, por tanto, en la evaluación que hace de la relación histórica que ha tenido con la iglesia. Empieza adoptando una definición radical del estado, en la cual se le tiene como un conglomerado de individuos por cuyo con sentimiento se gobierna a la masa como una "sociedad civil", cuyos miembros individuales "tienen una causa común en lo que sea su interés común".³ Después, para prevenir que el go-

---

[1] Me refiero al pastor H.P. Scholte, en la revista *De Reformatie*, vol. IV. no. 5 (1843), p. 249.

[2] Vinet, *Essai sur la manifestation des convictions religieuses et sur la séparation de l'Eglise et de l'Etat*, p. 22.

[3] Ibídem, p. 215.

bierno de semejante estado omnipotente imponga también una religión nacional, violando la libertad de conciencia, define al estado como un "hombre menos su conciencia",[1] el cual sólo se preocupa de los intereses materiales. Concedo que semejante estado no debería tener relación alguna con la iglesia. Pero éste no es el estado histórico del que yo hablo.

Además, Vinet sucumbe con frecuencia a la tentación de imputarle aplicaciones históricas equivocadas al principio como tal. Es así como la mera oratoria se explaya, evocando espectros de hipocresía, egoísmo, intolerancia, fanatismo. Pero yo en ningún momento estoy defendiendo la necedad e impiedad de los hombres. Sólo defiendo el principio y aquello que de él se desprende.

Con todo, son muchos los que afirman que los abusos del pasado surgen de la naturaleza misma de esta relación. La voluntad soberana hará que siempre su poder supremo esté al servicio de sus propios fines. La dependencia económica servirá en todas partes como pretexto de inspección y control. En cualquier momento se puede comprar a los clérigos mediante honores y favores. Cada vez que la iglesia se une al estado, la independencia en materia de fe deja de existir.

Por supuesto que admitimos que con demasiada frecuencia los gobiernos han usado su poder injustamente y que (no sólo en nuestros días) también se han aprovechado del hecho de que son ellos los que pagan los sueldos de los clérigos, a fin de enseñorearse de la iglesia. Estamos por demás conscientes de que los pastores no siempre han permanecido inmunes a la seducción del dinero o de las armas. Sin embargo, es preciso decir que las tentaciones pueden resis-

---
[1] Ibídem, p. 256.

CONFERENCIA III 👐 45

tirse y que podemos oponernos eficazmente a los embates del estado. Tampoco es cierto que todo gobernante querrá dominar a la iglesia cuya fe él mismo profesa. Como lo ha dicho Tomás Chalmers: "Es posible depender totalmente del estado en asuntos temporales, sin siquiera el menor indicio de dependencia en asuntos eclesiásticos. Aunque la iglesia debe recibir su sustento y todo su mantenimiento del poder civil, esto no quiere decir que también deba recibir su teología o que por lo mismo tenga que secularizar su teología".[1] Además, el dinero no es el principal o único vínculo. Se podrían acabar los sueldos y, sin embargo, la unión seguir en pie, si al hacer leyes y tomar medidas, el estado escucha la doctrina de la iglesia. En resumen, los abusos son posibles, pero no necesarios.

La historia de todas las naciones antes de la Revolución apoya esto que decimos acerca de la unión de iglesia y estado. Pero aquí también Vinet se siente más a gusto entre los floridos campos de la especulación filosófica que en los áridos desiertos de la investigación histórica. Sobre este punto, ¿acaso los anales de nuestros padres sólo hablan de debilidad, nunca de enérgico vigor? ¿sólo se habla de descuido, pero nunca de responsabilidad en los deberes? En la Ginebra de Calvino se insistía tanto en la independencia de la iglesia como en la del estado. Podemos citar de la historia de la iglesia reformada a muchos testigos cuyas obras han sido un glorioso testimonio de que es posible asir firmemente los derechos de la iglesia en contra de la arrogancia de las autoridades civiles.

Miremos el ejemplo de Gran Bretaña, donde hace algunos años la Iglesia Libre de Escocia sacrificó los beneficios de la

---

[1] T. Chalmers, *Works*, vol. XVII, p. 197.

unión que tan alto valoraba, a fin de preservar una genuina independencia. En el siglo XVII, casi la totalidad de la historia inglesa consiste en la lucha de los valerosos puritanos en contra de la coerción del régimen papista-cesareano que simpatizaba con el catolicismo romano. Después de la Restauración de 1660 los creyentes de Escocia, dado que deseaban mantener el sistema presbiteriano en contra de las intenciones de un rey ingrato e inescrupuloso, sufrieron una sangrienta persecución de veinte años, la que cesó sólo cuando Guillermo de Orange llegó a poner fin a estas medidas arbitrarias y represivas.

La historia de los Países Bajos, nuestra nación, también nos entrega testimonios en palabra y obra. Podría abrir las páginas de Trigland, donde nuestro amigo Van der Kemp podría, mejor que yo, indicar los numerosos lugares en los que este competente erudito define lúcidamente, y en armonía con las bíblicas enseñanzas de nuestra iglesia, los límites de la iglesia y el estado, así como también su mutua relación y sus obligaciones recíprocas.[1] La iglesia neerlandesa no tenía el hábito de ceder cuando era amenazada con la espada desnuda de ordenanzas y edictos afilados. La deplorable década de las contiendas arminianas fue sólo un episodio de la constante lucha que, bajo la dirección de un príncipe de la Casa de Orange, se tuvo que librar en favor de las libertades de la iglesia, en contra de la codicia de poder de algunos

---

[1] J. Trigland, *Kerckelÿcke Geschiedenissen*, pp. 440, 448 y 454.

CONFERENCIA III

regentes.[1] Pero es tiempo de concluir con una observación general.

Lo que afirmé la semana pasada está íntimamente relacionado con el tema de hoy. Excluyendo a los sofistas, antes de la Revolución nunca nadie había cuestionado estas verdades básicas. Pero sólo desde ese entonces es que se viene cambiando el desarrollo histórico por la industria constitucional. Desde ese entonces se cambia la libre acción de los componentes orgánicos de la nación por el todo sin vida de una administración centralizada. Es desde ese entonces que el derecho divino debe ceder a la soberanía del pueblo y que se abandona la unión de la iglesia y el estado en favor del ateísmo político.

No se puede atribuir la Revolución directa o indirectamente a algún supuesto defecto de principios que son tan eternos e inamovibles como el ser de Dios. Principios que permanecerán, no importa si los hombres se apartan de ellos a fin de edificar sobre arena los pilares de la libertad, la justicia y el orden, para el estado, la iglesia y toda la estructura de la sociedad.

---

[1] Deben distinguirse, pero no separarse, la iglesia y el estado. Deben estar unidos en consultas recíprocas desde una posición de mutua independencia: El "estado laico" como opuesto al ultramontanismo. Si la iglesia cristiana pierde su prioridad, la libertad de conciencia queda indefensa en contra de la intolerancia de la incredulidad. La incredulidad viene a ser la religión civil de un estado secular. Refiriéndose a los decretos de tolerancia, Christian von Palmer escribe: "Cada estado acepta un principio religioso y, si el estado lo abandona, no significa que adopte una relación indiferente a toda religión: Esta indiferencia es en realidad siempre un racionalismo positivo, o el deísmo o el materialismo" (*Evangelische Pädagogik*, p. 457). En cuanto al "individualismo cristiano" de Vinet, hay que decir que renuncia a las instituciones públicas, dejándonos indefensos ante el humanismo, que es la iglesia de la humanidad, la religión civil del modernismo.

CONFERENCIA IV

FORMAS HISTÓRICAS DE GOBIERNO

Como ya vimos, la ley constitucional europea descansaba en el desarrollo histórico, la vida orgánica, la soberanía de Dios y la obediencia a su ley. Con todo, lo sano de los principios no garantiza que las formas de gobierno sean también sanas en los hechos. El fundamento podría satisfacer todas las expectativas pero, a la vez, sostener un edificio de pésima construcción. Cabe, entonces, preguntarse: ¿eran las *formas de gobierno* tan malas que requerían una revolución a fin de cambiar no los principios básicos, sino los arreglos constitucionales?

Para muchos esta ya es una pregunta a la que se le dio una respuesta definitiva. Dicen que el poder gubernamental era despótico, que el derecho divino apoyaba una forma autocrática de gobierno en la que no existía una libertad que no fuese algunos privilegios para el clero y la nobleza. Las constituciones estaban llenas de medidas arbitrarias, de tal manera que la fuerza y la violencia se vestían así del ropaje santificado de la impiedad.

Vemos, pues, que es de suma importancia que me detenga para hablar sobre la naturaleza y tenor de las formas europeas de gobierno. Si accedemos con precisión a su significado y alcance legal, nos daremos cuenta que ya desde muy temprano los artífices de los sistemas teóricos se habían desviado de la verdad histórica y de que los objetivos revolucionarios de 1789, así como los intentos de reconstrucción de 1815, fueron erróneamente aclamados como restauraciones de la antigua forma de gobierno.

70 En primer lugar describiré la *esencia* de las formas de gobierno anteriores, para después *evaluarlas*.

En *esencia*, los estados europeos eran monarquías moderadas. Monarquías de hecho, no de nombre. ¿Pero qué es una monarquía? Ésta es una pregunta histórica que nos exime de tener que tratar las teorías que después vinieron (por esto, les suplico encarecidamente que no traspasen ninguna cosa que diga acerca de la naturaleza del gobierno monárquico a los estados de nuestros días, los cuales, estoy convencido, se apoyan en teorías subsecuentes).

Bueno, cuando inquirimos sobre la naturaleza de las cosas tal como la historia nos la revela, ¿qué debemos entender por monarquía, lo que literalmente quiere decir "gobierno solitario"?

71 Veamos las diferentes formas de gobierno que pueden existir. Existe la bien conocida diferencia entre monarquías, aristocracias y democracias, y entre formas mixtas y puras de gobierno. Pero básicamente existen dos: principado o comunidad, gobierno de una persona o de una asociación, monarquía o república. En una república es la comunidad la que tiene la autoridad suprema; en una monarquía es el príncipe. El rasgo determinante es la posesión de autoridad. Ahora bien, aquí es donde surge el malentendido. En una república, además de elementos democráticos y aristocráticos, se dan elementos monárquicos; esto es, habrá la tendencia a entregar en las manos de un hombre muchas de las decisiones que deberán tomarse y, en particular, muchas de las medidas a instrumentarse. Esto es lo que Cicerón tenía en mente cuando habló de un elemento regio, de "algo excelen-

te o principesco" como deseable, si no indispensable, para una república.[1] Es así que había cónsules en Roma, sufetes en Cartago. Repúblicas como Esparta tenían una magistratura regia. Se daba también que un solo hombre ejerciera el gobierno en la antigüedad, como lo ilustra la gran lista de tiranos, la que en algún sentido incluye a los emperadores romanos. No obstante, ni esa supresión ni la figura de una sola cabeza de lo que hoy se llama poder ejecutivo, es realmente monarquía. Esto se da exclusivamente cuando el príncipe gobierna por derecho propio, en su propio nombre. Esto se da, repito, sólo cuando el rey es el único que posee la autoridad (pero no quiero que me malinterpreten, lo que el rey posee no es a sus súbditos, sino la autoridad). La monarquía no es, pues, una asociación de personas que eligen para sí un jefe; es más bien el gobierno de un solo hombre, el cual empuña una forma de autoridad personal, la que es, por eso mismo, hereditaria. Se trata de un señor poderoso, distinguido e independiente, que ordena a otros sin deber obediencia a ningún otro y en cuyo entorno se ha formado, gradualmente, no una asociación de ciudadanos, sino una aglomeración de subordinados.

Quiero ser aún más osado. Este poder del que hablamos es completo, *absoluto*. No en el sentido despótico por el que un tirano no aceptará ninguna regla u obligación para sí. Tampoco lo digo en el sentido revolucionario, por el que un gobierno, en nombre del pueblo soberano, no puede ser refrenado por ley divina alguna ni por ningún derecho humano. Lo que quiero decir es que el poder soberano de la monarquía, aunque atado a ordenanzas de origen más elevado, es libre de toda otra intromisión, y que no puede

---

[1] Cicerón, *De Republica*, vol. I, p. 45.

dividirse por alguna división de poderes ni paralizarse por la supervisión o participación de sus súbditos.

Tampoco me amedrenta extender mi osadía aún más, definiendo el poder regio con la frase que muchos tienen como el clímax del despotismo insensato: *"¡L'état, c'est moi!"* (el estado soy yo). Esto es más espantoso cuando, según la doctrina revolucionaria, se disuelven así los derechos y las vidas de todos en el estado, concentrándose todo este poder destructivo en el yugo de hierro de un dictador que se llama a sí mismo representante de la nación. Pero la frase es inofensiva y correcta cuando se refiere a la naturaleza de una monarquía genuina. Si Luis XIV realmente usó dicha expresión, y qué significado pudiera haberle dado, no me importa. Lo que sí afirmo es que si se entiende adecuadamente el dicho entonces resulta muy correcto para distinguir la monarquía de todas las formas de gobierno republicanas. Se trata de aplicar la verdad general de que el principio formativo del estado es la soberanía. Quitad al príncipe soberano de la monarquía —o a la corporación soberana de la república— y el estado desaparece, pues se fue aquel por cuya soberanía el estado había sido formado, dejando atrás tantos estados como personas o corporaciones que no conocían otro señor supremo que el príncipe que quitaron. Nunca seremos lo suficientemente cuidadosos en nuestras definiciones. La terminología ambigua o falsa con demasiada frecuencia oscurece la naturaleza verdadera de las cosas. Los términos 'estado' y 'gobierno' contribuyeron profusamente a considerar a los reyes, primero, como cabeza del estado y, después, como siervos del estado. La afirmación de Luis XIV merece alabanza si, con el surgimiento de teorías falsas, despejó toda oscuridad como una sola frase. Oscuridad creada por los nuevos términos artificiales. Luis XIV definió claramente la monarquía tal como existió por siglos, incluso en Francia.

¿Incluso en Francia? ¿Ha habido este tipo de gobierno solitario en Francia y Europa? ¿Acaso no se ha proclamado ampliamente lo contrario? ¿Acaso no se ha dicho que los reinos europeos fueron populares originalmente, en los cuales la frase de Cicerón *"aliquid praestans et regale"* ("algo excelente y regio") fue aceptada por votación, de tal forma que los reyes, al igual que los emperadores romanos, no son más que tiranos de repúblicas degeneradas, dado que abusaron de la confianza del pueblo así como de las circunstancias?

Este es el punto de vista de los publicistas más celebrados del siglo XVII y después. Pensamos en Mably, Montesquieu, Madame de Staël, Chateaubriand, Thiers, Mignet y casi todo escritor influyente del periodo revolucionario.

Sin embargo, son sólo jueces incompetentes. No conocieron de verdad las fuentes, no gastaron mucho tiempo en investigar. Lo que fuere que conocieron a medias, lo asimilaron a sus prejuicios. Además, al desarrollar sus ideas discreparon violentamente entre ellos. Lo que uno decía, lo negaba el otro y viceversa. Habiendo sido espectadores, ahora obtenemos la victoria. Para que verifiquen lo que digo, quiero agregar algunos ejemplos de su superficialidad.

Son unánimes en la opinión de que el reino de Francia estaba basado en un estado republicano o una "democracia real". Esto lo dedujeron de la afirmación de que la corona debía pasar a su sucesor por elección y mandato. Pero resultó, sin embargo, que la corona se heredaba y que en cada lugar de su dominio el rey disponía de la propiedad a su voluntad y que, si no dejaba testamento al morir, el reino se dividía entre los príncipes de su sangre.

Otro ejemplo lo constituye la afirmación de que desde tiempos remotos existió una casi inquebrantable serie de asambleas nacionales; esto es, una línea histórica continua al lado del poder real. Por el momento sólo quiero hacer notar que nuestros autores suponen la presencia de tal cadena nacional aun en una sucesión de siglos en los que no existió el tipo de nación que imaginan. ¿Pero qué diremos de los famosos *campos de Marte* o *campos de Mayo*, aquellas asambleas populares en las que los hombres discutían los asuntos de Francia al aire libre y tomando decisiones por votación? Sucede que nunca existieron. Ni un solo analista las describe. La única mención que se hace de un campo de Mayo habla de un paso de revista de armas, lo cual nada tiene que ver con leyes o con deliberaciones populares.[1]

Otro notable ejemplo es que estos autores hayan llegado a decir que el poder legislativo lo compartían el rey y el pueblo. Su prueba es un edicto del siglo IX que reza: "la ley se hace con el consentimiento del pueblo y por la declaración del rey".[2] Pero el contexto demuestra que dicha afirmación tiene relación con el procedimiento judicial urbano, donde la frase "la ley se hace" se refiere a un cargo formal y "el pueblo" a los habitantes reunidos para ver el caso. De tal manera que una traducción correcta sería: "un caso legal se levanta sobre el testimonio de los presentes y en virtud de los edictos proclamados en nombre del rey".

En una palabra, ni siquiera una persona o hecho retienen su verdadero carácter o forma. En las manos de los escritores republicanos modernos, aun el monarca absoluto en el

---

[1] *Cfr.* Gregorio de Tours, *Histoire des Francs*, vol. II, p. 27: *in campo Martio*, en el campo de desfile, este acontecimiento anual no llegó a ser el Campo de Mayo hasta 755 d.C.

[2] *Lex fit consensu populi et constitutione Regis* (*Edictum Pistense 864*, p. 273).

CONFERENCIA IV 👡 55

sentido más amplio del término, Carlomagno, legislador y gobernador supremo de una energía y actividad sin paralelo, termina siendo la simple cabeza de una república, un magistrado supremo que humildemente buscó el consentimiento de sus súbditos para la promulgación de sus ordenanzas reales.

Ya saben lo que pasó con la historia de nuestro propio país. Aunque los estamentos jamás se reunieron antes del siglo XV, los estamentos de Holanda sostuvieron en 1587 que por 800 años la soberanía de la tierra había sido asignada por ellos a los condes y condesas de Holanda. De esta forma, ¡el mandatario había recibido su mandato 600 años antes de que existiera el mandante! En errores como estos no cayó sólo gente común, pues ¿quién pudo tener más alta estima pública que Grocio? Y sin embargo ¿había un lugar más bajo que el ocupado por su *Liber de antiquitate Reipublicae Batavicae*?

Mas la historia no fue presa indefensa de tales ataques. No sólo había gente descalificada, sino también competentes eruditos, los que, por amor a la investigación, se entregaron responsablemente al estudio de las fuentes. Es a los benedictinos que debemos una magnífica serie de obras sobre la historia de Francia. Moreau, que fuera historiador oficial de Luis XVI, se mantuvo libre de los errores revolucionarios mediante su completísima investigación de los orígenes y desarrollo de la monarquía francesa. Gracias a su examen cuidadoso de las fuentes, Guizot por lo general fue librado de torcer los hechos, a fin de conformarlos a sus prejuicios políticos. Los hallazgos del profesor Adriaan Kluit (de Leiden) no cuadraron con las tan acariciadas y comunes opiniones de ese entonces. Con todo, los insultos jamás lo apartaron de la búsqueda de la verdad. Hoy se le conoce como un valeroso pionero, guía confiable y modelo de toda investigación verdaderamente histórica.

Como dije, los estados europeos eran monarquías *moderadas*. Monarquías, de forma que debemos mirar al rey; moderadas, entonces debemos mirar a los *estamentos*. Quiero llamar vuestra atención especialmente a Francia, ya que en el reino de Francia están las raíces, cuyas ramas se han extendido a través de la mayor parte del suelo europeo.

81 El rey era el señor y dueño del poder soberano en materias de legislación, justicia y administración. Correctamente se le llamaba señor hereditario y príncipe soberano. Gobernaba los asuntos del estado en su propio nombre, ya que éste estaba formado por la relación que el rey tenía con sus súbditos y corporaciones y porque los asuntos del estado eran los asuntos de su casa y dinastía. Como rey tenía sus propios dominios, sus propios medios monetarios privados, sus propios amigos y enemigos. Él personalmente hacía la guerra y firmaba la paz, no porque este derecho se le hubiese dado por razones de utilidad, sino porque la guerra y la paz eran sus asuntos personales. Concedía favores y privilegios, no *para* poder así llegar a ser un soberano. Manejaba una autoridad que no podía extralimitarse fuera de sus propios derechos, sino una que dentro de aquella esfera estaba habilitada para hacerse respetar y obedecer.

Las monarquías europeas se levantaron de las ruinas del Imperio Romano ayudadas por las guerras, la ley de la guerra y las memorias del régimen imperial. Su fundamento principal fue la propiedad de la tierra. Desde su comienzo el reinado representó una forma de poder privado, personal e individual. En Francia, la autoridad real casi desapareció por

82 los *reyes haraganes* y por los débiles sucesores de Carlomagno.

Por turnos, la jerarquía y el feudalismo desnudaron la influencia y poder real, hasta que la corona volvió a surgir con fuerza. Primero bajo los poderosos carolingios, y después con el surgimiento de ciudades aliadas al príncipe en contra de los magnates del reino que se habían hecho independientes. La diversidad de la historia no puede destruir la estable identidad del principio, el cual estaba implícito en la naturaleza misma del estado.

¿Pero sobre qué base podemos llamar monarquía *moderada* a una autocracia absoluta e incontrolable? Sobre la base de que el príncipe, que en la esfera de sus derechos es supremo, nada puede hacer contra los derechos de otros. Estaba restringido por los derechos de los *estamentos*.

Entendemos el término 'estamento' como todo aquello que es independiente del rey. El solo hecho de su existencia separada limitaba al rey: la justicia y la moralidad dictan que el príncipe debe respetar y proteger todos los derechos, fomentar todas las iniciativas privadas y no obstaculizar el crecimiento y desarrollo de cosas por las que la sociedad, desde sus elementos más simples, se cristaliza en una diversidad llena de formas y contornos. Todo hombre libre, todo propietario de tierras, todo clérigo, todo noble debe ser respetado por sus propios méritos. Los individuos que tenían fines o posiciones sociales similares formaban asociaciones. Surgieron corporaciones, comunas y pueblos. De esta manera, los estamentos lograron una forma más visible: la nobleza, el clero y después el tercer estamento. Esto proveyó de solidez al estado y apoyó la libertad, la propiedad y la justicia, así como apoyó al príncipe también. La monarquía europea se moderaba no tanto por arreglos artificiales como por la natural y simple organización de la sociedad.

84   Tampoco debemos pasar por alto las *reuniones* de los estamentos. A diferencia de los estamentos, estas asambleas no formaban parte integral de las disposiciones constitucionales. No se convocaban por alguna intervención regular en el gobierno sino que, cada vez que había una asamblea, ésta tenía un carácter extraordinario. Los estamentos se reunían en su doble capacidad de súbditos y propietarios.

Como *súbditos* tenían que ser convocados por un príncipe y estar obligados a odedecer sin derecho alguno a voz en asuntos de gobierno. Tampoco tenían derecho a participar en la confección de leyes. No se reunían como si fuesen algún cuerpo nacional, sino que lo hacían como estamentos, cada uno dentro de lo que era su competencia, sin amalgamarse o confabular.

85   Como *propietarios*, los convocaba algún príncipe que estuviese en problemas económicos. Un príncipe no tenía poder constitucional para reunir ejércitos o exigir impuestos a su antojo. Especialmente en tiempo de adversidad o peligro, necesitaba de la buena voluntad y bondad de sus súbditos. Si querían, los estamentos podían cerrar sus bolsillos: "ningún desagravio, ningún subsidio". Por cierto, lo que se pedía eran *subsidios*, sostenimiento, contribuciones y ayudas, pero no se pedía permiso para determinar gastos o para facilitar los fondos necesarios para el mantenimiento del gobierno. De tal forma que estas asambleas no tenían como fin derrocar el trono, aunque sí eran excelentes antídotos contra la codicia y la ambición autócrata.

86   Al *evaluar* este tipo de estado, ya sabemos que la oposición la condenará de antemano: ¿De qué sirve la independencia del príncipe, si debería reinar en la gracia del pueblo soberano? ¿De qué sirve que hagamos distinciones entre estados,

si la igualdad universal es el corazón de los inalienables derechos del hombre? Sin embargo, hoy he venido, caballeros, a apelar el veredicto que la sabiduría revolucionaria ha fallado. Para esto, lo primero que haré será comparar la calidad de las monarquías europeas con formas anteriores de gobierno. Después las pondremos a prueba bajo el crisol del pensamiento de aquellos cuya sabiduría ha permanecido por más de veinte siglos.

Las *monarquías orientales* se basaban principalmente sobre un derecho permanente de conquista y eran administradas por virreyes o sátrapas que esclavizaban y consumían la indefensa población. En lugar del derecho a petición se colocaba la insurrección, el fuego y el asesinato. Comparado con esto, podemos afirmar con confianza que las formas de gobierno europeas, que se desarrollaron bajo la influencia de principios cristianos, están en una categoría superior. 87

¿Cómo fueron las brillantes *repúblicas de la Antigüedad*? Causa admiración el vigor que Tiro, Cartago, Atenas y Roma tuvieron para el comercio y la guerra, pero también conocemos sus incesantes luchas entre elementos democráticos y aristocráticos. Por cierto, la aristocracia tenía un senado o cuerpo similar, se le daba al pueblo cierta influencia mediante sus asambleas, mientras magistrados con amplios poderes proveían unidad administrativa. Pero estos republicanos nunca resolvieron el difícil problema de hacer una clara diferencia entre los límites de los varios poderes, de tal forma que el orden político tuviese la estabilidad para actuar como una barrera permanente contra la ambición y la codicia. El resultado fue casi el mismo en todas partes: se pasaba de la aristocracia y la oligarquía a un gobierno popular más liberal, acompañado de represalias e iras partidistas que terminaban 88 en el triunfo de las masas, la anarquía y una insaciable sed de sangre y libertad; en la desesperación y el fastidio. Todo esto pavimentaba el camino para el hábil demagogo o victorioso general a fin de poder usar la firme ancla de la desesperación; a saber, la tiranía. Por todo esto, nada tenemos que envidiar a la gloria pasajera de aquellas repúblicas.

Pero todavía hay más. El gran valor que tiene el tipo de estado europeo se puede ver en los escritos de los filósofos y estadistas de Grecia y Roma. Buscaron en vano la armonía que más adelante proveyera el desarrollo natural del principio cristiano y germano: la unión del respeto a la justicia con la libertad, con una autoridad estable bajo una sola cabeza. De los muchos pasajes que podría citar de Isócrates, Platón y otros, dejadme recordar sólo dos. Cicerón escribe: "si tuviera que elegir, prefiero la monarquía; pero de hecho no apruebo ni la monarquía, ni la aristocracia, ni la democracia por sí mismas. Prefiero ante todo una forma de gobierno que sea una mezcla de las tres".[1] Tácito dice: "las naciones y ciudades son gobernadas o bien por el pueblo, o, si no, por la nobleza o un solo hombre. Es más fácil alabar que poner en marcha un estado que combine estos tres elementos. Mas, si lo ponemos por obra, durará poco".[2] No obstante, la combinación duró por mucho tiempo en Europa. La edificación de esta mezcla de poderes e intereses se puede ver en muchos países, notablemente en Gran Bretaña. La antigüedad no pudo producir una monarquía estable que respetara las libertades populares porque carecían de una sólida base: la autoridad real independiente. Se ha demostrado en Inglaterra que, bajo la protección del trono, la libertad puede desarrollarse

---

[1] Cicerón, *De re pública*, p. 35.
[2] Tácito, *Annales*, vol. IV, p. 33.

en una forma que no tiene por qué ser inferior a cualquier forma de gobierno republicana.

Esta probado que lo que causó la Revolución no fueron defectos en las formas europeas de gobierno. Bajo la acción del tiempo y las circunstancias, se han convertido en la marca del ideal formado por la sabiduría política de una edad anterior. Los rasgos básicos de estas constituciones son la condenación misma, no sólo de una Revolución como la que ocurrió, sino de toda revolución. No se necesitaba de ninguna revolución, ya que se podía haber hecho una reforma. Burke tenía razón al reprochar a los franceses: "Podríais, de haberlo querido, haber aprovechado nuestro ejemplo y haber dado a vuestra recobrada libertad una dignidad correspondiente. Vuestros privilegios, aunque hayan perdido continuidad, no han dejado de estar presentes en vuestra memoria... Podríais haber reparado esos muros y haber edificado sobre esos viejos cimientos... pero habéis preferido actuar como si no hubiérais formado nunca una sociedad civil y como si tuviérais que comenzar todo desde la base. Comenzásteis mal porque empezásteis por despreciar todo lo que os pertenecía".[1]

Nederlandia merece la misma represión. Por cierto que yo no aplaudiré una constitución que ha degenerado hasta llegar a ser un sistema de prerrogativas para la magistratura urbana. Lo que sostengo es que si se hubiesen buscado sus rasgos básicos en su origen histórico se podrían haber hecho muchas mejoras. Pero no fue así, sino que preferimos un estado revolucionario en lugar de uno histórico, preferimos el estado bátavo a la república holandesa.

---

[1] E. Burke, "Reflexiones sobre la revolución francesa", pp. 70, 71.

CONFERENCIA V

ABUSOS

No se puede afirmar que la Revolución se produjera a causa 93 de principios equivocados o de formas defectuosas. Pero ahora nos toca tratar los *abusos*. ¿Podemos decir que quizá las instituciones políticas degeneraron a tal grado que el estado era como un cuerpo tan enfermo en sus partes vitales que todo intento de curación debía forzosamente derivar en la Revolución?

Creo que una valoración correcta de estos abusos nos entregarán suficientes evidencias de lo contrario. A fin de aclarar el punto de partida desde el cual los juzgaremos, es necesario empezar con algunas *observaciones preliminares*.

Primero, lo correcto es que consideremos aquí sólo aquellos abusos que *se entrelazan con las instituciones políticas*. Es del todo cierto: tanto a nosotros como a nuestros ancestros se les puede sacar una larga y negra lista de pecados. Tan cierto co- 94 mo lo fue en la antigüedad, en la historia moderna también se puede decir: "Pecamos nosotros, como nuestros padres".[1] Además, mientras más nos acercamos al periodo de la Revolución, más grande encontramos que fue la decadencia moral. Tanto la maldad del gobernante como la del pueblo había "llegado a su colmo",[2] estando maduros para los juicios de Dios. Tendremos más que decir cuando hablemos de la incredulidad y sus consecuencias. Pero por el momento

---
[1] Salmo 106:6.
[2] Génesis 15:16.

sólo nos limitaremos a hablar de los abusos característicos de constituciones corruptas. Cosas como: ¿degeneró realmente el poder regio hasta convertirse en un despotismo sin límites? ¿Se perdió toda salvaguarda de derechos y libertades? ¿Las relaciones entre los estamentos se volvieron insoportables? ¿Sollozaba la gente bajo la tiranía de un autócrata, o de una nobleza arrogante o de un clero supersticioso y perseguidor?

Segundo, excluiremos de la discusión toda representación deshonesta de estos abusos políticos. Yéndose al extremo, la gente ha tendido a hablar de estos males sin siquiera mencionar una sola cosa buena por la que fueron de hecho mitigados y compensados. Además, se promovió dar mucho realce a estos males mediante la acumulación de innumerables acusaciones desde tiempos remotos: las miserias del sistema feudal, la usurpación de la jerarquía, la persecución religiosa llevada a cabo por el estado, las resultantes guerras religiosas, la inquisición y las dragonadas,* la forma en que los señores alimentaron su ambición con la vida y sustancia de sus súbditos. Para nada se han tenido en cuenta las bendiciones que trajo el cristianismo, aun en una condición corrupta, ni los servicios hechos por el clero y la nobleza, ni las buenas obras de los reyes. Es así como mediante un sinnúmero de anacronismos se han acumulado una increíble cantidad de crímenes para aplastar al acusado bajo el peso de una acusación que debería haber sido distribuida a lo largo de mil años. Esto es injusto, pero también deberían haberse mencionado los méritos de nuestros padres. La indignación

---

* Las dragonadas (*dragonnades*) fueron una política instituida por Luis XIV en 1681 para intimidar a los hugonotes (protestantes reformados). Consistía en enviar soldados de baja calaña, llamados 'dragones', a sus casas, con el fin de aterrorizarlos y forzarlos a convertirse al catolicismo o abandonar Francia (A.G.S).

CONFERENCIA V 👁   65

que así se logró fue en gran medida artificial. Una gran parte de las acusaciones enumeradas no siguieron siendo la causa de ninguna verdadera opresión. El siglo dieciocho no tuvo que seguir sufriendo lo que el décimo sufrió bajo el yugo de hierro del feudalismo, ni el siglo dieciséis alcanzó a sufrir las consecuencias de las guerras religiosas y de directrices arbitrarias de príncipes tiránicos. Sin embargo, se quiso traer a la memoria todos los males de todos los tiempos, y todos los crímenes de la antigüedad fueron concentrados en un solo punto, a fin de encenderlos por el fuego de la demagogia hasta llegar a ser un incendio que debía consumir del todo a reyes, magistrados y sacerdotes del siglo dieciocho.

Tercero, no niego que entre las causas secundarias de la Revolución estuvieran los abusos que se hicieron. Admito plenamente la influencia que cada abuso ejerciera entremezclándose con las disposiciones políticas. Pero estoy convencido que sus efectos negativos fueron nada más que meras causas secundarias, cuando se les compara con el efecto de las ideas revolucionarias.

Examinemos ahora los particulares de los abusos existentes.

La gente ha estado errada acerca de la *existencia*, la *magnitud* y la *gravedad* de estos abusos.

Hablemos primero sobre su *existencia*. La gente se equivocó mucho en este respecto, al no comprender el *origen* y *extensión* de los derechos otorgados por la constitución.

Habiéndose malentendido su *origen*, se confundieron los derechos con abusos. Gran parte de las declaraciones que se hicieron contra la nobleza y el clero caen por tierra con sólo tener en cuenta que no se trató de instituciones para el bien común, responsables de dar cuenta del poder que se le otorgó, sino de corporaciones que podían disponer de sus posesiones con base en los derechos de propiedad. Lo mismo puede decirse de la autoridad real: mucho de lo que sería imperdonable en un magistrado supremo no necesita apología alguna en aquél que empuña el dominio en su propio nombre. La mayor parte de los derechos señoriales y de las obligaciones personales fueron los términos en los que se otorgaron extensiones de tierra, siendo así las señales permanentes de favores recibidos. No alabo en lo absoluto la imprudencia de los reyes de Francia al no convocar a los estamentos generales por más de 150 años, descuidando así la forma más poderosa de unir estrechamente al trono con la nación. Con todo, eran libres de hacerlo o no hacerlo. No defenderé al joven Luis XIV, el cual, calzado con botas y espuelas, más un látigo en mano, informaba al estupefacto Parlamento sus disposiciones. A pesar de este trato desdeñoso, este cuerpo que en Francia representaba al rey no tenía poder que no fuese derivado del rey, registrando leyes sólo en el sentido de anunciar públicamente que estaban debidamente selladas y extendidas por el soberano. Este cuerpo no podía ofrecer objeciones que fueran más allá del simple consejo o que pudiesen estorbar la voluntad del rey.

También se malentendió la *extensión* de estos derechos y privilegios. Se presentan los derechos como si hubiesen sido ilimitados, cuando en realidad sí había límites. Desde el resurgimiento del poder regio y las ciudades, el poder y voluntad de la nobleza y del clero fueron cualquier cosa, menos ilimitados. Aun el despotismo real de Luis XIV fue desfigurado grotescamente. Su poder estaba limitado *de jure* y *de facto*. La constitución francesa, escribe Heeren, era demasiado complicada para admitir un despotismo puro:

"¡Cúantos límites no se pusieron a la voluntad del rey por la nobleza y el clero, por las costumbres y los derechos locales! Para los individuos los derechos del rey podrían aparecer como formidables, pero no para la nación, ni tampoco para cuerpos poderosos. Es así que, a pesar de todo, se podía mantener un espíritu nacional, que el esplendor de la época realzaba".[1] Cuando los autores revolucionarios irrumpían en invectivas contra la autocracia de tiempos pasados, se olvidaban de la antigua organización del estado y la sociedad. Cuando estaba involucrado un ajuste de competencia personal, de derechos privados o de corporaciones, sean éstas comunes o de regiones, a menudo el rey no tenía influencia alguna, a pesar de todo su poder. En cambio, sus súbditos eran invencibles, sin importar cuán obedientes fueran. En estos casos no había pretextos de "bien común" o de "ajuste público" que pudiesen anular a la oposición.

En segundo lugar, preguntémonos si la gente no habrá sobredimensionado la *magnitud* de los abusos existentes.

Muchas cosas que antes causaban escándalo han disminuido en extensión y fuerza. La nobleza ya no es tan rica y prestigiosa, el clero ya no impone su voluntad sobre el príncipe y el pueblo. Pocas son las obligaciones que quedan de la condición de servidumbre. En pocos lugares la gente todavía está atada por cargas hereditarias por las que se compraron tierras hereditarias. En Francia han quedado no más de un millón y medio de *main-mortables* (bienes inalienables), mas uno era libre de zafarse de toda obligación con sólo renunciar a las tierras en cuestión.

Hay muchos malos entendidos sobre otros puntos similares. El asunto se presenta como si los estamentos privilegiados

---

[1] Heeren, *Handbuch des Europäischen Staatensystems*, p. 232.

hubiesen estado exentos del impuesto más temido, el *taille*. La realidad fue, sin embargo, que a excepción de una pequeña parte de las regiones del sur, toda propiedad estaba sujeta al impuesto sin importar quién fuese el dueño. Se levantaron muchos gritos de desesperación por el llamado *corvée* u obligación de trabajos en las carreteras públicas, pero en varias regiones esto se reemplazó por un pago moderado, y donde esto no ocurrió el trabajo de una familia podría ser suficiente con ocho días de trabajo al año.[1] Qué no se ha contado sobre la Bastilla, sobre la multitud de víctimas arrojadas a la cárcel por sospecha, odio o envidia, o sobre los horrores que se sufrieron en las mazmorras y las atrocidades que allí se cometieron. Yo no estoy inquiriendo sobre los tiempos pasados. No es mi intención negar en absoluto el horror que causa recordar las *lettres de cachet** y otros medios de coerción. Pero mucho de todo eso quedó en desuso. Cuando ocurrió la toma de la Bastilla el 14 de Julio de 1789 y se entró para liberar a los pobres miserables allí presos ¿a quiénes encontraron? De siete víctimas de la venganza real o ministerial, cuatro estaban allí por falsificación, uno por extravagancia a petición de su padre, y uno por locura. Los instrumentos de tortura que se buscaron con tanta vehemencia no fueron encontrados.

Ejemplo de una exageración similar en nuestro propio país fue la alharaca que se hizo por el servicio de alguaciles de la provincia de Overyssel. Para Van der Capelle se trataba nada menos que de esclavitud cuando en pago de una multa

---

[1] C.H. von Schütz, *Geschichte der Staatseränderung in Frankreich unter König Ludwig XVI*, vol. I, pp. 79, 104 y 123. Esta obra de Carl Heinrich von Schütz no llega hasta 1791, mostrando una erudición y buen juicio poco comunes.

* El autor se refiere a las cartas cerradas con el sello real y que ordenaban el encarcelamiento de una persona (A.G.S.).

CONFERENCIA V

o pena se hacía que los aldeanos hicieren trabajos para los alguaciles, sin excluir los trabajos más serviles.[1] Sin embargo, la realidad era que los campesinos estaban obligados a realizar estos trabajos sólo dos días del año. Además el trabajo manual podía pagarse con cinco ardites y se podía pagar el transporte con un florín.

Falta que tratemos el *peso* de los abusos existentes. Las cargas de una dimensión constante podrán ser livianas o pesadas, dependiendo de las circunstancias. En la primera parte del siglo XVIII se alivió considerablemente la presión de los abusos.

¿Cuándo es que los abusos son especialmente opresivos? De seguro que cuando los supuestos derechos se ejercen rigurosamente. El asunto fue a la inversa. Ya la opinión pública era dominante. La nueva filosofía marcaba el paso. El rey tenía miedo de ejercer hasta sus derechos más indiscutibles. La nobleza empezó a cubrir, como si fuesen antiguas y escandalosas manchas, los privilegios de los cuales solía gloriarse. Los magnates del reino se inclinaban ante los financieros y los eruditos alcanzaron más poder que los duques y príncipes. Todavía había compulsión y desigualdad en títulos y formalidades sociales, pero en la vida diaria de la sociedad había libertad e igualdad en la mayoría de las cosas.

¿Cuándo es que los abusos son realmente opresivos? Claro está que cuando no hay esperanza de liberación. ¿Y cuál era la situación entonces? El panorama no podía ser más brillante. El tema en boga era la abolición de los abusos. Parecía como que todo iba a ser revisado, reformado, purificado, perfeccionado. Lo único que deseaban los príncipes y filósofos era descubrir abusos a fin de ver cómo quitarlos. Los abusos

---

[1] Van der Capelle, *Vervolg der Vaderlandsche Historie*, vol. I, p. 298.

habían sido abolidos, estaban en proceso de serlo o bien lo serían.

Se describe la condición de la Francia de aquel entonces como si estuviese en un proceso de declinación y deterioro. Los escritores lamentaban tener un reino tan rico en recursos y, sin embargo, atrapado en aprietos económicos. Se lamentaban de tener una población que, siendo bendecida con tan buenas tierras, sufría pobreza y necesidad. ¿Era éste el cuadro correcto? Necker, quien fuera enemigo de los abusos y amante de las reformas, describió su país de residencia como el más próspero y abundante de todos.[1] Y Burke, habiendo pasado revista al notable crecimiento de la población y riqueza de la monarquía de Francia, escribe: "encuentro en todo esto algo que asombra y se impone a la imaginación, algo que frena a la mente contra una censura precipitada e indiscriminada y que pide que examinemos muy seriamente cuáles son los vicios latentes que pudieran autorizarnos a derruir hasta sus cimientos una fábrica tan espaciosa y cuál sea la magnitud de esos vicios. En ese examen no encuentro el despotismo de Turquía, ni encuentro el carácter de un gobierno tan opresor, tan corrompido o tan negligente en su conjunto, que sea enteramente incapaz de *toda reforma*".[2]

En cuanto a los Países Bajos, el contraste entre los alegatos y la realidad es aún mucho más nítido. Se dice que también nuestra Constitución era insufrible, la cual estaba destinada a provocar una Revolución.[3] Nadie lamentará como yo que, habiendo sido malentendida y adulterada, nuestra Constitución haya excluido a la clase media, lo cual acható toda

---

[1] Tal como se le cita en *Geschichte der Staatsveränderung*, vol. I, pp. 137-139.
[2] E. Burke, "Reflexiones sobre la revolución francesa", p. 155.
[3] *Cfr.* G.W. Vreede, *De Regering en de Natie Sedert 1672*.

energía y espíritu público, concentrando el poder en un círculo cada vez más estrecho de regentes urbanos. Pero, cuando contemplo a la vez la prosperidad que tenía la nación en los años anteriores a 1780, entonces sospecho que los abusos no fueron tan grandes como los pintaron después. Los que tuvieron que soportar la carga no la sintieron como algo insufrible, y las supuestas víctimas no se dieron cuenta de su miseria hasta que se la mostraron y argumentaron.

Quizá algunos de los particulares tratados hasta ahora los han convencido de que la evaluación de las injusticias políticas está sujeta a un buen número de objeciones. Pero creo que todavía puedo dar otro paso más, pues aun cuando el número e importancia de los abusos fuese mucho más grande de lo que nos parecen, todavía podríamos probar que no fueron ellos en manera alguna los que produjeron la Revolución. Dejadme hacer *cuatro* observaciones al respecto.

Primero, concluir de la condición de Francia la necesidad de la Revolución es seguir una línea de razonamiento que se podría aplicar a casi cada época anterior de la historia. Necker comenta que presentar un gran levantamiento popular como la consecuencia inevitable de los hechos acaecidos podría haber sido posible después del régimen feudal, después de las cruzadas, después de las guerras civiles bajo los últimos reyes Valois y después de la muerte de Luis XIV. Uno siempre podrá, concluye, encontrar la causa del presente en el pasado.[1]

Segundo, la historia nos enseña que las naciones muchas veces se encontraron en un estado de cosas que era mucho peor que el que Francia se supone que tuvo y, sin embargo, no trataron de resolver sus problemas mediante la Revolu-

---

[1] Necker, *De la Revolution Française*, vol. I, p. 4.

ción. Es así que el sufrimiento del pueblo francés no explica por sí solo la Revolución.[1]

Tercero, la Revolución no fue empezada por los que se supone eran oprimidos. En los Países Bajos la Revolución fue echada andar por los regentes en contra de los estatúder; en Francia por los estamentos privilegiados en contra del rey. Se requirió de tiempo, esfuerzo, confusión e inquietud para imponer en la gente un sentimiento de miseria, deseos de cambio y Revolución.

Cuarto, cuando tomamos nota de que el fin y naturaleza de la Revolución no era sólo cambiar la forma de gobierno o terminar con los abusos, sino transformar toda la sociedad (tratándose de una Revolución *social*, no política), entonces queda claro que los abusos, si bien suficientes quizás para producir una Revolución, con todo no fueron los que provocaron una Revolución *de este tipo*. La causa no corresponde al efecto, la semilla no se ajusta al fruto.

Una observación final sobre el argumento que deriva la Revolución estrictamente de causas políticas. Este argumento causó una fuerte impresión en mí, hasta que lo sopesé cuidadosamente. Un autor anónimo e inteligente argumenta que la Revolución fue el resultado del decaimiento de los estamentos privilegiados. Se dice que al principio del siglo XVIII los pilares aristocráticos del trono fueron minados internamente, mientras que el tercer estamento creció firmemente y empezó a buscar no sólo el poder, sino la supremacía. Es así que, mientras los poderes intermedios se descomponían, el rey quedó virtualmente solo ante una población ingobernable, lo que lo llevaría al derrumbe ante el primer conflicto.[2]

---

[1] *Cfr.* Wachsmuth, *Geschichte Frankreichs*, vol. I, p. 14.
[2] *De nos réformes.*

Hay mucho de cierto en este argumento. Un reino en el que los elementos aristocráticos han desaparecido, nivelándose todo, es algo muy inestable y puede llevar pronto a la anarquía o tiranía. Con todo, no estoy de acuerdo con la idea principal. El argumento es válido para el estado actual, que está basado, ahora que un mejor fundamento ha sido destruido, en la *tríada política*; a saber, aquella combinación artificial de individuos bajo un gobierno triple compuesto de lo que se llama elementos monárquicos, aristocráticos y democráticos, de tal manera que cualquiera de los tres, si el asunto camina bien, puede evitar un choque entre los otros dos restantes. Aquí sí se da el caso: sacad la aristocracia y el trono será la presa indefensa de la violencia popular. Pero no era así antes. Si se sacaba a la nobleza, el rey no tendría que batallar directamente con algún elemento democrático ingobernable. Prescindiendo de la nobleza, habría encontrado independencia y fortaleza en provincias, ciudades, comunas, corporaciones, todo lo cual formaba la segunda muralla detrás de lo que cayó. Todo eso era una nueva aristocracia, otro bastión de cuerpos intermedios para la protección de las libertades populares en contra de la arbitrariedad del rey o, según hubiera sido el caso, de los derechos del trono en contra de la turbulencia del pueblo.[1]

Antes de terminar debo decir algo acerca de un tema que ciertamente merece un trato por separado. Hasta ahora sólo he hablado de la ley constitucional y no de la ley internacio-

---

[1] Tocqueville, en *L'Ancien Régime et la Révolution*, muestra que, mucho antes de la erupción de *la* Revolución, la centralización ya había producido *una* revolución inevitable: "Ninguna cosa organizada quedó para frenar al gobierno, pero tampoco había nada que lo apuntalara, de tal forma que todo el gran edificio de estos monarcas podía caer al primer remesón de la sociedad que le servía de base" (p. 209).

nal. Sin embargo, la misma pregunta podría levantarse aquí: ¿Fue acaso la *ley internacional* la causa de la intranquilidad y turbulencia de Europa? ¿Era tan grande la codicia y la rapiña de los príncipes que era necesaria una ley internacional totalmente nueva? Examinemos otra vez el principio, la fórmula y los abusos.

¿Cuál era el *principio*? Era el mismo que en la ley constitucional: lo sagrado de la ley, como basado en la voluntad de Dios. Todo tratado empezaba con la fórmula: *en el nombre de la Santa Trinidad*. Por lo cual los hombres más poderosos de la tierra se humillaban como mortales y pecadores delante de Aquél, para quien no hay acepción de personas, sellando sus promesas como lugartenientes del Rey de reyes, el cual cuida y sostiene sus leyes.

115 ¿En qué *forma* se manifestaba este respeto a la ley? En el famoso sistema de *equilibrio de poderes*, llamado más correctamente el sistema de contrapesos o contrafuerzas. Éste hacía que ningún estado se arriesgase a violar la independencia o derechos básicos de otro sin que encontrase la oposición de una alianza de poderes.

Pasemos a los *abusos*. Uno podía hacer una larga lista de las violaciones cometidas por príncipes ambiciosos en contra de estos principios elementales de la ley. Con todo, a la larga los principios triunfaron por sobre los abusos. Se pudo evitar la hegemonía de un solo poder o la destrucción de hasta la nación más pequeña. Una y otra vez se desbarataron las frecuentes campañas de dominación. Guillermo y Maurice de Orange, aliados con Isabel I y Enrique IV frenaron a España. La mano firme de Richelieu junto a Gustavo Adolfo y Federico Enrique demolieron el orgullo de Austria. Guillermo III desmoronó el poder y la codicia de Luis XIV creando una

CONFERENCIA V

alianza con casi la mitad de Europa. Es un hecho notable, comenta Friedrich von Gentz, "que en el transcurso de tres memorables siglos no se pudiera destruir por la fuerza ni un solo estado independiente".[1]

* * *

Aquí termina la parte *negativa* de mi argumentación. Ni los principios del antiguo régimen, ni las formas de gobierno, ni tampoco los abusos son los responsables de la Revolución. Los principios no fueron otra cosa que las leyes inmutables que el Hacedor y Sostenedor de todas las cosas prescribe para sus criaturas y súbditos. Las formas hicieron conspicua la inamovible autoridad soberana que es un prerrequisito para poder gozar de la libertad. Los abusos tampoco fueron lo suficientemente numerosos o extendidos como para producir la Revolución. Ahora bien, *un efecto sin causa* es un absurdo, pero lo mismo es tratar de achacarle a una causa un efecto totalmente desproporcionado. La raíz del cáncer revolucionario deberá buscarse en niveles mucho más profundos que la superficie política. ¿Creéis que yo subestimo el deterioro constitucional y la fuerza de los abusos? ¿Estáis convencidos de que estos abusos podrían haber producido una Revolución, aún sin la influencia de los principios revolucionarios? No es mi intención negar nada. Más aún, estoy cierto de que, faltando toda sabiduría reformista, el deterioro político mismo habría sido suficiente para detonar alguna explosión espantosa. Pero una revolución no es *la* Revolución. Para que *esta* Revolución ocurriera se necesitaba mucho más que abusos, no importa cuán grandes o numerosos. Una Revolución

---

[1] Von Gentz, *Ausgewählte Schriften*, vol. IV, p. 46.

que muestra huellas de desarrollo teórico en cada página de su historia debió tener ante todo un origen teorético.

CONFERENCIA VI

LA PERVERSIÓN DE LA LEY CONSTITUCIONAL

La Revolución fue mucho más que sólo la reacción en contra de un yugo insoportable. Es posible que en algunos países el deterioro constitucional haya podido ser razón suficiente para producir un levantamiento, pero toda reacción de esa índole estaba atrapada dentro de la marejada de las olas revolucionarias. La Revolución tiene vida propia. Nació de una doctrina, de una *teoría filosófica de la libertad*.

Es necesario que ahora pasemos a examinar dicha teoría. No tenemos propósitos panegíricos ni tampoco el deseo de satirizar. Tratando de ser fiel al método histórico, lo que quiero es describir, no juzgar. Quiero entregar una especie de ensayo *biográfico*. En consecuencia, quiero rastrear esta teoría hasta sus *orígenes* y describir su *operación*.

Su *origen* peculiar. ¿Cómo fue que surgió y tomó forma esta teoría? Quiero mostraros cómo se desarrolló una situación en la que el principio revolucionario poco a poco fue ganando ascendencia. Quiero que veáis cómo este principio generó la doctrina de la Revolución como su organismo natural y cómo esta batalla doctrinal contra la esencia histórica e inmutable de las cosas probó ser el germen de la historia, la fuente principal del rumbo revolucionario de los acontecimientos.

Estoy consciente tanto de la dificultad como de la importancia de esta parte de mi tarea. Confiando en que vosotros investigaréis más el asunto, aquí sólo entregaré un bosquejo rápido. Básicamente, la línea del argumento que seguiré se puede indicar mediante los siguientes cuatro puntos:

- La *perversión de la ley constitucional* condujo a que se levantase el principio revolucionario.
- La *Reforma* no es de ninguna manera causa de la Revolución.
- La doctrina revolucionaria es la manifestación de la *incredulidad en forma sistemática*.
- Los contornos principales de la historia de la Revolución están implícitos *en el contraste de su principio con la naturaleza y la ley*.

Lo que hoy día analizaremos es la ley constitucional. Éste es un tema de suma importancia, tanto en general, para nuestro punto de vista como un todo, como en particular, dada su esencia; esto es, el falso concepto del estado que todavía hoy se sostiene y que constituye uno de los más poderosos obstáculos al camino de la libertad y la justicia.

a. La perversión de la ley constitucional

123 La perversión de la ley constitucional es un *hecho*. Creo que estamos de acuerdo acerca de la naturaleza de las monarquías europeas históricas: eran principados patrimoniales que tenían una autocracia moderada y limitada, pero *verdadera*. Por tanto, rechazamos la costumbre de interpretar y describir estas monarquías como poderosas repúblicas bajo el mando de un hombre. No obstante, estos errores históricos se anexaron a errores en la ciencia especulativa. Surgió una teoría de la ley constitucional según la cual todo estado era una *república*, aun la monarquía. De manera que, gradual-

mente, sólo la república se tomó como la situación normal y legítima.

b. La reforma no es la causa de la Revolución

¿Qué *produjo* esta grotesca transformación? Recordemos que el surgimiento de la vida académica en la Edad Media fue un avivamiento de la vida de la Antigüedad. La barbarie germánica dio paso a la cultura romana, lo que causó que las instituciones y costumbres romanas llegaran a ser ingredientes importantes en el desarrollo de Europa. Los estudiosos vivieron en la Antigüedad y se empaparon en sus ideas, en su *historia*, su *lenguaje*, su *ley* y su *política*. La Antigüedad constantemente apuntó hacia la república, como si nunca hubiesen existido las monarquías.

124

Su historia. Los hombres quitaron su vista de los oscuros y confusos tiempos que vinieron con la caída del Imperio Romano, a fin de contemplar asuntos más significativos o atrayentes de una época anterior. Echaron a un lado las recitaciones tontas de analistas supersticiosos e ignorantes, para deleitarse en los historiadores de Grecia y Roma. Los últimos hacían mención de reinos poderosos y florecientes pero su tema principal, tan admirado y envidiado, consistió en la historia de las repúblicas: Tiro, señor de los mares; Esparta, donde todo ciudadano era un soldado y todo soldado un héroe; Cartago, que logró poner bajo tributo hasta las regiones más lejanas; Atenas, donde la gloria militar se ponía en relieve por su magnífico arte; Roma, cuyas brillantes armas destruyeron un sinnúmero de poderosos estados, poniendo a medio mundo en cadenas. Poco se hablaba de sus defectos. Los hombres olvidaron que esas historias contienen verdades pero también fanfarronadas; se olvidaron de que esas famosas naciones tenían ciudadanos, pero también muchos esclavos, siendo la libertad algo raro, mas la anarquía o la tiranía algo frecuente. Se empezó a contemplar unilateralmente la prosperidad, bienestar y gloria de estas repúblicas.

125 Las repúblicas aparecieron como modelos de estados que prometían la perfección de la humanidad.

La lengua. El latín se convirtió en la sola lengua universal. Era la lengua del saber y la cultura, de la diplomacia y la correspondencia, la comunicación del estado y la iglesia; la lengua de todo aquello que no era vulgar o frívolo. Para las naciones germanas, ignorantes de sus propios tesoros, el latín se convirtió en una herramienta indispensable. La ley constitucional e internacional se trataba en latín, y siempre en latín y no tan sólo en algunas oportunidades, dado que el color de la expresión está íntimamente ligado a la formación del pensamiento. De esta manera, así como se fueron introduciendo términos en latín, particularmente en la ley constitucional, así también las ideas para las cuales servían de transporte. La lengua latina evolucionó bajo la influencia republicana. En consecuencia, para designar las diversas formas políticas habían pocas expresiones que se pudieran aplicar a los principados, pero sí había abundancia de locuciones republicanas. Es así que poco a poco y sin intención, por lo general, toda la terminología, no importaba cuan inapropiada y extraña fuese, se introdujo y naturalizó en los reinos de Europa. Al estado, que era una monarquía, se le llamó *república* o *civitas*, una nación o estado civil. La población compuesta de súbditos fue llamada *liber populus*, gente libre. A los estamentos se les llamó *comitia*, esto es asambleas populares, mientras que la realidad era que a los estamentos se les citaba como vasallos o propietarios que da-

CONFERENCIA VI

ban consejo o aportaban dinero, pero siempre sujetos al rey. Es así que la composición misma de los estamentos excluía la idea de "pueblo" en el sentido republicano. Los dominios del príncipe fueron llamados *patrimonium populi*; esto es, patrimonio nacional. Al dinero de la corona se le llamó *aerarium publicum*; esto es, tesoro público. Las funciones creadas por el rey fueron llamadas *munera publica,* oficios públicos. Como ha dicho Haller: "esta corrupción del lenguaje fue y todavía es fuente de errores innumerables".[1] Muy pronto surgieron las ideas erróneas conectadas ellas mismas a los términos equivocados. Es así que el significado etimológico poco a poco fue poniendo de lado el significado histórico.

La ley. La excelencia de las leyes romanas convirtió a las naciones en agradecidos y prontos alumnos, subordinando sus propias tradiciones y costumbres a las romanas. Recordamos también que para los romanos la ley pública era inseparable de la privada. De tal forma que el estudio de su sistema legal fomentó nociones republicanas. Debemos notar, además, que en Roma la ciencia legislativa alcanzó su apogeo en el período en que el dominio imperial degradó al estado. Naturalmente que los juristas representaron al emperador como la figura principal, a su voluntad como la pauta a seguir, y a su autoridad como el punto central del estado. Este punto de vista fue traspasado a los nuevos gobernantes de Europa, especialmente después de que Carlomagno asumiera el título de emperador. La monarquía germano-cristiana se empezó a mirar a la luz de la situación romana en su período degradado. Pero este período de envilecimiento fue republicano en naturaleza. Porque sea que uno tomase a Roma como bendecida por un comandante supremo o maldita bajo un

---

[1] Haller, *Restauration de la Science politique*, vol. I, p. 99.

tirano, el hecho era que la Roma imperial no era más que la simple continuación de una nación (no una monarquía) bajo un gobierno monárquico. En el fondo, la autoridad del magistrado supremo en el trono del César, sufrible o no, era la del despotismo republicano apoyado por la fuerza militar. Aplicada a los ámbitos europeos, aquí también podrían ser considerados los monarcas como magistrados supremos (o tiranos) de las naciones. Este malentendido hizo que su autoridad pareciese irrestricta y, por tanto, en constante expansión, o bien usurpada y, por esto, blanco de continua oposición.

La ciencia política. Los mismos antiguos no confundieron un principado con una nación. No llamaban *república* a una nación, sino *regnum, principatus, dominatus*; esto es, reino, soberanía, autocracia. Ellos hacían la distinción entre ciudadanos (*cives*) y súbditos (*subditi*). Con todo, su ciencia sólo se interesaba en la república, porque eso es lo que se encontró en naciones civilizadas como las de los griegos y los romanos. Las monarquías sólo se mencionaban de paso por razones de crónica histórica, ya que las monarquías se hallaban entre los despreciados bárbaros. Esto hace que tanto Platón como Cicerón llamasen *La República* a sus obras sobre ley constitucional. Lo mismo hicieron los que siguieron los pasos de los antiguos. Mencionemos a Maquiavelo, cuya influencia fue extraordinaria. Vivió en una república, se empapó del espíritu de Roma y fundó su erudición estudiando a Livio. ¿Acaso su *príncipe* no es más bien el tirano republicano de la Antigüedad? ¿Podrá negar alguien que sus escritos contribuyeron al crecimiento de la republicanización de la ciencia política?

Ya nos damos cuenta, entonces, por qué el impacto de la historia antigua, la lengua, la ley y la ciencia política llevaron a los eruditos a terreno que no era el suyo, y a un contexto que no era el suyo. Pero el republicanismo también se puso de moda por causas ajenas al mundo del estudio. Ciertas tendencias y desarrollos acaecidos entre las naciones europeas reforzaron el rumbo hacia las ideas republicanas. En Italia, cuya ascendencia duró a lo menos hasta el siglo XV, las ciudades-estado independientes preservaron la realidad de las repúblicas poderosas. En Europa en general, las ciudades más florecientes gozaban de un gobierno local que tenía características republicanas. Había una multitud de asociaciones y corporaciones que velaban por los intereses de sus miembros en el espíritu de una nación. A causa de sus problemas económicos provocados por las guerras, el despilfarro o el infortunio, los mismos monarcas ayudaron a minar el respeto a la autoridad regia, pues sus continuas exhortaciones para que sus súbditos fueran generosos dejaron al descubierto su dependencia económica. Todo esto, combinado con el curioso curso grecorromano de la civilización, ayuda a explicar cómo una idea tan extraña a las monarquías europeas pudo invadir el pensamiento de la gente.

c. El falso concepto de estado

Seguimos ahora con la forma normal y el compendio escueto de la perversión de la ley constitucional: *el falso concepto del estado*.

Hasta cierto punto es posible saber de antemano qué forma adoptará el error en este asunto. Los hombres soñaban en repúblicas, mas vivían en monarquías. Dado que la mente humana tiene la necesidad básica de reconciliar las imaginaciones con la realidad, sólo quedaba una solución: pensar que toda monarquía es también una república en su origen.

¿Pero, cómo reconciliar esta aseveración con la verdad histórica? ¿Cómo estar convencidos de la ilegalidad de las verdaderas monarquías? Y en particular, ¿cómo recomendar una organización republicana en aquellos casos donde se veía que era necesario o deseable retener la forma monárquica? Esto se lograría sólo mediante la formulación de la idea universal dentro de un concepto que abarcaría todas las formas de gobierno con tendencia republicana, y sólo por medio de encontrar un concepto teorético, una definición del estado, que sea capaz de sacar naciones incluso de monarquías. Este concepto también funcionaría como la regla por la cual se pondría a prueba la legitimidad de todo estado histórico.

Es así que surgió la falsa idea de que el estado es una *asociación*. Espero que me entendáis, no deseo negar el hecho de que el estado *puede* ser una asociación. Lo que sí lamento es que la distinción característica entre los estados haya sido ignorada. La *unidad* monárquica se confundió con la *unión* republicana. La *agregación* se tomó como *asociación*. Se pensó en cada estado como si fuera una sociedad, una comunidad de ciudadanos. Como se puso de lado la idea de la monarquía, Europa fue entregada a un abismo de discordia y disolución.

Por cierto, con sólo pensar un momento en este concepto erróneo y sus efectos nos daremos cuenta fácilmente de cómo fue que dio origen a una doctrina revolucionaria completa. Si el rey es un autócrata dentro de una república, ¿cómo obtuvo su autoridad? Por delegación. ¿De parte de quién? De la mayoría de los ciudadanos. ¿De qué manera? Por con-

CONFERENCIA VI 🙵   85

venio o contrato social. ¿A fin de qué? Para que se preocupe del interés público. ¿En qué términos? Por deliberación y responsabilidad conjunta. ¿Por cuánto tiempo? Hasta que pierda el favor o su mandato sea revocado.   131

d. Universalidad del error

El error fue *universal*. Para los expertos en ciencia política, el error se tuvo como algo axiomático. No era necesario hacer más investigaciones. Como es usual, no faltaron los escritores que quisieron mostrar su capacidad argumentativa y su habilidad para sistematizar el error. Todos aceptaron el pacto social como una condición para que existiera el estado. Éste fue el punto de partida para dicha ciencia, como puede verse particularmente en los escritos políticos de los siglos XVI y XVII. Hubieron excepciones, como la de Robert Filmer y su obra *Patriarcha*, pero en general los eruditos fueron absorbidos por el remolino.

No es mi intención dar una aburrida y larga lista de nombres y títulos. Pero hagamos notar un ejemplo singular, el de Hugo Grocio. Por mucho tiempo, y en muchos respectos justamente, la luz de la sabiduría política de Grotius sirvió de 132 faro para gobernantes y naciones. De ahí que es fácil concluir que, donde *él* erró, dicho error se hizo universal. Esto se ve claramente en su obra maestra *De Jure Belli ac Pacis*, donde una y otra vez el falso concepto triunfa sobre ideas más claras, las que aparentemente el autor no olvidó del todo.

En el libro I, capítulo 3 de esta famosa obra, nos topamos con pasajes en los que él cita con clara aprobación nociones muy correctas sobre la naturaleza de la monarquía y su origen histórico en lo que concierne a la disposición de tierras y otros bienes. Menciona explícitamente las esferas *patrimo-* 133 *niales*, en las que el soberano posee la corona como herencia personal. Hace el importante comentario de que, si bien el soberano puede hacer promesas solemnes en el momento de subir al trono, su soberanía no se ve afectada en lo más mínimo con esto. Repudia la opinión de que el poder soberano siempre y sin excepciones pertenece al pueblo, de tal forma que puedan obligar y castigar reyes cada vez que abusen de su autoridad, añadiendo: "No existirá persona inteligente e iluminada que no se dé cuenta de cuánto mal ha creado esta idea, y cuánto más puede hacer, una vez que la gente se convence de ello".[1]

134 Ahora bien cuando nos preguntamos cómo definirá el estado un hombre tan inteligente como él, vemos que afirma que el estado es: "un cuerpo perfecto de personas libres que se han asociado a fin de gozar cómodamente de sus derechos y de los interéses comúnes".[2] En consecuencia, la monarquía es una modificación de la república, pues todo estado es una asociación, la unión de ciudadanos libres, teniendo su origen en la asamblea reunida y su criterio y metas en el bien común. ¿Es necesario que cite a otros autores cuando para el mismo Grocio la verdad permaneció como escondida?

Este error fue común entre los estudiosos, pero no sólo entre ellos. Esto es claro, porque la operación de las causas que produjeron la degeneración de las ideas políticas no se limitó a las oficinas de los eruditos. En segundo lugar, en aquel entonces había menos distancia entre teoría y práctica, de tal forma que la influencia de la erudición pronto se diseminaba por la sociedad, al punto que dicho error se encontró en todas partes. Se encuentra en los filósofos: sólo basta abrir la

---

[1] Grocio, *De Jure Belli ac Pacis*, vol. I, 3.8.3, 3.11.1, 3.16.1 y 3.8.1.
[2] Ibídem, vol. I, 1.14.2.

obra de Locke, *Two Treatises of Government*. Se encuentra en los historiadores, poetas, etcétera. Llegó a ser algo endémico a la literatura, llegó a ser popular. Se convirtió en el terreno sobre el cual la retórica practicó el arte de la descripción elocuente. Ejemplos de esto podemos encontrarlos incluso en los escritos de los clérigos que rodearon a Luis XVI, en los discursos dirigidos a él en ocasiones solemnes. O bien no se le recordaba al rey sobre el origen divino de tanto los límites como la extensión de sus prerrogativas, o bien las exhortaciones se mezclaban con ideas republicanas a la moda antigua. Por ejemplo Fenelón escribió en su *Directions pour la conscience d'un Roi*: "el pueblo no os debe obediencia, excepto en virtud del contrato, y si lo violáis, entonces no merecéis obediencia". Masillon dijo en un sermón, "Sí, su alteza, fue la decisión de la nación la que por primera vez puso el cetro en manos de sus ancestros... y así en lo sucesivo el reino vino a ser una herencia de los sucesores, pero originalmente se debió al libre consentimiento de los súbditos".[1]

e. Direcciones del error

El error tomó *dos direcciones*. Cuando el estado se concibe como la unión de ciudadanos bajo una autoridad delegada, se pondrá la atención en una de dos cosas: se subrayarán los derechos de aquellos que entraron en dicha asociación, lo cual subordina al gobernante para ser llamado a cuentas en su capacidad de funcionario del estado. Otra alternativa es subrayar los intereses del gobernante y la necesidad de un gobierno estable y ordenado, lo cual a su vez llevará a fortalecer una autoridad que suprima toda oposición. Ambas posiciones concuerdan en que el cimiento del estado es la

---

[1] Citado en Wachsmuth, *Geschichte Frankreichs*, vol. I, p. 18.

delegación de autoridad, pero no hay acuerdo sobre si dicha delegación implica *alienación*. La hipótesis del contrato social lleva a dos salidas: anarquía o tiranía, lo que dependerá de las circunstancias y de la inclinación y carácter personal.

136

Dos publicistas representativos de estas dos corrientes son Tomás Hobbes y Algernon Sidney. Ambos ingleses y contemporáneos que experimentaron los mismos acontecimientos, y sin embargo tomaron rumbos distintos al ir formando sus ideas. Hobbes estaba indignado con el espíritu libertario de los puritanos que no tuvieron escrúpulos para echarle mano a la persona sagrada del rey. Sidney se enfureció por la baja conducta de monarcas que tomaron livianamente los derechos del pueblo y que jugaron con sus juramentos y promesas. Ambos estaban llenos de argumentos e instrumentos políticos con los cuales frenar la arbitrariedad de la pasión popular (Hobbes) o de la autoridad real (Sidney).

Consideremos el sistema de Hobbes. Toma su punto de partida en el estado de naturaleza, en el que los hombres eran libres pero miserables a causa de sus mutuas contiendas. La única forma de evitar una guerra de todos contra todos era concluir en un contrato social, un pacto por el que se formó la sociedad civil. ¿Pero son libres después de esto? ¿Tienen acaso derecho de conservar el soberano que quieran bajo la dirección de sus volubles pasiones? Esto no puede ser, pues significaría volver al estado primitivo de confusión. Delegación implica alienación; esto es, abdicación irrevocable. Su autoridad colectiva pasó de una vez para siempre a manos del gobernante.

Según Hobbes, ¿qué tipo de autoridad se le delegó al rey? No una que esté limitada por las libertades de los súbditos y los derechos de los ciudadanos, sino una autoridad de la

CONFERENCIA VI

que puede disponer libre y plenamente del todo dentro de su esfera. El estado es la asociación de ciudadanos. La voluntad de dicha asociación, conocida por el veredicto de la mayoría, es la voluntad general; y esta libre voluntad de todos es la arbitraria voluntad del gobierno. El estado es, así, un monstruo devorador, un Leviatán, del cual el soberano se constituye en alma y los ciudadanos en miembros. La delegación es incondicional y lo incluye todo: a disposición del magistrado supremo está la propiedad y la vida, asi como la voluntad y facultades mentales. Toda resistencia o disidencia es un crimen y a la vez estúpida, ya que uno participó en la creación de dicha voluntad general. Todo lo que el soberano ordene es *ipso facto* justo y legítimo, su voluntad es el criterio de la verdad y es justicia.

Es así que del contrato social de Hobbes se deriva un despotismo que merece recibir este titulo: *nec plus ultra*, "más allá de esto no se puede ya ir".

Volvámonos ahora a Sidney. Partiendo de la misma premisa básica sacó conclusiones muy opuestas. El estado se forma por asamblea y la soberanía es hija del pueblo. Pero delegación de poder no significa abdicación. La asociación es y permanece como la verdadera soberanía. Retiene su derecho a regular, restringir y revocar a su voluntad la autoridad del oficial, agente, comisionado, mayordomo o siervo.

Si bien Hobbes destruyó los derechos del pueblo, Sidney los del magistrado. Hobbes sustituyó la autoridad real con la omnipotencia despótica, pero la libertad de Sidney es una farsa. A fin de refrenar el poder y la fuerza del superior, Sidney no reafirmó los derechos y libertades históricas, sino que creó una libertad general que no sólo pone en peligro los derechos del soberano, sino los de todos, en favor de aquellos que se las arreglen para tomar las riendas del gobierno, ²125 dándose el nombre de representantes de la voluntad general.

138 De esta manera, ambas avenidas llevan a la tiranía, sea la de monarcas o facciones. Estas perversas y absurdas doctrinas fueron inevitables una vez que se aceptó en forma general la falsa definición del estado. Estos dos autores no hacen más que revelar, con una habilidad mediocre pero con precisión lógica, la doble serie de silogismos implícitos en la perniciosa definición según la doble interpretación que se le puede dar.

La misma lucha dividió necesariamente el campo de la teoría política. Pero no todos los teóricos fueron igualmente consistentes. Algunos, temerosos de ambos extremos, trataron de guardarse con sistemas que estuviesen a medio ca-
139 mino de las consecuencias malignas de esas dos escuelas. Así, Samuel Pufendorf salió con la teoría de una *sociedad civil*, con la cual se opuso en muchos aspectos a Hobbes pero permitió que, por los intereses del estado, el soberano dispusiese de la propiedad y vida de todos. Por su parte Justus Henning Boehmer tuvo dudas del contrato social pero, so pretexto del bienestar del estado, permitió que el soberano expusiese su autoridad personal a fin de satisfacer las necesidades del estado. Otros publicistas fueron menos tímidos y, dependiendo de si defendían el poder del rey o el del pueblo, formaron los dos frentes: el maquiavelismo y el monarquismo.

f. La perversión de la ley constitucional y el surgimiento de la Revolución

Finalmente, ¿qué *influencia* tuvo la perversión de la ley cons-
140 titucional en el surgimiento de la Revolución?

Otra vez es importante que hagamos una diferencia entre revoluciones anteriores y *la* Revolución. La influencia sobre *las revoluciones* fue grande e incalculable. La adulteración de la ley constitucional no pudo más que producir la perversión en el arte de gobernar, en las constituciones y los estados mismos. Toda la historia fue distorsionada, lo cual hizo que toda acción futura se descarriase. Creyendo ser fieles a la tradición histórica y creyendo estar defendiendo los derechos históricos, los hombres se entregaron a la búsqueda de ilusiones. Un elemento foráneo empezó a perturbar el desarrollo de las monarquías europeas y toda relación política fue afectada por el concepto erróneo del estado; los monarcas a menudo actuaron con más arbitrariedad que cuando eran poderosos gobernantes por propio derecho. Los súbditos se consideraron a sí mismos como ciudadanos de una sociedad civil, asumiendo una mayor incumbencia en sus asuntos, ya que el rey no era más que el más alto funcionario estatal.

Las revoluciones de los siglos XVI y XVII llevaron esta marca en todas partes. Para empezar con los Países Bajos, ¿no fue evidente ésta aquí? Sin querer minimizar el papel de la religión, no debemos cerrar los ojos a la activa presencia de una política mundana en la revolución neerlandesa. A lo largo de todo su recorrido se dio una continua lucha entre el elemento monárquico tradicional y el elemento republicano especulativo. Esta lucha se mezcló en el levantamiento inicial contra el rey Felipe II y se manifestó con mucha más claridad en la arrogancia de las provincias. No sólo se levantó oposición contra el rey, sino contra el archiduque de Austria y contra el duque Francisco de Anjou, y no menos contra el príncipe Guillermo de Orange: la lucha continuó durante los famosos años del gobierno del conde de Leicester. La forma en que se definió el oficio de estatúder hizo que la batalla concluyese en favor del nuevo sistema.

También en Inglaterra la religión fue mucho más influyente de lo que los historiadores quieren reconocer. Con todo, unida a la concienzuda resistencia surgida del apego al credo o política denominacional, se malentendió la naturaleza de la soberanía, se exageraron los derechos del pueblo y se concibió el gobierno en términos de nación. Esto fue claramente evidente en la revolución de 1640, y no menos en la de 1688. Tan claro fue esto que un siglo después, al otro lado del océano, los descendientes de quienes trajeron ideas republicanas a Norteamérica llevaron a cabo su tan mal entendida y descrita revolución.

142 ¿Pero para qué elaborar lo que es obvio? Si el efecto fue universal, a la vez fue fatal. Simplemente no podía haber concordia ni armonía en un estado en el que habían llegado a ser imposibles los derechos de cada uno. Cada sector se extralimitaba sistemáticamente en sus derechos, anulando así el derecho de los demás. Tanto el gobierno como el pueblo aspiraban a una supremacía irrestricta. La turbulencia y constante tensión hicieron inevitable el choque. La teoría revolucionaria del estado no pudo más que poner al rey y al pueblo en posiciones antagónicas, ya que los súbditos veían en el rey un virtual tirano y el rey a su vez los miraba como rebeldes. Si la tradición y las costumbres no hubiesen neutralizado por un buen tiempo la creciente fuerza de esta fuente de contienda pública, lo predicho se hubiese manifestado mucho antes. La predicción la hizo Edmundo Burke: "los reyes serán tiranos por política y los súbditos rebeldes por principio".[1]

---

[1] Burke, *Reflexiones sobre la revolución francesa*, p. 109.

He hablado de *revoluciones*. ¿Pero, fue la gran reversión de ideas de que nos ocupamos; esto es, fue *la Revolución*, el resultado de la perversión de la ley constitucional?

Por supuesto que sí. Pues, tal como lo explicaremos más adelante, las teorías revolucionarias son idénticas a las que acabamos de discutir: soberanía popular, contrato social, gobierno que debe dar cuenta y, tan pronto como surja descontento en el pueblo, el derecho sagrado a la insurrección. Como veremos, la Revolución sólo llevó a cabo y completó lo que otras revoluciones empezaron. La Revolución universalizó y *popularizó* lo que antes fue la propiedad *erudita* de los segmentos iluminados y cultos de las naciones. La Revolución sólo llevó a cabo las ideas republicanas bajo formas constitucionales, eliminando a su vez todo aquello que impidiese que fueran implementadas completamente.

Dudo que esta afirmación sea correcta.

No cabe duda que las teorías se popularizaron. ¿Pero cómo? ¿Fue la ciencia la que lo hizo? ¿Acaso fueron las conclusiones de los eruditos las que vinieron a ser idénticas a la opinión popular? ¿O no habrá sido que las naciones entraron más bien en una situación en la que la ciencia misma, al extender y afilar estas sus conclusiones, llegó a ser nada más que otra manifestación del modo universal de pensar? Me inclino por este último supuesto. A menos que la ciencia se haga eco del sentir popular, no llegará a ganar aceptación entre el pueblo. Si podemos en algún sentido afirmar que la ciencia modela la sociedad, ella también es aún más afectada y modificada por la sociedad.

Mi duda se ve confirmada cuando comparamos las teorías *republicanas* con las *revolucionarias*. Parecen idénticas, pero no lo son. Si no me equivoco, en el siglo XVIII nos encontramos con lo mismo que descubrimos en el siglo XVII, pero con la diferencia que esta vez el hallazgo viene animado por un principio mucho más pernicioso. Antes nos las teníamos que ver con un error político, ahora se trata de un concepto social erróneo. Antes sus efectos podían reprimirse o mitigarse por la influencia de principios más altos; ahora el error es tenido como el principio más alto, a la vez que se elimina y renuncia a la religión. Cuando el sistema de Sidney o Hobbes interfería con los derechos y deberes de la vida social y doméstica, esta interferencia en el quehacer interno de la sociedad se miraba como una anomalía vergonzosa. El instinto y conciencia del pueblo y los príncipes la rechazaban. Pero lo que fuera anómalo vino a ser legítimo y normal: el instinto y la conciencia fueron cauterizados. La Revolución *social* no tiene sólo una base política, la Revolución así *popularizada* no tiene meramente un fundamento científico. Nunca entenderemos su verdadero carácter si no recordamos constantemente que se produjo por una causa más general: una crisis mundial que al mismo tiempo fue una crisis en la historia de la iglesia cristiana, un período de decaimiento y apostasía, una época de guerra contra el Evangelio en toda área de conocimiento y práctica.

* * *

Una palabra más antes de terminar esta conferencia. Se trata de una objeción que vosotros también podríais formular. Al discutir las causas de la perversión de la ley constitucional, ¿acaso no he guardado un silencio encubridor sobre la reforma protestante? Debo tener en cuenta esta objeción, ya que se relaciona con otra cosa más general que se reprocha.

CONFERENCIA VI 95

Personas cuya opinión valoro mucho[1] piensan que en general yo le doy muy poca importancia a lo que ellos llaman el *principio democrático de la Reforma de Ginebra*. Ellos ven en la reforma el fundamento de un liberalismo cristiano que se aparta del liberalismo que se originó en la filosofía incrédula del siglo XVIII. Pero van más allá y afirman que, según se cree, fue por influencia de Haller que yo confundo las dos escuelas, lo que me hace terminar en un sistema legitimista que pertenece al Faubourg St. Germain, pero que está fuera de lugar en la antigua Holanda.

No esperéis una defensa elaborada de parte mía; creo que esta larga serie de conferencias ya son una respuesta a cualquier acusación como ésta. Sólo quiero limitarme a esta pertinente pregunta: ¿Tuvo la forma de gobierno democrática de la iglesia de Ginebra alguna influencia republicana en la política?

¿Qué se quiere decir con forma de gobierno? Tiene que ver con el sistema *consistorial*, introducido con sus modificaciones en todo lugar donde el calvinismo era predominante (Haller ha sacado del "sistema republicano de consistorios o sínodos" demasiadas conclusiones sobre el efecto dañino que la reforma causó sobre la ley constitucional,[2] lo cual ya demuestra que al menos en este punto no estoy influenciado por él). Debo responder que en Ginebra la organización eclesiástica no era democrática, sino aristocrática o, mejor aún, teocrática. Les parece republicana sólo a aquellos que no distinguen claramente entre una iglesia y la sociedad. Los protestantes, calvinistas incluídos, no se liberaron de la

---

[1] Se alude en particular a H.J. Koenen. *Cfr. Briefwisseling*, vol. II, p. 966, y también pp. 640 y 718.
[2] *Cfr.* Haller, *Restauration de la Science Politique* vol. I, p. 107.

146 tiranía papal sólo para arrodillarse frente a la cambiante opinión de la mayoría, sino para vivir según las Escrituras, bajo la autoridad de Aquél que, estando presente por su Palabra y Espíritu, es la única Cabeza y Rey de su Iglesia. No es tiempo de explayarnos en este tema, pero de todas formas difícilmente concederé mucha influencia en el *surgimiento* de una organización republicana a concilios, sesiones o consistorios, por la simple razón de que por siglos, como lo hemos visto, la gente se ha topado con la *realidad* del gobierno republicano en una amplia variedad de organizaciones. Tan numerosas fueron las relaciones sociales que reflejaron el ideal republicano, que los consistorios pudieron haber sido sólo otro ejemplo sin mayor significado.

Sin embargo, esto no termina el asunto. Los fundamentos de la acusación están aún a mayor profundidad. Aunque pudiésemos haber despejado sospechas sobre la forma de gobierno calvinista, la tendencia calvinista todavía estaría bajo sospecha. El espíritu republicano de la pequeña Ginebra se esparció por otras naciones. Había una corriente republicana entre los calvinistas, tanto en teoría política como en los disturbios que se levantaron por conflictos religiosos. Eruditos como Hubert Languet y Francis Hotman escribieron libros de espíritu republicano. Es posible señalar muchos rastros de este espíritu en la historia de los hugonotes franceses y de los puritanos ingleses. Pero la pregunta es: ¿la culpa la tiene el calvinismo o los calvinistas, la confesión o los confesantes?

147 La culpa recae sobre los *calvinistas* y no por las enseñanzas que sostenían, sino por las circunstancias. Vivían en países que ya eran republicanos o que se estaban convirtiendo en republicanos sin que ellos tuvieran nada que ver. La influencia procedía de la teoría política. Por regla general fueron

oprimidos por causa de su fe. Las sangrientas persecuciones los llevó con frecuencia a una actitud defensiva. Esto hizo que más que otros vieran la resistencia como una forma legítima de defender los derechos populares. Y en cuanto a los propagandistas del calvinismo, al igual que su contraparte católica, fueron hijos de su tiempo, y por ello no siempre estuvieron libres de los prejuicios de aquellos días. No es justo culpar a sus creencias por errores que compartieron con los mismos perseguidores de aquellas creencias. Digo errores, porque no podemos llamar en ellos liberalismo cristiano loable lo que en otros hemos reconocido como una deplorable confusión de ideas sobre el fundamento histórico y la existencia legal de los reinos europeos.

El *calvinismo* no tiene la culpa. Si la acusación se levanta contra el calvinismo, entonces Calvino tiene derecho a levantar su voz. ¿Qué opinaba Calvino? Como ciudadano de Ginebra prefería la república. Pero esto no era razón para que él aconsejase a los *súbditos* a que aspirasen a los derechos de los *ciudadanos*. Sólo tenemos que leer lo que escribe en la mayoría de sus obras, después de discutir la competencia legal de los ciudadanos libres: "mas, si quienes por voluntad de Dios viven bajo el dominio de los príncipes y son súbditos naturales de los mismos, se apropian tal autoridad e intentan cambiar ese estado de cosas, esto no solamente será una especulación loca y vana, sino además maldita y perniciosa".[1] También podríamos consultar nuestra confesión calvinista, donde se hace mención de *reyes* y *príncipes* nombrados por Dios.[2] ¿Pero para qué referirnos a escritos y confesiones? Calvino fue un cristiano creyente, nadie lo igualó en su apego a

---

[1] Calvino. *Institución de la religión cristiana* libro IV, cap. XX, §8, p. 1174.
[2] *Confesión Belga*, art. 36.

las Escrituras. No era imitar a Calvino el torcer el sentido de las Escrituras para fomentar una adulteración republicana de la ley constitucional. En todo orden de cosas el lema del calvinismo fue ser fiel a la Biblia. Si queremos alabar a nuestros ancestros calvinistas por su coraje y perseverancia y si en conexión con esto quisiésemos usar el término *liberalismo cristiano*, pues bien. Pero no busquemos la fuente de su grandeza en un concepto errado histórica y políticamente. La fuente de su grandeza se encontraba más bien en su genuina piedad, que por temor a Dios quitó de ellos todo temor a los poderes terrenales, sin ser con esto irrespetuosos. Tenían fuerza espiritual porque se alimentaban de la comida espiritual de la Palabra de Dios, la cual nos hace fuertes contra la bajeza y la arrogancia. Fueron intrépidos frente al cadalso, campos de batalla y concilios porque estaban armados con la espada del Espíritu, que es la Biblia, la cual hace que no reconozcamos peligro alguno a la hora de desafiar las demandas de otros mortales a fin de obedecer los mandamientos de Dios, recordando su promesa: "sé fiel hasta la muerte, y yo te daré la corona de la vida".[1]

Por cierto, el calvinismo en sí no llevó a alguna clase de republicanismo. Tampoco tengo necesidad de acudir a sus enseñanzas. Quizá ya concedí mucho con decir que las circunstancias algunas veces sedujeron a los calvinistas a abrazar sentimientos contrarios al respeto debido a los magistrados civiles. Sea como sea, otros calvinistas actuaron de diferente manera. Otra vez, es necesario que revisemos aquí la forma generalizada de presentar la historia.

Los jefes de los calvinistas en Francia mostraron una tremenda paciencia, tolerancia, deseo de reconciliación; evi-

---

[1] Apocalipsis 2:10.

taron la rebelión y limitaron su resistencia a una forma de 149 defensa propia que estaba en relación con la debida confesión de la Palabra de Dios. Esto fue mucho más notable en hombres como el príncipe de Coligny, que estaban familiarizados con los postulados republicanos que podían haberlos colocado en buen pie. Pero hay otra cosa que siempre se pasa por alto. Cada vez que se obligó a los calvinistas a tomar las armas, fueron resistidos por los llamados ultracalvinistas. Este grupo condenaba el menosprecio del derecho de las autoridades civiles y estuvieron en contra de promover intereses temporales en una forma mundana. Por esto, los ultracalvinistas llamaron *politiques* a aquellos que parecían guiarse más por consideraciones políticas que por la simplicidad cristiana. Si el tiempo lo permitiera, les habría mostrado gustoso este contraste de opiniones, tanto en consejo como en conducta, en los escritos de François de la Nove y Philippe du Plessis-Mornay.

Tal fue la situación en Francia. Así fue en otros lugares también, como en los Países Bajos, donde el calvinismo llevaba ventaja y donde la persecución religiosa fue muy violenta.[2] 135 Los calvinistas demostraron moderación a lo largo de todos sus problemas. Demostraron dominio propio y conciliación 149 hacia el rey, y los calvinistas estrictos en particular se mostraron muy contrarios a todo lo que pudiese contradecir el mandamiento: "Sométase toda persona a las autoridades superiores". Muchas veces Juan de Nassau y Pedro Dathenus no pudieron ser inducidos a realizar lo que Guillermo de Orange o Marnix de St. Aldegonde creyeron del todo propio. Si el nombre de Dathenus os hace recordar a los iconoclastas y los alborotos de Gante o las hostilidades de los calvinistas hacia los católicos, no puedo defender tales excesos, pero fueron excesos que surgieron de la convicción de que, según la Palabra, Dios mismo demandaba la remoción de las ofensas de parte de la gente y de los magistrados civiles. En forma similar, el trato que los protestantes escoceses dieron a María Estuardo estaba conectado con la creencia de que en un estado teocrático debía castigarse el asesinato y el adulterio, aún si lo hubiese cometido un príncipe. Esto era para mantener la ley de Dios. Repito, no defiendo esos excesos; lo único que afirmo es que este "celo de Dios, pero no conforme a ciencia"[1] nada tiene que ver con la influencia de ideas republicanas sobre el estado.

Pero alguien dirá: ¡qué del acto de abjuración de 1581 con sus teorías de que el príncipe lo hace el pueblo, etcétera! No encuentro objeción más fácil de refutar. Cuando este acto, en el que se proclamó la independencia de los Países Bajos unidos, se pone como evidencia de la "doctrina de la soberanía popular, que en cierto sentido procede del calvinismo",[2] el asunto sólo descansa en la ignorancia de los hechos verdaderos. El partido estricto, aun en ese momento, después de años de sufrimiento, estimó este paso decisivo con dolor y aprehensión, no por miedo al peligro sino por escrúpulos de conciencia. Este acto fue la obra de aquellos que, mucho más de lo que se preocupaban los ultracalvinistas, tenían el hábito de invocar la ayuda divina a la vez que ellos mismos se ayudaban mediante medidas políticas. Se alegraron de poder poner de relieve las teorías republicanas en este importante documento, ya que el único principio que podía justificar la defección, en la opinión de los calvinistas (a saber, la imposibilidad de poder continuar bajo el Rey

---

[1] Romanos 10:2.
[2] *Cfr.* De Gerlache, *Historie du Royaume des Pays-Bas*, vol. I, p. 494.

CONFERENCIA VI 101

adorando a Dios según su Palabra y Ley) había sido olvidado en un rincón para así ganar el apoyo de los católicos que todavía eran fuertes en el país.[1]

---

[1] Entre esta forma de evaluar el calvinismo y la de Stahl, un celoso luterano, es posible que haya alguna diferencia de matices, pero no de fondo. Fue a causa de las circunstancias que la Reforma Protestante adquirió en la Iglesia Reformada lo que Stahl denomina un "carácter decididamente político". También se sabe bien que la base de su gobierno eclesiástico (que dice: "que según el inmutable orden divino, *jure divino*, la comunidad cristiana de santos debe tener el poder supremo en asuntos eclesiásticos") se amplió, especialmente allí donde la iglesia estaba expuesta a la persecusión estatal, para que leyese "que la comunidad de santos, el pueblo de Dios, posee el supremo poder ordenado por Dios, lo mismo en el orden civil, así que tiene el derecho y el deber de deponer, procesar y sancionar a los reyes que resisten el mandamiento de Dios" (Stahl, *Philosophie des Rechts*, vol. I, p. 291).

Hasta este punto es plausible que el calvinismo o protestantismo contribuyese a ese "vuelco práctico y energía" por la cual la ley natural terminó en la doctrina de Rousseau y la Revolución. "De esta doctrina surgieron los poderosos movimientos en Escocia e Inglaterra, y de ella en particular surgió la Revolución inglesa que, *a pesar de diferencias fundamentales*, debe considerarse como la precursora de la Revolución francesa" (ibídem).

A la vez tan imparcial como penetrante, Stahl menciona que lo distintivo de la organización eclesiástica reformada, cuando se le compara con la luterana, tuvo también una influencia saludable en el desarrollo de la ley constitucional y conduce a la ideal situación en que gobernantes y gobernados deliberan juntos. Mientras que el luteranismo provee el fundamento más fuerte para una fidelidad monárquica, la Iglesia Reformada dio origen al constitucionalismo propiamente tal; esto es, a un cuerpo político *sujeto a las ordenanzas de Dios* bajo cualquier forma de gobierno. El calvinismo podría ser *republicano* en su tendencia, pero en principio es enfáticamente *antirrevolucionario*. "La auténtica Iglesia Reformada, siguiendo el ejemplo de Calvino, se opone explícitamente a la Revolución. Con todo, se inclina al republicanismo y subraya aún más el orden legal que la autoridad y lealtad personal. Es así que la Iglesia Reformada ha contribuido sustancial-

Debo terminar aquí para no perderme en detalles ni anticipar el tema de la conferencia que sigue. Trataré de defender la Reforma de una acusación más general; a saber, que no sólo contribuyó a la corriente republicana, sino que fue *la causa de la corrupción revolucionaria*. Es necesario responder esta acusación a fin de poder ver la formación de la teoría revolucionaria tal cual es.

---

mente a establecer la genuina libertad civil y política de la era moderna, pero también contribuyó a debilitar la autoridad monárquica. El puritanismo originó la monarquía constitucional de Inglaterra y la democracia del Norte de América que tanto influyó el curso total de la política europea, ... el gobierno de la ley, regulada según la necesidad pública y, no menos, la supremacía de la mayoría parlamentaria y por último electoral sobre la corona" (*Die Lutherische Kirche und die Union*, pp. 62ss.).

Aun en aquellos lugares donde Stahl se extralimita, tengo en mente sus analogías entre el puritanismo y la Revolución, afirma enfáticamente: "En su sentido más profundo el puritanismo y la Revolución *no son afines* sino *opuestos*. La Revolución establece todo con base en la voluntad del hombre y para su servicio. El puritanismo, en cambio, establece todo sobre la base de los mandamientos de Dios y para la gloria de Dios" (*Die gegenwärtige Parteien*, pp. 53ss.).

CONFERENCIA VII

LA REFORMA

Antes de tratar el surgimiento y la expansión de la incredu- 152
lidad como causa de la Revolución, primero debo despejar
una pregunta importante: ¿Qué conexión hay, si la hubo, 153
entre la Revolución y la Reforma?
    Muchos han afirmado que la causa de la Revolución de
nuestro tiempo radica en la Reforma Protestante del siglo
XVI.
    Esta tesis ha sido defendida por católicos romanos tan conocidos por su erudición como Bonald, Maistre y Lamennais.
Al igual que nosotros, ellos explican la Revolución como la
propagación de la incredulidad a lo largo de Europa. ¿Pero
quiénes tienen la culpa de esta incredulidad, según ellos? La
Reforma. ¿Y por qué? Porque supuestamente ella rechazó
toda autoridad poniendo en su lugar la soberanía de la razón
humana como lo principal.[1]
    Un partido distinto también ha esgrimido el mismo argumento: hablo de los liberales. A diferencia de nosotros, ellos
consideran que los efectos de la Revolución fueron saluda- 154
bles, de tal forma que les gustaría que su espíritu se aplicase
y extendiese a más y más áreas de la vida, siempre y cuando
esto se haga ordenadamente. Pues creen que, ahora que el
espíritu humano se ha emancipado totalmente, tiene el poder de superar todo obstáculo en el camino a la libertad y
la verdad. ¿Y cuándo habría empezado esta emancipación?

---

[1] *Cfr.* Lamennais, *Essai sur L'indifférence*, pp. ii y vi.

En los benditos días de la Reforma, cuando la libertad para investigar e indagar se convirtió en el principal artículo de fe.[1] Hoy en día una escuela de teología de nuestro país, que se está poniendo de moda por lo superficial que es,[2] no duda en describir la libertad de pensamiento sin límites como el lema de la Reforma y el modelo para nuestro tiempo.

Al ligar la Revolución a la Reforma, ambos partidos presuponen que la Reforma se basó en el rechazo a la autoridad y en la libertad de pensamiento. Si esto fuera así, sería innegable que la Revolución podría encontrar su *pedigree* en la Reforma, y así no habría forma de defender la Reforma. Si así fuera, habría total afinidad entre Lutero, Rousseau y Robespierre. Pero, ¿es verdadera esta suposición?

Hoy no es difícil probar lo erróneo de tal suposición. Tanto la publicación de documentos históricos como el avivamiento de la fe evangélica de nuestro tiempo nos han arrojado mucha más luz sobre la Reforma, al grado de que ya no es posible estar equivocado sobre su carácter fundamental. Así que no dudaré en refutar la caricatura que todavía se suele hacer de la Reforma y que representa una maldición para el cristianismo, contradiciendo además la médula misma de estas conferencias.

Examinemos juntos: (1) el principio de la Reforma, (2) su doctrina, y (3) su impacto.

1. El principio de la Reforma

El *principio* de la Reforma, esto es, su premisa básica o su punto de partida. ¿Era éste la *libertad*? Con toda seguridad

---

[1] *Cfr.* Cousin, *Historie de la Philosophie du 18e siècle*, vol. I, p. 61; Guizot, *Civilisation en Europe*, conferencia 12.
[2] Se refiere a la escuela de Groningen.

que no. Yo predico la libertad, pero tal como la expone el Evangelio: libertad basada en la *sumisión*. La libertad es la consecuencia, el principio es la sumisión. La sumisión a la Palabra y Ley de Dios. Y, por obediencia a Dios, sumisión a los hombres. Sumisión a cada verdad que proviene de la Palabra de Dios, a cada autoridad derivada de la autoridad divina. Libertad de cumplir con nuestro deber. Libertad respecto del capricho de los hombres, para obedecer la voluntad de Dios.

La Reforma quiere verse libre de las tradiciones toda vez que vayan en contra de la Biblia; libre de mandamientos humanos toda vez que se encuentren en conflicto con los mandamientos divinos. La Reforma busca la investigación en oración de la Escritura, no con el fin de que la Revelación ceda frente a la razón, sino para que las presuntuosas mentes humanas se inclinen a la luz más sublime de la Revelación. Cuando la Reforma colocó la Biblia en manos de cada persona, no fue confiando en la sabiduría o ingenio personal de cada uno, sino porque confiaba en la Promesa del Espíritu de ayudarnos a recibir "las cosas que son del Espíritu".[1]

La Reforma demanda libertad, no para fijar leyes a reyes y magistrados o para buscar privilegios personales o para usarla como excusa para la maldad, sino libertad para ser siervos de Dios, para adorarle y confesarle como Señor. No se trata de una libertad para expresar y propagar todo sentimiento que nos surja en todo país bajo el sol, sino libertad para guardar los mandamientos de Cristo en todo país cuyo gobierno se llame cristiano. Y, si se nos prohibe cumplir nuestro deber, la libertad de seguir los dictados de nuestra conciencia buscando refugio en otro país. El creyente sabe que Cristo lo ha

---

[1] 1 Corintios 2:14.

liberado de la maldición de la ley, que es libre del dominio del pecado, libre de la perdición. Pero, cuando se habla de la libertad en cuanto a los poderes terrenales, el creyente también conoce la libertad para servir, la libertad de ser en el cargo que fuere un siervo de Dios y, como tal, un siervo de los hombres y subordinado a ellos también.

Los principios de fe y obediencia los podemos encontrar inequívocamente expresados en los escritos de los reformadores y en las confesiones de las iglesias evangélicas.[1]

2. La doctrina de la Reforma

Pero alguien podría preguntar si entonces se trata de la *doctrina* de la Reforma. ¿Las enseñanzas de la Biblia tienden a convertir a los hombres en revolucionarios?

No creo que sea necesario gastar palabras para probar que es todo lo contrario. Y no estoy pensando ahora en un número de pasajes bíblicos que exhortan específicamente al pueblo a creer la Palabra de Dios y a someterse por causa del Señor a las ordenanzas humanas.[2] Estoy pensando más bien en todo el contenido del Evangelio, en todo el espíritu de la instrucción bíblica.

Una doctrina que habla de la total depravación del hombre es poco adecuada para fomentar la exaltación personal. Una doctrina que pone sus ojos en aquél que vino a servir y a dar su vida como rescate por muchos no constituye un incentivo para rivalizar por independencia y dominio. Una doctrina que alaba el amor humilde como la marca de la vida cristiana no propaga la disolución. Una doctrina que coloca nuestra ciudadanía en el cielo no puede convertirse

---

[1] *Cfr. Confesión Belga*, artículos 7 y 36.
[2] Por ejemplo, 1 Pedro 2:13.

CONFERENCIA VII

en un incentivo para una carrera frenética por encontrar la felicidad y bienes perfectos en esta tierra. El contenido completo de las enseñanzas de la Biblia, cuya profesión y práctica produjo la sangre de los mártires de la Reforma, producen repugnancia a todo aquello que se asemeje a la incredulidad y la desobediencia.

3. El impacto de la Reforma

Examinemos ahora el *impacto* que tuvieron el principio y enseñanzas de la Reforma. Mi deseo es ser imparcial, escuchando también lo que dicen los opositores. Sin embargo, en nuestros días de erudición popularizada, el darse cuenta de que ambos bandos se han equivocado y exagerado no induce a la gente a procurar una investigación más completa, sino que se contentan con el término medio. Como resultado todavía persiste una buena cantidad de ignorancia, difamación y falsedad respecto a la Reforma. No obstante, estudios recientes sobre este tema os persuadirán, creo yo, de que a menudo la Reforma ha sido mirada en menos incluso por los protestantes.

Tomemos el carácter de los *reformadores*. Muy poca atención se ha colocado en la docilidad, paciencia y pasividad de estos cristianos. Se les ha creado la imagen de figuras imponentes. Pero a excepción de momentos en que tuvieron que tomar las armas, como en el caso de Zwinglio, más bien fueron héroes de la fe. Pelearon con la espada del Espíritu. La sangre de mártir que derramaron fue la suya. Su coraje coincidía con su humildad y su confiada fe con su sentido del deber.

Toda clase de representaciones falsas se han levantado respecto a los reformadores. Tomemos el caso de *Lutero*. Hasta los protestantes lo tienen como un hombre autosuficiente, agresivo, porfiado y temerario. Pero no deberíamos pasar por alto nunca su humilde fe y sencilla confianza, así como su agitación interna por la que se sostenía y fortalecía en la sola idea de "no puedo actuar de otra manera, Dios me ayude". Cierto que desafió a príncipes, pero también estaba listo para someterse incondicionalmente a ellos toda vez que la obediencia a Dios lo exigía o permitía. Por ejemplo, cuando los príncipes germanos encarando una invasión por el Emperador consultaron a Lutero, éste respondió que no debían detener a su supremo señor y que él mismo, Lutero, estaba dispuesto a comparecer ante del Emperador y si fuera necesario sufrir por su fe.

Me deleitaría recordar otros detalles similares sobre otros reformadores pero, si vosotros investigais, podréis obtener una reivindicación más completa y duradera. Leed la obra de Merle d'Aubigné, *History of the Reformation* o las eruditas obras de Ranke. Leed la obra de Paul Henry, *Life of Calvin* y la de Thomas McCrie, *Life of Knox*. Leed sobre todo las fuentes primarias, los escritos de los mismos reformadores.

Pero no sólo se ha tergiversado el carácter de algunas personas, sino los hechos también. Tomemos las guerras que acompañaron la Reforma. ¿A quién vamos a culpar que no sea la iglesia de Roma? Aliándose con fuerzas temporales, introdujo horribles medidas represivas. Los protestantes de Francia y Holanda no ofrecieron resistencia hasta que pasaron casi cuarenta años de persecuciones y grandes príncipes se levantaron a defenderlos, lo que era una señal de que la mano de Dios, habiendo probado y disciplinado a su pueblo, ahora se extendía para liberarlo.

Pensemos en la Rebelión de los Campesinos, aquel terrible episodio que ensombrece el amanecer de la Reforma, que

CONFERENCIA VII

desvastó una porción considerable de Alemania unos años después de que Lutero empezara su obra. En esta revuelta los hombres usaron mal la Reforma, llevándola a extremos. Ya vimos que en sus principios la Reforma se opone a la sublevación y la anarquía. Pero la investigación moderna sugiere que en este caso no se necesita defender la Reforma, sino más bien alabarla. Sucede que la llama de la revuelta estuvo ardiendo entre los campesinos mucho antes de que la Reforma surgiese, y la predicación del Evangelio realmente nada tuvo que ver con un movimiento que terminó en un desbordamiento de furia. Aún más, aunque maestros cristianos fueron seducidos por ilusiones políticas, Lutero se mantuvo fiel al Evangelio al reprender la loca desesperación que se había levantado. Más que la intervención armada de los nobles y príncipes, fue la Reforma lo que apagó la sublevación, al imprimir en el corazón de los hombres "sométase toda persona a las autoridades superiores". Ranke concluye que Tomás Müntzer y su gente encontró "la oposición más fuerte y genuina" de parte del movimiento de la Reforma.[1]

¿Pero para qué seguir con esta defensa? Lo que debemos hacer es apuntar al lugar que la Reforma ocupa en la historia del mundo. La Reforma fue el avivamiento de la verdad cristiana mediante un derramamiento del Espíritu Santo como nunca lo hubo desde el tiempo de los apóstoles. A todos los que sospechan que la Reforma es revolucionaria, les contesto:

- Fue la Reforma la que frenó la incredulidad revolucionaria del siglo XVI.

- La incredulidad revolucionaria sólo tomó ventaja

---

[1] Ranke, *Deutsche Geschichte*, vol. II, p. 212.

cuando el espíritu de la Reforma languideció en el siglo XVIII.

4. La Reforma frenó la incredulidad revolucionaria

Poco antes de la Reforma el cristianismo experimentaba una gran dosis de superstición acompañada, como de costumbre, por la incredulidad. La Biblia era casi desconocida. A los eruditos les interesaba más la mitología griega que las verdades cristianas. Lo rutilante del ceremonial no podía esconder el espíritu de duda y apostasía entre el corrupto clero. En tiempos como esos un concilio se vio en la necesidad de proclamar la importancia de creer en la inmortalidad del alma.[1]

Esto por necesidad afectaría la ley constitucional. Primero en Roma misma. Sus enseñanzas sobre este tema no siempre fueron consistentes. Pero sí estaban de acuerdo en un punto: los intereses y supremacía de la silla papal. La doctrina de las dos espadas se interpretó como si significase que la espada espiritual la usaba la iglesia y la espada temporal los soldados y gobernantes que dominaban en representación de la iglesia, por mandato suyo y con su permiso. Esta teoría contenía la semilla de la incredulidad. Primero, cambió la soberanía de Dios por la del Papa, convirtiendo al vicario en un rebelde y al culto en idolatría. Además, el que la iglesia y el estado juntos reprimieran y coaccionaran la conciencia provocó aversión a la religión y una reacción negativa hacia la autoridad que llevó a la gente a situaciones de verdadero peligro.

---

[1] Se habla del decreto del V Laterano (1513) en contra del reavivamiento del averroísmo aristotélico que enseñaba que sólo hay un *nous* o intelecto inmortal en el que todos los humanos participamos y en el cual somos absorbidos al momento de morir.

CONFERENCIA VII

Esta reacción negativa se hizo manifiesta en la teoría política. Su punto de apoyo había sido siempre la voluntad de Dios. Cuando este apoyo fue quitado, el tema se desorganizó. La verdadera luz divina fue reemplazada por una caricatura. La autoridad divina servía de título y código tanto para el gobierno espiritual como para el civil. Cuando se desvaneció también pasó lo mismo con la estabilidad del trono y la seguridad de las libertades populares. Los derechos recíprocos se hicieron inciertos una vez que se ignoraron los preceptos bíblicos. Esto explica por qué los hombres empezaron a buscar seguridad y certeza fuera de la ley contenida en la Biblia, y por qué las teorías de la ley republicana y la supremacía despótica ganaron terreno rápidamente.

La confusión en la teoría lleva al caos en la práctica. El efecto práctico de la incredulidad hacia fines de la Edad Media fue mayor y más general que lo que se supone. Algunos países gozaron de un aparente orden, que se mantuvo y estableció por la fuerza arbitraria. Luis XI reprimió con crueldad a sus súbditos franceses. Enrique VII de Inglaterra pavimentó el camino para el gobierno arbitrario de sus sucesores. La respuesta que Carlos V dio en España y los Países Bajos a la anarquía fue la supresión de todas las libertades. En las tierras germanas prevaleció la anarquía. Poca obediencia inspiraba el Emperador. Particularmente antes de la Reforma se verificó una terrible agitación entre los nobles, los campesinos y la gente de las ciudades. Por toda Europa, las relaciones pendían de un hilo, se daba libre expresión a las pasiones, la libertad fue más allá de lo lícito y los estados fueron impactados por tumultos, si no por la insurrección. Lo tradicional llegó a despreciarse y el clamor por cambios se hizo universal. Esas eran las condiciones del cristianismo bajo las doctrinas religiosas y políticas del papado, las que no consiguieron sanar ni proteger de la enfermedad.

Entonces intervino la Reforma. Irrumpió con el principio de la fe y la obediencia en medio de la incredulidad y la sublevación. Sus principios conducían a un orden sano a través de la unión de la libertad con la sumisión. Tuvo que sufrir un largo período de persecuciones, un siglo de guerras religiosas y también días malos debido al surgimiento de grotescas doctrinas y hechos monstruosos que se dieron en su seno. Pero, si miramos retrospectivamente a dicho período, podremos ver el efecto saludable y suavizante del Evangelio, que hizo posible que la sociedad lograra un claro progreso a un orden mejor. Hacia 1648 Europa había alcanzado un nivel de prosperidad, orden y civilización sin precedentes. Ese fue el bendito efecto de la Reforma.

169   Gracias a la Reforma se desarrolló una constitución como la de Gran Bretaña y se moderó el yugo de la aristocracia holandesa con la moralidad cristiana, haciéndola así más llevadera. El principio fundamental de sumisión a Dios apuntaló la tambaleante autoridad de los gobiernos, así como protegió la libertad de los súbditos, deteniendo así el avance de las teorías republicanas y su levadura revolucionaria.[1]

En general, bajo la influencia de la Reforma, la sociedad experimentó un renacer moral en la piedad, la moralidad y el refinamiento cultural. Habiéndose precipitado a la di-

---

[1] Stahl escribe: "Como principio político el Protestantismo tuvo dos grandes consecuencias: el derecho independiente de los reyes, y los más altos derechos políticos del pueblo" (*Der Protestantismus als politisches Prinzip*, pp. 11ss.). Oponiéndose a los ultramontanistas, las doctrinas protestantes enseñan el derecho divino del gobierno civil, el gobierno por la gracia de Dios y la independencia del estado respecto de la iglesia como consecuencia de su sumisión directa a Dios.

solución y las tinieblas, el cristianismo revivió. Al triunfar la verdad pronto surgieron todos esos privilegios y bendiciones que, aunque imperfectamente, distinguieron a la naciente Europa moderna.

5. La incredulidad revolucionaria avanzó al languidecer la Reforma

Este impacto benéfico terminó cuando el espíritu evangélico empezó a decaer. La sal del Evangelio fue arrojada por los católicos y perdió su sabor con los protestantes. La corrupción general que siguió preparó el camino para la incredulidad revolucionaria.

Pensemos en Francia, el país donde la fuerza de la Revolución fue abrumadora. Aquí también la Reforma tuvo una influencia positiva en la iglesia de Roma. Basta que consideremos los esfuerzos reformistas de Francisco de Sales. Y, cuando se depusieron las armas y la batalla pasó al mundo del estudio, la iglesia Romana se salvó de una mayor apostasía al apegarse a la verdad que todavía sostenía. Pero para el protestantismo no habría de haber un Bossuet o un Fénelon. Desafortunadamente se prefirieron las fanfarronadas a los argumentos, y se expulsó del país a los protestantes o bien fueron silenciados. A pesar de todo los jansenistas persistieron en su defensa de la libre gracia de Dios. Pero se suprimió su influencia, lo que fue una segunda victoria sobre la Reforma, debilitándose así la iglesia de Francia. Con el tiempo se odió a los jesuitas, pues sólo la política quedó como tema legítimo de debate público, y la moral decayó frente a la ausencia de exhortación y ejemplo. La erudición se volvió incredulidad una vez que no tuvo el contrapeso piadoso en Port Royal. Solo pudo sobrevivir la forma exterior de la religión, pero apoyada por la compulsión y la persecusión que procedía de una política calculadora. Una iglesia como ésta no tuvo poder alguno contra el surgimiento de la incredulidad.

173 De la misma forma, en España, Italia y en las partes católicas de Alemania, los protestantes fueron expulsados o suprimidos. En Inglaterra, una tendencia hacia el romanismo fue corresponsable de la guerra civil bajo Carlos I, fuertemente patrocinada por Carlos II y resistida finalmente por el clero anglicano, no tanto por celo religioso como por temor a perder el poder. En tierra tan venenosa surgió la miserable cosecha de los escritos deístas que tanto han contribuido a diseminar la incredulidad.

Pero basta de hablar acerca de los católicos. A los protestantes fue entregada la Palabra de Dios ¿Cómo preservaron tan preciosa herencia? El avivamiento les duró poco. Después de cuarenta años la Reforma llegó a su cénit y el contraataque católico empezó la reconquista. Muchas naciones que habían sido iluminadas por la luz de la Reforma fueron otra vez cubiertas por las tinieblas del papado. En las naciones 174 donde la Reforma prevaleció, la vida de fe no progresó. Se disolvió en polémicas que mataron el amor y marchitaron la fe. Los hombres se apegaron al formalismo externo; se apegaron servilmente a una interpretación literal de las confesiones heredadas. Con esto emergió una ortodoxia muerta.
175 La verdad sólo se buscó en las confesiones, como si el contenido de esos símbolos fuese hasta sus últimos detalles la fe salvadora misma. La Palabra de Dios fue reemplazada, suplantada o en el mejor de los casos reducida a un archivo de textos demostrativos. Se extendía la mano fraterna con base en los credos y no con base en la Biblia, lo que produjo el

CONFERENCIA VII

trato tan lamentable dado a Spener y Francke en Alemania, a Wesley y Whitefield en Inglaterra, y a más de uno de los maestros de los Hermanos Moravos en Holanda.

Más que ningún otro país, Holanda fue elegida y apartada por la misericordia de Dios para ser el centro del protestantismo. ¿Se debilitó el celo y el amor aquí en Holanda más lentamente que en otros lugares? La cadena interminable de homilías penitenciales, casi desde el comienzo de la Reforma, da testimonio de la insensibilidad crónica de nuestro pueblo a las promesas y amenazas de Dios ¿Y qué diremos de la condición de nuestra iglesia, teología y vida nacional al principio del siglo XVIII? Sé que nuestros teólogos demostraron un caudal de erudición y que nuestro pueblo, especialmente la clase media, evidenciaron un gratificante resto de piedad y moralidad. Pero cuando se busca ese tipo de fe que es como la levadura que todo lo leuda, y si se pregunta si se podría haber esperado que la fe del pueblo ofreciese alguna real oposición a la filosofía falsa, seductora y popular, entonces se ve que ocurrió lo contrario. Cuando pienso en los elaborados sistemas de doctrina eclesiástica, o en la multitud de los tediosos sermones y discursos; si pensamos en toda esa verborrea, la que con tanta frecuencia diluía la Palabra. Si pensamos en esa minuciosidad eclesiástica por la que la Biblia se transfería a cada acento y coma de las conclusiones y suposiciones humanas, si tomamos en cuenta la estúpida excitación sobre asuntos secundarios, mientras que se nos atacaba por todos los flancos con groseras falacias, entonces ya no puedo ver en toda esa gimnasia ortodoxa aquella espada de dos filos que discierne los pensamientos y las intenciones del corazón, entonces ya no veo las armas de nuestra batalla apostólica que probaron ser poderosas en manos de los reformadores para la destrucción de fortalezas.¹ Entonces ya no es necesario preguntar por qué el escepticismo y la depravación prevalecieron sobre tanta gente. No me sorprende que semejante ortodoxia, después de atrincherarse en el angosto terreno eclesiástico, fuese impotente en los días de peligro.

Espero que este repaso corto sea suficiente para indicarnos qué relación tuvo la Reforma con el curso de la historia mundial. La Reforma no pudo jamás haber sido la causa de la Revolución, ya que surgió de un principio auténtico: de la objetiva unidad de la fe más bien que de la diversidad de las opiniones subjetivas. Surgió de la Revelación infalible y no de la supremacía de la razón; de la soberanía de Dios y no de la soberanía del hombre. La Reforma terminó con la anarquía de fines de la Edad Media, preservando a Europa del dominio de la incredulidad. Fue la casi extinción total de su influencia lo que preparó a Europa para la Revolución.

La predicación del Evangelio es la levadura que hace que la historia del mundo sirva para realizar los planes de Dios. Ese fue el secreto del poder de la Reforma. Su secreto no radicaba en alguna profundidad filosófica, o científico-teológica, o en la apologética, sino en la sencilla predicación del amor de Dios: Arrepentíos y creed en el Evangelio, cree en el Señor Jesucristo y serás salvo tú y tu familia, su sangre nos limpia de todo pecado, el que cree en el Hijo tiene vida eterna.²

Las verdades fundamentales de la religión cristiana están indeleblemente impresas en la historia de la Iglesia. Estoy pensando en la infalibilidad de la Santa Escritura, la deidad del Salvador, la personalidad del Espíritu Santo, la total de-

---

¹ *Cfr.* Hebreos 4:12 y 2 Corintios 10:14.
² *Cfr.* Marcos 1:15; Hechos 16:31; 1 Juan 1:7; Juan 3:36.

pravación de nuestra naturaleza, la expiación de nuestros pecados, la imputación de la justicia de Cristo y la necesidad de regeneración y santificación. Éstas y todas las verdades que se resumen en una sola cosa necesaria: *Paz a través de la sangre de la cruz*.[1] Éstas son las verdades que invariablemente aparecen en todas las confesiones de las iglesias protestantes. Éstas son las verdades que en el siglo XVI, por el Espíritu Santo, vencieron al mundo que yacía en impiedad, al Anticristo de Roma y a Satanás. Fueron estas verdades las que trajeron no sólo la vida eterna a cada creyente, sino incalculables privilegios terrenales a las naciones. Estas verdades son las mismas verdades cuya negación produjo la Revolución. Una vez muerta la fe, las formas muertas de la religión pasan a ser el escudo contra los dardos de fuego del maligno.[2] La Europa cristiana se descristianizó experimentando en sí lo que dice el Salvador: "Cuando el espíritu inmundo sale del hombre, anda por lugares secos, buscando reposo, y no lo halla. Entonces dice: Volveré a mi casa de donde salí; y cuando llega, la halla desocupada, barrida y adornada. Entonces va, y toma consigo otros siete espíritus peores que él, y entrados moran allí; y el postrer estado de aquel hombre viene a ser peor que el primero. Así también acontecerá a esta mala generación".[3] Por cierto, el postrer estado llegó a ser peor que el primero. El reino de la incredulidad había arribado. La Revolución era inevitable. Ya que, una vez admitido el principio de la incredulidad, éste nos lleva de consecuencia en consecuencia en el siempre descendente camino hacia la

---

[1] *Cfr*. Colosenses 1:20.
[2] *Cfr*. Efesios 6:16.
[3] *Cfr*. Mateo 12:43-45.

ruina. Una vez que la soga que nos ata al cielo se corta, nada puede parar la violenta caída al abismo.

CONFERENCIA VIII

LA INCREDULIDAD

Por fin estamos llegando a la exposición positiva y directa del tema principal de estas conferencias; a saber, que la causa de la Revolución está en la *incredulidad*.

La Revolución, tanto en sus diferentes escuelas como en sus sucesivas manifestaciones históricas, es solamente la consecuencia, aplicación y desarrollo de la incredulidad. Fue la teoría y práctica del siglo XVIII. Una vez que la incredulidad tomó el poder, *tenían* que ocurrir toda una serie de falacias y atrocidades.

No crean que estoy proclamando algún tipo de fatalismo. ¿Era Newton un fatalista cuando afirmó que la ley de la gravedad *hacía necesario* que la manzana cayese, una vez desprendida de su rama? Así como hay fuerzas y leyes en el mundo físico, así también existen fuerzas y leyes en el plano moral, y hay momentos en que los hombres nada pueden hacer en contra de ellas. No obstante, la irresistible marcha de los acontecimientos no abroga la responsabilidad personal: a nadie se le obliga a inclinarse delante del ídolo de su tiempo. Lo que se le imputará a la gente no es tanto su impotencia para resistir como su prontitud a cooperar.

Por cierto, para convencerse de que *en este sentido* la revolución era inevitable, sólo basta echarle una mirada a la condición de Europa en el siglo precedente, tal como la bosquejé. Se desfiguraron los principios de la ley constitucional: se confundió la autoridad con el absolutismo y la libertad con el libertinaje. Las constituciones fueron degradadas, la moral se corrompió y la religión, para una gran cantidad de personas, vino a ser un formalismo hipócrita, superticioso o muerto. Es evidente que si un edificio se mina de esta forma tiene que desplomarse inevitablemente.

Con todo, es posible establecer lo inevitable de la Revolución con mucha más precisión si examinamos su origen único, su progreso y su desenlace final. Lo que estoy ansioso por demostrar es que el verdadero poder formativo a lo largo de toda la era revolucionaria, hasta nuestros días, ha sido el

182 ateísmo, la impiedad, *la vida sin Dios*. Es esta característica vital la que dio a la Revolución su estigma tan peculiar, tanto en doctrina como en aplicación práctica. La naturaleza incrédula de la Revolución hace que se pueda predecir su historia. A la inversa, los hechos de la historia delatan a su vez su origen incrédulo.

Os hablé anteriormente de una especie de "ensayo biográfico" y creo que este título representa bien la vista panorámica que deseo exponeros respecto de la historia de la Revolución en conexión con su doctrina. Sin embargo, no empezaré con ese tema hoy. Antes de entrar en la biografía de la Revolución es necesario que examinemos su *fisiología*; es decir, es necesario que mediante un análisis de los dogmas del siglo XVIII primero descubramos *las leyes generales* que gobernaron la vida de ese entonces. En forma inversa, en la biografía que veremos más adelante, podremos ver cómo la historia de ese siglo se amoldó del todo a esas leyes.

182n A modo de paréntesis dejadme explicar qué entiendo por un examen "fisiológico". En las notables palabras de Guizot: "Los llamados hechos externos o acontecimientos visibles propiamente tales son lo que conforman el cuerpo de la historia.

CONFERENCIA VIII

Son sus miembros, huesos, músculos, órganos, los elementos materiales del pasado. El conocimiento y descripción de esos hechos constituye su *anatomía*. Pero así como la anatomía no es el todo de la ciencia en el caso del individuo, tampoco lo es en el caso de la sociedad. Los hechos no solo existen, sino que están interrelacionados. Se suceden unos a otros y se engendran unos a otros a través de la acción de ciertas fuerzas que operan bajo el influjo de ciertas leyes. En una palabra, al igual que los individuos, las sociedades son organismos vivos. Estos organismos también tienen su ciencia: La ciencia de las leyes ocultas que presiden sobre el curso de los acontecimientos. A esto se le puede llamar la fisiología de la historia".[1]

Como decíamos, por el momento solo nos ocuparemos de la *historia natural* de las ideas revolucionarias: con sus consecuencias necesarias bajo cualquier y toda circunstancia y en todo movimiento revolucionario, dada su naturaleza intrínseca así como también su choque fundamental con la verdad. Sólo después de este análisis podré volverme a los acontecimientos de la Revolución, a fin de llamar la atención a estas consecuencias, dado que impusieron la forma en que las cosas se dieron.

Por lo tanto, antes de llamar al testigo de la historia, quiero que os deis cuenta de que, como un asunto de simple lógica, el *ateísmo* en la religión y el *radicalismo* en la política no solo *no* son exageración, abuso y distorsión, sino de hecho la aplicación consistente y fiel de un principio que hace a un lado al Dios de la Biblia en favor de la supremacía de la razón. Además quiero que os deis cuenta de que, debido a que este principio contradice la esencia misma y el orden inmutable

---
[1] Guizot, *Civilisation en France*, vol. I, p. 33.

de las cosas, era posible predecir, incluso sin acudir a la luz de la historia, el rumbo que tomaron los acontecimientos y la metamorfosis del principio, a medida que continua autoafirmándose.

En consecuencia, esta y la siguiente conferencia están dedicadas al argumento que sostiene que, allí donde la incredulidad es libre para correr su curso natural en religión y política, no podrá hacer otra cosa que producir doctrinas radicales. En una tercera conferencia demostraré cómo la corriente es capaz de alterar sucesivamente su curso al encontrarse con la resistencia de la naturaleza humana y el orden natural.

Pongamos, pues, frente a nosotros, al siglo XVIII para evaluarlo. Cuando hablo del "siglo XVIII" me refiero a la época de aquel nuevo movimiento de la humanidad, a toda aquella época de esa transformación en la historia del mundo que nació en el año 1789, después de un largo período de gestación. ¡Qué tema! ¡Qué importante! ¡Cuán difícil! ¡Cuán sujeto a producir evaluaciones divergentes! Yo reprocharé aquello que, aun hoy, para muchos, fue una época admirable. De tal forma que nunca será suficiente repetir que mi oposición al siglo XVIII está libre de un partidismo necio. Se basa mas bien en mi rechazo a su principio anticristiano.

No es mi intención levantar una acusación o proceso judicial. Quiero que mi juicio sea justo. Es obvio que el siglo XVIII tiene que haber tenido muchas cosas que fueron *en parte* buenas porque ninguna época, no importa cuán bajo pudiera caer, esta del todo destituida de algún valor o talento. Si se le compara con lo que le precedió, el siglo XVIII se distingue. Trató con energía de levantarse del lodo de muchas maneras. No importa qué opinión tengamos de su principio fundamental, nos gozamos de que el espíritu de esa época desvaneciera el provincialismo, la pereza y el egoísmo que marcaron el tiempo anterior, tanto en nuestro país como en otras partes. Con gran entusiasmo los hombres dedicaron desinteresadamente todas sus facultades y talentos a la obtención del triunfo de aquello que creyeron justo y verdadero. No faltaron las palabras admirables y los grandes ideales. Además, este siglo tenía buenas razones para procurar mejorar. Aun si desestimamos todas las exageraciones, todavía quedarían abundantes razones para estar descontentos con la marcha del gobierno y la degeneración de las constituciones, habiendo suficientes razones para demandar importantes reformas en el nombre de la equidad y la humanidad.

Por otra parte, si este siglo se equivocó al escoger sus principios, saliéndose así del camino de la reforma para tomar el de la revolución, todavía existe algo que lo excusará. ¿Qué fue del fervor y la calidez de la persuasión evangélica, que tantos frutos diera anteriormente en obras de fe? En lugar de esto, lo que encontramos es el espectáculo de una superstición estrecha o hipocresía intolerable o bien una afición a la tradición y a meros artículos de doctrina. ¿Acusaremos de ignorar la verdad sólo al siglo que lo hizo o también al siglo que la oscureció?

Espero que concordéis conmigo en que estas observaciones han hecho justicia al siglo XVIII, ya que debo ahora terminar mi defensa de este siglo. Ahora debo afirmar, en cambio, que su principio básico lo encuentro falso, de falsedad absoluta. El principio es este: *la soberanía del hombre, independiente de la soberanía de Dios*. Al desarraigarse del sólido terreno de los principios eternos, el ser humano empezó a deslizarse sin apoyo alguno dentro de los cielos de la especulación. El resultado fue una miseria nunca antes vista. Se esperaba una época de oro y vino una de hierro. La energía mal orientada es lo más desastroso. No hubo progreso, sino retroceso en las áreas de la religión, la moral y la ley constitucional. La gente celebraba el avance la *"Ilustración"*. ¡Pero injustamente! Por cierto que había abundancia de fuegos artificiales y de antorchas, pero faltaba la luz del sol. Aquellos que trabajan con su intelecto y genio a fin de producir ideas y trazar vastos sistemas, *trabajan en vano* cuando se apartan de los rayos de la sabiduría que viene de lo alto. Al no querer depender de los principios eternos, los pensadores de la Ilustración confundieron la libertad de la mente con la independencia de la mente —una distinción que la filosofía no puede ignorar. Ancillon observa correctamente que "los principios sin ideas son un fulcro sin palanca, pero las ideas sin principios no son más que una palanca sin fulcro. La diferencia que hay entre independencia intelectual y libertad intelectual es la misma que existe entre un barco sin lastre, ancla o piloto, que está a merced de los vientos, y un barco que zarpa contra el viento y hasta tempestades, pero guiado por una brújula y un competente piloto".[1]

Para poder ponderar el peso real de la fatal influencia de este siglo, debemos tener presente que lo que hizo fue convertir lo bueno en malo.[2] Me refiero a su programa en favor de la *justicia*, la *libertad*, la *tolerancia*, la *humanidad* y la *moralidad*. Al principio esta era se vistió con estas ideas, así como Satanás se puede disfrazar de ángel de luz.[3] Estas ideas

---

[1] Ancillon, *Nouveaux Essais*, vol. I, pp. 172-174.
[2] [²172n] "Toda cosa buena se vuelve mala cuando el hombre se apropia arrogantemente de ella ignorando las ordenanzas de Dios" (Stahl, *Was ist die Revolution?*, p. 239).
[3] 2 Corintios 11:14.

CONFERENCIA VIII 125

no fueron cultivadas en su propia parcela, sino en terreno cristiano,[1] Una vez que la ortodoxia no fue capaz de preservar su rica herencia, cayó en manos de los *philosophes*, ¿y qué hicieron con ella? A pesar de toda su jactancia, estos tesoros se arruinaron bajo su administración, cosa que no debe asombrarnos. Querrán retener las conclusiones, abandonando primero las premisas; retener las aguas mientras que tapan la fuente. Querrán disfrutar de la sombra, a la vez que cortan las ramas del árbol. Es de esperarse que plantas que crecieron a orillas del torrente del Evangelio se sequen si las trasplantamos a tierra seca. Peor aún, en el terreno venenoso del ateísmo, las plantas se convirtieron en vegetales que, bajo brillantes colores y dulces fragancias, escondían toxinas fatales. Las ideas de libertad, tolerancia, etcétera —palabras mágicas con las que el hombre pensó resumir la cumbre de la sabiduría y la felicidad— fueron destruidas, quedando como meras palabras. De tal forma que no sólo no se cumplieron las promesas, sino que ocurrió lo contrario. La injusticia suplantó a la justicia, la coacción a la libertad, la persecución a la tolerancia, la barbarie a la humanidad y la decadencia a la moralidad.

Por esto no puedo suscribir el veredicto final de Guizot, cuando habla de "uno de los siglos más grandes de la historia, el que ha hecho el más grande servicio a la humanidad, el que fomentó el más grande y universal progreso".[2] Tampoco puedo afirmar, con Víctor Cousin, los "nuevos logros que añadió al legado de los siglos precedentes".[3] Su marca de fábrica no fue añadir un eslabón más a la cadena del tiempo,

188

---

[1] [²172n] Si se les libra de mezclas fatales, las ideas modernas pertenecen al Evangelio.
[2] Guizot, *Civilisation en Europe*, Lección 14.
[3] Cousin, *Historie de la philosophie du 18e siecle*, vol. I, pp. 28ss.

sino más bien romperla en la búsqueda insensata de lo novedoso. Pero sí concuerdo con las palabras de Ancillon: "La manía y necesidad enfermiza por analizarlo todo ha hecho que se califique este siglo como el siglo del razonamiento, más que de la razón".[1] El siglo XVIII ha demostrado cuánto, y a la vez cuán poco, puede el ingenio humano lograr cuando se le deja con sus propios recursos. Ha demostrado que la ruina puede llegar en el carro del progreso aparente. Por contraste confirmó la promesa de que esas cosas vienen por añadidura a aquellos que buscan primeramente el Reino de Dios y su justicia.

Tal fue el siglo. ¿Qué se deduce de mi punto de vista respecto a la forma en que evaluaremos a la gente que vivió en ese tiempo? No tengan temor de que mi juicio sea duro o parcial. Por el contrario, ya que, mientras mejor se detecte el poder de las ideas, estaremos en mejores condiciones para comprender la verdad de aquel dicho que dice que al igual que los libros la gente debe juzgarse "a la luz de los tiempos". En una época puede surgir una especie de intoxicación atmosférica que podrá compararse a un estado de borrachera involuntaria. En tiempos de entusiasmo, más que de seria reflexión, difícilmente podrá la gente discernir todas las implicaciones que para nosotros son obvias el día de hoy. Es muy raro encontrar moderación en medio de la excitación. Como dijo Burke en su *Reflexiones sobre la Revolución francesa*: "Los hombres se ven llevados gradual, y a veces vertiginosamente, a cosas que, de haber podido ver en su conjunto, no hubiesen tolerado ni en una remota aproximación".[2]

---

[1] Ancillon, *Noveaux Essais*, vol. I, p. 194.
[2] E. Burke, *Reflexiones sobre la Revolución francesa*, p. 152.

CONFERENCIA VIII

Estas observaciones son importantes para descubrir y entender las causas de la revolución. Se acusa con tanta facilidad a escritores revolucionarios como Montesquieu, Voltaire y Rousseau por el surgimiento del ateísmo y la rebelión. Se acusa con tanta ligereza a Robespierre y Napoleón por los horrores de la anarquía y el despotismo. En parte esto es cierto, ya que estos hombres tienen gran parte de responsabilidad. Pero, por otro lado, también fueron instrumentos del espíritu de la época, Los escritores solo expresaron lo que todos ya estaban pensando. Eran representantes de la opinión pública, no sus maestros. A lo más se puede decir que guiaron a la gente a avanzar otro paso más en el camino de razonamiento sobre el cual era imposible detenerse. Lo mismo se puede decir de los hombres que accedieron al poder durante la revolución. Puestos en alto por el espíritu de la época, estuvieron a merced de su corriente. No podían resistir la lógica de la revolución. Pudieron tomar las riendas porque se dieron cuenta de la situación antes que otros, fomentando lo que el momento exigía. No es que fueran líderes, más bien fueron *avant-garde*; esto es, hombres de vanguardia, presionados por las masas detrás de ellos. Si queremos sopesar correctamente el papel que jugaron los revolucionarios destacados, así como el significado del sector "moderado", debemos tener en cuenta esto que vengo diciendo. Dada la naturaleza y la potencia de las falsas doctrinas, tomemos esto en cuenta. Es posible que los "moderados" se abstuviesen de extremismos, pero con todo dieron honor a los mismos principios. Por tanto, son responsables del error, y no sólo responsables hasta los límites hasta donde estuvieron dispuestos a llegar en su doctrina y práctica, sino responsables de todo el desarrollo de las ideas revolucionarias y de toda la serie de errores y atrocidades que surgieron del principio de la Revolución. Es muy importante tener esto siempre en cuenta, escuchando la advertencia *principiis obsta*. Ataquemos la enfermedad tan pronto como aparezcan los primeros síntomas.

Por último, ¿qué implicación tiene nuestra forma de ver la época para nuestro deber de hoy? No podemos subestimarlo como un mero intermedio que se puede pasar por alto. No despreciaremos ni descartaremos los beneficios que dicha época trajo en el mundo moral como si hubiese sido una tormenta destructiva y a la vez limpiadora. Pero al mismo tiempo no haremos concesión alguna respecto a su pérfida base. No podremos rescatar el futuro simplemente modificando, moderando o regulando principios que en su esencia son venenosos. Tampoco podemos ser indolentes o resignarnos. Todo lo contrario, debemos luchar por la suprema Verdad, cuya aceptación es el requisito absoluto para arribar al único camino que lleva a la felicidad de los pueblos. Para ello debemos extirpar el mal y utilizar el bien que nuestros padres nos legaron como herencia precaria y preciosa.

Dejadme ahora que plantee mi causa respecto a que la Revolución en su totalidad no es otra cosa que el resultado lógico de una incredulidad sistemática, la obra de la apostasía respecto del Evangelio. Mi argumento tiene que ver con la *religión* y con la *política*.

Existe una conexión. Lamennais tenía razón cuando observaba que, debido a que la religión y la sociedad tienen un mismo origen en Dios y un mismo fin en el hombre, un error fundamental en la religión es también un error fundamental en la política.[1] La historia de la revolución ilustra esta cone-

---

[1] Lamennais, *Essai sur L'indifférence*, cap. X.

xión en forma sobresaliente. Se puede notar la misma declinación en la corrupción de la religión, en la deformación de la ley constitucional y en el deterioro de la práctica política. En la religión encontramos a Voltaire, Diderot, Lammettrie; en el terreno político hallamos las teorías de Montesquieu, Rousseau, Condorcet; y en la práctica nos encontramos con fechas como 1789 y 1793: Necker, Mirabeau, Robespierre y Marat.

La doctrina de la Revolución es la religión de la incredulidad. Es la negación de todo aquello que descansa sobre la fe. Es así que no sólo afecta a la ley constitucional, sino también a la filosofía en el sentido amplio del término, "la ciencia de las cosas divinas y humanas". Es por esto que primero debemos discutir la *filosofía* del siglo XVIII, a fin de volver después a su *teoría política*.

El principio de esta ostentosa filosofía fue *la supremacía de la razón*, y su resultado fue el materialismo y el apostatar de Dios. Que tal resultado era inevitable una vez aceptado el principio se puede demostrar por la genealogía de las ideas.

Desde el principio la supremacía de la razón se postuló como un axioma en la filosofía. Esta supremacía descansaba sobre la negación de la corrupción de la naturaleza humana. Pero, allí donde se tuvo a la razón como incorrupta, la Revelación no podía contener nada que estuviese *más allá* de su alcance o por lo menos nada que estuviese *en contra* de su veredicto. Es así como la razón viene a convertirse en el criterio de la verdad.

Por consiguiente, se hizo necesario seleccionar en la Biblia todo aquello que pudiera considerarse la Palabra de Dios digna de Dios. De esta forma la palabra tenía que ser ratificada por la sabiduría arbitraria, y la Santa Escritura necesitó la aprobación humana a fin de llegar a ser santa. Es así como desde el mismo principio se violó la prerrogativa divina en tanto que el hombre trataba de quitarse a Dios de encima para colocarse en su lugar.

El filósofo cree lo que entiende, cree sólo aquello que le parece sabio. Para calcular el efecto de este punto de partida racionalista, comparemos su postura con las palabras apostólicas: "el hombre natural no percibe las cosas que son del Espíritu de Dios, porque para él son locura, y no las puede entender, porque se han de discernir espiritualmente".[1] Pero es obvio que el filósofo rechazará y tendrá por locura todas las verdades que enseña el Espíritu Santo. Si no las contradice o ridiculiza abiertamente, al menos las considerará como meros símbolos, metáforas o alegorías. Tratará de suavizar las ásperas declaraciones bíblicas con expresiones que crea más apropiadas. Torcerá la Revelación o bien la extirpará. Mediante una variedad de reinterpretaciones destruirá todo aquello que sea esencial a la doctrina de la salvación. La doctrina acomodaticia no es más que el siguiente paso lógico. La deidad del Salvador viene a ser la divinidad del Salvador, el pecado se transforma en debilidad, la depravación en imperfección y la santificación se torna en perfección moral; la ira de Dios se convierte en santo desagrado, el Dios de la Revelación viene a ser el Dios de la naturaleza, el Dios desconocido.

¿Pero hasta dónde puede llegar esto? Hasta donde se desee. Una vez que se ha aceptado que todo aquello que no se puede reconciliar con nuestro entendimiento es absurdo, no existe límite. Los varios sistemas de racionalismo o neología que fueron desarrollados dan muestra del efecto cumulativo

---

[1] 1 Corintios 2:14.

CONFERENCIA VIII

del escepticismo. ¡Al final, el Cristo histórico se pierde del todo y los Evangelios se consideran simple ficción o mito!

Esto lleva rápidamente a una forma de deísmo cristiano que habla mucho de Cristo, Dios y la moralidad, pero que no pasa de ser ampulosidad ociosa y palabras sin sentido. Existe un Cristo, de hecho muchos Cristos, pero el Cristo de las Escrituras ya no existe. Ahora es un maestro, un ejemplo, un sabio, no el Hijo de Dios, el Mediador entre Dios y los hombres. Este deísmo, a pesar de que profesa honrar a Dios en la naturaleza, no es más que la estación a medio camino del ateísmo. Porque allí donde la razón se exalta a sí misma por sobre la Revelación, esta última pronto será reducida a una compilación de leyendas y fábulas; y una vez que los hombres se vuelven ciegos respecto a la luz de la Revelación, incluso la naturaleza misma podrá ser explicada solo en términos de fuerzas naturales. Al final, incluso la Deidad viene a ser una mera abstracción, una hipótesis, un dios hipotético. Como observa Lamennais: "Parece que los deístas son incapaces de ponerse de acuerdo ni siquiera sobre una sola forma de culto o respecto a un solo artículo de fe. Forzados a concederle a la razón todo o nada, los dogmas se les escapan, la moral se les escabulle y en todo lo que hacen son empujados tan lejos como la tolerancia del ateísmo".[1] Bousset nos da, por consiguiente una definición correcta: "el deísmo no es más que ateísmo camuflado",[2] una definición que por lo demás ya la Biblia contenía: "estábais sin Cristo ... sin esperanza y *sin Dios en el mundo.*[3]

---

[1] Lamennais, *Essai sur L'indifférence*, cap. VI.
[2] Citado en Lamennais, *Essai sur L'indifférence*, cap. V.
[3] Efesios 2:12.

Pero acabamos de ver que Lamennais dijo: "la moral se les escabulle". ¿Es cierto esto? Por cierto que sí. Porque sin una fe viva en Cristo, atada a hechos históricos (llámense o no doctrinas), no puede haber vida cristiana. Sin fe en Dios no existe base para la moralidad. Para ser exactos, es cierto que aún los *philosophes* ateos están dispuestos a decir que un hombre debe ser recto, misericordioso, humano y caritativo".[1] Es una pena que afirmaciones como éstas de nada sirvan, pues la experiencia prueba que, tan pronto como la moralidad se considera independiente de la religión, viene a ser tan problemática como la religión misma. Al igual que su doctrina, la moral deísta, dice Lamennais, es que "toda opinión es igual, toda jerga da igual. El deber del ateo es no reconocer ningún deber. Como dice una *filosofía* muy celebrada, "a fin de cuentas no existe otro deber que hacerse a uno mismo feliz".[2]

Por consiguiente, no existe otra base para la obligación que no sea el iluminado interés personal. Donde no hay fe en Dios, ¿cuáles serán las cosas que dictará el interés personal? La virtud se convierte en una mera palabra, un remilgo, un embuste. La autoridad y la ley serán vistas como el invento que el débil encontró para obstaculizar al genio. Por esto, es mucho mejor vivir en armonía con la naturaleza: "*Naturae vivere convenienter oportet!*". "Los deberes del hombre se reconcilian con sus inclinaciones" o, como dice Lamennais, "las inclinaciones del ser humano se convierten en la única y sola medida de los deberes".[3]

---

[1] Lamennais, *Essai sur L'indifférence*, cap. V, citando a Rousseau en una carta a Charles de Beaumont, arzobispo de París.

[2] Lamennais, *Essai sur L'indifférence*, cap. VII, citando a Raynal, *Histoire philosophique*, libro XIX.

[3] Lamennais, *Essai sur L'indifférence*, cap. IV.

En este naufragio de la verdad se destruye hasta el último tablón del cual se podrían aferrar los hombres. ¿De qué sirve que sostengan la creencia en la inmortalidad del alma o en una distinción entre el bien y el mal? De nada, en tanto su filosofía sólo preserve lo positivo. ¿Y qué es lo positivo? Solo aquello que es material, aquello que es accesible a los sentidos. El cristiano enfrenta la muerte y el sufrimiento alegremente, pues sus ojos no están puestos en las cosas que se ven, "pues las cosas que se ven son temporales, pero las que no se ven, son eternas".[1] Pero el filósofo no acepta esto. Al invertir el orden de las cosas prueba que en este punto también él es un verdadero revolucionario. Para él las cosas invisibles y eternas son solo fantasías, pues cree que nada es real si no es visible y temporal. De tal forma que solo queda decir: "comamos y bebamos que mañana moriremos".[2]

Y así, paso a paso, los hombres son arrastrados al abismo. Se debe obedecer a la razón soberana. Muchos, sin embargo, se resisten a ser *consistentes cualquier precio*, prefiriendo detenerse a mitad de su caída cuesta abajo. Pero sus vacilaciones no podrán resistir por mucho tiempo los dictados de la lógica. El error atrae no solo por su engañosa apariencia, la cual obtiene del uso que hace de algunos elementos verdaderos, sino porque, una vez aceptado el principio, cada paso que se dé en su desarrollo tiene la virtud de una verdad relativa. Así que lo que unos rehuirán otros llevarán a cabo como una consecuencia ineludible. Donde muchos disminuirán el paso con rodeos, otros se adelantarán osadamente. Los que estén del todo convencidos, apoyados por una media verdad, no

---

[1] 2 Corintios 4:18.
[2] 1 Corintios 15:32.

se detendrán ante nada. Este es el secreto de por qué triunfa este error.¹

Podemos atestiguar el progreso, descenso y caída al foso de la filosofía incrédula en los escritos de los deístas ingleses, en los ataques lanzados por Voltaire, en las nociones deístas de Rousseau, en el ateísmo de Diderot, en el materialismo de Helvetius, en la obra de La Mettrie, *El hombre: una máquina* y en la de Condillac, *El hombre: una estatua*. Dejadme hacer una observación en este punto. Es importante advertir que negar la verdad no es sólo un asunto filosófico, sino que se trata de despreciar y de odiar en forma activa y militante todo aquello que se tenga por falso y malo. Y recordemos que desde el punto de vista de la filosofía incrédula el Evangelio y la fe cristiana son ciertamente falsas y malas. Una vez negadas, las verdades reveladas son supersticiones nefastas, el peor de los impedimentos que obstaculizan el camino de la ilustración y el autoperfeccionamiento. Donde sea que la mentira triunfe, deberá odiar todo elemento de verdad que todavía quede. Aun el deísmo, no importa cuán diluido sea, es una ofensa al ateo. En su opinión, todo el que cree en Dios, sea cual fuere ese Dios, no es más que un promotor fanático de ideas infantiles y dañinas. Pero, como el ateísmo considera iguales a todas las religiones, la gente sueña con que puede confiar en que será tolerante. Se equivocan. El ateísmo no tolera la

---

¹ [²183n] Lo más notable, por cierto, lo más asombroso de estas doctrinas, una vez que uno se toma la molestia de detectar la *fuente* del universalmente aceptado principio revolucionario, no es su carácter absurdo, sino más bien lo correctas que son. Porque allí donde *no existe la fe en Dios*, entonces los socialistas, comunistas y ateos tienen toda la razón. Solo teniendo siempre en mente esa legitimidad revolucionaria es que se podrá explicar el fanatismo que considera la realización de esta doctrina como la más noble misión y resistirla como el crimen más bárbaro.

CONFERENCIA VIII

verdad, pues la verdad no lo tolera a él. El ateísmo reconoce que cada creencia le es un enemigo mortal. Sólo conservará aquella religión que guarde silencio, que se someta y obedezca las reglas de la incredulidad. El ateísmo considera a todas las religiones iguales, siempre y cuando se destituya a todas de todo signo de vigor y vida.

Debemos tener siempre en cuenta este punto si queremos entender la naturaleza de la Revolución. El erudito y profundo Albrecht von Haller ya en 1759 notó que se podía constatar un espíritu de persecución entre los más connotados de los libres pensadores, aunque *"por falto de oportunidad sólo se expresa en lenguaje abusivo. Fanáticos tan ardientes como Helvetius y Voltaire perseguirían y aun derramarían sangre en el patíbulo, si tuvieran el poder para hacerlo"*.[1] En sus *Letters on a Regicide Peace*, Burke explica: "la religión es una de las causas más poderosas de entusiasmo. Cuando cualquier cosa de la religión viene a ser objeto de mucha meditación, la mente no puede permanecer indiferente. Los que no aman la religión, la odian. Los que son rebeldes a Dios aborrecen al autor de su ser. Le odian 'con todo su corazón, con toda su mente, con toda su alma y con todas sus fuerzas', ... Si dejamos de lado este ateísmo fanático, entonces omitimos la principal característica de la revolución francesa".[2]

Por cierto, la característica determinante de la Revolución es su odio al Evangelio, su naturaleza anticristiana. Este rasgo marca a la Revolución no sólo cuando se "desvía de su curso" y "cae en excesos" sino precisamente cuando se atiene a su curso y llega a las conclusiones naturales de su sistema, que

---

[1] Albrecht von Haller, comentando la obra de Helvetius, *De L'Esprit*, en el *Göttingische gelehrte Anzeiger*. *Cfr.* Von Haller, *Restauration de la science politique*, vol. I, p. 126.
[2] E. Burke, *Works*, vol. VIII, pp. 165-167.

es el verdadero fin de su desarrollo lógico. Ésta es una marca de la Revolución, y nunca podrá sacársela de sí porque es inherente a su principio mismo, es la expresión y reflejo de su propia energía. Es la señal de su origen, es la marca del infierno.[1]

El mismo principio de incredulidad operó en lo que es la filosofía propiamente tal, en las diversas ramas del saber y hasta en la literatura. En los sistemas de los metafísicos alemanes, en la crítica de los textos clásicos antiguos, y en la nueva forma de tratar la historia, hasta lo indubitable se hizo objeto de duda, a la vez que la literatura terminaba

---

[1] El ateísmo viene a ser *panteísmo* y *edificación del hombre*. En su lucha contra la Revelación y la fe cristiana, el ateísmo se vuelve idolatría. Existe hoy en día una escuela de pensamiento que desprecia el cristianismo como una estúpida superstición, lo odia como si fuera una secta tenaz y como al peor obstáculo de la evolución de la humanidad. Por ejemplo, la supuesta neutralidad prescrita para la escuela pública está convirtiéndose en la más perniciosa parcialidad, que favorece la incredulidad y que terminará en proselitismo en favor la religión de la razón y la naturaleza. En un ensayo sobre la vida de Jesús, Ernest Renan clasifica a Cristo entre "todos aquellos elegidos por la humanidad para recordarse a sí misma qué es el hombre y para encontrar inspiración en su propia imagen". Todas estas personalidades, dice Renan, apuntan a un ideal común, a lo que concluye: "¡*Voilà*, al Dios vivo, al que se adora!" (*Etudes d'histoire religieuse*, p. 215). Vinet escribe: "La incredulidad negativa y burlona ha sido superada por una incredulidad que cree; esto es, un ateísmo ferviente, un materialismo entusiasta. En nuestros días la impiedad ha llegado a ser religión" (*Considérations*, p. 37). Como resultado, también la incredulidad tiene su versión de *derecho divino* y su *religión estatal*. La conciencia pública llega a ser la ley suprema de cada ciudadano, incluso sobre su propia conciencia. Stahl observa: "La apoteosis de la humanidad es la culminación espiritual de la democracia; es el aliento de vida misma de la revolución francesa. Aquí se establece una *religión*, el culto a la humanidad, y cualquiera que se rehúse a adorarla será castigado con el exterminio" (*Die Gegenwärtige Parteien*, p. 187).

ganándose el apelativo de "literatura de la desesperación". En mi siguiente conferencia trataré la *teoría política* para demostrar en este terreno, también, cómo el estar sin Dios en el mundo trae ciertas consecuencias naturales; cómo cuando se rompe el vínculo entre el cielo y la tierra el orgulloso hombre viene a ser presa de destrucción y ruina.

CONFERENCIA IX

LA INCREDULIDAD II

Ya vimos a qué conclusiones llegan los hombres una vez aceptado el falso principio: la supremacía de la razón culmina en el ateísmo y en el materialismo. Un desarrollo similar se puede rastrear en el área de la teoría política. Quiero dedicar esta tarde a desarrollar el argumento de que la *libertad revolucionaria*, o, como dicen, la soberanía de la voluntad humana, se destruye a sí misma en las profundidades del *radicalismo*.

Es fácil darse cuenta de la conexión que hay entre el problema religioso y el político. Haller observa que "hay tan solo un fácil e inevitable paso entre la idea fantasiosa de lograr que cada mente humana sea independiente de toda autoridad, o de destruir completamente toda fe, y el no menos ridículo proyecto de emancipar a los hombres de todo gobernante temporal ... La asociación natural de las ideas ha llevado necesariamente a esta conclusión. Esto también explica por qué la campaña contra el altar y el trono, contra la iglesia y el estado, contra príncipes y reyes promovida subsecuentemente fue conducida simultáneamente por los mismos hombres y sostenida por los mismos principios".[1]

Libertad de pensamiento, pero también de conducta. Supremacía del intelecto, pero también de la voluntad. Si la razón no está corrompida, tampoco lo está la voluntad. El hombre es en sí mismo bueno pero, ¿de dónde viene el mal? El hombre por sí mismo está inclinado a las buenas obras

---

[1] Haller, *Restauration de la Science politique*, vol. I, pp. 130ss.

y a obras de amor. Pero ¿de dónde proviene una sociedad perturbada y consumida por miles de espadas manejadas por la pasión humana?

La filisofía ha preparado su respuesta. El orígen del mal radica en las formas, en las instituciones. Mediante instituciones incorrectas la rectitud prístina de la naturaleza humana se distorsionó y empezó a operar en dirección contraria a su disposición natural. Obviamente que la conclusión será que ese estado de cosas puede ser restaurado y perfeccionado simplemente alterando las instituciones, derrumbando todos los impedimentos a la libertad, siguiendo las inclinaciones y pasiones naturales del hombre.

Quiero que pongáis atención en un punto en particular. Así como toda verdad está finalmente apoyada por la verdad que viene de Dios, así también la fundación común de todo derecho y deber descansa en la soberanía de Dios. Cuando se niega tal soberanía ¿qué ocurre con el fundamento de la autoridad, de la ley, de cada relación sagrada y debida en el estado, la sociedad y la familia? ¿Qué sanción nos queda por distinguir rango y condición en la vida? ¿Qué razón puede haber para que yo obedezca y otro ordene, para que uno sea rico y otro pobre? Todo esto se verá basado sólo en la costumbre, la rutina, el abuso, la injusticia, la opresión. Ya no habrá, a pesar de toda la diversidad social, ninguna diferencia real entre los hombres. Eliminad a Dios y ya no se podrá negar que todos los hombres son, en el sentido revolucionario de las palabras, libres e iguales. El estado y la sociedad se desintegran, se disuelven en una colección de seres humanos aislados, en una colección de *individuos*, un término revolucionario que expresa todo lo destructivo de

CONFERENCIA IX

141

su carácter. De aquí en adelante el estado no es más que una multitud de partículas indivisibles, de átomos.

Desde el punto de vista de la incredulidad, liquidar toda forma de poder independiente significa quitar un abuso que degrada a la humanidad. Desde el punto de vista revolucionario este juicio es correcto, ya que la incredulidad no conoce otra cosa que la autoridad *humana*. Es en la negación del derecho *divino* de autoridad que encontramos la fuente, no sólo del liberalismo, sino de la perfidia que genera. La teoría liberal no está desconectada de la nobleza de nuestra naturaleza. Por cierto que un hombre se denigra si se somete a una simple criatura humana como él.[1] El ser humano es demasiado grande para inclinarse frente a un igual suyo que ordena nada más que en su propio nombre y no como un consiervo de Dios.

¿Pero qué hacer? El estado y la sociedad existen, y a menos que queramos vivir otra vez como bárbaros, deben seguir existiendo. Con todo, el estado histórico se disolvió. Pués bien, si esto es así, ¿cómo se formará el nuevo estado revolucionario?

De antemano debemos rechazar la idea misma de formar un estado a voluntad. Lamennais nos recuerda que uno de los engaños de nuestra época es pensar que un estado se puede constituir, o una sociedad formar, de un día para otro, así como se levanta una fábrica. Añade que las sociedades no se hacen, son más bien "la obra de la naturaleza y el tiempo actuando de común acuerdo". Los revolucionarios quieren "crearlo todo en un instante", formarlo todo de la imaginación, quieren formar la sociedad con un solo toque, según un modelo ideal, como si fuese una estatua de bronce

---

[1] *Cfr.* Lamennais, *Essai sur l'indifférence*, cap. XI, donde se cita a Rousseau, *Du Contract Social*, vol. IV, p. viii.

que se crea de una vez vaciando el mineral en el molde. Por todas partes andan sus arbitrarias invenciones en lugar de las relaciones esenciales, en lugar de las simples y fructíferas leyes que de por sí se establecieron, cuando no son obstaculizadas, como las condiciones indispensables de existencia ... Habiendo hecho la disección de pueblos completos en vida a fin de buscar en sus entrañas los misterios del organismo social, creen que por fin la ciencia está completa y que la sociedad se entiende perfectamente. Con tal confianza nadie se detiene, nada causa perplejidad. Constituyen y después constituyen más. Escriben en un pedazo de papel que son una monarquía o una República, pero de hecho esperan ser algo en verdad, ser un pueblo, una nación".[1] Por cierto, lo absurdo de la innovación es la única sabiduría de la que dispone la Revolución a medida que su principio se desarrolla. Habiendo hecho de lado la ley y la historia, estos constructores no tienen otra regla que la arrogancia y el capricho.

Pero veamos cómo se concibe la nueva formación del estado en la teoría revolucionaria. ¿Cómo se formará el estado? ¿Cómo uniremos a las personas libres e iguales?

Sólo por consentimiento mutuo. Si el concepto revolucionario de libertad e igualdad es parte del fundamento mismo del edificio, la autoridad y la ley sólo puede ser algo *convencional*, y el estado no puede tener otro origen, con excepción de la fuerza, que un *contrato social*. Por consiguiente, nos encontramos otra vez aquí con el error básico de la ley constitucional moderna. La falacia de que la *asociación* es la base del estado viene a ser así aprobada por la teoría política incrédula, de acuerdo con su premisa atea, en la forma más

---

[1] Lamennais, *Essai sur l'indifférence* cap. X.

CONFERENCIA IX 143

licenciosa posible. Es bueno que ilustremos las implicaciones de esta doctrina echando una mirada a algunos pasajes de la obra de Rousseau, *El contrato social*, un libro muy instructivo, cuya rigurosa lógica desnuda la quinta esencia de la filosofía política del siglo XVIII.[1]

Según Rousseau, ¿cuál en el comienzo de la sociedad? "este derecho [el orden social] no es un derecho natural: está fundado sobre convenciones" (Libro I, cap. I, p. 4).

¿Qué naturaleza tiene el gobierno? Es *republicano*: "Todo gobierno legítimo es repúblicano" (Libro II, cap. VI, p. 21). Vemos aquí cómo de un plumazo se extirpa la legitimidad de todos los reinos históricos de Europa.

Por tanto, una república siempre y en todas partes. ¿Pero de qué tipo? Debe ser *democrática*: el gobierno popular, en el sentido de libertad e igualdad universal. Porque ¿qué es la ley? Es *la voluntad del pueblo*: "El pueblo sumiso a las leyes debe ser su autor" (Libro II, cap. VI, p. 21).[2]

¿Es el poder de este estado la voluntad restringida del pueblo? *De ninguna manera*. Es contrario a la naturaleza del cuerpo político que el soberano se imponga a sí mismo una ley que no pueda infringir. Porque, debido a que no puede considerarse a sí mismo como si fuera otro, está en la posición de un individuo que hace un contrato consigo mismo. De aquí se deduce que "no hay ni puede haber ninguna especie

---

[1] J.J. Rousseau, *Du Contrat social, ou Principes du Droit Politique* (1762). Traducción al castellano: J.J. Rousseau, *El contrato social* (México, 1992). Todas las referencias de aquí en adelante son a la traducción al castellano.

[2] [²193n] Notemos que Rousseau no habla aquí de una República o democracia como *forma* de gobierno; habla más bien de "democracia" como corolario de la soberanía popular, gobierno de la mayoría numérica. "Poder para el pueblo" es la fórmula incrédula de la política.

de ley fundamental obligatoria para el cuerpo del pueblo, ni aun el mismo contrato social" (Libro I, cap. VII, p. 10).

¿Qué parte de sus derechos retuvo el ciudadano individual con el contrato social? *Ninguno*, pues la esencia del contrato radica en la entrega total de los derechos indivuduales: "estas cláusulas [las cláusulas del contrato social], bien estudiadas, se reducen a una sola, a saber: la enajenación total de cada asociado con todos sus derechos a la comunidad entera" (Libro I, cap. VI, p. 9).

¿Qué relación tiene el ciudadano con el estado? *Subordinación total*: "Así como la naturaleza ha dado al hombre un poder absoluto sobre todos sus miembros, el pacto social da al cuerpo político un poder absoluto sobre todos los suyos" (Libro II, cap. IV, p. 16).

¿Cuándo puede el estado requerir la vida de un ciudadano? Toda vez que el estado juzgue su muerte como *útil al estado*: "Si el soberano dijese al ciudadano "es conveniente para el estado que tú mueras", entonces debe morir, ya que es sólo con base en esta condición que habrá vivido seguro hasta entonces, y su vida no es ya solamente un beneficio de la naturaleza, sino un don condicional del estado" (Libro II, cap. V, p. 19).

No es posible concebir *absolutismo* más completo. La libertad del ciudadano consiste en su entrega en alma y cuerpo al estado. ¿Pero no existe algún punto en el que Rousseau pueda ser convencido de su error? Una vez que ha encontrado el fundamento del estado en el pacto, ya no es posible. Si estas conclusiones aterrorizan, entendamos que, no obstante, son del todo consistentes. Lo que aquí tenemos es otra vez el monstruoso sistema de Hobbes, la misma omnipotencia soberana, pero con una sola diferencia: donde Hobbes ar-

CONFERENCIA IX 👉   145

gumentaba que el poder se traspasa al gobierno, Rousseau insiste en que el pueblo lo retiene.

Porque ¿qué pasa con el magistrado civil? Cualquier oficio ²195 de gobierno no es más que un *mandato provisorio*, sujeto a ser cancelado o modificado a gusto del pueblo: "Así, pues, los que pretenden que el acto por el cual un pueblo se somete 208 a sus jefes, no es un contrato, tienen absoluta razón. En efecto, ello sólo constituye una comisión, un empleo, en el cual, simples funcionarios del cuerpo soberano ejercen en su nombre el poder que éste ha depositado en ellos, y el cual puede limitar, modificar y resumir cuando le plazca. La enajenación de tal derecho, siendo incompatible con la naturaleza del cuerpo social, es contraria a los fines de la asociación" (Libro III, cap. I, p. 31). De esta manera, encontramos que el gobierno no tiene vida propia alguna: "El estado existe por sí mismo y el gobierno por el soberano. Así, la voluntad dominante del príncipe no es o no debe ser sino la voluntad general o la ley; su fuerza, la fuerza pública concentrada en él. Tan pronto como quiera ejercer por sí mismo algún acto absoluto o independiente, la relación del todo comienza a disminuir" (Libro III, cap. I, p. 32). En 209 consecuencia, toda vez que el pueblo se reune el gobierno retrocede a una posición subordinada: "Desde el instante en que se reúne el pueblo legítimamente en cuerpo soberano, cesa toda jurisdicción del gobierno; el poder ejecutivo queda en suspenso y la persona del último ciudadano es tan sagrada e inviolable como la del primer magistrado, porque ante el representado desaparece el representante" (Libro III, cap. XIV, p. 50).

¿Qué pasa con las diversas *formas* de gobierno? El asunto pierde importancia, ya que cualquier distinción real entre de-

²196 mocracia, aristocracia o monarquía desaparece. Mientras que estas formas varían, es siempre la misma soberanía popular la que manda, y que no reconoce autoridad independiente sobre, junto o debajo de ella: "El soberano puede, en primer 209 lugar, confiar el depósito del gobierno a todo el pueblo o a su mayoría ... A esta forma de gobierno se le da el nombre de *democracia*. O puede también reducir o limitar el gobierno, depositándolo en manos de los menos. ... Este sistema toma el nombre de *aristocracia*. Puede, por último, concentrar todo el gobierno en un magistrado único de quien los demás reciben el poder. Esta tercera forma es la más común y se llama *monarquía* o gobierno real" (Libro III, cap. III, p. 35).[1]

¿Qué tipo de sistema *representativo* podría haber con base en estos principios? Grandes estados requerirán, por supuesto, el recurso de un cuerpo legislativo de delegados populares. Pero en la realidad la representación es un absurdo; otra forma de esclavitud: "La soberanía no puede ser re-210 presentada por la misma razón de ser inalienable; consiste esencialmente en la voluntad general y la voluntad no se representa: es una o es otra. Los diputados del pueblo, pues, no son ni pueden ser sus representantes, son únicamente sus comisarios y no pueden resolver nada definitivamente. Toda ley que el pueblo en persona no ratifica es nula. El pueblo inglés piensa que es libre y se engaña: lo es solamente durante la elección de los miembros del Parlamento. Tan pronto como éstos son elegidos, vuelve a ser esclavo, no es nada" (Libro III, cap. XV, p. 51).

---

[1] [²196n] Cada estado es "una República con una o varias cabezas" (Lamartine, *Histoire des Girondins*, vol. I, p. 15), Según esto, la monarquía no es más que la soberanía popular bajo una sola cabeza.

CONFERENCIA IX

¿Estáis estupefactos, al revisar estas doctrinas, frente a este estrambótico tipo de libertad que surge del suelo revolucionario? Después de todo, el resultado es que toda vez que se dé una diferencia de opinión la minoría estará sujeta al despotismo más irresistible y detestable que la mayoría pueda concebir. De ninguna manera. Rousseau te mostrará que mientras más fuertes son sus cadenas, más libre eres: "Cuando se propone una ley en las asambleas del pueblo, no se trata precisamente de conocer la opinión de cada uno de sus miembros y de si deben aprobarla o rechazarla, sino de saber si ella está de conformidad con la voluntad general, que es la de todos ellos ... [si una opinión contraria a la mía prevalece] ello no prueba otra cosa sino que yo estaba equivocado y que lo que consideraba que era la voluntad general no lo era. Si, por el contrario, mi opinión particular prevaleciese, habría hecho una cosa distinta de la deseada, que era la de someterme a la voluntad general" (Libro IV, cap. II, p. 57). ¿Estás renuente? ¿Te constriñen ellos? Esto es sólo a fin de que mediante la obediencia a la Voluntad General tú puedas lograr un gozo más pleno de tu libertad: "A fin de que este pacto social no sea, pues, una vana fórmula, él encierra tácitamente el compromiso, que por sí solo puede dar fuerza a los otros, de que, cualquiera que rehuse obedecer a la voluntad general, será obligado a ello por todo el cuerpo; lo cual no significa otra cosa sino que se le obligará a ser libre..." (Libro I, cap. VII, p. 11).

"*La obediencia a la ley es la libertad*". Concordamos con esta afirmaciónn, si dicha ley descansa sobre el reconocimiento del Legislador Supremo, Dios, y sobre la sumisión a sus mandamientos. Pero no estamos de acuerdo, si por ley se quiere decir la voluntad, la aprobación y parecer de la mayoría. Aún la sabiduría pagana nos dejaría en vergüenza, si no le hacemos caso a la Escritura. Cicerón, por ejemplo, escribe que "la idea más tonta de todas es la creencia de que todo lo decretado en las instituciones y leyes de las naciones es 'justo'... Si la justicia estuviese en la voluntad del pueblo o en los edictos de los príncipes o en los veredictos de los jueces, entonces será 'justo' robar y cometer adulterio y forjar decisiones cada vez que hechos como estos fuesen aprobados por voto o plebiscito".[1] Si la libertad significa obediencia incondicional a lo que a los hombres se les antoje, entonces la libertad es una ficción.

La libertad es sumisión al estado. Esta definición sólo difiere en forma, no en sustancia. Ni la teoría ni la experiencia ha mostrado nunca que la *verdadera* libertad esté aquí. Sí está en cambio en el lema *sirvere Deo vera libertas*, "servir a Dios es la verdadera libertad". ¿Cómo podrá evitarse perder la libertad en un estado donde todo descansa sobre acuerdos sociales? De hecho, poco ayuda saber cuán dañinas son todas estas doctrinas si no nos damos cuenta de que sólo son manifestaciones de su sistema coherente, que sólo son ramificaciones de una sola raíz. Echemos una mirada al efecto de la incredulidad en la vida familiar y doméstica. Si no se reconoce la soberanía divina estos lazos también se rompen. Si el mandamiento *honra a tu padre y a tu madre* ya no tienen validez, ¿qué queda sino un lazo pasajero basado en un total desamparo e instinto animal? Todo lo que vaya más allá de eso no es otra cosa que materia de acuerdo. Rousseau dice: "los hijos no permanecen ligados al padre más que durante el tiempo que tienen necesidad de él para su conservación. Tan pronto como esta necesidad cesa, los lazos naturales quedan

---

[1] Cicerón, *De Legibus* vol. I, pp. 15 y 16.

disueltos" (Libro I, cap. II, p. 4). Si es la voluntad de todos dar a luz al estado omnipotente, en el cual la seguridad y bienestar del estado es la más alta ley, y en el cual la voluntad de la mujer también es parte de la voluntad general, ¿por qué no podemos decir, en relación con la educación, que "los niños pertenecen a la República antes de pertenecer a sus padres"?[1]

Existe una consecuencia final: la religión. ¿Cuál será la política del estado revolucionario tocante a la religión? Tolerar todas las religiones, mientras que el estado no tendría religión alguna. Se respetará toda religión a condición, claro está, de que el estado ordene reverencia a sus propios preceptos sobre política y moralidad, destruyendo toda religión que rehuse inclinarse frente al ídolo. ¿Exigirá esto sobre una base religiosa? No, sino sólo sobre bases políticas: Toda doctrina que el estado juzgue inadecuada es antisocial e inmoral. Rousseau escribe: "Los súbditos no deben, por lo tanto, dar cuenta al soberano de sus opiniones sino cuando éstas importen a la comunidad. Ahora, conviene al estado que todo ciudadano profese una religión que le haga amar sus deberes, pero los dogmas de esta religión no interesan ni al estado ni a sus miembros, sino en cuanto se relacionen con la moral y con los deberes que aquel que la profesa está obligado a cumplir para con los demás. ... Existe, pues, una profesión de fe puramente civil, cuyos artículos deben ser fijados por el soberano, no precisamente como dogmas de religión, sino como sentimientos de sociabilidad sin los cuales es imposible ser buen ciudadano ni súbdito fiel. Sin poder

---

[1] Lamennais, *Des Progrès de la Révolution*, p. 147, citando a Danton, cuando habló en la Convención Nacional el 12 de diciembre de 1793, durante el debate sobre la asistencia obligada a las escuelas públicas.

obligar a nadie a creer en ellos, puede expulsar del estado a quien quiera que no los admita o acepte; puede expulsarlo, no como impío, sino como insociable, como incapaz de amar sinceramente las leyes, la justicia y de inmolar, en caso necesario, su vida en aras del deber. Si alguno, después de haber reconocido públicamente estos dogmas, se conduce como si no los creyese, castiguémosle con la muerte: ha cometido el mayor de los crímenes, ha mentido delante de las leyes" (Libro IV, cap. VIII, p. 74). En otras palabras, si se opone a los requerimientos de la sociabilidad revolucionaria.

215   Hasta aquí sobre Rousseau. Si tomamos el sistema como un todo y en todo lo que significa para la religión y la política, y si recordamos que se espera que su éxito introduzca un eterno futuro de bendición para la humanidad, ¿podemos dudar que en esto también será inevitable la enemistad entre la simiente de la mujer y la simiente del demonio? ¿Se puede concebir que en un estado genuinamente revolucionario haya tolerancia al Evangelio vivo? Me viene a la memoria el dicho: "Su impiedad destruirá al Dios que abandonó".[1] Por cierto que aquellos que han desembarcado en el terreno revolucionario de impiedad sistemática sólo se mantendrán consistentes con su principio, y fieles a sí mismos, si abandonan y resisten a Dios, si desean de todo corazón ver a Dios muerto, si ello fuese posible.

No hay argumento más fuerte contra la Revolución que el que demuestra que los falsamente llamados *ultras* tienen razón, y que los denominados *moderados* no la tienen. Con lo que enseñan, los moderados no sólo están produciendo ultras, sino que los están haciendo irrefutables. No hay aquí término medio. Aún las medidas más horrorizantes son

---

[1] Racine, *Athalie*, vol. I, cap. I, pp. 41ss.

sólo la consecuencia de las teorías que se aceptaron. Para finalizar esta conferencia, quiero ilustrar lo que digo con tres ejemplos: la relación de Montesquieu con Rousseau; el surgimiento de los ilustrados; y la conspiración de Babeauf.

1. La relación de Montesquieu con Rousseau

Montesquieu ha sido siempre el ídolo del partido inconsistente, mientras que Rousseau lo ha sido de el del error. ¿Pero es justo este juicio? ¿Acaso Rousseau no continuó lo que Montesquieu había empezado, trayendo unidad y completando el sistema de un predecesor un poco menos osado? Ambos [2]204 proceden con base en las mismas premisas. Montesquieu también sostiene que todos los hombres son iguales, que la voluntad del pueblo es la máxima ley, que el gobierno deberá guiarse por lo que apruebe la mayoría. Además, para que estos principios puedan funcionar, acude a un estado inventado por él en el mismo sentido de una interpretación en muchos respectos antihistórica de la constitución inglesa: un estado, máquina artificialmente creada, en la cual promete la completa separación y, sin embargo, completa cooperación de tres poderes: legislativo, ejecutivo y judicial. Rousseau tiene toda la razón cuando comenta que esta separación de poderes resulta de un malentendido básico de la naturaleza de la soberanía popular: "Este error surge de no poder formar nociones precisas de la naturaleza del poder soberano, y de haber creído ver partes de aquel poder en cosas que sólo son emanaciones de ese poder" (Libro II, cap. II). Pero, aún en un sentido general, la fórmula de Montesquieu no da ninguna garantía de preservar los derechos del pueblo soberano. Esta teoría es una disposición a medias. De hecho es peor que eso. Sus escritos no sólo no logran desarrollar completamente la semilla revolucionaria, sino que la suavizan al aplicarla en forma incorrecta. ¿Fue esta inconsistencia el resultado de alguna miopía conceptual o fue, como creo, resultado de cautela de su parte? ¿Pero al empezar de este modo no se igualó a Rousseau en osadía? ¿No era necesario para el bien de la nueva doctrina ocultar temporalmente el fin último que se perseguía, a fin de ganar aceptación entre los timoratos? Como sea que haya sido, todo lo que afirmo es que es Rousseau el que tiene razón. Rousseau está en lo correcto en contraste con las medias tintas, reales o fingidas, de Montesquieu. Sólo Rousseau desarrolló plenamente las implicaciones de los principios de Montesquieu.

2. El surgimiento de los iluminados

Los iluminados, una secta que surgió en la última parte del siglo XVIII, se hacían llamar los amigos de la luz, los excepcionalmente si no exclusivamente *iluminados*. Tanto en sus orígenes como en sus efectos esta secta fue un producto nativo, fruto típico del suelo revolucionario. ¿Cuál fue el eje principal de su doctrina? Haller la describe así: "Consideraban que el acto mismo de formar un estado era *artificial*, y pensaban que era aún más necio alienar o delegar la libertad individual sea en forma de uno o varios individuos, o aún de la mayoría. El resultado de esto sería producir un despotismo sin remedio, más opresivo que el anterior. Además, precisamente porque consideraban los estados existentes como instituciones arbitrarias, no querían sólo limitarse a reformarlos, dándoles una nueva base u organizarlos como repúblicas, tal como lo hacen los demás revolucionarios, sino que su intención era abolirlos por completo, destruirlos, a fin de volver al estado de naturaleza. Pensaban que esto era preferible

CONFERENCIA IX 153

a someterse al servicio artificial nacido del contrato social".[1] Si tomamos en cuenta todo lo que le precedió, entonces esta doctrina parecerá no tan absurda o reprensible. Era una reacción a la atrocidad sin sentido de Hobbes y Rousseau. Ya vimos qué tipo de estado produce el contrato social. ¿Es extraño que algunas personas prefieran quebrar la sociedad totalmente a vivir en semejante prisión?

3. La conspiración de Babeauf

La conspiración de Babeuf se remonta a 1796. Fue el intento abortivo de un grupo de espíritus turbulentos, cuyos temerarios esfuerzos fueron abruptamente detenidos sin que pudiesen influir en el curso de los acontecimientos. Uno de ellos, Buonarrotti, publicó una tremendamente útil apología en 1828, pues ilustra claramente el carácter de la Revolución. Su lema era abolir la *propiedad*. Creían que, a menos que esta raíz de amargura fuese destruída, el árbol de la libertad no florecería. Buonarrotti escribió: "Babeauf no dudó en identificar la *propiedad privada* como la fuente principal de todos los males que pesaban sobre la sociedad". Concordaban en que "la eterna causa de la esclavitud de las naciones radica enteramente en la desigualdad y que, hasta donde esta desigualdad persista, el ejercicio de los derechos políticos será poco menos que ilusorio para una hueste de hombres a quienes nuestra civilización ha degradado a niveles infrahumanos".[2]

¿Pero cómo podemos destruir la desigualdad? Algunos pensaban que la meta podría lograrse oprimiendo a los ricos mediante impuestos especiales. Otros promovían la redistri-

---

[1] Haller, *Restauration de la Science politique*, vol. I, p. 163.
[2] Buonarrotti, *Conspiration de Babeuf*, vol. I, p. 81.

bución de la tierra, leyes suntuarias e impuestos progresivos. Pero, según el líder del grupo, tales medidas eran inadecuadas y el único remedio estaba en la *comunidad de bienes y trabajo*. Este principio debería ser el rasgo prominente de la nueva constitución: "En el nuevo orden social se reconocerá implícitamente que la propiedad privada no emana de la ley natural, sino que es una invención de la ley civil y, por lo tanto, puede modificarse o abolirse; además, se establecerá como principio que la propiedad de toda la riqueza dentro del territorio nacional es una e indivisible, perteneciendo inalienablemente al pueblo, el cual es el único que tiene el derecho de dispensar su uso o usufructo".[1] Se establecería una "comunidad nacional", aboliéndose todo derecho de sucesión, de tal forma que "toda riqueza ahora en manos de personas privadas pasaría a su muerte a la comunidad nacional".[2]

Es fácil tomar a este grupo como anarquistas despreciables, evaluando su intento como una revuelta codiciosa de los pobres contra los ricos. Pero esta no es la forma de beneficiarse de las graves advertencias que esto nos sugiere —estas advertencias son de vital interés hoy en día, si consideramos el crecimiento alarmante de la indigencia, la clara insuficiencia de las medidas que se toman para combatirla y la iniciativa nefasta de los chartistas y los comunistas. No se trata de emociones pasajeras o de preocupaciones frívolas respecto a invenciones de la imaginación. Se trata de una dedicación razonada y firmemente anclada en principios —principios que la oposición pudo refutar sólo negando transparentemente sus propios principios por el bien de sus propios intereses

---

[1] Ibídem, vol. II, p. 306.
[2] Ibídem, vol. I, p. 207.

CONFERENCIA IX

y nada más. Pues, si la autoridad y el derecho no son más que acuerdos, ¿por qué habría de darse una excepción para la autoridad del dueño y para el derecho a la propiedad? ¿Sobre qué base se podrá fundamentar una excepción, si está ausente cualquier otra sanción más alta? Si el pueblo, concentrado en el estado, es el soberano todopoderoso por sobre todas las partes del estado, ¿por qué va a ser reprimida su soberanía en la disposición de los llamados derechos de la propiedad? ¿No es acaso deseable, e incluso una necesidad urgente, debido a la galopante diferencia entre ricos y pobres, que el pueblo como un todo entregue a cada uno de sus miembros alguna "asignación" fijada por la voluntad general? ¿Es posible imaginar un medio más adecuado que el comunismo o que "la organización laborista" de Louis Blanc, para terminar con esa desigualdad económica que de tantas formas obstaculiza la promesa e intento de lograr la libertad e igualdad política?[1]

Fácilmente podría multiplicar estos ejemplos de irreprochable lógica. ¡Pero basta! Lo que he tratado de demostrar es que el principio de la incredulidad; a saber, el de la soberanía de la razón y del pueblo, a la vez que proclama la libertad, debe terminar en el radicalismo o en el despotismo: en la desintegración de la sociedad o en la tiranía de un estado en el cual todas las cosas son definidas sin consideración alguna de las verdaderas libertades y derechos.[2] El radicalismo o el

---

[1] [²210n] Stahl cree que el "socialismo" es inevitablemente el sistema económico nacional de la democracia, una vez que llegue a una autoconciencia madura de sí (*Die gegenwärtige Parteien*, p. 212).

[2] [²211n] Por supuesto que apoyo la alabanza relativa que Stahl da al partido vacilante, aún cuando están equivocados cuando se les mide por la teoría: "El partido democrático, que sus oponentes liberales apodan el *partido de la anarquía*, a su vez ofrece una crítica correcta de esos li-

despotismo son las dos caras de la misma moneda, son el desarrollo lógico de la doctrina revolucionaria cuando se le deja correr libre su curso natural.

Pero ¿tenemos ahora, en este desarrollo lógico, la clave de lo que realmente ocurrió? Por cierto, si es que la teoría corrió libremente su curso. ¿Pero fue así? No, pues esta teoría, siendo como es, enfrenta obstáculos insalvables que surgen de la constitución y necesidades del hombre, de la naturaleza de las cosas y de las ordenanzas de Dios. Estos obstáculos y la teoría misma, juntos, son los dos factores de la historia. Por consiguiente, cuando afirmo que esta doctrina fue la causa de la Revolución no me refiero a las ideas revolucionarias que maduraron en la cabeza del filósofo, sino a estas ideas en tanto se enredaron en una lucha con la realidad histórica. Así que, para anticipar el curso de la Revolución, uno debe ver la doctrina en desarrollo dentro de su contexto, no de circunstancias contingentes, sino de su inevitable choque con la verdad y la ley. Quiero tratar este asunto en la próxima conferencia, en la que me propongo demostrar por qué el principio invariable debe transformarse a sí mismo repetidas veces y por qué estas transformaciones pueden predecirse

---

berales. Pero el hecho de que su crítica sea correcta no prueba que el partido demócrata esté en lo correcto. Por el contrario, el hecho de que está a favor de una aplicación más completa y vigorosa de los principios revolucionarios sólo significa que su error es más grosero y pestilente que el liberal. Nada bueno hay en medias tintas y en indecisiones, pero la forma consistente del error siempre será peor que abrazarlo a medias" (*Die gegenwärtige Parteien*, pp. 189, 191ss.). Sin duda que tiene razón. Pero no olvidemos que los inconsistentes preparan el camino para que ocurran precisamente las cosas que ellos aborrecen. Por esto Stahl dice: "No me asusta la aguda enfermedad de la democracia, me asusta la enfermedad crónica del liberalismo. No me asusta un cambio violento, sino que le temo a la subversión gradual" (*Parlamentarische Reden*, p. 135.)

casi con matemática certeza a partir de la operación doble y conflictiva del ataque revolucionario y la resistencia que la naturaleza le pone.

CONFERENCIA X

EL CONFLICTO CON LA NATURALEZA Y LA LEY

La teoría de la Revolución, una vez que ha sido aceptada por todos, cobra un inmenso poder. Sin embargo, no es todopoderosa. Al entrar en conflicto con la naturaleza y la historia se enfrenta con dificultades cada vez más difíciles de remontar o, simplemente, insuperables. El renunciar a la verdad inmutable no transforma la verdad en falsedad. Negar a Dios no significa destruirlo; así como el negar la depravación de la humanidad no significa lograr la perfección humana. Uno puede denunciar como error y prejuicio el surgimiento histórico de los estados y el crecimiento orgánico de las sociedades, el origen sagrado de la ley y de la autoridad, la supremacía de Dios sobre los gobiernos terrenales, la necesaria relación entre la iglesia y el estado. Sin embargo, estos continúan siendo los pilares fundamentales de la ley constitucional universal. De manera que la doctrina de la revolución siempre permanecerá opuesta a la conciencia del hombre y a las necesidades reales del hombre, en oposición a la realidad de las formas de gobierno existentes y de las libertades y de los derechos adquiridos.

¿Cúal es el resultado? Se produce una reacción que se manifiesta en contra de la Revolución, que modifica su progreso natural y desvía su curso. El curso de una corriente no sólo depende de la fuerza del agua que fluye, sino también de las montañas y las rocas que producen las curvas y recodos.

Así como para tener mayor conocimiento de las plantas y de los animales es necesario conocer el terreno y la atmósfera; así también, si queremos conocer la historia natural de la doctrina de la incredulidad, tenemos que observarla en el contexto de la atmósfera de la realidad, que no puede sino modificarla. En consecuencia, para poder predecir la acción histórica de la doctrina de la Revolución a partir de su germen teórico, debemos plantearnos la siguiente pregunta: ¿cómo se comportará la incredulidad al confrontarse con la verdad y con la ley? Pero antes una palabra acerca de la *religión*, para luego referirme en extenso a la *política*.

226 ¿Cuál será el resultado de la supremacía de la razón, no en sentido lógico ni abstracto, sino en relación a la disposición humana? Una vez que desaparece la fe en el Dios viviente, lo natural es que de inmediato prevalezca la incredulidad sobre los restos inertes de la doctrina tan cuidadosamente preservada en los tratados teológicos. A pesar de los esfuerzos de quienes se gozan en rescatar la mitad de la verdad, ésta será total y exitosamente exterminada: ¡No más misterios, no más Cristo, no más Biblia, no más Revelación, no más Dios! Bajo el rótulo común del "pietismo" se despreciará de igual modo al cristianismo, al judaísmo y al deísmo (tal como se ha hecho ahora últimamente en Alemania).

Pero el corazón humano no se puede conformar con esto. Sin embargo, dada su renuencia e incapacidad de volverse a Dios, el corazón humano está destinado a hundirse aún más y más en el abismo, lo cual se da en dos formas distintas.

En primer lugar, tratará de librarse de toda noción relacionada con lo divino. El hombre, cansado de la interminable batalla de las opiniones y los sistemas y convencido, un tanto por los argumentos del escepticismo y otro tanto por los sofismas de la irreligión, ya no busca la verdad. Igualmente insensible a la verdad y al error, se entrega a los intereses temporales y a los placeres sensuales, tolerándolo todo, en tanto no interfiera en la prosecución de los bienes y la paz terrenales. La época del entusiasmo por la incredulidad ya pasó. No me sería posible terminar si quisiera presentar todos los pasajes chocantes del *Essai sur l'indifférence en matière de religion* de Lamennais, en los cuales describe con tanta elocuencia la enfermedad de la época, la anestesia del sentido de religión y verdad. Por eso pudo escribir con propiedad en la primera página: "La época más decadente no es la época apasionadamente interesada en el error, sino la época que olvida y desdeña la verdad. Aun hay fuerza, y por lo tanto esperanza, hay movimiento; pero, ¿qué puede esperar uno cuando se ha extinguido todo vestigio de movimiento, cuando el pulso ha cesado de latir, cuando el corazón se ha detenido por enfriamiento? ¿Qué puede esperar uno, sino una inminente e inevitable disolución?".

Una segunda reacción apunta a la superstición y a la idolatría. "Hagamos dioses que vayan delante de nosotros".[1] La gente dice lo mismo que Voltaire: "Si Dios no existiera, uno tendría que inventarlo". Pero, ¿cómo sería esa deidad inventada, ese ídolo no hecho de madera ni de piedra, sino a partir de la vana imaginación, del intelecto corto de vista, del corazón corrupto y de las emociones lujuriosas? Lichtenberg, un astuto estudiante de filosofía de fines del siglo pasado, afirmó que "el mundo alcanzará tal nivel de sofisticación que creer en Dios será tan ridículo como creer en los fantasmas", agregando en forma muy cáustica: "Vendrá el día en que sólo

---

[1] Éxodo 32:1.

creeremos en los fantasmas".¹ De hecho, en la actualidad, los hombres en filosofía han llegado así de lejos. Una vez que han negado al Dios de la Revelación, se inclinan ante los fantasmas de la mente filosófica, ante innumerables quimeras: ante el *misticismo*, donde buscan refugio luego del naufragio de su fe; ante el *panteísmo*, al que Bautain llama "la verdadera herejía del siglo XIX";² ante la arrogante filosofía de Hegel, según la cual la deidad es el producto final y la máxima autoperfección del espíritu autoconformado del mundo; ante el *sansimonismo*, revivido en las horribles enseñanzas de los rehabilitadores alemanes. Tal sabiduría monstruosa será siempre el producto de la ingenuidad humana cuando se rehusa a reconocer al Dios que se ha dado a conocer en su doble revelación, en el ámbito de la naturaleza y en el ámbito de la gracia. Por eso las palabras del apóstol son doblemente pertinentes: "Pues habiendo conocido a Dios, no le glorificaron como a Dios, ni le dieron gracias, sino que se envanecieron en sus razonamientos, y su necio corazón fue entenebrecido. Profesando ser sabios se hicieron necios, y cambiaron la gloria del Dios incorruptible en semejanza de imagen..." —hoy día esta imagen no está hecha con las manos, sino que está formada por la corrupta razón, de modo que en la creación de esta imagen ellos se adoraban a sí mismos "antes que al Creador, el cual es bendito por los siglos".³

Tal es el resultado final de la teoría de la incredulidad en cuanto a la religión: la práctica de la religión, al ser contradicha por el corazón, se disipa en el completo olvido de Dios o en las representaciones más absurdas de la Deidad.

---

¹ Lichtenberg, *Versmischte Schriften*, vol. I, p. 166; tal como se le cita en *Berliner Evangelische Kirchen-Zeitung*, 1836, p. 3.
² Bautain, *Philosophie du Christianisme*, vol. II, p. 448.
³ Romanos 1:21-25.

CONFERENCIA X

¿Es que ya no hay salvación para este hombre que se ha alejado de Dios? Sólo si a Dios le place iluminar con una gran luz a los hombres que caminan en la obscuridad. Esto es imposible para los hombres, pero todo es posible para Dios.[1]

Durante el resto de este tiempo quiero referirme a la *política*. ¿Cuáles son los resultados de la teoría de la libertad y la igualdad cuando los hombres tratan de ponerla en práctica? Me gustaría demostrarles, aparte de la historia presente, y con sólo examinar cómo se desarrolla la teoría y cómo levanta sus objeciones, que su carrera consistirá inevitablemente en una secuencia regular de períodos o fases, siempre con el mismo carácter revolucionario, y en una batalla constante de su principio fundamental en contra de los decretos inmutables de Dios.

1. Debe haber un periodo de preparación

Debe haber un período de *preparación*, durante el cual la teoría de la Revolución gane terreno y se establezca en las mentes de los hombres como un *fait accompli*.

No pasará mucho tiempo antes de que se asiente la idea de que todo estado emana de la asociación de los hombres libres e iguales, siendo el gobierno su mandatario y la *ley* la única expresión de su voluntad soberana. Los hombres asumen estas falacias anárquicas con un respeto sin límites y las consideran principios eternos. Esta *confesión* debe ser *vivida*. Esta carta de la Humanidad, grabada en las almas de los hombres por el propio dedo de la naturaleza, debe ser una *Charte-vérité* en la formación y la organización de todo estado.

---

[1] *Cfr.* Isaías 9:2, Mateo 19:26.

2. La segunda fase: el desarrollo

Luego viene una segunda fase, un tiempo de *desarrollo*. La teoría, el señor de los corazones, luego de enseñorearse derivará en la práctica. ¿Tendrá éxito?

Si vosotros dudáis de su éxito, recordad que, en contraste con la debilidad de la oposición, la fuerza de la teoría es inmensa. El triunfo de esta doctrina siempre irá precedido de un período de terrible decadencia. Las formas de gobierno habrán sido corrompidas y la verdadera ley constitucional confundida con un deplorable absolutismo. Se habrán acumulado resentimientos, impulsándose un cambio urgente, dado que el *status quo* es francamente insostenible. Mientras tanto, la nueva doctrina por su misma naturaleza dará paso al libre reinado de las pasiones, llevando el orgullo a su expresión máxima, abriendo camino a las expectativas más atractivas para la codicia y la ambición, y prometiendo libertad, iluminación, refinamiento cultural y todas las demás bendiciones. En el momento en que suplanta a la Revelación, alcanza la influencia de una nueva religión de la humanidad, encendiendo en el corazón de sus confesantes un fanatismo que no se detiene a considerar los medios para alcanzar sus fines. ¿Creen ustedes que en esta situación los pocos amigos indecisos de una verdad que ha llegado a ser desconocida, despreciada y odiosa, quienes abogan por una religión y una ley constitucional desacreditadas como superstición y tiranía, y quienes se oponen y son odiados y perseguidos en nombre de la iluminación, podrán llegar a influenciar de un modo apreciable el progreso de las ideas o la marcha de los sucesos? En estas condiciones, será muy difícil ofrecer una resistencia antirrevolucionaria genuina.

CONFERENCIA X

Así es como se desencadenará la lucha. ¿Cómo? La simpatía hacia los principios y la convicción de que serán puestos en práctica son universales. Pero, ¿de dónde viene la lucha? Del seno mismo de los revolucionarios, como lo veremos más adelante. Porque la lógica no es la única guía de la raza humana. No sólo la exactitud o la inexactitud del razonamiento lógico producen discordia. Las diferencias se producen incluso donde los hombres construyen sobre el mismo fundamento.

Hay diferencias en la *capacidad de razonar*. No todo el que acepta las premisas está suficientemente entusiasmado para subirse al tren de la lógica y seguirlo hasta sus últimas consecuencias.

Hay diferencias de *intereses*. Hasta cierto punto, la aplicación parece beneficiar a todos, pero un paso más adelante y una persona lo pierde todo, mientras otra lo gana todo. El conflicto de opiniones es reforzado por el conflicto de intereses.

Finalmente, hay diferencias de *carácter*. Una persona retrocederá ante la confusión y las atrocidades que ve o vislumbra, mientras que otra considerará esto como una insignificancia en comparación con el gran fin que se prevee.

Está claro, entonces, que la lucha con seguridad no se deriva ni de la factibilidad ni de la solidez de la teoría, sino de la naturaleza, el alcance y la pertinencia de la praxis. No habrá una lucha entre revolucionarios y antirrevolucionarios, sino entre las diferentes partes dentro del círculo revolucionario. Algunos querrán continuar incondicionalmente, otros sólo hasta donde sea compatible con su concepción de la justicia y el orden, el bien de la nación, o sea compatible con su interés personal. De manera que surgen dos partidos, acertadamente rotulados *le mouvement* y *la résistance*, el partido progresista y el partido de la resistencia.

La inevitable batalla sólo puede aumentar en intensidad. Los campeones del progreso, enfrentados a los obstáculos aparecidos inmediatamente después de los sucesos iniciales, se sentirán todos obligados a continuar con la aplicación como un remedio para todas las dificultades. En primer lugar, su meta es la reforma gradual, es decir, el reavivamiento de lo que asumieron como artículos fundamentales de la constitución original. Luego se darán cuenta de que la misma naturaleza de las instituciones constituye un obstáculo; que el cambio deseado no consiste en poner pedazos de un género nuevo en una prenda vieja; que el estado y la sociedad no requieren de una *reforma*, sino de una *revolución*. Siguiendo ideas progresivamente más radicales, los hombres querrán forzar su paso a través de cualquier obstáculo. Cada vez que se supera un obstáculo se enfrenta un nuevo obstáculo, transformándose cada decepción en otra razón para que ellos concluyan que continúan fracasando debido a que la aplicación aún es incompleta.

Por otra parte, la vehemencia del asalto determinará la violencia de la resistencia. Lo natural es que con cada avance de la Revolución haya más gente que se oponga a su aplicación incondicional. Lo que al principio dañó a unos pocos pronto golpeará a muchos. Poco a poco se conculcarán más derechos, se pasará a afectar más intereses, se victimizará a más personas, se perpetrarán más infamias. Después de cada victoria el partido progresista se enfrentará a una multitud más numerosa que la ya conquistada.

Por un largo tiempo esto irá en favor de los progresistas, los hombres del "movimiento". Sólo ellos son consistentes, no demandando sino la aplicación de lo que cada uno ha reconocido con entusiasmo como la norma. Son fuertes porque están respaldados por el principio reconocido. Sus oponentes son débiles porque están en un conflicto patente con lo que profesan. Los gobernantes nominales serán encauzados, quiéranlo o no, por la senda revolucionaria y, en cuanto opongan resistencia, ya habrán sido suplantados por otros, quienes, al hacer el mismo intento, sufrirán el mismo destino. Es una constante decadencia desde lo malo a lo peor, una proclamación de la anarquía cada vez más espantosa, no sólo porque una persona una vez que está suelta halla todos los límites insoportables, sino también porque la libertad revolucionaria como tal deriva de un principio de disolución. Al mismo tiempo, y con el objeto de presionar con estas ideas, se hace continuamente necesario regular el caos, reemplazar la autoridad con la fuerza; es decir, organizar la anarquía: esto es, instaurar una dictadura, antes de que su inhumano reino del terror ceda o perezca.

Finalmente, he aquí otro rasgo distintivo de este período. Dada la conexión de la religión y la moral con la política, el celo por destruir la autoridad será acompañado por el ansia de destruir la fe. La Revolución será animada, entonces, por un espíritu del infierno cuando persiga a la religión y a la virtud.

3. La tercera fase: la reacción

Tras la fase del desarrollo vendrá una fase de *reacción*. El triunfo del "movimiento" no durará para siempre. El torrente que ha sobrepasado las compuertas y los diques ha de ser detenido en algún lugar.

De hecho, pareciera que el fanático se acerca a su meta, pero cada paso que da sólo revela con claridad la imposibilidad de alcanzarla. A cada momento la teoría se torna doblemente rigurosa en sus demandas, hasta que, por el mismo alcance de sus desastrosos triunfos, sucumbe ante la reacción de las olas de su propio mar. No está claro hasta dónde llegará el error sistemático, pero es seguro que la Revolución será detenida. Tarde o temprano, la simpatía por su aplicación incondicional decaerá, dado que ésta sólo significa aflicción. Una minoría pequeña puede mantenerse en el poder por un largo período, pero llegará el día en que ya no le será posible ir en contra de las consecuencias de la Revolución, y la fuerza de la destrucción cederá ante el grito de autopreservación.

234

¿Cuáles serán los rasgos distintivos del triunfo de la reacción? ¿Repudiará ésta la doctrina revolucionaria, para optar por la ley constitucional? No existe ni el más mínimo asidero para concebir tan repentino cambio en sentido inverso. Al contrario, puede que se haya desacreditado el asalto violento, pero no la doctrina misma. Ésta sigue siendo, incluso para el partido de la reacción, la sana y verdadera doctrina, la única fuente de libertad y felicidad. Sólo se da una diferencia en la aplicación. Según los más radicales, la Revolución no ha ido lo suficientemente lejos, mientras que los moderados se quejan de que ya ha llegado demasiado lejos: continuar avanzando se torna muy peligroso. ¿Qué se debe hacer para salvar al estado? Desde luego que afirmar que ya se ha alcanzado el punto exacto de desarrollo. Entonces ya no es necesario avanzar más; ni tampoco retroceder. El estandarte de la Revolución ha sido izado en el punto decisivo. Cualquiera que quiera ir más allá es un extremista, un enemigo de la Revolución.

De esta forma el partido que ha emergido hasta la superficie es doblemente inconsistente. Porque si la dirección revolucionaria ha sido tan acertada, ¿quién está calificado para detenerla deliberadamente? Sin embargo, si la reacción se justifica, ¿por qué permanecer en el error? ¿por qué no impulsar el retorno? ¿por qué no tomar en cuenta las esperanzas, los intereses y los derechos de aquellos que interiormente intentaron una reacción en términos similares? Se ha tomado una decisión. ¿Quién dio el permiso para elegir a nombre de los demás? El punto de detención es claramente arbitrario. De modo que la reacción está bajo la presión de ambos sectores, los contrarrevolucionarios y los ultrarrevolucionarios, quienes invocan los mismos principios profesados por el partido en turno en el poder. Es durante esta fase, más que en cualquier otro momento, que el gobierno ha de hacer suyo este lema: *Sic volo, sic jubeo, stet pro ratione voluntas* —yo gobierno como quiero, dejad que mi voluntad reemplace a mi razón.

Por consiguiente, los nuevos hombres en el poder son impelidos, a pesar de ellos mismos, a tomar las medidas más coercitivas. Seguramente la facción autodenominada "partido moderado" habla con mucha seriedad de practicar la moderación y fomenta el orden, por el cual aboga ofreciendo una generosa cuota de libertad. Así como el partido del progreso deseaba el orden pero antes que eso la libertad, los amigos de la reacción desearán la libertad pero antes que eso el orden. Olvidan que en el terreno revolucionario el orden sólo se puede asegurar sacrificando la libertad. La fuerza bruta es ahora por lo menos tan indispensable para los inconsistentes como lo era antes para los consistentes. Con una carencia total de principios, sólo pueden apelar a las circunstancias, a la necesidad; pero la experiencia nos enseña que en esta suprema corte de apelaciones el veredicto varía de una opinión a la otra. Antes que nada ellos desean estar de acuerdo pero, donde no hay unanimidad de principios e ideas, allí debe operar de cualquier modo la unidad por consenso; allí el orden debe originarse en la conformidad, en la sumisión común de todas las partes al gobierno existente. Uno se puede imaginar qué capacidad de gobernar se precisa para alcanzar tales objetivos: una política que ya está condenada ante el tribunal de sus propios dogmas, que sólo busca su fuerza en los expedientes físicos, que fija sus intereses por sobre sus principios, que retiene las formas y se vale de las doctrinas que las vitalizan sólo en tanto le sean útiles, vilipendiando el resto de ellas como "teorías" inútiles; y, finalmente, que trata de asegurarse frente a la lógica por medio de la autoestima, frente a las ganancias deshonestas por medio de la intriga, frente a la agitación por medio de la diversión, y frente al entusiasmo revolucionario irritante por medio de la coerción.

Pero, ¿cuál ha de ser el resultado? Seguramente un nuevo conflicto, un conflicto proporcionalmente tan vehemente como es de insoportable el contraste entre la teoría y la práctica. Incluso en esta lucha, la arbitrariedad también aparecerá y prevalecerá. El mismo horror de un reino del terror, que primero dio lugar a la reacción, lleva ahora la rendición incondicional ante todas las medidas necesarias para mantenerlo. Hasta el más mínimo residuo de libertad es sacrificado para evitar cualquier reaparición de fricción o colisión. Al igual que en el pasado los hombres se inclinaron por un despotismo enraizado en la supremacía del pueblo soberano, así ahora los hombres serán capaces de

CONFERENCIA X

optar por una autocracia que encadena al pueblo soberano con el fin de protegerlo frente a una eventual reaparición de la anarquía.

Me critican, diciendo que he trabajado a partir de las características de la dictadura de Napoleón. No lo niego. Hace poco me propuse analizar las semejanzas en detalle. Por mi parte, sólo me quedaría afirmar que tal dictadura, lejos de ser un fenómeno accidental, es la continuación, por el contrario, de la línea revolucionaria. Demasiadas libertades populares dan paso a la tiranía. Podría señalar la historia de Grecia y de Roma, si es necesario. Ustedes están familiarizados con las espléndidas páginas de *La República* de Platón, en las que describe la sucesión natural de los gobiernos. No obstante, esto involucra mucho más. Ninguna anarquía republicana se compara con la demolición revolucionaria de todo vínculo social, ninguna tiranía republicana puede compararse con el reinado revolucionario de la fuerza bruta y, si mi afirmación acerca de la inminencia de la espantosa coerción es desacreditada como "una profecía posterior al hecho", recuerden que el maestro de moda, Rousseau, profetizó lo siguiente sobre su propia obra: "Este es el gran problema a resolver por la política: hallar un sistema de gobierno que sitúe a la política por sobre el hombre. Si no se puede hallar ese sistema —y confieso honestamente que creo que no se puede— me parece que debemos irnos al otro extremo y situar al hombre lo más arriba posible, por sobre la ley, y luego instaurar un despotismo lo más arbitrario posible. Yo esperaría que el déspota fuera un dios. En síntesis, no veo mayor diferencia entre la más austera de las democracias y el más completo hobbesianismo. Porque el conflicto entre los hombres y las leyes, que enreda al estado en una guerra civil sin fin, es la peor de todas las condiciones políticas".[1] De hecho, donde se ignora el origen divino de la autoridad, no hay opciones intermedias entre los extremos de la anarquía y de la esclavitud.[2]

4. La cuarta fase: nueva experimentación

238 La reacción también ha de llegar a su fin. Uno no puede destruir los principios cuya acción ha intentado suprimir temporalmente.

El gobierno de la reacción, para protegerse, no puede administrar con justicia. A medida que aumenta la energía de su fuerza coercitiva, aumenta también la aversión, la amargura, el rencor y el odio violento y mortal contra él. El soporte del opresor se quebrará.

Al parecer la libertad retorna nuevamente. ¿Será la verdadera libertad? ¿Se alejarán los hombres de las concepciones erradas que tanto daño han causado cuando restituyan el estado? ¿Serán los verdaderos principios de la ley los que guíen al gobierno y al pueblo? ¡Por supuesto que no! ¿Creen que las épocas de anarquía y despotismo son especialmente propicias para un estudio serio de las ciencias políticas? ¿Creen que el solo desastre lleva a las naciones a la conversión de los corazones, donde yace la mayor fuerza antirrevolucionaria?

Consideremos sin prejuicios cómo se puede imaginar uno el estado de la mente pública en el momento de amanecer

---

[1] Lamennais, *Des Progrès de la Révolution*, p. 87 (cita a Rousseau, en una carta a Mirabeau Sr., 26 de julio de 1767).

[2] [²227n] Es lamentable que los discípulos de Rousseau, antes de hacer lo imposible, no hayan hecho caso a su útil advertencia: "Si hubiera un pueblo de dioses, se gobernaría democráticamente. Pero un gobierno tan perfecto no conviene a los hombres" (*El contrato social*, Libro III, cap. IV, p. 36.)

el nuevo día. La ley constitucional genuina será ajena para la mayoría de los hombres, será vilipendiada y, en el mejor de los casos, recibirá una mención honrosa en el catálogo de las antiguedades. Más aún, la causa de la Revolución no se deteriorará durante la fase de represión, sino que saldrá ganando: revivirán el delirio por sus promesas, antes extinguidas en el tiempo de las atrocidades de la fase de desarrollo. Pero pongámonos en el lugar de los que quieren erigir el edificio del estado. Éste será su razonamiento básico: "La teoría es buena. Sólo ella es consistente con la excelsa dignidad del hombre. Mas sus frutos son la anarquía y la esclavitud. Pero, ¿cómo es posible esto? ¡Ah!, esto es lo que nos ha enseñado la amarga experiencia de los horrores que [239] sufrimos. La aplicación no fue correcta. Hubo exageración y excesos. El fanatismo y la ambición personal prevalecieron por sobre la prudencia y el espíritu público. No neguemos la excelencia de la doctrina sólo porque los hombres se han equivocado. Más bien, suscribamos con entusiasmo las ideas liberales, pero con una cuota de precaución que ha sido tan necesaria para ambos extremos. Procedamos con mente fría, esquivemos con eficacia las rocas de la anarquía y del despotismo, para que al ritmo de nuestras teorías alcancemos el cielo, donde nos espera la abundancia de bendiciones".

Ese es su razonamiento. Pero, ¿qué tipo de obra realizarán? Resucitarán las viejas formas de un modo que los anime y les infunda un nuevo espíritu. Recogerán lo que antes se desechó transplantándolo desde el abonado terreno histórico al fértil terreno revolucionario. Sin renunciar a la reconciliación de la Revolución con el desarrollo nacional del pasado y con los venerables recuerdos ancestrales, se retomará el hilo [²229] cortado de la historia, para apropiarse del elemento históri-

239 co, consistente en formas externas y en rótulos tradicionales, y para ejecutar su política de moderación consistente en la fría aplicación de sus ideas. Así es como se engañan unos a otros con meras pretensiones. Porque las realidades de la Revolución sólo le imponen fantasías a la gente entusiasmada.

Este será un cuarto período, una fase de *nueva experimentación*. Sin embargo, este *juste milieu*, en que se ha confinado la lucha política, cuanto más sea posible, al ámbito de las instituciones representativas, tiende hacia una oscilación per-
240 petua, en la cual jamás se hallará el equilibrio deseado. Tal estado de cosas precisa de una estabilidad total. El mero maquillaje no satisface las ansias de libertad, sino que las aumenta; y, frente a este recrudecimiento de las demandas de libertad, se hace tremendamente necesario reforzar el brazo de la autoridad. Mientras persistan las ideas de la Revolución, la oposición se tornará cada vez más temeraria y más ambiciosa, a medida que el gobierno, inseguro de sus derechos, se vuelva más débil y más indulgente. Entonces, cuando la situación comience a tornarse grave, y cuando los recursos legales resulten insuficientes, uno de los lados se verá forzado a reunir a ciertos medios relacionados con la teoría revolucionaria: ya sea un *coup d'état*, garantizado por la urgencia, o al más sagrado de los deberes populares: la *insurrección*. De manera que se encaminan hacia agitaciones que acabarán con la libertad o bien harán que se derrumbe al tambaleante poder del gobierno. Mientras más violentas sean esas convulsiones, con más desesperación deseará el pueblo el fin de la constante inconstancia, esta vez incluso a costa del ídolo teórico.

5. La quinta fase: resignación desesperanzada

¿No es extraño? El entusiasmo que se ha mantenido encendido durante tanto tiempo finalmente se enfría. Cuando se convoca con demasiada frecuencia a la gente en nombre de los principios, ésta se torna suspicaz frente a todo lo que se denomine principio. El materialismo será el fruto de las sucesivas decepciones en política. Hoy en día, con el pretexto de ser sabiamente precavidos, de haber evitado los extremos y de haber logrado finalmente el *juste milieu* perfecto, los hombres tampoco tendrán otro plan que preservarlo todo, sin discriminar entre lo bueno y lo malo; procurarán mantener ciegamente el *status quo*, no importando su naturaleza: un sistema *estacionario* que teme a todo "movimiento", o un sistema *conservador* que evita cualquier tipo de cambio. El miedo a lo peor y la necesidad de conservar la tranquilidad harán que se silencie todo dictado superior y toda aspiración noble. El estado sólo se preocupará de satisfacer los intereses materiales. En la medida en que las energías mentales de los hombres se paralicen a causa de la desesperación de no ser capaces de conjugar la libertad con el orden, o se dediquen exclusivamente al ganancioso fomento del comercio y de la industria, será cada vez menos necesario establecer algo superior al mundo material, para aplacar a uno u otro miserable agitador que todavía quisiera alcanzar el cielo de la perfección. Las cadenas tendrán que ser holgadas puesto que el esclavo es dócil.

Asi es la quinta fase; en ella dominan la desesperanza por la libertad y la indiferencia por la justicia.[1] Me abstengo de ofrecer más caracterizaciones. No quiero que se piense que

---

[1] [²231n] Tocqueville [en correspondencia privada de julio, 1856] menciona un "período letárgico", y "una generación cansada y deshecha, reacia a

estoy haciendo alusiones satíricas acerca de lo que podemos ver sobre nosotros mismos. Habré logrado mi propósito si he logrado demostrar que, cualquiera que sea el principio revolucionario que se adopte, uno puede esperar encontrar allí las fases de preparación, desarrollo, reacción, experimentación renovada, y *resignación desesperanzada*.

Antes de presentar la secuencia de estas fases a partir de un análisis histórico, quisiera hacer un breve paréntesis, como una forma de concluir con esta conferencia, y destacar, ahora que ya hemos visto los diferentes rasgos de estas fases, cuán similares son en su carácter y cuán idénticas son en su naturaleza y su temor. Todos los cambios y las transformaciones del principio revolucionario están unidos por un hilo común. Creo que el gran punto de semejanza se halla en la persistencia del *despotismo del estado revolucionario*.

Ustedes recordarán el *Leviatán* de Hobbes y *El contrato social* de Rousseau. Hay libertad e igualdad, un convenio social, un estado cuya unidad y cuya fuerza descansan en la omnipotencia de la voluntad general. ¿Cómo se forma y cómo se conoce esa voluntad? La buena voluntad de los ciudadanos individuales se canaliza desde abajo hacia arriba por medio del voto, concentrándose en un punto, a partir del cual el estado soberano, que encarna la soberanía popular en el poder legislativo y en el poder ejecutivo, impone su autoridad omnipotente, en el nombre del pueblo, sobre el pueblo, reprimiendo toda oposición.

Es a partir de este punto que el estado se vuelve omnipotente. Cualquier otro derecho debe rendirse y someterse a su derecho.

---

oír cualquier cosa que la remueva y la induzca a realizar algún esfuerzo" (*Oeuvres complètes*, vol. VII, pp. 390 y 394).

El estado es además *indivisible*. Las diferencias de las partes que lo componen son disueltas y mezcladas en un todo. No hay instancia independiente que esté por sobre el estado. La glorificación del estado se basa en la "pasividad de sus departamentos" —meros distritos electorales, meras subdivisiones para facilitar la administración.

El estado *lo abarca todo*. No hay materia alguna que no pertenezca al ámbito de la voluntad general, ni tampoco algún asunto que no sea asunto del gobierno. El estado empuña su cetro incluso sobre los asuntos de conciencia. La iglesia y la escuela son instituciones estables. Los ciudadanos pertenecen al estado en cuerpo y alma, y no pueden exigir ningún tipo de independencia, excepto la que les conceda el estado temporal y condicionalmente.

Por lo tanto, el estado es *autocrático*. Es el único señor de la vida y la propiedad. Tal como lo señaló abiertamente Odillon Barrot a principios de 1830: "La Revolución puede disponer del último hombre y del último centavo".

El estado es *absoluto*. El estado, que da la ley, está por sobre la ley.

El estado es *ateo*. La religión es tolerable sólo bajo ciertos límites, y se le debe proteger en cuanto sea útil e indispensable, pero el estado mismo no está sujeto a su autoridad. La expresión *la loi est athée*, la ley es atea, es el eslogan de la autoridad pública.

Por lo tanto, existe una idolatría con respecto al estado. No sólo en teoría, sino también en la práctica. Pues, si el estado así lo exige, incluso hasta lo más sagrado y estimado debe ser sacrificado por el interés del estado, conocido también como el bien común, el bienestar de las personas, la felicidad de la nación. ¡El bienestar general es supremo! Uno

243

²233

debe obedecer a los hombres antes que a Dios; el derecho a obedecer a Dios permanece íntegro mientras su voluntad no entre en conflicto con los preceptos del estado.

Tal es la naturaleza del estado revolucionario y de su autoridad. Vosotros os preguntaréis: ¿Cómo es posible que se proclame a los cuatro vientos que esta doctrina, que da origen a tantas arbitrariedades, sea una teoría de la libertad? Porque, ¿qué impide que esta concentración de poder, esta hegemonía, que se exalta a sí misma por sobre todo lo que se llama Dios,[1] no sea utilizada con fines opresivos? ¿Qué *garantías*? Cada apologista de la Revolución se lo dirá. El sistema en sí es un complejo de garantías. Nótese el origen popular de todos los poderes, por ejemplo. Después de todo, es de la totalidad de los ciudadanos que procede el estado; ella es la que ejerce la autoridad estatal; la que se gobierna a sí misma; su libertad y su autonomía constituyen el principio vital del estado; su buena voluntad constituye la ley suprema; en tanto que todo poder que quiera usar la influencia que se le confía para "cercenar" los derechos de la soberanía popular es fiscalizado por las elecciones, la libertad de prensa y la opinión pública. Es más, si es necesario, se reprimirá su criminal oposición y se le castigará.

Estas afirmaciones abundan en sonidos encantadores. Sin embargo, nótese que la fuerza de todas estas garantías descansa en la suposición de que de hecho será posible llegar a un consenso y unificar la voluntad general —una hipótesis que a su vez se basa en dos premisas muy débiles. La primera es que el hombre por naturaleza es bueno, de modo que el rompimiento de sus ataduras le permitirá de inmediato alcanzar el estado de perfección al cual está destinado,

---

[1] *Cfr.* Daniel 11:36; 2 Tesalonicenses 2:4.

también con respecto a la sociedad política. La segunda es que se puede delimitar el marco al cual las personas más malévolas se vean forzadas a conformarse. Según el célebre Kant, una constitución política debe entrelazar tan bien los intereses privados con el bienestar de todos que el interés personal iluminado asegure, "incluso en una sociedad compuesta totalmente de demonios", la perfección de orden, la tranquilidad y la armonía angelical.[1]

Pero, cuando abandonamos el ámbito seductor de las hipótesis arbitrarias para viajar por el terreno más seguro de la verdad positiva, de inmediato se hace evidente la imposibilidad de cumplir estas promesas. Ya sabemos que la forma procede de la esencia y no la esencia de la forma, de manera que incluso la mejor de las formas políticas depende siempre de los principios que la activan y la animan. Los hombres hablan de la soberanía popular. Pero, ¿qué es lo que resulta de ella? Se invierte el orden existente, se pisotea el derecho, se desmantela la sociedad, se crea una maquinaria de estado con un aparejo de tubos y embudos para encauzar la voluntad general hacia arriba en el centro. Pero esto no se hace con una convicción unánime, sino que es forzado por el poder superior y la fuerza bruta. Lo primero que hay que hacer bajo la presión del movimiento es ir tras aquellos que reclaman ser los voceros, los defensores y los ejecutores de la voluntad general. De este modo se revertirá rápidamente la situación. Nadie tiene ningún tipo de derecho frente al derecho que emana de todos. La soberanía del pueblo reside por turnos con la fracción que detenta el poder para ponerse por sobre el pueblo soberano. El gobierno no inquiere, sino que anuncia cuál es la voluntad general. Esa voluntad, en vez

---

[1] Citado en Haller, *Restauration de la Science politique*, vol. I, p. 324n.

de ser comunicada hacia arriba en el centro, es dispensada desde arriba hacia abajo. El poder centralizado, en vez de ser el órgano de la libertad, es una gran reja de acero sobre toda la población, una red de mil hebras que alcanza a todos los ciudadanos, para hacer trotar y danzar a cada miembro honorable de la sociedad en el gran baile de marionetas al ritmo del gobierno central. El pueblo tiene comisionados, es cierto; pero estos mandatarios, bajo el ambiguo nombre de representantes, proceden como si se les hubiera traspasado la soberanía —la propiedad a los mayordomos. Así actúa cada partido que controla la legislatura, cada gobernante que suprime el poder legislativo, cada déspota que saca ventajas de los conflictos de la administración y del anhelo de orden para apoderarse del poder supremo. Todos se consideran autorizados y obligados a hacerlo en virtud de la presión de las circunstancias, en nombre de la preservación del principio revolucionario, o para acabar con la confusión existente.

246 Ese es el fruto fragante y nutritivo que crece en el árbol de la libertad. Pero permítanme que discuta esta materia tan importante para la propia comprensión y apreciación de nuestro tiempo, destacando con mayor énfasis este despo-
²236 tismo de la doctrina de la libertad, este *absolutismo de estado*, bajo los siguientes encabezados:

246   a. Destruye la libertad civil.

   b. Destruye la libertad política.

   c. No conoce límites.

   d. Es contrario a los intereses del país y de la nación.

   e. Es indestructible en tanto no se erradique la doctrina de la Revolución.

a. Destruye la libertad civil

El estado revolucionario destruye la *libertad civil* por derecho propio, a causa del principio aceptado.

La asociación civil misma, por el hecho de haberse formado en la filosofía falsa, pasa a ser su tumba. El estado adquiere un dominio incondicional sobre todo hombre. Todo lo que él posee es un préstamo; la vida y la propiedad pasan a ser una concesión condicional. Puede haber goce de libertad, pero no existe el derecho a la libertad. Puede que al amo le plazca alivianar el peso de las cadenas, pero sigue habiendo una condición legalizada de esclavitud.

Para ver claramente cuán inherente es a la teoría liberal la destrucción de la libertad, os invito a revisar brevemente la proclamación que resume los principales principios de todas las políticas revolucionarias, aquel compendio y catecismo de la Ilustración, *la Declaración de los Derechos del Hombre y los Ciudadanos*. Quiero que se fijen en cada artículo de esta ley fundamental de las leyes fundamentales; la fuerza de cada promesa está viciada por la sola forma en que se formuló. El perspicaz publicista genovés Etienne Dumont hablará por mí. Éste es un hombre que estuvo muy familiarizado con la Revolución Francesa. Él os demostrará a vosotros, con respecto a la igualdad, la libertad, la propiedad, la libertad de prensa, y la libertad de religión, cómo la *Declaración*, en la declaración misma de cada derecho, eliminó la fuerza y la importancia del derecho en cuestión. [247] [²237]

Igualdad. —*"Las diferencias sociales sólo se pueden basar en el provecho general.* —Este es un paso atrás, una retractación fraudulenta. Los legisladores estaban vagamente conscientes de que habían establecido la igualdad en toda su plenitud. ¿Qué [247] están haciendo ahora? Empiezan a hablar de 'distinciones sociales', olvidando que habían abolido todas las distinciones"[1] (p. 276).

Libertad. —*"Los límites del goce de los derechos naturales sólo pueden ser determinados por la ley.* —¡Límites! Hubo un momento en que estos derechos eran ilimitados e irrevocables. Vosotros me habláis de una libertad que fue mi derecho natural, y ahora me decís que sólo la ley puede regular mi goce de ella. Me habéis dado demasiado, y ahora me quitáis demasiado. Empezásteis estableciendo mi independencia absoluta, y ahora me hacéis volver a una dependencia total" (p. 290).

Propiedad. —*"Por ser un derecho sagrado e inviolable, nadie puede ser privado de su propiedad, excepto los casos en que la necesidad pública... claramente lo requiera.* Está claro que en tales casos es más un asunto de conveniencia que de necesidad" (p. 328).

Libertad de prensa. —*"Todo ciudadano tiene derecho a hablar, escribir, y publicar libremente, sujeto a su responsabilidad por el mal uso de esta libertad.* ¿Qué entendéis vosotros por 'mal uso de la libertad'? Eso es lo que precisamente hay que redefinir. Hasta que se haga, yo no sé qué es lo que se me garantiza. Vosotros ni siquiera os conocéis a vosotros mismos. Cualquier ejercicio de libertad que desagrade a los que están en el poder será un mal uso ante sus ojos. ¿Qué seguridad ofrecéis, entonces, a la nación contra futuros legisladores? Vosotros decís: aquí hay un límite que no pueden traspasar, pero al mismo tiempo declaráis que es tarea de ellos fijar los límites" (p. 312).

---

[1] E. Dumont, *Tactique des assemblées législatives, suivi d'un traité des sophismes politiques; ouvrages extraits des manuscrits de Jérémie Bentham*.

CONFERENCIA X 183

Libertad religiosa. —*"Nadie puede ser molestado a causa de sus opiniones, incluyendo las religiosas, en tanto que la manifestación de ellas no perturbe el orden público como lo establece la ley.* —Lo que aquí se concede no es concedido sino bajo una condición que puede continuamente anularlo. 'Perturbar el orden público'. —¿Qué significa eso? Luis XIV no habría dudado en admitir una cláusula con tal redacción en su código. Durante su reinado la ley prohibió estrictamente el ejercicio de cualquier otra aparte de la suya, y prohibió la publicación de cualquier escrito que favoreciera a la religión protestante. ¿Podría haber uno violado la ley sin 'perturbar el orden público'?" (p. 309).

Ese es el destino de los "derechos sagrados, inviolables e imprescriptibles". Supuestamente más allá del alcance del gobierno, son el juguete de cada régimen que esté en el poder.[1] Lo que se da con una mano, se quita con la otra. Las libertades son exhibidas, pero no conferidas. Se permite todo, con una restricción fatal: todo *hasta donde* al estado, el déspota colectivo, le plazca otorgar. No quisiera que se me malentienda. No me ofende la restricción a los derechos; ello es inherente a todo derecho. Lo que me molesta es que los derechos, que solían estar circunscritos y confirmados por las inmutables leyes y ordenanzas de Dios, ahora dependan de la buena voluntad del estado; es decir, de la voluntad de los cambiantes hombres, y por tal razón estén destinados por definición a perecer. El estado revolucionario otorga la libertad hasta donde sea posible, útil, o deseable; hasta donde lo permitan

---

[1] [²239n] "Principios por medio de los cuales engañan a la gente, con respecto a la posesión de los teóricos derechos humanos, que en la práctica son vejados y violados por ellos" (William Pitt, el Joven, *Speeches in the House of Commons*, vol. II, p. 61; 20 de junio de 1974).

los intereses del estado; hasta donde se considere compatible con las circunstancias; hasta donde haya concordancia con los intereses y las demandas y los deseos y los caprichos y los antojos de los que están sobre ustedes. La promesa es libertad, libertad total, libertad sin restricciones, y al final no hay libertad sin restricciones, sino restricciones sin restricciones. Ahí está la libertad perfecta, con una restricción, sólo una; pero una restricción que revoca todo lo prometido. La libertad perfecta, sujeta a la perfecta esclavitud.

Autores recientes, como Benjamin Constant y Guizot, han buscado una promesa en la "doctrina del individualismo", argumentando que hay derechos de tanto peso, tan sagrados y tan íntimamente ligados con la naturaleza y el destino del hombre, que deben ser extraídos o apartados del poder supremo del estado. Totalmente de acuerdo; pero desafortunadamente no han dicho cómo es posible arrancar esos derechos al estado una vez que éste se ha apoderado de ellos. Cualquier recurso es vano frente a la necesaria relación entre consecuencia y principio. Sólo el corazón y la conciencia están fuera del alcance del estado; y todo argumento sobre la justicia y la inviolabilidad de los derechos y las libertades encallará en la simple proposición de Rousseau por la que el estado revolucionario carece de toda estabilidad o existencia pacífica; a saber, que hubo una ocasión en que se produjo la total alienación de los ciudadanos al estado.

Los liberales se ufanan como si esta doctrina del individualismo hubiera introducido una modificación significativa en el sistema. "Se contrapusieron los derechos del individuo, a menudo sacrificados por la sociedad, con los derechos del hombre, a los cuales se invocó en la antigüedad para atacar la corona. *La más profunda de las doctrinas del individualismo*

CONFERENCIA X

185

llegó a ser la base de la nueva política racional. En un sentido, el individuo se transformó en la célula viviente de la sociedad civil, obedeciendo las leyes que ésta le ha impuesto, pero sin reconocer a ninguna de ellas como absoluta, excepto las que considera justas; y sometiéndose a toda autoridad soberana, pero sin aceptar a ninguna de ellas como legítima, salvo la razón".[1] Pero Lamennais responde: "En tanto las autoridades humanas mantengan la resistencia privada bajo control, los individuos están ciertamente obligados a someterse a las leyes y a las soberanías establecidas. Pero el punto central es si existe una soberanía que tenga el derecho de exigir obediencia. Porque, según la filosofía de la época, no existe soberanía legítima alguna, salvo la de la razón. Luego, dado que esta filosofía no reconoce otra soberanía que la de la razón, y por lo tanto otra soberanía que la individual, cada uno es, entonces, su propio soberano, en el sentido absoluto del término. Su razón es su ley; su verdad, su justicia. Cuando se le impone un deber que él no se ha impuesto por su propia mente y voluntad, se está violando el más sagrado de sus derechos, el que sintetiza a todos los demás; se comete un crimen de lesa majestad. Por lo tanto, ninguna legislación ni autoridad es factible y, en consecuencia, la misma doctrina que produce la anarquía de las mentes produce también una anarquía política sin remedio, subvirtiendo así a la sociedad humana en sus fundamentos".[2]

La separación de poderes tampoco constituye una garantía de libertad contra el arma mortal de la omnicompetente soberanía popular. La libertad será destruída por cualquier for-

---

[1] *The Globe*, 30 de Enero de 1928; citado en Lamennais, *Des Progrès de la Révolution*, p. 24.
[2] Lamennais, *Des Progrès de la Révolution*, pp. 24ss.

ma de principio revolucionario que detente el poder. Estoy de acuerdo con Benjamin Constant cuando afirma: "Donde se establezca que la soberanía popular es ilimitada se estará inyectando un grado de poder a la sociedad que, como tal, será demasiado grande y siempre será un mal, sea que se le confíe a la monarquía, a la aristocracia, a la democracia, a un sistema mixto o al sistema representativo. Lo que fallará será el grado de poder, no su depositario. Ninguna organización política podrá remover el peligro. La separación de poderes es inútil: si la suma de los poderes es ilimitada, estos poderes sólo tienen que formar una coalición para que el despotismo sea inevitable. No basta con que los agentes del ejecutivo precisen de la autorización del legislativo; lo que se precisa es que el legislativo no pueda autorizar su acción, excepto dentro de su legítima esfera de competencia. Es decir, que el ejecutivo no obtenga autorización para actuar, a menos que esté habilitado por una ley, si es que no hay limitantes establecidas para los creadores de la ley".[1]

b. Destruye la libertad política

¿Se compensará la pérdida de la libertad civil con una ganancia de *libertad política*?

Dudo que tal compensación sea adecuada o factible. Yo creo que es preferible un estado que asegure las libertades civiles, antes que una situación que abunde en derechos políticos, mientras que no se permite vivir libre en los demás ámbitos. Pero, dejando a un lado los valores relativos, examinemos con más detalle el valor de esta libertad política.

Todo ciudadano es un corregente, parte integral de la soberanía popular. Éste es un gran honor pero, cada vez que

---

[1] Constant, *Cours de politique constitutionnelle*, vol. I, p. 164.

uno pertenece a la minoría, los privilegios son modestos. Éste es un tipo extraño de libertad, que consiste en someterse al despotismo de la *mayoría*. Por otra parte, esto es inevitable. La voluntad general no es la voluntad de todos. Es inconcebible que haya un consenso perfecto y permanente. El motor del gobierno será la voluntad de la mayoría. ¿Será esto un motivo de satisfacción y una garantía de felicidad para la mayoría? Benjamin Constant nuevamente tiene la razón cuando afirma: "El consentimiento de la mayoría por ningún motivo es suficiente para legitimar sus acciones: hay acciones que nada puede sancionar. Cuando un gobierno realiza tales acciones, importa poco la fuente que invoque para legitimar su autoridad, o si tal fuente es un individuo o una nación. Si consiste en toda la nación menos el ciudadano oprimido, ya no será legítima".[1]

Pero yo voy más lejos, y pregunto: ¿Está la mayoría siempre, o por lo general, en posesión de la autoridad que, según la concepción revolucionaria, legítimamente le pertenece? No totalmente. Hay más de una disputa entre los dos partidos mayoritarios, el radical y el progresista moderado, toda vez que cada partido está dividido en segmentos, en diferentes corrientes de opinión y propósito. La población está tan dividida por sus convicciones políticas que, cuando se ventilan todas las opiniones, es imposible lograr una mayoría. Se producirá una anarquía de minorías, idéntica a la incapacidad de formular un punto de vista común, que últimamente han exhibido muchos cuerpos representativos. Porque en cada asunto diario hay una *minoría* que somete a las demás minorías a su dominio físico o moral. Tales minorías forman, a veces, una vasta mayoría al asociarse. Por lo tanto, siempre es

---

[1] Constant, ibídem, vol. I, p. 167.

un segmento, una facción, un grupo, un individuo poderoso, un "hombre fuerte" quien reemplaza a la soberanía popular. A pesar de los cambios de gobiernos y gobernantes, la soberanía misma (la gente, cuya libertad e independencia se dicen objetivas) estará permanentemente coartada por los dos lazos de la brida: las constituciones revolucionarias y los gobiernos revolucionarios.

253

c. No conoce límites

Este despotismo no conoce límites.

En el viejo orden, el poder supremo estaba limitado por las corporaciones y los estados, por la limitación de sus propios recursos; a la larga, por la imposibilidad de exigir excesivos sacrificios a los súbditos. En el estado revolucionario todas estas restricciones se desvanecen. Tocqueville señaló que "hemos destruído los poderes independientes, cada uno de los cuales ha luchado contra la tiranía, y es el gobierno el que ha heredado todas las prerrogativas arrebatadas a las familias, las corporaciones y la personas individuales".[1] La verdadera resistencia se acabó. La mayoría de las veces, hasta los regímenes más inestables, débiles y de corta vida, no importando cuánto tiempo lleven en pie, poseen una fuerza incalculable, como resultado de la destrucción de la estructura histórica de la sociedad. Todo lo que ayer, por su prominencia o estabilidad, proveía un punto de apoyo y equilibrio para la debida defensa de los derechos y las libertades, ha sido totalmente rasgado o talado hasta el suelo.

A diferencia del poder legítimo, el estado revolucionario tiene una gran cantidad de medios a la mano. Después de todo, dispone de todo el pueblo, las personas y la propie-

---

[1] Tocqueville, *Democracy in America*, Introduction.

dad. El estado está centralizado; se concentra en el gobierno, quienquiera que esté en el poder. Un gobierno revolucionario puede afirmar con propiedad: *L'Etat c'est moi*, puesto que a quienes estén al alcance de su poder no se les reconocerá ningún estatus independiente, o derecho, o libertad, o su propia voluntad.

d. Es contrario a los intereses del país y de la nación

Este despotismo es contrario a todos los intereses del *país* y de la *nación*.

Ciertamente, si la doctrina de la Revolución posee una fuente de la abundancia, de la cual emana una plenitud de promesas, es una que engendra una plenitud de decepciones y desastres. La promesa siempre está en el primer plano pero su cumplimiento angustiosamente lejos. Nunca hubo tanta opresión y tanta persecusión, sino desde que la libertad y la tolerancia están a la orden del día. Las palabras nación y país se usan a diario. Pero, ¿qué es lo que se entiende por nación o por país, cuando se han destruido los vínculos creados entre los ancestros y los descendientes por la historia, la religión, la moral, las costumbres y los principios comunes? No sirve de nada el calificar como "patrióticos" o "nacionales" los principios revolucionarios, los intereses revolucionarios, las libertades revolucionarias y el espíritu público revolucionario. Se hablará de iluminación nacional cuando la religión se repliegue hacia el fondo, el crepúsculo ensombrezca las mentes, y la oscuridad los corazones. Sólo de nombre se reconocerá al pueblo como el verdadero soberano, y del mismo modo se le rendirá homenaje a la opinión pública, la voz del pueblo, el clamor del pueblo. Considerando lo anterior, ¿qué es entonces la nación, ahora que se ha desintegrado la

²245 sociedad? Cierto número de almas. ¿Qué es el país? Cierta cantidad de metros cuadrados. ¿Y qué es entonces el estado? Es el *pays légal*, el estrecho círculo de aquellos que tienen el voto. El derecho al voto es la base de sustento de la socie-
255 dad burguesa y, ahora que han desaparecido las relaciones supremas, su único cemento es el dinero. La población se
²246 dividirá en votantes y no votantes, ricos y pobres, acomoda-
255 dos y proletarios. La sola apelación a "las masas" será señal de un arrogante desprecio. Aun cuando el término no es incorrecto: los rangos y las clases constituyen la estructura básica de la sociedad; y si esto se trastoca, ¿qué más queda, sino una masa sin vida, una tropa de pagadores de impuestos y conscriptos a disposición del gobierno? Desde luego que aquí también se debe afirmar que la teoría revolucionaria es una poderosa tentadora cuando lisonjea con sus labios: "Camino al Seol es su casa, Que conduce a las cámaras de la muerte".[1]

e. Es indestructible en tanto no se erradique la doctrina de la Revolución

Finalmente, este despotismo es *indestructible*, dado que no hay un retorno a la supremacía de Dios, sólo en la cual se halla la garantía de la libertad.

La Revolución precisa de un ordenamiento despótico para evitar la anarquía. Los defensores de la doctrina de la revolución sostienen que la fuerza y la coacción son indispensables, ya sea para acelerar, moderar o detener el progreso de la Revolución. El ordenamiento despótico es temporal, provisional, sólo por un período de transición, hasta que la teoría funcione plenamente, hasta que... Pero, como no es posible

---

[1] Proverbios 7:27.

que funcione plenamente, se concluye que el momento para un ordenamiento más regular deberá esperar hasta "mañana". Pero el mañana nunca llegará, el feliz momento nunca llegará, y el despotismo "provisional" se hará permanente. Puede haber muchas revoluciones políticas: traspasos de autoridad, ascensos al poder, modificaciones formales. Mas una revolución *social* requiere de una restauración *social*, lo que es impensable, a menos que se parta reconociendo la soberanía de Dios.

He aquí un ejemplo de lo que se puede deducir, a partir del análisis teórico de la doctrina de la Revolución, con el fin de describir sus consecuencias. Si lo he logrado por medio de estas tres conferencias, ahora sólo resta confirmar la demostración lógica. Esto será más sencillo, puesto que ya se demostró lo que *seguramente sucederá*, y lo que de hecho ya *ha sucedido*.

★ ★ ★

Gran parte de mi trabajo ha terminado hoy. Creo que lo que hemos cubierto en estas diez noches constituye, por mucho, una parte importante de un todo. He dado lo mejor de mí para presentarles la naturaleza de la ley constitucional, tanto de la Revelación como de la filosofía moderna. Quise que ustedes vieran que la palabra de nuestro Señor es aplicable a la sabiduría de nuestra época, en tanto ésta última ignora el origen de la vida, incluyendo la vida de la erudición. "Porque tú dices: Yo soy rico, y me he enriquecido, y de ninguna cosa tengo necesidad; y no sabes que tú eres un desventurado, miserable, pobre, ciego y desnudo".[1] Quiero

---

[1] Apocalipsis 3:17.

que noten que la amenazante palabra del profeta merece ser abrazada con el corazón también hoy: "Yo publicaré tu justicia y tus obras, que no te aprovecharán. Cuando clames, que te libren tus ídolos; pero a todos ellos llevará el viento, un soplo los arrebatará".[1] Quise que ustedes y yo aprendiéramos dónde está la fuente de nuestra única sabiduría y de nuestra única gloria: "Destruiré la sabiduría de los sabios, Y desecharé el entendimiento de los entendidos. ¿Dónde está el sabio? ¿Dónde está el escriba? ¿Dónde está el disputador de este siglo? ¿No ha enloquecido Dios la sabiduría del mundo? ... pero nosotros predicamos a Cristo crucificado, para los judíos ciertamente tropezadero, y para los gentiles locura; mas para los llamados, así judíos como griegos, Cristo poder de Dios, y sabiduría de Dios. Porque lo insensato de Dios es más sabio que los hombres, y lo débil de Dios es más fuerte que los hombres. ... Mas por él estáis vosotros en Cristo Jesús, el cual nos ha sido hecho por Dios sabiduría, justificación, santificación y redención; para que, como está escrito: El que se gloría, gloríese en el Señor".[2]

---

[1] Isaías 57:12ss.
[2] 1 Corintios 1.

CONFERENCIA XI

HISTORIA DE LA REVOLUCIÓN EN SU PRIMERA FASE: LA PREPARACIÓN (HASTA 1789)

Para beneficio de quienes están con nosotros por primera vez esta noche, permítaseme comenzar con una pocas palabras acerca del punto de vista, del objetivo y del desarrollo de estas conferencias.

Nuestro punto de vista es el del cristiano que no desea gloriarse sino en Cristo, y éste crucificado. En la religión, en la moralidad y la justicia, en el hogar o en el estado, el cristiano no reconoce sabiduría ni verdad alguna que no comience con la sumisión de mente y corazón a la Revelación. No sólo encuentra y nota la dirección de Dios en la historia, como lo hace el deísta, sino que, fiel y dedicado al Evangelio, reconoce y espera la solución a los enigmas de la historia de la humanidad en la primera venida de Cristo y en la segunda venida triunfante del Salvador. Ama la venida del Redentor porque discierne en ella, en las palabras del historiador Von Müller, "el cumplimiento de todas las esperanzas, la culminación de toda filosofía, la explicación de todas las revoluciones, la clave de todas las contradicciones aparentes del mundo físico y moral, y la vida y la inmortalidad".[1]

En cuanto a nuestro objetivo, a cada uno de nosotros ha venido esta palabra: "Cada uno según el don que ha recibido,

---
[1] Johann van Müller, citado en mi *Proeve*, pp. 47-76.

minístrelo a los otros, como buenos administradores de la multiforme gracia de Dios".[1] Después de todo lo que he trabajado en el estudio de la historia, considero que he sido llamado para ser testigo en este terreno de la verdad que es en Cristo. Esto deseo hacer también en estas reuniones. Me he propuesto demostrar, a grandes rasgos, que la historia de los últimos sesenta años [el autor dicta esta conferencia en 1845], con sus desbordes de iniquidad, ha sido el fruto y manifestación de una incredulidad sistemática.

El desarrollo de las conferencias ha sido el siguiente: comenzamos examinando el antiguo derecho constitucional positivo y llegamos a la conclusión de que la Revolución no se puede explicar tan sólo como una reacción contra ciertos principios, formas de gobierno o abusos. Luego hallamos que la perversión del derecho constitucional no fue en sí la fuente de la Revolución Francesa. De este modo preparamos el camino para descubrir la verdadera causa, la cual no es otra que la apostasía contra el Evangelio. Vimos cómo la decadencia religiosa había comenzado ya a amenazar con la disolución de los estados cuando la bendición de la Reforma hizo frente a la corriente. Sin embargo, también vimos cómo la verdad, que fue puesta sobre el candelabro en el siglo dieciséis, una vez más fue colocada bajo el almud por medio de la apatía y la degeneración moral, cuando el siglo diecisiete llegaba a su fin. Como resultado, la filosofía del siglo XVIII, esa negra noche de incredulidad, logró que su fuego fatuo pasara por luz del sol.

En las tres últimas conferencias he tratado de demostrar que la incredulidad, como germen de error y corrupción, debe, en su teoría y en su práctica, terminar en el ateísmo y

---

[1] Pedro 4:10.

el extremismo, dos realidades a las que usual, pero equivocadamente, se les tiene como simples excesos de la doctrina incrédula de la libertad. Ahora me volveré a la historia, para que la práctica misma del principio de la Revolución confirme lo que hasta ahora sólo he deducido a partir de su lógica.

Así que esta noche comenzaremos con la historia[1] de la Revolución. Primero quiero referirme a algunas características que detecto a través de toda la era revolucionaria. Luego explicaré cómo divido la síntesis histórica. Finalmente, en la última parte, la más extensa de esta conferencia, quiero reflexionar sobre la Revolución en su primera fase, la Preparación.

Como dije, deseo comenzar con algunas características generales. Esto es importante porque, si estas características son correctamente atribuidas a la Revolución, entonces tenemos esperanza de agudizar nuestra visión y mantener nuestro rumbo si nos adherimos a ellas. Como tenemos poco tiempo, me limitaré a presentarles una lista de estas pocas características recurrentes, para después discutirlas brevemente:

(a) La Revolución es única en su género.

(b) Directa o indirectamente ha influido sobre toda la cristiandad.

(c) Destruye los fundamentos del derecho.

(d) Nunca ha sido totalmente puesta en práctica.

(e) Siempre ha retenido su identidad, pese a aparentes conflictos de formas.

---

[1] Para ayudar al lector, se ha incluído una cronología de la Revolución hacia el final de este volumen, en la Conferencia XIV.

(f) No ha encontrado oposición, que no sea de sus propias filas.

(g) Pierde su poder cuando se le confronta con el Evangelio.

a. La Revolución es única

Tanto en su origen teórico como en su desarrollo no se le puede comparar con evento alguno de tiempos anteriores. Un puro cambio de regentes, una redistribución del poder, un cambio en la forma de gobierno, o bien un conflicto político o la lucha religiosa, ninguna de estas cosas tienen nada en común, sea en la esfera de la acción o de los principios, con una revolución social cuya naturaleza está dirigida contra todo gobierno y contra toda religión. Estas cosas nada tienen en común con una revolución *social*, o más exactamente *antisocial*, que socava y destruye la moralidad y la sociedad; con una revolución *anticristiana*, cuya idea principal se desarrolla en una rebelión sistemática contra el Dios revelado.

La revolución neerlandesa ha sido comparada con ella, como lo ha sido la revolución americana. Con respecto a los Países Bajos, simplemente los remito a lo que muchos, incluso yo, han dicho repetidas veces al respecto; en cuanto a los Estados Unidos, apelo al notable trabajo de Baird.[1] Tampoco acepto que se diga que las revoluciones inglesas

---

[1] Para la Revolución Holandesa, véase mi libro *Handboek*, §131: "El objetivo principal de la guerra fue la libertad de culto cristiano, ya que su causa principal fue la supresión del Evangelio. Ante todo, la lucha comenzó por razones religiosas, y a veces continuó, única y exclusivamente, por causa de la religión". En cuanto a la Revolución estadounidense: "La separación de las colonias del dominio de Gran Bretaña, y la reorganización de sus respectivos gobiernos, produjeron cambios menos esenciales de lo que pudo suponerse a primera vista. El Rey, el Parlamento y el Juez Mayor de

CONFERENCIA XI 👁‍🗨

son comparables a la Revolución Francesa. Si algún parecido encontráis entre las revoluciones de 1688 y 1789, deberíais leer a Burke, quien dice que la semejanza está sólo en la apariencia externa, mientras que en esencia y principio hay un gran contraste.[1] En su idea principal la Revolución no se

---

Inglaterra fueron reemplazados por el Presidente, el Congreso y la Corte Suprema de los Estados Unidos de América, permaneciendo esencialmente sin cambios la naturaleza del gobierno" (Baird, *Religion in the United States of America*, p. 62. [Groen cita la traducción francesa de Burnier, *De la religión aux Etats-Unis d'Amérique*, vol. I, p. 63]).

[1] "En ambos períodos [el de la restauración de 1660 y el de la Revolución de 1688] la nación había perdido el lazo de unión de su antiguo edificio; sin embargo, no disolvió toda la fábrica. Por el contrario, en ambos casos regeneró la parte deficiente de la vieja Constitución utilizando para ello las partes no afectadas. Mantuvo las partes antiguas exactamente como estaban para que la parte nuevamente recobrada pudiera ser adecuada a aquéllas. Actuó por medio de los estamentos organizados de antiguo dentro del molde de su vieja organización y no mediante las moléculas orgánicas de un pueblo desbandado. Acaso en ningún momento manifestó el Parlamento soberano una atención más cuidadosa a ese principio fundamental de la política constitucional británica, que en la época de la Revolución, cuando se desvió de la línea directa de la sucesión hereditaria. La corona fue desviada ligeramente de la línea que hasta entonces había seguido, pero la nueva dinastía derivaba del mismo origen. Seguía siendo una dinastía hereditaria; la herencia seguía recayendo en la misma sangre, aunque se cualificaba con la nota de protestantismo. Cuando el Parlamento alteró la dirección pero mantuvo el principio, demostró que lo consideraba inviolable" (Burke, *Reflexiones*, p. 58). Heeren habla justamente de "la *así llamada* Revolución de 1688", describiéndola como "el establecimiento más preciso de formas que por lo demás eran, en su mayor parte, formas antiguas" (*Handbuch*, p. 263). La *Revolución* de 1688 (llevada a cabo por Guillermo III, bajo su lema de lucha 'Je maintiendrai' [yo mantendré]) en más de un aspecto fue sólo una restauración. "La actual revolución en Francia me parece de un carácter y descripción completamente distintos, y creo que tiene poca semejanza o analogía con

puede comparar siquiera con la de 1640, ni con las corrientes
democráticas ni con la tiranía de los días de Cromwell.[1]

---

cualquiera de las que se hayan producido en Europa, sobre principios
puramente políticos. *Es una revolución de doctrina y de dogma teórico*" (Burke,
Thoughts on French Affairs, escrito en diciembre de 1791; en *Works*, vol. VII,
p. 13).

[1] "No hay eventos en la historia que con mayor frecuencia sean considerados como paralelos que la gran rebelión en Inglaterra y la Revolución Francesa. Pero lo cierto es que, aparte de algunas notables coincidencias, no existen otros que sean más disímiles" (Alison, *History of Europe*, vol. I, p. 32. *Cfr.* Tocqueville: "No hay dos eventos que sean más disímiles que vuestra Revolución de 1640, y nuestra gran Revolución de 1789... En mi opinión no se les puede comparar en nada" (Tocqueville a Lady Thereza Lewis, 6 de Mayo de 1857; *Correspondance*, vol. II, pp. 381ss). Pensemos en las palabras de Stahl: "La libertad de Inglaterra y de América respira el espíritu de los puritanos; la libertad de Francia el espíritu de los enciclopedistas y los jacobinos" (*Parlamentarische Reden*, p. 87ss). Para una respuesta a la pregunta: ¿Por qué la Revolución Inglesa tuvo éxito?, léase a Guizot, *Pourquoi la Révolution d'Angleterre a-t-elle réussi?* Y en cuanto a una réplica a una pregunta tan frecuentemente repetida con arrogante sofisticación y candidez infantil, sobre si nosotros los antirrevolucionarios nos oponemos entonces a todas y cada una de las revoluciones, véase mi *Ter Nachgedachtenis van Stahl*, p. 27 ["Por cierto que no nos oponemos a *cada* revolución. También conocemos las fechas 1572 y 1688. A lo que nos oponemos es a *la* Revolución... a que sistemáticamente se derroquen las ideas a fin de que el estado y la sociedad, la justicia y la verdad se funden en la opinión humana y en la arbitrariedad, y no en las ordenanzas divinas"].

CONFERENCIA XI

b. La Revolución es una revolución europea, un derrocamiento del cristianismo[1]

También esto, aun cuando es evidente a partir de la naturaleza misma del caso, se confirma por medio de una atenta consideración de la historia. Por supuesto que, junto con la identidad de principios y de dirección, sus desarrollos han diferido de país en país. Algunos de vosotros me habéis preguntado hasta qué punto la sucesión de fases, como las he esbozado a *priori*, se puede observar, por ejemplo, en Inglaterra. Esta pregunta es legítima, puesto que mi modelo, si es correcto, debería ser válido en donde quiera que llegase a dominar el principio de la Revolución. Sin embargo, han surgido diferencias que dependen de si el principio de la Revolución llegó a ser dominante; y en tal caso, en qué grado.

Algunos países, como Francia y los Países Bajos, han sido objeto de la Revolución, siendo aquí donde nuestro modelo se encuentra con toda su fuerza. Otros países, en ciertos aspectos, han sido puestos bajo la *influencia* de las ideas de la Revolución: allí la situación es más complicada. En algunos países la teoría ha seguido ganando terreno, aun cuando la práctica, debido quizás a sucesos vistos en otros lugares, se ha saltado una fase o parte de ella: así la reacción revolucionaria llegó a ser la piedra angular de la política en estados donde el desarrollo apenas había comenzado. Dicho brevemente, el hecho de que la Revolución sea universal no significa que sus fases ocurran en todas partes en el mismo momento. Ahora

---

[1] "Esta gran Revolución ... fue preparada simultáneamente casi en toda Europa continental" (Tocqueville, *L' Ancient Régime*, p. xi). "El sistema revolucionario es aplicable a todas las naciones" (*Memories*, vol. II, p. 134). La Revolución es, por decirlo así, *cosmopolita*.

bien, en cuanto a Inglaterra, a juzgar por las modificaciones que han experimentado las ideas revolucionarias en las mentes de muchos de sus estadistas, ésta ya ha alcanzado un período de desaliento y decrepitud, aun cuando su estado y sociedad no han sido trastornados. La lucha contra el jacobinismo detuvo temporalmente el progreso lógico de la Revolución. No obstante, más adelante la fase de preparación retomó su curso, y la decadencia interna se agita aún ahora en Inglaterra. Ya no hay allí una mano firme que mantenga el derecho público tradicional. Sin embargo, entretanto, mientras su constitución permanezca en vigor, Inglaterra continuará siendo rica en privilegios y desigualdades, lo que continuará exacerbando la mentalidad revolucionaria. Por lo cual, se puede decir que incluso Inglaterra permanece en el umbral de la agitación política.[1]

c. La doctrina de la Revolución socava y destruye los fundamentos del derecho

Dondequiera que la Revolución ha estado en acción, se ha hecho manifiesto que considera el derecho como mero convencionalismo, producto de la voluntad humana. De este modo, siempre variable en su origen, el derecho queda entregado a la arbitrariedad. La legalidad es reemplazada por la "formalidad en los trámites", y la legitimidad por "el orden legal".[2]

---

[1] Desde 1847 Inglaterra se ha aproximado aún más a ella, como se desprende de su política interna y externa.

[2] "Lo opuesto a la soberanía popular, y por lo tanto la verdad básica de la política, es el *principio de legitimidad*, es decir, de la autoridad del orden existente en cuanto al derecho y el gobierno.... El concepto de legitimidad y de gobierno de Dios es *cualquier cosa menos absolutista*. Exactamente lo

Como vosotros sabéis, algunos piensan que pertenezco a una agrupación de legitimistas parisienses o que por lo menos simpatizo con ellos. Ese hecho no impedirá que exprese mi completo acuerdo con el principio de legitimidad expresado en las siguientes líneas:

> Existen cosas sagradas, inviolables y legítimas, que si se las coloca bajo el amparo de la justicia reconocida universalmente, no deberán cambiarse jamás, ni podrán ser sacrificadas por ninguna autoridad humana. Este es el principio de legitimidad en su más alta universalidad.

265

Y la concepción fudamental que se le opone es:

> No existe la justicia universal. Nada es sagrado, inviolable o legítimo. Todas las leyes pueden ser cambiadas a voluntad del soberano, y este soberano será el que resulte ser más fuerte. Todos los derechos pueden ser sacrificados en favor del bien común, y el bien común es lo que queramos llamar así. Ahí tenéis el principio de ilegitimidad, o de la Revolución, en todo su colosal alcance.[1]

d. Nunca se ha podido llevar a la práctica la teoría revolucionaria en toda su extensión

Esta tesis es apoyada sin excepción por la historia. En 1816 Haller escribió acerca de los experimentos realizados en Francia y otros lugares: "En realidad no hubo contrato social, ni soberanía del pueblo, ni separación de poderes, sino solamente una lucha de partidos para apoderarse del poder supremo". Y lo que se pudo decir en 1816, es igualmente innegable en 1846: "Todo intento de poner en práctica el

---

opuesto" (Stahl, *Die Revolution und die constitutionelle Monarchie*, pp. 18, 20). Véase también mi *Grondwethererzieninng*, pp. 338ss, 472.

[1] *Journal des débats*, 1819.

sistema filosófico fracasó rotundamente". La teoría jamás se llevó a cabo porque su realización era un imposible. "Fracasó porque *tenía* que fracasar, debido a que el sistema mismo es falso, impracticable y contrario a la razón, y porque la fuerza omnipotente de la naturaleza se resiste a su ejecución".[1]

Pero se alega que el fracaso se produjo por *desviaciones* o *excesos*, por la falta de madurez de los pueblos, por una desgraciada conjunción de circunstancias, por errores y deslices personales.

No hubo desviaciones ni excesos, sino *aplicación*. Por cierto, la aplicación fue impuesta sin consideración de la humanidad, es verdad; pero siempre siguiendo la senda proyectada. En realidad, el horrible experimento ni siquiera se acercó a la cima; mejor dicho, nunca llegó cerca del abismo, abismo de su desarrollo puro y completo. "No se puede alegar", escribe Haller,

> que los principios se han estirado demasiado o que fueron mal o exageradamente aplicados, cuando la verdad es que sus resultados se derivan rigurosamente de las premisas. De hecho, fácilmente se podría demostrar que las consecuencias más desastrosas fluyeron rigurosamente de los principios; cosas que hicieron temblar a más de uno de sus partidarios. También sería fácil demostrar que muchos otros males y horrores habrían resultado, si no fuera porque el corazón del hombre y los sentimientos naturales, menos corruptos que los sistemas

---

[1] Haller, *Restauration de la Science politique*, vol. I, pp. 332, 321 y 332ss. "La gran señal y juicio sobre la teoría de la Revolución es que sus constituciones no solamente carecieron de durabilidad, sino que casi todas ellas ni siquiera pudieron implementarse. Ninguna constitución de Francia, para usar la célebre expresión, llegó a ser una verdad" (*Philosophie des Rechts*, vol. III, p. 364). [La expresión: "llegó a ser una verdad" es una alusión a la expresión "La charte-verité"; véase abajo, p. 389 (nota de Smitskamp)].

prevalecientes, se rebelaron de vez en cuando contra los errores de la mente, para así detener su aplicación.¹

Se alega que los pueblos *no estaban maduros*. ¡Singular pretensión! En medio del sonido de la trompeta del progreso y la ilustración uno más bien hubiera tenido que pensar en el adagio: "¡Ahora o nunca!". Si esta generación altamente ilustrada, que da lecciones a la humanidad, no está madura, ¿cuándo entonces, por favor díganmelo, madurarán los pueblos? Además, este pretexto difícilmente armoniza con lo que se nos ha dicho acerca de la verdad del principio y de la excelencia de las formas derivadas de él. Me describís una teoría que promete la perfección del hombre en el estado y la sociedad; pero cuando me regocijo y deseo la realización de la promesa, señaláis hacia un futuro distante, y exigís que el fruto, con el fin de beneficiarse de los rayos cálidos, madure de antemano. ¡Yo pensé que vuestro nuevo sol iba a acariciarlo para que madurase!

Rousseau escribe: "Si hubiera un pueblo de dioses, se gobernaría democráticamente. Un gobierno tan perfecto no conviene a los hombres".² Yo preferiría decir: un gobierno *tan imperfecto*. Después de todo, la excelencia de una doctrina es proporcional a las dificultades que supera. Mirad la doctrina que profesamos los cristianos. La evidencia perdurable del poder de Dios se manifiesta en la verificación experimental de las palabras: "Aun estando nosotros muertos en pecados, nos dio vida juntamente con Cristo",³ y en el desarrollo y florecimiento de la moralidad que produce el fértil suelo de la doctrina evangélica. Pero cuando la sabiduría

---

[1] Haller, *Restauration*, vol. I, pp. 326ss.
[2] Rousseau, *El contrato social*, libro III, capítulo IV, p. 36.
[3] Efesios 2:5

terrenal invierte el orden, y dice: "Que el pueblo sea bueno primero, y luego emprenderé su mejoramiento; que primero viva, y luego lo vivificaré y se podrá ver el fruto de mis lecciones", entonces reconocemos que ésta es una confesión de impotencia y una contradicción con la expectativa creada. Entonces decimos con mucha osadía: los pueblos nunca estarán lo suficientemente maduros para encontrar la felicidad por medio de esta doctrina, puesto que su naturaleza misma es perniciosa.

Pero se afirma que la causa y el defecto está en las circunstancias o en las personas. De este modo, por medio de todo tipo de evasivas, se ignora el carácter único de la raíz. Con igual derecho uno podría culpar a la aridez del suelo, a la inestabilidad del tiempo, a la multiplicación de las sabandijas o a la incompetencia del viñador, por el hecho de que uno no puede sacar uva de los espinos o higos de los abrojos. Con igual derecho uno podría elogiar las cualidades de un árbol del que siempre se han recogido frutos mortales solamente. Uno se queja de las circunstancias, aun cuando todas las circunstancias eran favorables. Uno se queja de las desviaciones y aberraciones de los hombres y olvida que, bajo la influencia de las ideas de la Revolución, la libre elección queda restringida exclusivamente a la variedad de caminos que producen extravío.

e. El principio de la Revolución retiene su identidad

Los hombres están encaprichados con una anarquía que llaman libertad, o con una arbitrariedad que se jacta de ser una administración fuerte y brillante, o con las instituciones representativas del liberalismo que ocultan la vana búsqueda de un equilibrio inalcanzable. El jacobinismo, el bonapartismo, el constitucionalismo[1] son todas ramas de un mismo árbol, o más bien nuevos brotes de una misma rama: prolongaciones de la línea que el principio de la Revolución ha proyectado para sí en la forma (para usar la expresión de Goethe) de una *espiral*, un sendero de autoperfeccionamiento. No son tres filosofías políticas, sino una y la misma filosofía tripartita.[2]

---

[1] [²256*n*] "La monarquía constitucional es, en su verdadero significado, *progreso moral*" (Stahl, *Die gegenwärtige Parteien*, p. 173). La monarquía constitucional nada tiene en común con el *Constitucionalismo*, la doctrina de la separación de poderes y de control y equilibrio, en que el papel del rey se disuelve convirtiéndose en *poder ejecutivo*.

[2] "Lo que caracteriza la actitud prevaleciente del hombre europeo aún en la actualidad es la creencia persistente en un *estado absoluto* que está por encima de toda ley existente. Las tres principales formas de gobierno, la republicana, la constitucional y la imperial, en esencia están basadas en el mismo principio, no importa cuán diferentes puedan ser en su apariencia externa. Cuando quiera que se tratara de combatir la Verdad, los seguidores de las tres escuelas siempre cooperaban, no importa cuán vehementemente se combatiesen entre sí después de la victoria" (*Berliner politisches Wochenblatt*, 1832, p. 222). En cuanto a la imagen que Goethe tiene de la espiral, véase mi *Proeve*, p. 55: "¿Cómo pudo un sistema desmentido por la historia y por las Escrituras (es decir, la doctrina de la perfectibilidad) haberse hecho tan popular? Había necesidad de coherencia y unidad, lo que la incredulidad no pudo encontrar de otra forma... Se habló extensamente de mejoramiento, real o imaginario, sin hacer examen alguno de la fuente (si era del hombre o de Dios, por impulso humano o por poder superior). Se habló del estancamiento y la regresión como caminos indirectos hacia el progreso, como rodeos necesarios para alcanzar la meta (Madame de Staël dice: "Acerca del perfeccionamiento de la mente humana Goethe ha dicho una palabra llena de sabiduría: *Siempre está avanzando, pero en una línea de espiral*. Dada esta vía de escape, no hay evidencia histórica que pueda silenciar a estos defensores de la perfección"). Así toda la historia fue tergiversada en una forma arbitrariamente escogida. Esta doctrina ha penetrado dondequiera que el hombre no tiene un conocimiento decente de la historia o de las Escrituras...".

Me parece que esta observación arroja mucha luz, no sólo sobre el carácter de los acontecimientos, sino también sobre la conducta de las personas.

Nos irrita la carrera camaleónica de quienes comenzaron siendo jacobinos, luego se volvieron bonapartistas, y terminaron oponiéndose a toda administración legal. Nos sentimos irritados, y con justa razón, cuando la pasión criminal, la ambición y el egoísmo se las arreglan para amoldarse a fin de estar al día con la moda:

> En tiempos de Revolución siempre aparece una raza de seres perversos a quienes resulta agradable el mal, y que lo aman por lo que vale. Sólo sobre ruinas pueden respirar libremente y, cuando se les permite tener el poder, el crimen fluye de sus almas como lava de un volcán. Otros, a quienes sólo les preocupan sus intereses personales, indiferentes a todo, promueven el desorden con el propósito de crear oportunidades favorables para su beneficio personal. Se venden a quienquiera que les pague. Hoy se hallan en clubes revolucionarios exigiendo las cabezas de reyes; mañana se les verá arrodillados a los pies del más bajo de los tiranos, adorando sus caprichos y justificando sus crímenes.[1]

Así es, pero el personaje descrito por Lamennais no es aplicable en todos los casos. Ha habido quienes cambiaron sus convicciones al mismo paso que cambiaba la práctica de la Revolución pero que, sin embargo, siempre estaban trabajando con el mismo celo por el mismo objetivo: la realización práctica de la teoría revolucionaria.

Nos ofende que haya tanto estadista cuyo liberalismo resplandeció cuando estaba fuera del gobierno pero que, habiendo tomado responsabilidades de gobierno, se destaca

---

[1] Lamennais, *Oeuvres complètes*, p. 247.

por su arbitrariedad. Nos sentimos ofendidos, y a veces, repito, con justa razón. A veces es inconfundible la falta de honradez y de buena fe. Sin embargo, está el peligro de ir demasiado lejos con la suspicacia, y retirar el respeto a hombres que sí se lo merecen. Porque al menos en algunos de los casos en que su conducta pareció irresponsable y traicionera, lo único que hacían estos instrumentos útiles de la doctrina de la Revolución era ser fieles a la teoría que, a través de todos sus cambios, podría haberlos defraudado en sus resultados, pero no en sus promesas.

Estamos indignados con quienes han sido serviles con la misma prontitud a todos los gobiernos, y que sin escrúpulos han jurado lealtad o han aceptado un cargo distinguido o bien remunerado. Nos indigna. Todas las veces en que los hombres son motivados por el interés personal y la ambición. Pero no perdamos de vista las concepciones modificadas acerca del estado y del gobierno. Fue siempre el estado revolucionario el que sobrevivió y siguió viviendo. Las diversas revoluciones sólo fueron transferencias de poder revolucionario, en el sentido de que cada administración era reconocida como resultado de la justa voluntad omnipotente de la mayoría. Así, según este punto de vista, el gobierno no era, como anteriormente, un monarca o una corporación soberana con cuya existencia independiente el estado mismo permanece o cae. Más bien, el gobierno era una encarnación pasajera del estado, una manifestación transitoria del pueblo soberano, designado para ser sólo siervo de la nación, mandatario del país. Por lo tanto, apoyar u oponerse al gobierno ha llegado a ser un asunto centrado en personas, cuestión que se solucionaba en nombre de la opinión pública tan pronto como el partido más fuerte prevalecía. En consecuencia, lejos de ser considerada una lealtad digna de elogio, la adhesión a un gobierno caído se ha convertido en un prejuicio, y quizás en alta traición.[1] Así, Talleyrand alegaba que, al servir a cada gobierno y al abandonarlo, él siempre se mantuvo fiel a su país y fue consistente consigo mismo.[2]

Como toda aquella gran generación a la que perteneció, Talleyrand amaba sinceramente a su patria y jamás perdió su afición por las ideas de su juventud y los principios de 1789; éstos permanecieron con él a través de todos los cambios de sucesos o

---

[1] *Patria* y *Nación* se identifican con el estado, con un gobierno. Entonces, "el *país* de uno consiste en la aplastante unidad del *poder central* entronizado como símbolo de la *unidad nacional*" (Guizot, *Mémoires*, vol. III, p. 217; las cursivas fueron añadidas). Esta confusión de los conceptos gradualmente llevó a ver a la patria en todo régimen establecido con éxito. Así, el juramento se convirtió simplemente en un compromiso con la forma en que la voluntad del pueblo se hallaba organizada en cualquier momento; de donde la lealtad a cualquier gobierno caído, aun de la dinastía más nativa, se convirtió en estrechez mental y en abandono del deber.

[2] Charles Maurice de Talleyrand-Périgord [1754-1838], un consumidor de oportunidades, intrigó para servir y abandonar a cuantos hombres y causas mortales parecieron requerirlo. Primero desempeñó un papel en la Revolución y luego tuvo elevados cargos bajo Napoleón, Luis XVIII y Luis Felipe. En 1789/90 estuvo entre los primeros prelados en abogar por la confiscación de tierras de la iglesia para beneficio de la nación, y en acordar la constitución civil del clero. Después de un breve exilio político pasado en América, sirvió como ministro de relaciones exteriores bajo el Directorio, pero con lealtad provisoria. Ayudó a Napoleón a ascender al poder cuando su estrella estaba en ascenso, pero lo abandonó cuando sus días parecieron contados. Incitó la restauración de los Borbones, a quienes representó en el Congreso de Viena por parte de Francia, pero luego se unió a la oposición de la izquierda liberal, y ayudó a preparar el golpe orleanista de 1830. Aun cuando, los motivos de Talleyrand se han visto sujetos a mucha especulación, sus logros sustanciales como estadista son un hecho establecido.

de fortuna. Sin ninguna vergüenza podía hablar de los gobiernos a los cuales había servido y había dejado. Decía no haber servido a los gobiernos, sino al país, bajo la institución política que le pareció más adecuada en el momento, y que nunca había querido sacrificar el interés de Francia al interés de alguien que estuviera en el poder....[1]

Sin entrar a responder la pregunta de si realmente es válida la excusa que este astuto egoísta sistematizó, no se puede dudar que este punto de vista típicamente revolucionario tuvo gran influencia en las acciones de muchos.

f. En medio de tanta controversia, nunca se ha expresado un desacuerdo con la esencia de la Revolución

La historia de la Revolución también corroborará la siguiente tesis, a la cual atribuyo especial importancia: *En medio de tanta controversia, nunca se ha expresado un desacuerdo con la esencia de la Revolución como tal.* Muchos esfuerzos que fueron considerados como tales no fueron en modo alguno antirrevolucionarios. No hubo una guerra que no fuese guerra civil y fraticida, una lucha constante de los revolucionarios entre sí. La falsa teoría, resistida en su desarrollo, nunca

---

[1] Mignet, *Etudes et portraits politiques*, vol. I, p. 159.

fue atacada en su origen y raíz.¹ Ni siquiera por los eruditos. Haller escribe:

> Por respeto a la verdad hay que decir que los ataques hechos por los eruditos nunca fueron suficientemente fuertes y completos, careciendo especialmente de la forma sólida y sistemática necesaria para oponerse al error. Me parece que la misma falta es común a los numerosos autores que durante la Revolución Francesa combatieron la Revolución misma o sus principios y consecuencias. Empleando solamente las armas de la historia contra el sistema filosófico, algunos demostraron que el contrato social nunca había existido; sin embargo, no pudieron demostrar que no *podía* ni *debía* existir. Otros solamente atacaron las consecuencias peligrosas, no los principios mismos; los frutos ruinosos, pero no la raíz del error. Finalmente, demostraron ser incapaces de edificar un sistema rival que fuera satisfactorio en todos los aspectos, y adecuado para explicar de un modo legítimo y completo el origen, la naturaleza y el ejercicio de la autoridad soberana. No lograron presentar las cosas en la forma que realmente son, en su aspecto verdadero. Advirtieron contra el veneno, pero no pudieron ofrecer un antídoto eficaz.²

---

¹ *Cfr.* mi *Verspreide Geschriften*, vol. I, pp. 124-134 [reimpreso de *Nederlandsche Gedachten* (27 de Septiembre a 19 de Noviembre de 1831): "La causa principal de muchas revoluciones que azotan al mundo civilizado es una filosofía falsa, que tiene a la incredulidad como su fuente y a eternos conflictos como su resultado inevitable. Esta doctrina funesta debe ser atacada en su origen, en el principio del cual brota. ¿Se ha hecho esto? Difícilmente. No se hizo en 1789 ni en 1815, ni en 1830. No ha habido conflicto acerca de la doctrina sino solamente en el grado de desarrollo y en el modo y oportunidades de aplicación... Aun cuando la doctrina fue resistida en muchas formas a medida que se desarrollaba en la historia, nadie la atacó en el corazón mismo: el principio fue aceptado y sólo se rechazaron las consecuencias, aun cuando el principio era falso y las consecuencias correctas"].

² Haller, *Restauration*, vol. I, p. 339.

Actuaron como el médico incompetente que ataca los síntomas, pero no reconoce la causa de la enfermedad.

g. Si el principio es la incredulidad, el remedio está en creer

Entre otras razones, considero importante este último punto porque nos da la tranquilidad de que este error sí puede ser superado. Porque si el principio es la incredulidad, el remedio está en creer, está en la fe. No hay razón para desanimarse en tanto que el remedio infalible esté a la mano. ¿Qué se puede aprender de la experiencia de la era revolucionaria? Que el hombre sin Dios, aún con las circunstancias a su favor, nada puede hacer sino obrar su propia destrucción. El hombre debe romper el círculo vicioso revolucionario: debe volverse a Dios cuya sola verdad puede resistir el poder del error. Si alguien considera que esta lección trascendental de la historia es más un lamento sentimental que un consejo para la política, está olvidando que el poder del Evangelio para la realización del orden, la libertad y la prosperidad ha sido demostrado por la historia del mundo. Debe recordar que todo lo que sea útil y bueno para el hombre se promueve con el temor de Dios y se frustra con el ateísmo. Debe tener especialmente presente que la teoría revolucionaria fue un desarrollo del germen de la incredulidad, y que la planta ponzoñosa cultivada por la apostasía se marchitará y asfixiará en una atmósfera de avivamiento de la fe.

A estas características de la historia de la Revolución permítaseme agregar ahora la *arbitrariedad de la autoridad estatal revolucionaria*, que fue discutida hacia el final de la conferencia anterior. El estado revolucionario, en el que se unen la Voluntad General y el gobierno, tiene como principio fundamental aquel error fatal cuyo origen ya hemos encontrado en la perversión del derecho constitucional y en los escritos de los maquiavelistas y los monarcómanos; error que después descubrimos era inseparable de la teoría revolucionaria: El error de suponer una libertad e igualdad originales, con todo lo que ello involucra. Este error forma el eje alrededor del cual giran las ruedas de la maquinaria estatal. La maquinaria puede ser operada por diversos regímenes, con mayor o menor monto de energía, a fin de lograr diversos fines en armonía con el flujo de las circunstancias y de la diversidad de puntos de vista y simpatías. Sin embargo, estructural y operacionalmente, la maquinaria sigue inmutable, tanto después de 1813 como después de 1789, tanto después de 1840 como después de 1830. Entonces, sea bajo tiranos o gobernantes benevolentes, representantes que resisten o que ceden ante un régimen democrático o autocrático, el resultado es que las libertades más esenciales, las memorias más amadas y los valores más sagrados de la nación serán respetados, protegidos, tolerados y concedidos solamente hasta donde pueden ser adecuados y sujetados a la demandas del estado; esto es, a las demandas de quienes directa o indirectamente dirigen el gobierno. Esto es lo que yo he llamado *el despotismo del estado revolucionario*.

Pasando ahora al esquema histórico, debo indicar cómo pienso dividirlo. Me parece que la división más sencilla la dan las cinco fases que bosquejé la última vez en relación con el curso puramente lógico de las ideas de la Revolución: Preparación (hasta 1789), Desarrollo (1789-1794), Reacción (1794-1813), Nueva experimentación (1813-1830), Resignación con desaliento (desde 1830).

Con mucha frecuencia tendré que llamar vuestra atención casi exclusivamente a Francia. Allí, más que en cualquier otro lugar, la enfermedad ha tenido un curso expedito. Sin embargo, por esta misma razón es que debo, una vez más, advertiros que no debéis considerar la Revolución como una *enfermedad nacional* que debe explicarse sólo o especialmente como proveniente de la naturaleza frívola de los franceses.[1] Por el contrario, la enfermedad era más epidémica que contagiosa. Por largo tiempo había habido turbulencia y agitación en todo lugar. Si bien es cierto que el fuego halló un escape en Francia, no debemos olvidar que todo el suelo europeo era volcánico.[2] Aun la prolongada superioridad de las armas francesas debe explicarse en su mayor parte por la universalidad de la corrupción revolucionaria: La resistencia contra la violencia franco-revolucionaria fue inútil, porque el odio a Francia fue atacado por el amor al experimento iniciado en suelo francés. La Revolución Europea encontró su epítome en la Revolución Francesa. La Revolución no

---

[1] Por ejemplo, tómese la siguiente interpretación: "La Revolución Francesa, que siempre se ha considerado un evento universal en la historia del mundo (aun Hegel cometió ese error), en el fondo era un hecho completamente peculiar de Francia. Fue un hecho galo. Fue el resultado, si puedo aventurarme a decirlo así, de la *vanidad* que capacita al galo para soportarlo todo, menos la desigualdad en el rango social; y de esa *lógica* absoluta que lo lleva a reformar la sociedad según un modelo abstracto, sin tomar en cuenta la historia ni el derecho sagrado". Así lo explica Ernesto Renán en un artículo publicado en la *Revue des Deux Mondes*, vol. XIV no. 28, 1858, p. 519 (cursiva añadida). Aunque parezca divertido, Renán está equivocado. La lógica y la pasión entran en el juego para la realización de la falsa doctrina solamente después que los hombres han desechado los principios que son verdaderos.

[2] Mucho después, en 1848, Tocqueville escribe: "Estamos en medio de una revolución general de los pueblos civilizados, y creo que a la larga ninguno de ellos escapará" (*Ouvres complétes*, vol. VI, p. 141). "Hay solamente *una* Revolución, la que aún está vigente con toda su fuerza, y que no terminará por largo tiempo" (ibídem, vol. VII, p. 198).

se le debe atribuir a la nación francesa: Fue obra de una facción, de una secta, de una escuela filosófica que usó los irresistibles poderes del gobierno centralizado para conducir a la nación —y a todas las demás naciones, a medida que fueran siendo revolucionadas— a someterse al yugo de las sucesivas personificaciones de su principio.[1]

Puesto que la Revolución Francesa naturalmente constituirá una parte importante de las conferencias que siguen, me gustaría que tomáramos nota del valor de las principales obras sobre el tema. Ciertamente el punto de vista de la mayoría de quienes escriben sobre la Revolución Francesa ha sido derivado de las ideas revolucionarias mismas, de modo que con respecto a sus obras debemos cuidarnos diligentemente de errores de juicio relacionados con los principios que rechazamos. No tengo tiempo para hacer una síntesis crítica de la literatura, si es que pudiera hacerla. Sin embargo, no vendría mal un breve comentario sobre algunas de estas obras, si se toma en relación con lo que dije en la segunda conferencia acerca de diversos libros antirrevolucionarios.

Las obras de Thiers y de Mignet, excelentes en forma, la primera como un relato continuo, y la segunda como un bosquejo compacto,[2] llegan al punto de defender la Revolución aún en sus horrores que, según estos hombres, eran prerequisito para el triunfo, mientras por otra parte ignoran o tergiversan los argumentos y la evidencia documentaria de

---

[1] "Desde 1789 difícilmente hubo una crisis que ocurriera en Francia que fuera deseada por el pueblo" (Madame Staël, *Considérations*, vol. II, p. 57). Siempre y en todo lugar la *Nación* fue esclava de los portavoces del *Pueblo Soberano*.

[2] A. Thiers, *Histoire de la révolution française*. F.A. Mignet, *Histoire de la révolution française, despuis 1789 jusqu'en 1814*.

la parte opuesta.[1] Hace muchos años Necker y Madame de Staël[2] fueron considerados como los mejores historiadores de la Revolución Francesa por Heeren,[3] y quizás aún esten entre los mejores, siempre que recordemos que el prejuicio político pone obstáculos aun a los genios, y que tanto en el padre como en la hija se presenta un inequívoco tinte de

---

[1] Una nota bibliográfica muy extensa sobre las obras de Thiers (por J.W. Croker) en el *Quarterly Review*, vol. 76, 1845, pp. 521-583, logrará convencer al lector de lo que se dice en las palabras iniciales: "En los catorce volúmenes impresos en octavo de su *Histoire*, no hay una sola página de verdad sincera y sin adulterar, difícilmente una línea". La publicación de la historia de la Revolución Francesa por Thiers fue "la especulación de un vendedor de libros sobre el estado de los partidos políticos en Francia; una rama de la conspiración general que había contra los ancianos Borbones; una apología paradójica de la vieja Revolución, y una encubierta provocación a producir una nueva. La descripción de la Revolución que Thiers hace adula la Revolución mediante la adulteración de los detalles. La mano tosca y descolorida de Mignet falsifica el bosquejo". Este notabilísimo artículo bibliográfico volvió a aparecer en J.V. Croker, *Essays on the Early Period of the French Revolution* (Londres, 1857). Quizá nadie haya estudiado los acontecimientos y los personajes de la Revolución Francesa desde 1789 a 1794 con tanta precisión como este inglés poco conocido, miembro del Parlamento, de quien Guizot testifica: "De todos los campeones del antiguo conservadurismo inglés... él es quien en mejor forma me ha hecho ver y entender su partido... De mis conversaciones con él he aprendido mucho acerca del estado de la sociedad británica y de la historia de sus tiempos" (*Mémories*, vol. V. pp. 164 ss) [la *Histoire de la révolution française*, publicado por primera vez desde 1823 hasta 1827, ciertamente sirvió como un arma adicional en el arsenal de la oposición liberal contra los Borbones; *cfr.* abajo p. 388. Nota de H. Smitskamp].

[2] Jacques Necker, *De la révolution française*. Madame la Baronne Staël [es decir, Anne-Louise-Germanie Necker], *Considérations sur le principaux événements de la révolution française*.

[3] "En el diluvio de escritos franceses, los de Necker y su inteligente hija encabezan la lista". Heeren, *Handbuch*, p. 585.

anglomanía. La *Historia de Francia en la era de la Revolución*,[1] de Wachsmuth, con su estampa de vago liberalismo, es importante por su exactitud y vivacidad, por lo menos hasta el Consulado; por otra parte, trata la Restauración con una parcialidad que se parece a la sátira y con una superficialidad que se parece a la crónica de la contraportada de un almanaque. La *Historia de Europa*[2] de Alison destaca por su erudición e imparcialidad, por sus elevadas reflexiones desde las perspectivas de la religión, la moral y la justicia, aunque mi objeción es que el autor confunde demasiado la Revolución con un conflicto sobre la forma democrática de gobierno. La *Historia del Siglo Dieciocho*,[3] de Schlosser, juzgándola por los volúmenes que hasta ahora han aparecido, puede contarse entre las contribuciones más importantes para el estudio de la Revolución, aunque su falta de familiaridad con el espíritu y el poder del Evangelio le traiciona con ideas defectuosas y juicios mordaces.[4] Podría poner muchos otros libros en la lista,[5] pero ya es hora de dedicar el resto del tiempo para

---

[1] Wilhem Wachsmuth, *Geschichte Frankreichs im Revolutionszeitalter*.

[2] Archibald Alison, *History of Europe from the Commencement of the French Revolution in 1789 to the Restoration of the Bourbons in 1815*.

[3] Friedrich Christoph Schlosser, *Geschichte des achtzehnten Jahrhunderts und des neunzehnten bis zum Struz des französischen Keiserreichs*.

[4] Como escribí en los *Archives*, vol. VII, p. XIV: "Schlosser afirma que el lado histórico es el lado débil del Evangelio (así la verdad debería tener lados débiles, de otra forma el Evangelio no es la verdad). Por otra parte, nosotros creemos que hasta el fin del tiempo el destino de la humanidad será gobernado por el destino de la Iglesia de Cristo según se revela en la Escritura".

[5] Véase también arriba, en el Prefacio, donde menciono las obras de Lamartine y de Louis Blanc. El juicio que Crocker hace de la crítica histórica de Lamartine (hasta donde tengo conocimiento, en ninguna parte habla de Louis Blanc) es muy desfavorable. Croker escribe: "A través de toda su

CONFERENCIA XI 🙵

mostraros la Preparación de la Revolución en el período anterior a 1789.

La Preparación de la Revolución fue doble, dependiendo de si consideramos a Europa en general, o a Francia en particular. En primer lugar, veamos cómo ganó terreno en toda Europa el espíritu de la Revolución y luego cómo, especialmente en Francia, se hizo inevitable un trastorno del estado desde mucho antes de 1789.

Seré breve en cuanto a Europa. Carezco del talento para presentar una historia del siglo XVIII en un cuarto de hora. Además todo el contenido de estas conferencias está relacionado directa o indirectamente con este tema. A partir de lo que ya hemos considerado anteriormente acerca de la naturaleza tanto del derecho constitucional histórico como del derecho constitucional revolucionario, es obvio de inmediato que, para que el segundo pudiera prevalecer sobre el primero, se desencadenaría por necesidad la preparación e

---

historia adorna el relato con numerosas anécdotas, para las cuales no da autoridad alguna, ni mi tolerablemente extensa lectura de la historia revolucionaria ha encontrado autoridad alguna. Pero sí tenemos abundante e indiscutible evidencia de las inexactitudes y, en realidad, de la falsedad de muchas de estas anécdotas" (*Essays*, p. 428). Desde la primera edición de este libro, en 1847, han aparecido numerosas publicaciones (una biblioteca en sí misma) sobre la Revolución Francesa. Menciono solamente a J. Mallet du Pan, *Memoires et correspondance pour servir à l'histoire de la révolution française*, importante contribución del legado de este prominente publicista antirrevolucionario; Heinrich von Sybel, *Geschichte der Revolutionszeit von 1789 bis 1795*; y por último, pero no el menos importante, la valiosa obra de Alexis de Tocqueville en *L'Ancien Régime et la Révolution* y especialmente en los numerosos fragmentos de sus lamentablemente inconclusas reflexiones sobre la Revolución misma (1789-1815) (en *Oeuvres complètes* vol. VIII (1865): *Mélanges, Fragments historiques et notes, sur L'Ancien Régime, la Révolution, et l'Empire*).

²264 iniciación de una inmensa Revolución. La naturaleza del caso señala que la victoria de la segunda equivale a la destrucción de la primera. Sólo tengo que probar una cosa: que esta falsa 276 teoría, preñada de tantas calamidades, terminó por entrar en el campo, ganó terreno y logró el dominio. Pero, os pregunto, ¿quién de nosotros ignora esto? Es evidente en todo lugar y en todas las cosas. Al estar totalmente muerto el árbol de la vida, que había sido plantado nuevamente por la Reforma, el terreno quedó preparado para recibir la semilla fatal. La nueva doctrina penetró en la teología, la teoría política, la literatura y la educación. Esta levadura leudó toda la masa. Al estallar la Revolución Francesa, virtualmente toda Europa estaba a punto para el levantamiento. Más de un preludio se iba a observar en los estamentos inferiores. Prácticamente en todo lugar la mayoría de quienes se destacaban en capacidad y nobleza de espíritu tenían una mentalidad revolucionaria.[1] En general es aplicable lo que Madame de Staël escribe de la Revolución Francesa: "Todo y nada es culpa de la Revo-

---

[1] "Parecía que había amanecido una nueva era sobre el mundo… Quienes sostenían esta opinión no eran solamente los facciosos, los revoltosos y los ambiciosos, sino que también la compartían muchos de los mejores y más sabios de los hombres. Y en Inglaterra con verdad podría decirse lo que un elocuente historiador (C.G.B. Botta) ha observado de Europa en general: que los amigos de la Revolución Francesa incluían en ese tiempo a lo más ilustrado y generoso de la comunidad" (Alison, *History*, vol. 1, p. 260). "Bajo todos los grandes movimientos que agitan los espíritus, siempre se encuentran intrigas ocultas. Forman lo que podría denominarse el subsuelo de las revoluciones. Pero… el cambio de ideas que terminó en el cambio de los hechos fue efectuado a la plena luz del día por el esfuerzo conjunto de todos: autores, nobles y príncipes, todos los cuales abandonaron la antigua sociedad sin saber en qué tipo de sociedad estaban entrando" (Tocqueville al Conde de Gircourt, 14 de Junio de 1852, en *Correspondance*, vol. II, p. 187).

lución: cada año del siglo conducía hacia ella por todos los caminos".[1]

Sin embargo, si queréis que discuta por lo menos un rasgo de la fisonomía europea, escojo el modo de pensar y de actuar de los monarcas. Prácticamente todos ellos creían en la nueva filosofía, y la obediencia fiel a sus preceptos revela que su creencia consistía en una fe sincera y viva. Por extraño que parezca, ello puede explicarse a partir del entusiasmo general en que algunos cayeron aun en contra de sus propios intereses, y a partir de una carnada que ocultaba de ellos los dardos de las falsas ideas. La carnada era la atractiva noción de que su autoridad personal e independiente no alcanzaba todavía ni siquiera a la mitad del poder al que podría derivar, sea por cálculos astutos o en buena fe, de la teoría de la omnipotencia del estado revolucionario.

Aquí son importantes los observaciones hechas por Haller acerca de esta materia. Los *filósofos*, o sofistas, gozaban de la confianza de los grandes del mundo:

> Es bien sabido que en España los duques de Aranda, de Alba y de Villa Hermosa, eran ministros del rey; en Portugal el famosísimo Pombal, y en Italia varios grandes señores se contaban entre los discípulos y patronos de los sofistas franceses. El Rey Christian VII de Dinamarca, Gustavo III de Suecia, ahora ya caído por el hierro asesino, y antes de él su madre Ulrica, el rey Stanislas Poniatowski de Polonia y la emperatriz Catalina II de Rusia[2] habían tenido correspondencia privada con los filósofos

---

[1] Madame de Stael, *Considérations*, vol. I, p. 88.

[2] [Estos gobernantes y estadistas de las segunda mitad del siglo XVIII, conocidos como los "déspotas ilustrados", querían aplicar las ideas de la Ilustración y al mismo tiempo conservar el poder absoluto, en conformidad con el lema: "Todo *para* el pueblo, nada *por* el pueblo". [Nota por H. Smitskamp.]

franceses y habían expresado su completo acuerdo, si no con sus dogmas políticos, por lo menos con sus dogmas antirreligiosos.[1]

Pronto fueron ganados para sus ideas del estado. La perspectiva de ganancias incalculables era deslumbrante:

> Ellos se las arreglaban —observa Haller— para que creyeran que los nuevos principios eran útiles para aumentarles el poder y liberarlos de todas las limitaciones que hasta aquí había tenido su autoridad en la justicia natural y en las convenciones positivas. Aunque por una parte es lindo y agradable ser amo y señor y dar órdenes en nombre de sí mismo y en virtud del derecho propio, por otra parte también es provechoso aparecer *a veces* como el *funcionario* o *empleado* de más alto rango, unir a la autoridad personal la autoridad delegada y, en caso de necesidad, actuar en virtud de un pretendido mandato que nadie puede criticar ni revocar. El empleado es pagado: La supuesta voluntad de su patrón constituye una excusa siempre pronta para todas las acciones del servidor. El interés propio y todo tipo de injusticias quedan cubiertas con la túnica denominada *la felicidad del pueblo*. En el momento mismo en que el rey pasa a ser el primer funcionario de la nación, sus guerras se convierten en guerras de la nación, sus deudas son deudas nacionales, sus necesidades se convierten en necesidades de estado. La conscripción, los impuestos arbitrarios y todo otro tipo de servicio forzado se justifican en forma completamente conveniente por los conceptos de una clase gobernante pública y de la soberanía del pueblo. Los derechos privados y los acuerdos hechos con individuos o corporaciones ya no tienen valor alguno desde el momento en que todo debe servir a los pretendidos fines del estado, a los intereses de la mayoría, o a la supuesta voluntad del pueblo, la cual se presenta hasta como la fuente de toda justicia. Ese es el canto de sirena que ofrecieron para seducir y sumergir en el

---

[1] Haller, *Restauration*, vol. I, p. 145.

abismo a los monarcas crédulos. Pero los aduladores sabían que no debían mostrar el lado opuesto de estos principios, según el cual un empleado puede también ser destituído, despedido, o se le puede disminuir el sueldo. Mucho menos les contaron que el pueblo, ese soberano imaginario, naturalmente querría dar órdenes a sus servidores, decidir acerca de la guerra y la paz, en una palabra, gobernar —en forma directa o como sea— todos los asuntos que a fin de cuentas se diga que eran sus propios negocios. Así se puede explicar cómo es que nuestro tiempo ha visto que poderosos príncipes son desviados por los principios del derecho constitucional filosófico, minando ellos mismos su autoridad y cavando el abismo que se los habría de tragar.[1]

Quizás más adelante tengamos la oportunidad de mostrar las desfiguradas ideas acerca del derecho internacional, pero por el momento lo que nos preocupa tiene que ver con el gobierno local. La fraseología revolucionaria se hizo común. Como nota Haller:

> El sistema político de los filósofos, la idea antinatural de una autoridad derivada del pueblo, se esparció ampliamente durante las últimas décadas del siglo XVIII. Echó raíces en casi todas las cabezas. Predominó casi sin excepción tanto en los escritos literarios como en los populares. Aquí o allá, muy a los lejos, se oía todavía alguna palabra de verdad, pronunciada débil y tímidamente por una voz desfalleciente en el desierto. El lenguaje del nuevo sistema penetró gradualmente aun en el estilo de las cancillerías, donde, más que en cualquier otro lugar, debieran haberse preservado con el más devoto respeto las antiguas expresiones y apelaciones que habían sido derivadas de la naturaleza. En lugar de este lenguaje antiguo y paternal, lleno de fuerza y cordialidad, impregnado con la conciencia de los derechos propios y de los derechos de los demás, en las leyes y ordenanzas

---

[1] Ibídem, vol. I, pp. 200-202.

279 reales publicadas en los últimos treinta años del siglo XVIII se oía hablar solamente de asociación civil, de autoridad delegada por el pueblo, del poder ejecutivo y legislativo, de servidores del estado o de funcionarios públicos, de finanzas del estado, de bienes estatales, del propósito del gobierno, del destino de la humanidad, de los ciudadanos del estado, de constituciones y organizaciones, de las obligaciones del soberano, de los derechos del pueblo, etc., expresiones y locuciones que, habiéndose originado en la escuela de la filosofía moderna, necesariamente tuvieron que agravar la confusión general de las ideas y borrar aun la memoria de las correctas relaciones anteriores.[1]

Las palabras producen hechos. Una vez que los monarcas fueron constituídos como cabezas de un estado definido —según una teoría que ellos también sustentaban— por el carácter absoluto de la soberanía popular, ya no fueron frenados por lo sagrado de los derechos con que habían sido investidos, ni por las libertades históricas, sino que comenzaron a actuar con omnipotencia revolucionaria como los coronados representantes del pueblo soberano. La regularización general, la centralización y la codificación se convirtieron en la orden del día. El despotismo, ilegal y odioso, cuando se ejerce en nombre de sí mismo, ahora quedaba disfrazado como deber y benevolencia practicados en nombre de la libertad, la ilustración y el amor al bien común.

Podría hacer un bosquejo de las principales figuras en esta lucha. Entre los portugueses encontramos a Pombal, altamente elogiado porque era enemigo del clero y de quien aun Schlosser testifica que, a pesar de sus reformas filosóficas, merece ser no menos aborrecido que un Danton o un Ma-

---

[1] Ibídem, vol. I, p. 254.

rat.¹ En Rusia estaba la homicida adúltera,² alabada por sus amigos parisinos como la Semiramis del norte, quizás entre otras razones porque ella tuvo, diremos, el astuto o el extraño capricho de convocar en Moscú una asamblea de todas las clases, de todas las lenguas, de todas las religiones para la formación de un Código General de Derecho: Asamblea que en verdad se constituyó, y que recibió una *Instrucción* en nombre de la emperatriz, miserable mezcla de la sabiduría de Montesquieu y Rousseau,³ y que no dejó tras sí ningún rastro de vida que no fuese la designación de quince comités para la constitución, las finanzas, los asuntos militares, la legislación, y otros por el estilo: Comités que después de siete años de trabajo también volvieron a sus casas sin haber hecho nada. En Prusia tenemos a Federico II que, cautivado por la filosofía y siendo amigo de los filósofos, dio un firme impulso al avance del liberalismo (aunque evidentemente estaba dotado de bastante energía antifilosófica cuando quiera que sus prerrogativas estaban en juego). Su sucesor, Federico Guillermo II, juguete del iluminismo⁴ y del jacobinismo, ni bien

280

---

¹ "La horrible represalia de Pombal, por sí sola hubiera sido suficiente para hacer que sus reformas fueran tan detestables como las de un Danton y un Marat" (Schlosser, *Geschichte*, vol. III, p. 29).
² La referencia es a la zarina Catalina II.
³ "La lastimosa mezcolanza de un aficionado que, en nombre de la emperatriz, quería presentar e implementar una sabiduría tomada de Montesquieu y Rousseau" (Haller, *Restauration*, vol. I, p. 120). En esta *Instruction of Her Imperial Majesty of the Commissioners for Composing a New Code of Laws* (San Petersburgo, 1767) uno lee (en §158): "Un Código que contenga todas las leyes debe ser un libro de tamaño medio que, como el catecismo, pueda ser comprado a bajo precio y se pueda aprender de memoria". Mientras tanto, "nótese que la *Instruction* misma incluye una tabla de contenido, y llega casi a las trescientas páginas" (Haller, ibídem, vol. I, p. 211).
⁴ En cuanto a los iluminados, véase arriba, pp. 271 y 218.

había subido al trono cuando pensó en hacer feliz al pueblo de la noche a la mañana, promulgando un código general de leyes en cuatro partes, según la moda de los filósofos. En Austria vemos a José II, verdadero aprendiz de filósofo, rey que tenía buena intención, que pensaba que sus ideas eran buenas, que estaba convencido de la tendencia benéfica de la filosofía incrédula y que, en su caritativo intento de hacer felices a los demás, prescribió y por la fuerza de las armas impuso lo que para él —y por tanto para todos, por supuesto— era completamente cristiano y suficientemente religioso; que veía en la destrucción de los estamentos y en la demolición de las antiguas instituciones la primera condición para elevar la sociedad; que pensaba que podía echar en el crisol revolucionario todas las peculiaridades étnicas, las leyes y las costumbres; quien finalmente, habiendo llegado a poseer en su ascenso al poder países prósperos y en desarrollo, en pocos años los hizo retroceder, dejándolos en la confusión, la guerra civil y la defección, de tal modo que la muerte del despótico hacedor de proyectos llegó como un mensaje de alivio universal, el único remedio posible en el momento preciso.[1]

---

[1] "Vemos que el coronado 'amigo del hombre', como lo llamaban afectuosamente sus contemporáneos, no sólo destruye arbitrariamente los privilegios de la nobleza y del clero, que se suponen eran perjudiciales al interés común, sino que ataca con fuerza bruta los fundamentos más profundos de la vida humana: la religión, el idioma, y el amor por el suelo natal" (Sybel, *Geschichte*, vol. I, p. 165). La doctrina de la soberanía del pueblo era confesada por quienquiera que se jactaba de que podría ser el amo o el órgano del Soberano; *cfr.* mi *Verscheidenheden*, pp. 104 ss. ["Federico II... ciertamente estaba en favor de la soberanía popular, siempre que él siguiera siendo el amo del Soberano. Estaba feliz de ser servidor del amo colectivo, siempre que este soberano... fuese igual que

CONFERENCIA XI 🕮

Baste decir que los reyes y magistrados de casi cada na- 281
ción se encontraban "a la cabeza del movimiento". Napoleón
una vez hizo la observación (la cual al respecto es obvia para todo espectador atento) que "una revolución de Francia
siempre es seguida, tarde o temprano, por una revolución en
Europa".[1] Naturalmente, porque aún en los días de su preparación el movimiento era europeo, de modo que en algunos
lugares, por ejemplo los Países Bajos, el brote duramente
reprimido precedió a 1789.[2]

Aún tengo que demostrar en forma más específica que la
Revolución *Francesa* había estado en preparación por largo

---

los reyes mediovales que nada hacían, y que su propia servidumbre fuese la de un mayordomo de palacio... La doctrina de la soberanía popular era ratificada por quienquiera que se imaginara que podía ser órgano del pueblo soberano"]. No sólo los monarcas eran culpables; aun en aquellos tiempos los gobernantes sólo "eran fieles representantes de su tiempo" (ibídem, p. 330).

[1] Citado en Alison, *History*, vol. I, p. 257, o, como lo señala Metternich: "Cuando Francia se resfría, Europa estornuda".

[2] Aquí se hace referencia a los sucesos de 1786-7, cuando el movimiento patriótico para la reforma democrática fue reprimido por la fuerza después de que hubo recurrido a las armas. Hacia 1875, como resultado de una incómoda alianza entre los regentes aristócratas, que eran tradicionalmente celosos de la influencia de la casa de Orange, y de los patriotas burgueses, cuyos portavoces predicaban la soberanía popular, el príncipe de Orange fue despojado de muchos de sus poderes como estatúder. Con la república holandesa dividida en regentes, demócratas y orangistas, la guerra civil parecía inminente. Sin embargo, en 1787, Wilhelmina, la esposa del príncipe, con la ayuda de su hermano el rey de Prusia, que era respaldado por las garantías diplomáticas que Inglaterra tenía contra Francia, logró castigar a los regentes, dispersando a los diversos cuerpos patriotas y desbandando las sociedades patrióticas, cuyos dirigentes huyeron a Francia. Se levantaron las limitaciones al oficio de estatúder, y se restauró un aspecto del orden. Véase también abajo pp. 409ss.

tiempo. ¿No es esta una conclusión inevitable? Después de lo que se ha dicho sobre Europa, no hay razón para suponer que Francia haya sido una excepción. Casi podría contentarme con citar la observación de Madame de Staël acerca de la venida de la Revolución en Francia: "Todas las palabras y todas las acciones, todas las virtudes y todas las pasiones, todos los sentimientos y todas las vanidades, el espíritu público y la moda tendían igualmente hacia el mismo fin".[1]

Sin embargo, no está de más que elabore mis propios puntos de vista acerca de este asunto. Es verdad que la estrechez mental que confundió la ocasión con la causa ya ha sido bastante superada. Los autores ya no atribuyen la caída de la monarquía francesa a la difícil situación económica. Son muchos los que ahora reconocen la verdad de la declaración con la que Madame de Staël inicia su obra: "La Revolución Francesa marca una de las grandes épocas del orden social. Quienes la consideran un evento accidental no han prestado atención ni al pasado ni al futuro. Han confundido los actores con el drama, y para satisfacer sus prejuicios han culpado a los hombres del momento que los siglos habían preparado".[2]

Mientras tanto, si uno se pregunta qué es lo que quería decir esta inteligente mujer, y con ella muchos autores aún hoy en día, con "que los siglos habían preparado", resulta que querían decir la preparación, no del jacobismo, sino de una empresa mucho más saludable: La reforma de instituciones anticuadas y degeneradas, en conformidad con las exigencias del sentido común y para el bienestar de las naciones. Pasando por alto la naturaleza de las falsas teorías,

---

[1] Madame de Staël, *Considérations*, vol. I, pp. 47ss.
[2] Ibídem, vol. I, p. 1.

afirman que hasta 1789 hubo un firme desplazamiento hacia una meta deseable; que no hubo desviaciones deplorables sino después, debido a malos entendidos. De este modo estos autores, quizás sin darse cuenta o sin intención, tergiversan la historia. El resultado es que juzgan mal el verdadero *curso*, el *carácter verdadero* o la *importancia relativa* de los acontecimientos. Me gustaría terminar esta conferencia con unos pocos ejemplos sobre tales tergiversaciones.

Un ejemplo de cómo se juzga mal el verdadero *curso* de los acontecimientos es la queja de que Luis XVI se resistió soberbiamente a los deseos y necesidades de la población o, por lo menos, que cedió ante ellos con muy poca prontitud.

No es posible encontrar un pionero de la Revolución con más simpatía, más servicial y con más celo que el desplegado por este joven rey. La mitad de su reinado fue una constante anticipación de los deseos de los revolucionarios.[1] Mignet escribe: "Sucumbió a causa de sus esfuerzos de reforma... Hasta la reunión de los Estamentos Generales su reinado no fue otra cosa que una larga empresa de mejoramiento".[2] Si queréis una exposición más extensa, la encontraréis en el primer volumen de la obra alemana anónima que recomendé anteriormente,[3] pero un vistazo ya es suficiente.

¿Quiénes eran sus consejeros? No pretendo pesar los talentos y méritos de Malesherbes, Turgot y Necker. Digo solamente esto: Aquellos hombres eran revolucionarios de tomo y lomo. Malesherbes fue un apasionado defensor de la nueva fi-

---

[1] "Se necesitaría todo un volumen si uno quisiera escribir detalladamente todos los esfuerzos de reforma desde el ascenso de Luis XVI al poder hasta el estallido de la Revolución" (Sybel, *Geschichte*, vol. I, p. 33); *cfr.* Tocqueville, *L'Ancien Régime*, p. 288.
[2] Mignet, *Histoire*, vol. I, p. 16.
[3] *Geschichte der Staatsveränderung in Frankreich unter König Ludwig XVI.*

losofía. Turgot no reconoció derecho alguno de corporación en el momento que le pareció injurioso para el bien común, porque el bien común era la ley suprema; así que todo respeto por el derecho, por comparación, era superstición.[1] En la misma vena, Necker escribía que el bien común —esto es, lo que es bueno para la mayoría— debiera ser la guía para la administración pública.[2] A su vez, estos dos consejeros de la corte, con su propósito de amor a la libertad, recomendaban la más completa arbitrariedad: Necker consideraba que la libertad sólo era saludable hasta donde fuese compatible con el bienestar común,[3] y Turgot afirmaba que las medidas para el bien de la nación debían ser ejecutadas aun en oposición a la opinión de los representantes de su libre elección.[4] No es posible insertar aquí la larga cadena de edictos reales, por medio de los cuales se intentó llevar a la realidad estas teorías. Los edictos son notables, especialmente por la forma en que destruyen innumerables regulaciones que habían sido inherentes a los derechos de propiedad de las villas y territorios durante siglos,[5] y porque eliminaron las distinciones provinciales en beneficio de la unidad revolucionaria.[6] Su rasgo común es el hacerlo todo nuevo, organizarlo todo al estilo *Rousseau*, y así reformar la monarquía para avanzar, reteniendo la monarquía, hacia una república revolucionaria.

---

[1] Ibídem, vol. I, p. 162 (donde se hace referencia al artículo de Turgot "Foundation" en la *Encyclopédie*, vol. V, pp. 72, 75). "En un sentido, Turgot prefiguró la revolución" (Jules Simón, *De la liberté politique*, p. 122).

[2] *Geschichte der Staatsveränderung*, vol. I, p. 79 [donde se hace referencia a Necker, *Sur la législation et le commerce des grains*, vol. I, p. 12; vol. II, p. 170].

[3] Ibídem, vol. I, p. 183 [*cfr.* Necker, ibídem, pp. 174-177, 181-183].

[4] Ibídem, vol. I, p. 233.

[5] Véase arriba, p. 97.

[6] [La primera edición dice: "...siglos; por haber dividido el reino en tal forma que parecía posible el autogobierno del pueblo".]

Y así, dejándose guiar por sus ministros, el calmado y modesto Luis XVI fue persuadido de realizar acciones similares a las del turbulento y engreído José II. Se convirtió en aliado de los revolucionarios, y en forma enérgica. Sólo cuando experimentó en carne propia el carácter perjudicial de la violencia reformista, se le escapó el dolorido reconocimiento: "El despotismo no es bueno para nada, ni siquiera para obligar al pueblo a ser feliz".[1]

En segundo lugar, es evidente que el *carácter* de los eventos ha sido mal juzgado, como lo muestra la misma ilustración.

Como cosecha de su celo, Luis pronto recibió repugnancia y resistencia. Y ahora que él, a diferencia de José II, no siguió adelante en el camino de la arbitrariedad, ¿cuál creéis vosotros que es el matiz que se le da a sus loables "pensamientos posteriores"? Mignet escribe que no tuvo la vitalidad "para someter a las clases privilegiadas a las reformas.[2] Su falta de docilidad se exagera, entonces, como si el problema hubiese sido el tener que disciplinar a un grupo de opresores del pueblo. Se olvida el hecho de que la así llamada resistencia de las clases privilegiadas era sólo el descontento de hombres cuyos derechos habían sido dañados; más aún, se olvida también que, en el lenguaje de los revolucionarios, privilegio es todo aquello que no calza en el sistema de la igualdad de nuevo cuño, y, por último, se pasa por alto que la violación de privilegios atropelló directa o indirectamente a todo el pueblo.[3]

---

[1] *Correspondance de Louis XVI*, vol. I, p. 58.
[2] Mignet, *Histoire*, vol. I, p. 16.
[3] Schlosser, aun cuando no era antirrevolucionario, escribe: "El pueblo se aferró a lo antiguo, pero los gobernantes y ministros despóticos lo echaron abajo. El sentido de justicia y tradición que por naturaleza es característica del pueblo (pero que, ¡ay!, debe ser ofendido en cada revolución, si se ha

Permítaseme una ilustración más, especialmente porque es importante para juzgar los acontecimientos que vinieron más adelante. Me refiero a la interpretación de la extensa discusión que se dio en los meses previos a la reunión de la Asamblea Nacional. Se dice que hasta ese momento la actitud de aquellos que esperaban los cambios con ansias fue irreprochable. Era "el sublime movimiento de 1789". Los hombres hablaban de reformas, no de revolución. Se nos dice que "la Revolución de 1789 tenía como su única meta regularizar los límites de la autoridad que siempre habían existido en Francia.[1] Y, ¿os preguntáis en qué se basa esta declaración? Está basada en los *cahier de doléances* (cuadernos de quejas), en las instrucciones dadas a los delegados a los Estamentos Generales por los colegios electorales de la Nobleza, el Clero y el Tercer Estamento. Estos cuadernos o *cahiers*, se afirma, dan testimonio en todo lugar de un genuino espíritu monárquico. Tengo aquí un excelente folleto que se titula *Appel á la France contre la division des opinions*, magistral síntesis de la Revolución publicada en forma de fascículos en la *Gazette de France* durante 1831; en él leo un exuberante elogio a la unanimidad de 1789 en pro del mantenimiento de los derechos adquiridos y la forma histórica de gobierno:

> Cuando se da un vistazo a los *cahiers* de estas reuniones que se celebraban simultáneamente a través de todo el reino, uno queda admirado por la profunda sabiduría y el sentido de orden

---

de lograr algo de beneficio perdurable) [hago responsable al autor de la oración que está entre paréntesis —Gr. v. Pr.] se opuso tanto a la violencia doctrinal como a la violencia física. De aquí la resistencia contra Pombal, José II, Struensee, Gustavo III. No sólo las clases privilegiadas lucharon contra estos ministros y monarcas, sino también el pueblo" (*Geschichte*, vol. III, p. 3).

[1] Madame de Staël, *Considérations*, vol. I, p. 145.

y equidad que presidió sus deliberaciones. Unidad de deseos —una casi milagrosa armonía en la indicación de los mismos abusos y las mismas reformas—, unanimidad en sentimiento y conducta, esto es lo que se encuentra en cada uno de los informes de estas asambleas locales. En todas partes, el mismo amor y gratitud hacia el padre común de los franceses, el mismo respeto por los derechos adquiridos y por los principios fundamentales de la sociedad. Uno difícilmente puede entender cómo pudo surgir tal unanimidad de deseos y de expresiones en asambleas tan diversas y entre poblaciones tan apartadas geográficamente. Todas las clases sociales concordaron en lo que sería mejor para la patria. Todos los intereses se fundieron en un interés común. Por una parte, espíritu de abnegación; y por la otra, respeto y cordialidad, y de ambos lados una confiada expectación de virtud y equidad por parte del rey. Esto es lo que se puede leer en cada una de las líneas de estos monumentos a la sabiduría y la buena voluntad del pueblo. En estos *cahiers* no se encuentra nada que no sea francés, que no sea nacional; esto es, que no esté inspirado por el patriotismo más puro y verdadero, nada que no pudiera haber realizado un gran perfeccionamiento de la sociedad para Francia y haber iniciado para ella una era de libertad, paz y felicidad".[1]

Sin embargo, cuando miramos con más detalle los *cahiers*, ¿de qué naturaleza es el espíritu tan elogiado de los electores? Quieren la monarquía, sí, pero ¿qué monarquía? ¿La histórica o la revolucionaria? ¿Una monarquía en la que el rey es soberano de sus súbditos, o una en que es servidor de un pueblo soberano? Considérese y véase lo que se afirma unánimemente en los *cahiers* de la Nobleza: el rey es el *primer funcionario* y posee el poder que se le ha *delegado*.[2]

---

[1] *Appel á la France contre la division des opinions*, p. 7.
[2] *Cfr.* arriba, p. 277.

¿Queréis más muestras tomadas de los *cahiers* acerca de su así llamado apego a la ley constitucional histórica? La nación debe ser consultada en todo lo que es de importancia para ella. Todas las leyes generales deben ser hechas y sancionadas por los estamentos. El poder legislativo pertenece a la nación, el ejecutivo al monarca. El Tercer Estamento exige doble representación y el voto por cabeza.[1]

El siguiente juicio,[2] con toda su concisión, no es muy severo: "Los *cahiers* eran una doble declaración de guerra: de

---

[1] ¡Cuán incorrecta es la afirmación: "En los *cahiers* no se encuentran ni rastros de las ideas de Rousseau: ellas no comienzan a funcionar sino hasta que la Revolución está en marcha"! [El autor, que aquí es refutado anónimamente, es Robert Fruin (1823-99), historiador de reputación que más tarde hizo su estreno en el mundo intelectual atacando a Groen en un estudio a la vez incisivo y arrogante: *Het antirrevolutionaire straatregt van Mr. Groen van Prinsterer ontvouwd en beoordeeld* (Amsterdam, 1853); la oración citada por Groen se encuentra en la p. 17, o en *Verspreide Geschriften*, vol. X, p. 90]. Tocqueville escribe: "Estos *cahiers*, los manuscritos originales de los que forman una larga serie de volúmenes, permanecerán como el testamento de la antigua sociedad francesa, la expresión final de sus deseos, el auténtico anuncio de su última voluntad" (*L'Ancient Régime*, p. VIII). Sí, la última voluntad, pero al mismo tiempo me parece *el programa de la nueva sociedad*, el programa que iba a producir lo contrario de lo que la nación entonces todavía quería. Tocqueville mismo, después de todo, también escribe: "Cuando hice una lista de todas estas propuestas, noté con algo de consternación que lo que se estaba pidiendo era la abolición simultánea y sistemática de todas las leyes y todas las costumbres vigentes en el país. Inmediatamente me di cuenta que iba a ser una de las revoluciones más vastas y peligrosas que el mundo jamás había visto" (ibídem, pp. 219ss).

[2] [La primera edición dice: "Dejando a un lado la cuestión de si en varios respectos las instituciones históricas no se identificaban equivocadamente, de buena fe, con los conceptos teóricos, en todo caso, el juicio siguiente..."].

CONFERENCIA XI

los tres estados contra el monarca, y del Tercer Estamento contra la Nobleza y el Clero.[1]

En tercer lugar, también hay que decir que, descuidado así el principal problema, muchos autores se extravían, exagerando la importancia de asuntos *secundarios*.

Esta vez tengo una serie de ejemplos que han sido tomados de una sola página de Ancillón.[2] Este talentoso dice lo siguiente:

> Lejos de tener que considerar la Revolución como inevitable, uno puede aducir una muchedumbre de hechos que por su presencia o ausencia podrían haberla evitado o haberle dado un curso diferente. A estos pertenecen: (a) la invitación que en cierto sentido se extendió a todos los franceses para que discutieran la forma en que estarían representados; (b) el largo intervalo entre la convocatoria y la realización de los Estamentos Generales; (c) la duplicación del Tercer Estamento; (d) la fijación del lugar de reunión en Versalles, cerca del volcán parisino, en vez

---

[1] "Si se satisfacían las demandas de los tres Estamentos, el rey mismo se iba a encontrar despojado simultáneamente de todos los privilegios del poder supremo y de todos los medios necesarios para sustentarlo. Después de ser el amo, iba a convertirse en el súbdito de su pueblo. Si el Tercer Estamento llevaba a cabo los deseos de sus *cahiers* con respecto a los otros dos Estamentos, el destino de ellos hubiera estado completamente en sus manos; y sus declaraciones les dejaban pocas esperanzas de indulgencia. En esencia los *cahiers* eran una doble declaración de guerra: de los tres Estamentos en contra del monarca, y del Tercer Estamento contra la nobleza y el clero". *Geschichte der Staatsveränderung*, vol. II, p. 263.

[2] La segunda edición añade: "publicista y estadista que gozaba de una bien merecida reputación y cuyas publicaciones extensamente leídas contienen muchas declaraciones dignas de llegar al corazón". A esto se agrega una nota de pie de página: "El Sr. Ancillón, publicista, historiador, moralista y filósofo, sin mucha originalidad o poder en estas diversas áreas, pero siempre juicioso, preclaro y conciliatorio" (Guizot, *Mémoires*, vol. IV, p. 19).

de hacerlo en Blois, Tours, Compiègne u otra ciudad similar; (e) la timidez de la corte, que le impidió solucionar las cuestiones de mayor envergadura antes que los delegados tuvieran tiempo para llegar a un entendimiento mutuo. Si la declaración del 20 de junio se hubiera hecho, el 5 de mayo habría alterado toda la situación en Francia.[1]

Ahora bien, Ancillón ciertamente pertenece al grupo de autores que tienen derecho, cuando uno discrepa con ellos, a que sus puntos de vista sean sometidos a prueba, tanto respecto de la premisa básica como en cuanto a los hechos aducidos.

288 La premisa básica es clara. Ancillón no acepta la idea de que la Revolución era inevitable, por lo menos antes de junio de 1789:

> Decir que la Revolución era inevitable es decir que la debilidad del gobierno y la impertinencia criminal de la asamblea eran necesarias e inevitables. El que quiera adopte este punto de vista, pero recuerde que es tan contrario a la libertad del hombre como a su dignidad, y lo humilla, absolviéndolo de su responsabilidad por todo lo que hace y por todo lo que tolera.[2]

[2]277 Este pasaje no me alarma. Ancillón rechaza el punto de vista de que la Revolución Francesa era inevitable, porque esto anularía la responsabilidad humana. Pero yo quiero
288 insistir en que en 1789, e inclusive ya antes de esa fecha, la Revolución fue inevitable, de lo cual no tiene por qué

---

[1] Ancillón, *Nouveaux Essais*, vol. I, p. 98. Presenta puntos de vista muy similares en una síntesis muy significativa: "Ansicht der französischen Revolution", al final de su libro *Über Souveranität und Staats-Verfassungen*, pp. 76-102.
[2] Ancillón, *Nouveaux Essais*, vol. I, p. 96.

CONFERENCIA XI 235

inferirse que pensar así es estar entregado al fatalismo,[1] a fin de absolver el crimen o a los criminales. ¿Acaso no se ha escrito: "Es necesario que vengan tropiezos, pero ¡ay de aquel hombre por quien viene el tropiezo!"?[2] El hecho de que el error seductor, una vez que ha corrompido el corazón humano, se manifieste en ese muy fértil terreno con una abundante cosecha de falsos conceptos y fechorías, no significa que la culpa y la responsabilidad del hombre quedan nulas. Y en cuanto a lo que yo tolero: el hecho de que no pueda evitar el mal que viene de hombres cuyos principios condeno, no me obliga a ayudarles o a aplaudirlos.

Sin embargo, no impresionado por el carácter irresistible de los principios una vez puestos en movimiento, Ancillón busca una explicación tan sólo en los hechos de aquellos que, por lo menos nominalmente, estaban "en el poder". Mientras tanto, descuida el carácter de la atmósfera en que se vieron atrapados el rey y sus consejeros. En tiempos normales es completamente cierto que la vacilación estimula la rebelión, y que las concesiones parciales provenientes de la debilidad son el medio más seguro de verse humillado a ceder completamente. Pero estos no eran tiempos normales. Aquellos de quienes se exige tal firmeza, ¿cómo podían haberla poseído si también eran hijos de su tiempo? Y aun cuando hubieran tenido tal firmeza en virtud de una excepción que sería difícil de explicar, ¿cómo podían siquiera tener la oportunidad de imponer su voluntad en oposición a la voluntad de prácticamente toda la gente?

No se puede esperar que una persona mantenga su paso seguro cuando la intoxicación universal está en el aire. Y aún

---

[1] *Cfr.* arriba, pp. 180 y 181.
[2] Mateo 18:7.

cuando un individuo de algún modo tratara de resistir la fiebre de opinión, sería fantasioso imaginarse que, en medio del gritar apasionado y del loco apresuramiento de todos, precisamente ese individuo, porque permanece calmado y sobrio (para indignación de todos), será capaz de permanecer en el control de todo y triunfar. Madame de Staël tiene razón cuando hace su observación acerca de la impotencia de hombres como Lafayette: "Cualesquiera que hayan sido sus convicciones políticas, su poder se habría visto quebrantado si hubiera querido oponerse al espíritu de su tiempo. En esa época gobernaban las ideas, no los individuos. Ni siquiera la tremenda voluntad de Bonaparte podría haber hecho algo contra la dirección general de las mentes de los hombres".[1] Entonces, ¿es concebible que una generación que había absorbido las ideas de Montesquieu y Rousseau como su evangelio político hubiera dejado que se le impidiera, por algún acto o decisión, por deliberación sabia o por una maniobra prudente de parte de la Corte, marchar al ritmo de la teoría revolucionaria?[2] Es desde este punto de vista que debemos considerar los hechos aducidos por Ancillón.

Los Estamentos Generales debieron ser convocados como en 1614. Muy buen consejo, pero irrealizable. En la base anterior, el rey era autócrata. A los súbditos sólo se les oía. El

---

[1] Madame de Staël, *Considérations*, vol. I, p. 378.

[2] Ancillón deplora "la impertinencia criminal de la Asamblea y la debilidad del gobierno", en particular con respecto al hecho de que los estados generales se habían autoconstituído en Asamblea Nacional (*Nouveaux Essais*, vol. I, p. 96). Pero aquí también olvida la clave de todo lo que estaba pasando. Desde el punto de vista de la doctrina prevaleciente, ¿no se habría tomado como una miserable debilidad el que la Asamblea tomara una actitud diferente, y la resistencia de parte del rey no se hubiera tomado como "una impertinencia criminal"?

consentimiento sólo se pedía para los subsidios. ¿Se puede pensar seriamente que la opinión pública, consciente de su poder superior, habría sido apaciguada por tal burla hecha ante sus demandas?

Por lo menos, se nos dice, podrían haberse cuidado de no doblar el número de los delegados del Tercer Estamento, que automáticamente condujo a la votación por cabeza y, por lo tanto, a la victoria del principio democrático. Por cierto, para impedir la Revolución nada hubiera sido más deseable que hacer que cada estado deliberase por separado o, por lo menos, haberse preocupado de que en las sesiones conjuntas el Tercer Estamento pudiera haber sido siempre superado por la Nobleza y el Clero. Sin embargo, esos cálculos astutos tenían una gran dificultad: era demasiado obvio que uno es menos que dos, demasiado simple; el Tercer Estamento también sabía aritmética. Ahora que el Clero y la Nobleza eran desdeñables; ahora que todos sabían que, según lo que se presumía era buena política, el número de representantes debía ser proporcional al número de los representados —¿podía ahora el Tercer Estamento, que tenía el irresistible poder del número y la teoría, acceder pasivamente a ser superado constantemente por los votos de una pequeña y odiada minoría, una minoría de ninguna significación cuando se la comparaba con el número total de la población? Madame de Staël lo duda. Escribe: "Si no se le hubiera concedido la doble representación en forma legal, no cabe duda de que el Tercer Estamento, irritado por no haber obtenido lo deseado, habría enviado un número aún mayor de delegados a los Estamentos Generales... Ésta era la moda, era el resultado de todo el siglo XVIII.[1]

---

[1] Madame de Staël, *Considérations*, vol. I, pp. 170 y 172.

Entonces, la tradición también se consideraba en conflicto con el derecho y la razón, al sacar así las cuentas. Estaba en conflicto con la base misma de la ley natural: la representación estrictamente proporcional. Como lo expresa Thiers: "Por una parte, se adherían a las viejas tradiciones, y por la otra a los derechos naturales y a la razón".[1]

Volvámonos ahora a la timidez de la corte. Otros autores dicen exactamente lo contrario de lo sugerido por Ancillón en cuanto a lo que se podía hacer en forma preventiva: Madame de Staël y Thiers nos dicen que Francia podría haberse salvado, no por la inflexibilidad, sino por una indulgencia más generosa. La primera dice:

> Los Estamentos Generales se inauguraron con los más auspiciosos augurios... indudablemente aún quedaban importantes puntos de discordia entre la nación y las clases privilegiadas, pero la oposición al rey ahora era tal que podría haber sido el árbitro si voluntariamente hubiera reducido su poder al de una *monarquía sabiamente limitada*.[2]

Así, una "monarquía sabiamente limitada" podía haber evitado una Revolución. Pero, decidme por favor, ¿qué significa esta expresión? El calificativo "sabiamente" está abierto a una variedad de interpretaciones. En todo caso, permitid que os recuerde que las aspiraciones de la filosofía de aquellos días ya no era la limitación del poder del monarca, sino más bien la obtención de un poder ilimitado para el pueblo soberano.

Thiers considera que las concesiones reales fueron estériles debido a que fueron muy pocas y demasiado tardías.

> Después que la nación recibió la promesa de una reunión de los Estamentos Generales, exigió que el tiempo de la convocación

---

[1] Thiers, *Histoire*, vol. I, pp. 22
[2] Madame de Staël, *Considérations*, vol. I, pp. 179ss.

se adelantara. Hecho esto, quiso dominar la asamblea. Esto se les negó, pero igual se les dio los medios para prevalecer cuando se les duplicó su representación. Así, las concesiones nunca fueron hechas sino en parte, y solamente cuando la resistencia se había hecho imposible. Pero para este tiempo el poder de la nación había crecido notablemente, y quería todo lo que pensaba que podía tener. La resistencia continua que estimuló la ambición pronto iba a hacer que la ambición fuese insaciable. Pero aún entonces, si un gran ministro, infundiendo un poco de fortaleza al rey, poniendo a la reina de su lado, y reprimiendo a la clase privilegiada, hubiera de una plumada sobrepasado y saciado los deseos de la nación, concediendo por iniciativa propia una constitución liberal; y si este ministro hubiera satisfecho la necesidad que la nación tenía de actuar, convocándola de inmediato, no para reformar la constitución del estado, sino para discutir sus verdaderos intereses en un estado ya constituído; como digo, si todo esto se hubiera hecho, quizás la lucha nunca hubiera comenzado.[1]

Es verdad que cuando hay razón para que alguien se sienta agraviado, uno por iniciativa propia y sin demora debería acceder a las exigencias que son justas, de modo que también se pueda ser firme contra las demandas injustas. Y por cierto, si las pasiones se ven apaciguadas por concesiones oportunas y generosas, también serán excitadas por las concesiones a medias, conseguidas por la fuerza. No tengo objeciones contra esta sabiduría tradicional, sólo que no la considero aplicable en el presente caso. Porque en 1789 la Corte fue confrontada con una doctrina según la cual todo lo que el pueblo exigía parecía ser su derecho indiscutible, todo lo que recibía parecía solamente una cuota inicial, la redención parcial de una deuda impagable. En el caso del espíritu

---

[1] Thiers, *Histoire*, vol. I, p. 22.

292 de la Revolución es inconcebible la saciedad, porque tiene el poder para devorarlo todo. La abundancia de agua es insuficiente para una vasija sin fondo.

Me parece que Madame de Staël está perfectamente en lo correcto cuando observa:

> Al examinar la conducta de Luis XVI, ciertamente uno puede encontrar errores en ella, aun cuando algunos le reprochan el no haber defendido su poder ilimitado con mayor habilidad, mientras que otros lo acusan de no haber cedido sinceramente a las ideas ilustradas de su época. Pero sus errores estaban tan ligados a la naturaleza de las circunstancias, que reaparecieron casi tan frecuentemente como se repitió la misma combinación de circunstancias.[1]

Sin embargo, a partir de esta última observación uno no debe buscar otra excusa más: esto es, que los errores de Luis deben cargarse sólo a las circunstancias; y que ante circunstancias diferentes el resultado hubiera sido mejor. No, las circunstancias no podrían haber sido más favorables. O, más bien, en la atmósfera de su tiempo, todas las circunstancias se hicieron desfavorables. No importa qué hiciera o no hiciera el rey, una vez que la Revolución conquistó las mentes, sujetó a sí misma todas las circunstancias, y se reforzó igualmente por medio de la resistencia o por medio de la indulgencia.

Esta conquista de las mentes fue inequívoca, y ahora la historia sólo tenía que sacar a luz lo que ya se había consumado en la esfera del pensamiento. Es desde esta perspectiva que hay que evaluar los eventos en cuanto a su origen, naturaleza e importancia. Los ejemplos son numerosos.

Tómese, por ejemplo, el famoso panfleto de Siéyès sobre el Tercer Estamento. Con preguntas y respuestas tales como

---

[1] Madame de Staël, *Considérations*, vol. I, p. 48.

CONFERENCIA XI

241

"¿Qué ha sido? Nada. ¿Qué es? Todo. ¿Qué es lo que pide ser? ¡Algo!",[1] ejerció una influencia incalculable. Pero, ¿por qué? Porque era un sumario sucinto de los razonamientos largamente aplaudidos acerca de la supremacía del pueblo.

Tómese la reunión de los estamentos en la Asamblea Nacional. La caracterización que hace de ella Madame de Staël no es demasiado fuerte: "Este decreto fue la Revolución misma".[2] No obstante, la promulgación de la Revolución, este desvanecimiento de los estamentos privilegiados en un cuerpo que representa al pueblo como un todo no era sino el primer paso en la aplicación de una teoría que ya había triunfado.

Tómense los asaltos mutuamente competitivos contra los privilegios que se llevaron a cabo durante la infame noche del 4 de agosto de 1789. Los resultados fueron arrolladores y, sin embargo, esta destrucción general fue la ejecución de un veredicto pronunciado largo tiempo antes.[3]

---

[1] Siéyès, *Qu'est-ce que le tiers état?*, frases iniciales.

[2] Madame de Staël, *Considérations*, vol. I, p. 204.

[3] Repetidamente se dice: Si hubiera ocurrido esto o aquello, o si no hubiera ocurrido esto o aquello, la Revolución podría haberse sofocado. Hay ejemplos sin fin. ¡Si en 1775 Luis XVI hubiera hecho caso a Turgot, que sólo buscaba la formación de un cuerpo de representantes del pueblo que tuviera el carácter consultivo! *Respuesta*: "El alcance de tal medida y el espíritu de la época no podrían haber sido juzgados en forma más equivocada. Es verdad que hacia el final de las revoluciones con frecuencia ha sido posible hacer con impunidad lo propuesto por Turgot: conceder una sombra de libertad, pero sin su sustancia... Pero en las primeras etapas de una Revolución tales métodos siempre fracasan; no logran otra cosa que estimular el apetito del pueblo sin satisfacerlo" (Tocqueville, *L'Ancien Régime*, p. 221; véase también arriba, pp. 289ss). —Si el duque de Brunswick no hubiera proclamado su manifiesto en 1792, el trono no hubiera caído. *Respuesta*: "Según el testimonio de los contemporáneos, el

293   Pero, si seguimos, llegaremos a la fase del Desarrollo, para la cual he reservado la conferencia siguiente. Ya habré dicho bastante, si he demostrado que en 1789 la Preparación, que ahora estaba completa, tenía que ser sucedida por el Desarrollo. El mismo Ancillón, en forma algo incongruente,
²283 reconoce:

> En cuanto a sus principios, la Revolución fue consumada el día en que el Tercer Estamento se proclamó asamblea nacional; en cuanto a sus medios, la Revolución fue consumada el día que el pueblo capturó la Bastilla. El primer día se decretó la soberanía del pueblo. El segundo día se empleo el poder de la chusma. Ahora toda la Revolución no es otra cosa sino el desarrollo de este principio y de este medio, lo cual debía conducir necesariamente a la soberanía de la chusma.[1]

Ancillón fecha la inevitabilidad de la Revolución Francesa a partir del decreto por medio del cual se autoconstituyó la Asamblea Nacional,[2] y olvida que este hecho mismo era

---

manifiesto prácticamente no causó impresión alguna en el pueblo francés. Fue un revés de muchísima significación precisamente porque quedó completamente sin efecto" (Sybel, *Geschichte*, vol. I, p. 501).

[1] Ancillón, *Nouveaux Essais*, vol. I, p. 97.

[2] Desde ese momento la Revolución desatada, también según Ancillón, tuvo que tener vía libre. "Desde el momento en que el rey reconoció la Asamblea Nacional, todo lo que siguió ocurrió en forma natural y *tenía que ocurrir de ese modo*... La Revolución no fue corrompida por coincidencias, sino que fue desde el principio la terrible corrupción de la lucha inherente del hombre por la perfección, fue la loca exageración de todas las emociones e ideas y, especialmente, el resultado de un tremendo concepto erróneo, de un grandísimo y básico error crónico. Porque, en el momento en que la Asamblea Nacional se levantó omnipotente sobre las cenizas de los Estamentos Generales, trajo consigo como supuesto principio de vida el principio de la muerte política, y como fundamento de la obra que se iba a iniciar el socavamiento mismo que inevitablemente la iba a

CONFERENCIA XI 👄   243

inevitable: la teoría de la supremacía del pueblo, ama de las mentes debido al espíritu de la época, no podía ser detenida en su búsqueda de un estado correspondiente. La erupción de un volcán es inevitable mucho antes que la montaña se rompa en pedazos. La Revolución Francesa era inevitable mucho antes de que estallara.

En vista del predominio de la falsa filosofía, esto podría haberse predicho. Y fue predicho. Por ejemplo, ya en 1770 el clero había dicho al rey: "La impiedad ve con malos ojos a Dios y al hombre. No quedará satisfecha hasta que haya destruido toda autoridad, divina y humana. Hundirá a Francia en todos los horrores de la anarquía, y dará a luz la más indescriptible de las revoluciones".[1]

Lacretelle relata un curioso acontecimiento que ocurrió durante la cuaresma de 1789. En un sermón para la Corte en París, en la catedral de Notre Dame, el padre Beauregard pronunció las siguientes palabras proféticas[2] con voz de trueno:

> Sí, Señor, tus templos serán saqueados y destruidos. Tus fiestas serán abolidas, tu nombre blasfemado, tu culto proscrito. Pero, ¿qué oigo?, gran Dios, ¿qué veo? Tus sagrados himnos de alabanza, que hicieron resonar tu gloria a través de tus benditas cúpulas, son cambiados por cánticos obscenos y profanos. ¡Y

---

volar en pedazos. *La soberanía popular levantó su poderosa cabeza*, ese gigante omniseductor que derribó, mientras se levantaba, la estructura misma que se pretendía que podría sustentar, y que mantuvo en un torbellino incesante aquello sobre lo cual supuestamente debía traer reposo con su presencia" (Ancillón, *Über Souveranität*, pp. 81ss.).

[1] Soulavie, *Mémoires*, vol. I, pp. 219, 222. En su Asamblea General de 1770 el clero de Francia pidió al rey que suprimiera libros como el *Système de la Nature* de Holbach.

[2] [*Cfr.* abajo, p. 360.]

tú, repugnante diosa del paganismo, estás entrando groseramente aquí, para tomar el lugar del Dios vivo y ocupar el trono del Santísimo, para recibir el maldito incienso de tus nuevos adoradores![1]

294
²284
294

Lo que ocurrió en 1789 tenía que ocurrir. Y en contraste con la sobrestimación que Ancillón hace del acto por medio del cual se adoptó el título particular "Asamblea Nacional", creo que vosotros pondréis vuestro sello a la sustanciosa declaración de Mignet, autor que ha recibido el don de bosquejar de un solo trazo la esencia de acontecimientos trascendentales: "Los Estamentos Generales anunciaron una Revolución que ya se había realizado".[2]

---

[1] Citado en Lacrelette, *Histoire de France pendant le dixhuitième siècle*, vol. VII, p. 11.

[2] Mignet, *Histoire*, vol. I, p. 36. "Cuando el rey Luis XVI convocó a los estamentos del reino, la Revolución ya había tomado plena posesión de la conciencia nacional" (Stahl, *Philosophie des Rechts*, vol. III, p. 360). "Tan pronto como la opinión pública hubo obtenido un órgano para su poder en los Estamentos Generales, sólo necesitaba declarar su voluntad. Sí, sólo bastaba con declarar los hechos de la situación, y el estado viejo y decrépito se derrumbaría hecho trizas, y esto en forma irrecuperable" (Sybel, *Geschichte*, vol. I, p. 44).

CONFERENCIA XII

LA SEGUNDA FASE:
EL DESARROLLO (1789-1794)

Ya hemos visto cómo surgió la Revolución en Europa; y en particular vimos cómo en Francia el creciente dominio de las teorías anticristianas preparó un trastorno político y una revolución social. Era natural que la marcha de los acontecimientos revelara lo que había logrado el avance de las ideas, conforme a su curso preestablecido. Después de la fase de la Preparación debemos tratar la fase del Desarrollo.

Cada vez que examino este período tan terrible pero a la vez tan instructivo, que va desde 1789 hasta 1794, me reencuentro con todos los rasgos perfilados en mi bosquejo inicial, deducidos a partir de la lógica y de la naturaleza del principio de la Revolución. Estos son: consenso respecto de la beneficiosa naturaleza de la Revolución, disputas con respecto al grado y la forma de su aplicación; un avance continuo e incesante, enmedio de una lucha cada vez más vehemente; relajación de todas las normas morales y legales; y una unidad impuesta bajo el yugo de hierro de un gobierno cada vez más violento y centralizado.

No puede haber prueba más fehaciente de lo pernicioso de una doctrina que, teniendo el paso libre, produjo semejante anarquía y atrocidades. Pero, ¿se reconoce ampliamente la fuerza de esta prueba? No: hoy en día muchos todavía sostienen que la ineptitud de los estadistas y muchas otras contingencias hicieron que la Revolución se desviara de su curso original, y que la oposición fue la culpable de los excesos que se cometieron. Por lo tanto, permitidme que demuestre lo siguiente:

- *Primero*, que las contingencias aludidas fueron en gran medida consecuencias de la doctrina de la Revolución y que nunca tuvieron el tipo de impacto que se les atribuye.

- *Segundo*, que en los horrores de la Revolución no hubo desviación ni exageración sino, por el contrario, un gran rigor en la aplicación de la falsa filosofía.

297 Hasta cierto punto, esta investigación debería ser independiente de nuestra evaluación de la doctrina de la Revolución. Quiero dejar de lado todos los prejuicios en contra de ella y trazar con mente abierta la conexión entre causa y efecto. Mi intención es obtener el resultado puro de una investigación histórica desprejuiciada para luego poder determinar si la doctrina de la Revolución es favorable o desfavorable.

Por lo tanto, permitidme que empiece con las circunstancias, cuya fatal confluencia, se dice,[1] desvió a la Revolución de la recta senda trazada por la filosofía. Si el rey hubiera tenido un carácter más firme, si la aristocracia y el clero hubieran sido menos obstinados, si los poderes no se hubieran metido con los asuntos del pueblo francés —el gran proyecto se habría sido iniciado, desarrollado y consumado con

299 compostura filosófica y bondad filantrópica. He aquí tres argumentos para explicar por qué el naciente sol, apenas

---

[1] En referencia a G. de Clercq, véase el artículo de Louis Blanc, "Histoire de dix ans" y "Organisation du travail", en *De Gids* vol. X, no. 2 [1846], vol. I, pp. 1-33, 43-78, 131-62 y esp. 3ss.

visible en el horizonte, se puso nuevamente entre sangre y lágrimas; en pocas palabras, por qué 1793 siguió a 1789.

1. La duplicidad del rey

Sus enemigos y ejecutores lo acusaron a menudo de duplicidad, pero uno hubiera pensado que para ese entonces la naturaleza de las inconsistencias de su conducta ya era algo lo suficientemente familiar como para liberarlo de este cargo. Aunque el pobre monarca generalmente era indulgente, a veces, cuando el honor, el deber y la religión así lo requerían, oponía resistencia. Sin embargo, esta incongruencia, que ya es explicable por la creciente irracionalidad de las demandas, halla su explicación definitiva en el dilema en que siempre nos entrampamos cuando la Revolución prevalece: al buscar una vía de escape, uno siempre se encuentra entre las inútiles opciones de la resistencia estéril y la indulgencia igualmente estéril. Si hubo algo de duplicidad en Luis XVI, fue la duplicidad de la víctima indefensa que se vuelve hacia la derecha o hacia la izquierda, antes que el asesino entierre el cuchillo en su garganta.

Pero más plausible parece ser la repetida queja acerca de la debilidad del rey. Se dice que en muchos aspectos era un príncipe formidable, apto para empuñar el cetro de la dignidad, en cualquier época que no fuese la suya. "La historia dirá de él que con un poco más de fortuna hubiera sido un modelo de rey".[1] Careció del valor y la energía que eran el único remedio para esa época.

¿Carecía de valor personal? Lo dudo y lo niego. No fue cobarde cuando, frente a la Asamblea Nacional, miró con calma el círculo que formaban sus jueces autodesignados

---

[1] Mignet, *Histoire de la révolution*, vol. I, p. 359.

y, en respuesta a los cargos del auto de acusación, rechazó con la dignidad del inocente agraviado el cargo de haber derramado la sangre del pueblo. No fue cobarde cuando, enmedio del abuso y el sufrimiento, exhibió una resignación y una grandeza de alma particularmente brillantes, ya que se le había quitado todo el esplendor real. No fue cobarde cuando la turba excitada y treinta mil veces más fuerte, la escoria del populacho, armada y amenazante, forzó su entrada al palacio y penetró hasta las habitaciones interiores con el propósito de exigir la autorización real para algún decreto revolucionario. Pero el rey, arriesgando su vida en media del delirio y el desvarío de una turba acostumbrada a matar, frente a todas las exigencias para que él les otorgara su firma, no fue movido sino a contestar: "Esta no es la forma ni el momento para obtenerla de mí". No fue cobarde cuando el paso firme y la entereza no le fallaron para subir al cadalso; cuando le gritó al pueblo, con una voz que se podía oír hasta en los rincones más lejanos de la gran plaza: "Muero inocente de todos los crímenes que se me imputan; perdono a los autores de mi muerte; y ruego a Dios que la sangre que váis a derramar nunca caiga sobre Francia". Quien demostró tal entereza en la vida y en la muerte puede no haber sido un guerrero, pero sí fue un héroe.

Pero más de uno dirá que esta valentía digna de admiración iba acompañada de una falta de fibra moral. Luis fue incapaz de reprimir la Revolución a través del uso apropiado y oportuno de la fuerza militar, y a través de firmes medidas que le hubieran permitido tomar el control. —¿Habría servido una resistencia más fuerte? Madame de Stäel establece una comparación muy ilustrativa con la Revolución Inglesa, haciendo ver que la conducta de Carlos I fue en todo

CONFERENCIA XII 🕮   249

sentido opuesta a la de Luis XVI, pero los resultados fueron los mismos: "Esa es la fuerza irresistible de las revoluciones desencadenadas por la convicción de la mayoría".[1] En cuanto al uso de la fuerza militar, señala: "¿En qué consiste la fuerza del soberano sino en la obediencia de sus tropas? Desde 1789 en adelante, el ejército compartió en gran medida las opiniones populares contra las cuales debía ser empleado".[2] Es cierto que Luis XVI no era el hombre para detener la acometida de la Revolución, pero entonces ¿quién podía haberlo hecho? Madame de Stäel asevera correctamente que "aun si el hombre con la voluntad más fuerte de los últimos tiempos, Bonaparte mismo, se hubiera hallado en el trono, habría fracasado en la apertura de los Estamentos Generales debido a la opinión pública".[3] Salvar al trono de su caída era algo que excedía el poder del rey; lo único que podía hacer era enterrarse junto con algunos súbditos leales bajo las ruinas del palacio.

Todavía hay cosas que merecen nuestra atención. Yo no niego que la actitud y las medidas de Luis XVI a menudo revelaban timidez y vacilación excesivas. Pero, ¿por qué hallamos la misma falta de energía, la misma vacilación y la misma irresolución en un gobernante como nuestro estatúder Guillermo V? ¿Se debe sólo a una coincidencia de las circunstancias y a una semejanza de personalidad? Pero, ¿por qué la misma debilidad fatal, cuando la oportunidad de ofrecer una resistencia efectiva era infinitamente mayor que en el caso de Carlos X, e incluso, lo que es más significativo, en el caso de nuestro propio Rey Guillermo I, tan intrépido e in-

---

[1] Madame de Stäel, *Considérations*, vol. II, p. 91.
[2] Ibídem, vol. I, p. 163.
[3] Ibídem, vol. I, p. 209.

dómito en otras ocasiones? Francamente, esto se debe a que ninguno de ellos contó con el apoyo de los principios inquebrantables de la ley; ninguno de ellos estuvo libre de las ideas según las cuales la voluntad del príncipe debe inclinarse ante la voluntad del pueblo. Ancillón escribe: "Luis XVI sacrificó su autoridad como si se tratara de un asunto personal, de modo tal que pronto la perdió toda, tanto para beneficio de su propia seguridad como para la del estado".[1] Lo mismo sucede con casi todos los príncipes que cedieron ante la doctrina de la Revolución. Empezaron a perder conciencia del valor de los derechos y los deberes; vacilaron en emplear los medios de autopreservación; pensaban que proteger el trono significaba defender una forma de gobierno, una dinastía, su interés personal; temían que por adoptar una postura que corresponde a los príncipes que buscan lo mejor para sus pueblos se ganarían el apelativo de déspotas o tiranos. Queda claro, entonces, que la Revolución misma es la culpable de la vacilación y la debilidad, a las cuales erróneamente se les atribuye sus repetidas victorias.

2. Se sostiene, además, que la irreflexiva resistencia de los estamentos privilegiados corrompió la buena causa

Ahora bien, lejos estoy de negar que la nobleza y el clero sí contribuyeron al surgimiento y a la influencia de las ideas falsas. Esto, gracias a su persistencia en la superstición y la intolerancia; y más tarde debido especialmente a su incredulidad e inmoralidad. Quizá la severidad de su sufrimiento sea una muestra de la gravedad de su culpa y de la retribución de la justicia divina. Pero culpar a esta resistencia de la corrupción de la Revolución es aplicar la lógica del lobo

---

[1] Ancillon, *Nouveaux Essais*, vol. I, p. 96.

CONFERENCIA XII

conversando con el cordero.

Incluso asumiendo que hubo resistencia, yo todavía pregunto cuál fue su crimen. ¿No haber renunciado voluntariamente a sus privilegios? Sin embargo, esos privilegios eran también derechos. Supongamos que hayan sido lentos en renunciar a esos derechos: si tal renuencia justifica la ira de los revolucionarios, entonces el asesino también es inocente si su víctima no permanece completamente pasiva cuando se intenta despojarla de sus posesiones.

Pero analicemos si la suposición es correcta. Sucedió lo contrario. Fueron los estamentos privilegiados los que comenzaron la Revolución. "Los parlamentarios, los nobles y el clero fueron los primeros en querer limitar el poder real... La mayoría de los hombres talentosos de la antigua alta burguesía se unieron al partido popular. Los estamentos privilegiados mismos fueron los primeros en iniciar, con razón y coraje, el ataque a la prerrogativa real".[1]

Y esto se hizo en un espíritu de autosacrificio. Los *cahiers* de 1789 registran como voluntad unánime de la nobleza y del clero el que sus privilegios económicos fueran abolidos, y el que se estableciera la igualdad tributaria para todos. Es más, en medio del entusiasmo generalizado de la Asamblea Nacional, en la noche del 4 de agosto, cuando un miembro tras otro se abalanzaba a la plataforma para renunciar a sus privilegios, fue la nobleza la que dio el primer ejemplo, mientras que el clero, no menos impaciente, se apresuraba a hacer lo mismo. Incluso más tarde, cuando las confiscaciones y las persecuciones estaban en todo su apogeo, la única resistencia que opusieron fue la expresión de su repudio. No es que su moderación fuera meritoria, sino que carecían

---

[1] Madame de Stäel, *Considérations*, vol. I, pp. 125, 297 y 47.

de poder para hacer más. Pero no se puede negar que su oposición en las asambleas revolucionarias sólo se redujo a no cooperar y no aplaudir.

Sin embargo, se dice que su gran pecado lo constituyó su *mal aconsejada emigración*. Al abandonar prematuramente al rey y al país provocaron un daño incalculable a la causa que antes apoyaron. Según Madame de Stäel, es obvio que "la crisis democrática fue mucho más inminente desde el momento en que todos los hombres que habían sido empleados bajo la monarquía, y que podrían haber contribuido a restituir la nueva, si así lo hubieran querido, abandonaron su país".[1] ¿Hubieran podido haberse quedado, entonces? Madame de Stäel señala que todo el que se fue antes de 1792 lo hizo en forma prematura. Así lo refiere ella al hablar de su propia partida en 1792, después de la caída del trono y del inicio del reino del terror: "todos emigramos para escapar de los peligros que nos amenazaban a cada uno de nosotros". Sostiene además que, por el contrario, la emigración de 1791 no fue "provocada por peligro alguno", y que, por lo tanto, debe considerarse como una "decisión política".[2] ¡Qué casualidad! La excusa no fue válida sino hasta el día en que precisamente ella se marchó.

Antes de 1792 "¡no había ningún peligro!" Es fácil refutar esta afirmación. Todos sabemos que a partir de la convocatoria misma de los Estamentos Generales hubo una confusión y una anarquía crecientes. El 3 de agosto de 1789, no de 1792, uno de los comités de la Asamblea Nacional informó: "Las propiedades, sean del tipo que sean, están siendo objeto del más vil de los pillajes; a través de todo el país se están

---

[1] Ibídem, vol. III, p. 9.
[2] Ibídem, vol. II, pp. 1ss.

CONFERENCIA XII 253

incendiando los castillos, se están destruyendo los conventos y se están saqueando las granjas. Los impuestos, los deberes señoriales, todo ha sido abolido. Las leyes no tienen fuerza y los magistrados no tienen poder. La justicia no es más que una sombra, en vano se le busca en las cortes".[1] Después del 5 y 6 de octubre de 1789, cuando Mounier y Lally-Tollendal, voceros jefes del partido constitucional moderado, se retiraron de la Asamblea y abandonaron Francia, Madame de Stäel afirmó que "aun cuando fue una justa indignación la que los conminó a cometer este error", "la consecuencia fue que el partido moderado se debilitó".[2] Sin embargo, sucedió exactamente lo contrario. El que emigraran no debilitó al partido; más bien se fueron porque el partido ya estaba debilitado. Creo que lo mejor que puedo hacer es leer algunas líneas de una carta del mismo Lally-Tollendal: "Ya no era capaz de soportar el horror causado por toda esa sangre —esas cabezas—, la reina —semidescuartizada—, el rey siendo conducido —como un esclavo— al entrar a París, rodeado de sus asesinos y precedido por las cabezas cortadas de sus desventurados guardias —aquellos pérfidos jenízaros, aquellos asesinos, aquellos caníbales, que gritaban ¡*A colgar a todos los obispos en los postes de luz!* en el mismo momento en que el Rey entraba en su carruaje a su capital con dos obispos de su concilio—, un tiro —que vi alcanzar a uno de los carruajes de la reina—, Bailley —que llamaba a éste "un día hermoso"—, la Asamblea Nacional —que esa mañana había declarado con frialdad que no consideraba consistente con su dignidad el ir juntos en masa para escoltar al rey—, Mirabeau —quien en la misma asamblea había expresado impunemente que

---

[1] Citado en Wachsmuth, *Geschichte Frankreichs*, vol. I, p. 152.
[2] Madame de Stäel, *Considérations*, vol. I, p. 347.

la nave del estado, lejos de haber sido interrumpida en su curso, se pondría en marcha con mayor velocidad que nunca con rumbo a su regeneración–, Barnave –bromeando con él mientras que ríos de sangre fluían a nuestro alrededor–, el noble Mounier –que escapó por milagro de veinte matones decididos a sumar su cabeza a su colección de trofeos: Todo esto me hizo jurar no volver a poner un pie en esta cueva de antropófagos [la Asamblea Nacional], donde ya no tengo fuerza para levantar mi voz y donde durante las últimas seis semanas la he levantado en vano. Yo, Mounier y todo hombre decente nos dimos cuenta de que el mayor bien que podíamos hacer era marcharnos".[1]

Ya es más que suficiente pero, si me piden más, entonces contradiré el testimonio de Madame de Stäel con el de un testigo impensable al menos para ella –su propio padre. Necker, al escribir sobre la emigración anterior a 1792, declara: "Todos sabían, sabían muy bien que la mayoría de los nobles que abandonaron Francia lo hicieron forzados, con el fin de protegerse de los insultos y escapar de las acciones personalizadas de violencia, presagiadas por el incendio de las sedes de gobierno, el saqueo de sus propiedades y muchos otros excesos. Cuando uno piensa en ellos en nombre de la nación francesa, no debería olvidar deliberadamente la opresión que tuvieron que sufrir. Antes de calificar su éxodo como una ofensa capital, uno debería haber garantizado su seguridad en casa".[2]

---

[1] Burke, *Reflexiones*, n. 56, p. 105.
[2] Necker, *De la révolution française*, vol. II, p. 187.

3. Su crimen no consistió en emigrar

Este punto corresponde a lo que me gustaría tratar más adelante, con relación a la ley internacional. Pero en vista de que ahora me doy cuenta de que esta parte de mi tema quedará casi inconcluso, quiero presentar ahora el siguiente comentario breve. Una facción que ha tomado las sedes del poder, que ignora los derechos más sagrados, que reprime la verdadera voz del pueblo y sacrifica los legítimos intereses populares en aras de su propio interés, esa facción no es la patria —no puede representar al país, cuando está oprimiendo y profanando a la nación. Ciertamente hay circunstancias en las que solicitar apoyo extranjero se transforma en un deber patriótico. Tales circunstancias sí se dieron en Francia. Es verdad que un vecino no debe inmiscuirse en disputas domésticas, pero uno no duda en llamarlo cuando la casa se está incendiando, o cuando uno de los miembros de la familia se ha transformado en un ladrón o un asesino. Los poderes no intervinieron por cuenta propia; y no sólo respondieron a la petición de los emigrantes, sino también al deseo de todos quienes podían considerarse representantes del estado legítimo e histórico. Aun si hubieran actuado por su cuenta, su intervención habría sido legítima, tan legítima como lo es forzar la puerta del vecino para extinguir el fuego voraz que está por extenderse y abrasar tu propia casa. Además, realmente no hubo intervención. Aparte de la pregunta sobre qué deberían haber hecho los poderes, no hay ninguna duda sobre lo que realmente hicieron: lucharon en defensa propia; y aunque se culpe a la vehemencia de los revolucionarios de una guerra supuestamente iniciada por la impertinencia extranjera, fueron los revolucionarios mismos quienes codiciaron y fabricaron la guerra para conseguir sus propios fines.

Además de estos tres puntos, basta con añadir algunos pequeños ejemplos tomados de historias sobre la Revolución que, con respecto a esta fase, tampoco son capaces de reconocer la verdadera naturaleza de la Revolución y demuestran una fuerza irresistible para exagerar la importancia de elementos *secundarios*.

¡Si tan sólo Mirabeau no hubiera muerto! —¿Realmente se habría contrarrestado el ímpetu de la Revolución, si hubiera vivido más tiempo? Realmente daba lástima cuando trataba de oponerse a las demandas revolucionarias. Al momento de su muerte, todo su prestigio se había desvanecido. Si hubiera permanecido con vida, de nada habría servido su capacidad oratoria contra las ideas por las que había conseguido su superioridad de antaño. El tiempo y las circunstancias estuvieron del lado de este demagogo aristocrático, pero, tal como lo señala Mignet, "Mirabeau murió en el momento oportuno, con grandes proyectos en mente: quería reforzar el trono y consolidar la Revolución, dos cosas muy difíciles de realizar en aquel tiempo en particular.[1]

¡Si tan sólo la Asamblea Constituyente no hubiera cometido la locura de declarar que ninguno de sus miembros podía ser elegido para integrar la próxima asamblea! Si hubieran sido miembros de la Convención Nacional, habrían protegido a la obra de sus manos, a su regalo, la Constitución, contra todos los ataques. Sin embargo, la nueva asamblea "no hizo esfuerzo alguno por considerar su obra y la Revolución, que debía haber terminado, comenzó de nuevo".[2] —Me conformo con citar a Madame de Staël: "¡Vaya confianza en

---

[1] Mignet, *Histoire de la révolution*, vol. I, p. 180.
[2] Ibídem, vol. I, p. 207.

la estabilidad de una obra como esa! ... La autoridad de la Asamblea Constituyente se asemeja a la de la cinta que se colocó alrededor de los jardínes de las Tullerías para evitar que la gente se acercara al palacio; mientras la opinión pública se inclinó favorablemente hacia quienes la instalaron, a nadie se le ocurrió traspasarla; pero en el momento en que el pueblo ya no le halló sentido a esta barrera, ésta perdió todo significado".[1]

¡Si tan sólo la agitación de los *realistas* y de los *aristócratas* no hubiera causado la degeneración de la Revolución! —¿No es extraño que Francia, luego de las purgas del exilio y la guillotina, continuara siendo infectada por aquellos estúpidos defensores del antiguo régimen? Pero si en ese entonces a cualquiera que quisiera un rey se le llamaba "realista", así se tratara de un rey nominal, un servidor civil, un súbdito del pueblo. A cualquiera que no perteneciera a la burguesía se le llamaba "aristócrata" —es decir, a cualquiera que no se contara entre la aristocracia de la chusma, los *sans-culottes*.

Pero ahora debo concluir la primera parte de esta conferencia. Durante el tiempo que resta trataré de demostrar que *de ninguna manera la oposición fue responsable de las exageraciones de la Revolución*. No se puede hablar ni de oposición ni de exageración.

No hubo oposición. —Se nos presenta a la Revolución como un movimiento destinado a seguir su curso con equidad y ecuanimidad, pero que fue incitado, provocado, agitado y excitado por la persistente oposición. "La benevolente Revolución de 1789 se transformó en 1793 en una sangrienta revolución debido a las permanentes provocaciones de in-

---

[1] Madame de Staël, *Considérations*, vol. I, pp. 416-18.

sanos enemigos".[1] No. Cada vez que surgió, la oposición no fue sino la consecuencia de la autodefensa. Fue la obra de aquellos revolucionarios para quienes la Revolución estaba yendo demasiado lejos y estaban preocupados de su propia seguridad. En los primeros años la oposición no tuvo ninguna consecuencia. Burke, al comentar sobre la influencia del partido más enérgico de 1789 y 1790, señala en forma incisiva que "toda su marcha ha tenido más de desfile triunfal que del avance de una guerra" y que su crueldad no ha sido el resultado vil del miedo, sino que era el efecto del "hecho de sentirse plenamente seguros al autorizar las traiciones, robos, crímenes, asesinatos, matanzas e incendios por todo el ámbito de su devastado país".[2]

No hubo exageración. —La Revolución no abandonó su curso inicial, sino que se ciñó fielmente a él.

Mucha gente de buena fe, que deplora las atrocidades de la Revolución, trata de exonerar su principio con el concepto de la exageración. Pero si se puede demostrar que cada cambio de gobierno, cada suceso que afiló todas las piezas de la facción revolucionaria, no fue sino un paso adelante en la senda de su desarrollo; si se puede demostrar que la cadena de acciones revolucionarias concordó perfectamente con la cadena de ideas revolucionarias que plantee al comienzo; y si se puede demostrar que, a lo largo de todos estos años de calamidad, el poder estuvo en manos de los ases de la más sistemática consumación de los preceptos de la filosofía, entonces estoy en condiciones de exigir una de dos cosas: o reconocéis que el horror de su aplicación condena a la teoría, o por el contrario, si persistís en aprobar la

---

[1] Thiers, *Histoire du Consulat*, vol. IV, p. 573.
[2] Burke, *Reflexiones*, pp. 74–75.

doctrina, le imprimís el sello de vuestra aprobación a todo lo realizado de acuerdo con sus exigencias. Debéis asumir con coraje vuestras convicciones. No podéis rehuir ambos caminos. Decidid a favor o en contra, pero no habléis pestes de las consecuencias a la vez que alabáis las causas.

Pero ¿*es posible* demostrar esto? Fácilmente; porque la consistencia fue característica de todo este período de cinco años; es decir, la aplicación incondicional de la teoría, la insistencia en las premisas básicas de la ley constitucional revolucionaria, la ejecución de la teoría o, por lo menos —dado que la aplicación efectiva no fue posible sino hasta ahora— el aumento diario del dominio de aquellos que, a diferencia de sus oponentes, apuntaban a una ejecución más completa.

Esta consistencia se manifiesta en las *tesis* propagadas y en los *medios* empleados. La doctrina de la Revolución fue aplicada cada vez con mayor precisión y en forma más escrupulosa. Basta considerar algunas de las "acciones exageradas" en las que se encarnaron las teorías revolucionarias. He aquí cinco de ellas, las cuales resumen el progreso de la Revolución.

a. La formación de una asamblea nacional soberana

En realidad, la deliberación ordinaria de los estamentos demolió la antigua constitución. Burke acierta cuando comenta que la separación de los estamentos garantizaba la estabilidad del gobierno y los controles recíprocos con respecto a la injusticia y la opresión; pero estos inapreciables elementos de un reino bien regulado "se fundieron, formando una masa incongruente e inconexa". Burke también considera absurda la opinión según la cual el Tercer Estamento debe ser reconocido como el virtual representante de toda la Nación: "Se dice que veinticuatro millones deberían de prevalecer sobre doscientos mil. Cierto si la constitución de un reino fuera un problema aritmético. Este tipo de razonamiento puede hacerse apoyándose en las farolas; para hombres que puedan razonar en calma es ridículo".[1] Ciertamente es falso, necio y ridículo; sin embargo, se ajusta a la doctrina según la cual la base de la representatividad descansa exclusivamente en el número de ciudadanos libres e iguales.

Algunos acusan a los diputados de los estamentos de haber formado una asamblea *soberana*. Los representantes, atados a las instrucciones que recibían, no tenían derecho alguno para excusarse de no consultar a sus electores. Actuaron sin autoridad ni mandato. —Esto es cierto, pero incluso esta "usurpación del poder", este "abuso de confianza",[2] concordaba plenamente con el espíritu y el interés de la Revolución; y era, en consecuencia, absolutamente legítimo y pertinente. La meta era establecer la voluntad general. Los ausentes necesitaban un agente. ¡Qué mejor que aquellos en cuya elección se había manifestado inicialmente esa voluntad! Además, esta autoexaltación concordaba con la presunta voluntad del pueblo. El deseo de una nueva constitución era universal. ¿Pero cómo podría satisfacerse este deseo a través de una constante deliberación con los electores, y en medio de tal conflicto de opiniones y pasiones? Era necesario concentrar la deliberación y la decisión. La metamorfosis de los Estamentos Generales, que se transformaron en una asamblea nacional única para representar al pueblo soberano, fue una victoria sobre quienes hubieran estado felices de ahogar la Revolución en su mismo nacimiento.

---

[1] Burke, *Reflexiones*, p. 86 ["las farolas" es una alusión a los linchamientos ocurridos en París, en los que utilizaron las sogas normalmente empleadas para izar los faroles como medio de ahorcar a las víctimas. N. del T.].

[2] *Appel à la France contre la division des opinions*, p. 5.

b. La promulgación de la Constitución de 1791

Fue realizada a la fuerza y contra la voluntad de quienes, en tanto alumnos de Montesquieu, habían favorecido la adopción de la constitución inglesa, y especialmente la introducción de una cámara alta y un veto real. Los escritos de Necker y de su hija se quejan incesantemente de esto. —Luego, no necesito argumentar que su propuesta era impracticable en un tiempo en que los hombres luchaban por el triunfo de un sistema, no por el logro de un acuerdo".[1] Tampoco necesito recordaros que el imitar una forma no significa captar su esencia. Pero lo que debe destacarse es que esta forma en particular no era la apropiada para encarnar el espíritu de la Revolución. No puedo alabar la Constitución de 1791, ese miserable baturrillo, esa monstruosidad política. Pero al menos era una copia más fiel de la teoría que cualquier cosa que Necker y sus amigos hubieran podido tomar prestado de Inglaterra. Era de esperase que se prefiriera su sistema tan simple: "Un pueblo que declara su voluntad y un rey que la ejecuta. Esta parece ser la única forma legítima de gobierno".[2] ¡Cuán absurdo es que una cámara de aristócratas rompa la unidad del pueblo! ¡Cuán absurdo resulta someter la voluntad de la nación al veto de un rey funcionario!

---

[1] Mignet, *Histoire de la révolution*, vol. I, p. 106.
[2] Thiers, *Histoire de la révolution*, vol. I, pp. 114.

c. La fundación de la República

Sin duda, la Constitución de 1791 fue más revolucionaria que el sistema político inglés. Sin embargo, es evidente que tal "democracia real" es inconsistente, dado que retiene al rey luego de destruir su autoridad real. Esto acabó con la monarquía. "*La nación desea, el rey ejecuta*: ningún planteamiento iba más allá de estos simples elementos, pensando que se favorecía a la monarquía al retener a un rey como ejecutor de las resoluciones nacionales. Pero la verdadera monarquía, tal como se da incluso en los países que se precian de ser libres, es el gobierno de una persona, cuyos límites son fijados en la asamblea nacional... Mas en el momento en que una nación puede ordenar lo que le plazca, sin que el rey tenga el poder para oponerse a ello por medio del veto, el rey no es más que un magistrado, y la nación se transforma en una República con un cónsul en vez de varios... De manera que la República, sin ser mencionada, ya estaba presente en la mente de los hombres, y estos ya eran republicanos sin darse cuenta de ello".[1] Y naturalmente que surgió la pregunta: ¿Para qué tener un rey, entonces? ¿Cuál es el beneficio de mantener a un costoso *autómata* que se ha de mover bajo las órdenes de una asamblea popular? ¿Es necesario un presupuesto nacional para remunerar a un *empleado*? ¿Por qué seguir rindiéndole *homenaje*, siendo que es una burla el rendírselo a un príncipe que no tiene autoridad, y una atrocidad a la luz de la sana doctrina? No se puede tolerar ningún vestigio de la tiranía anterior, ni siquiera de nombre. —Podéis ver entonces que el establecimiento de la República, lejos de ser una vuelta súbita al pasado, no fue sino un paso adelante en la senda revolucionaria: ahora aparecía el verdadero nombre, luego de

---
[1] Ibídem.

desecharse el nombre adoptado. La República ya estaba ahí desde hace mucho tiempo, y hasta gobernaba en el palacio. Sólo faltaba arriar el estandarte real, lo que se hizo el 10 de agosto de 1792.

d. La sentencia de muerte del rey

Muchos, cuyas conciencias no habían sido totalmente cauterizadas por el hierro candente de los sofismas revolucionarios, hubieran estado felices de salvar a Luis XVI. La batalla por este asunto constituye uno de los episodios más dramáticos de la Revolución. Pero, ¿cuál era el punto en cuestión desde la perspectiva revolucionaria? El resultado de este patético proceso habría de revelar si la Revolución sólo era un alzamiento ilícito o, en su defecto, la legitima abolición de la opresión y la violencia en nombre de la ultrajada humanidad. El castigo del rey sería la confirmación de la máxima: "es imposible reinar inocentemente";[1] mientras que la absolución del monarca significaría la condena de la República. Robespierre tenía razón cuando dijo: "No se puede juzgar a Luis, porque ya está condenado; o él está condenado o la República no está absuelta". Tenía sentido; junto con la corona debía caer la cabeza que llevaba la corona. De hecho, el 21 de Enero de 1793 bien puede contarse como ¡uno de los días más felices de la Revolución!

e. La caída de los girondinos

Tal vez se han acumulado demasiados elogios para los talentos de este partido, especialmente sobre sus acciones, que por mucho fueron malas acciones; esto es, *delitos*. Sin em-

---

[1] "On ne peut régner innocemment" (Saint-Just, citado en Wachsmuth, *Geschichte Frankreichs*, vol. II, p. 55).

bargo, especialmente después de su intento de defender al rey, su lucha contra los jacobinos produjo interés y su caída inspiró lástima. Con todo, este interés no debe ignorar el hecho de que, de acuerdo con el canon utilizado por ellos según su agrado y conveniencia, sus rivales estaban en lo correcto. Los girondinos favorecían la República, pero no querían que el principio democrático llegase a estratos más abajo de la burguesía. ¿Por qué esta restricción con tanto olor a egoísmo? ¿Por qué negar al pueblo su participación en derechos que merecían tanto como la clase media? Mignet llama a los girondinos "sólo un partido de transición desde la clase media hacia las masas".[1]

De manera que, en el progreso de las *tesis* que triunfaron, no hubo desviación ni exageración alguna, ni siquiera la más mínima secuencia desprovista de unidad de principio e intención; más bien, hubo un acercamiento cada vez más estrecho hacia la meta política establecida por la filosofía; a saber, la participación de todos en un gobierno cuyos decretos registraran la voluntad de la mayoría.

321   Pero si los principios básicos de la teoría se desarrollaron en forma consistente, ¿hubo quizá exageración en los *medios* utilizados para llevar adelante su desarrollo? Detengámonos en esto un momento. Primero, para analizar la *clase* de medios y, luego, la *forma* en que se utilizaron tales medios.

La clase de medios. —La Revolución se valió de tres recursos. a. Organizó una omnipotencia revolucionaria. b. Se libró de todo disidente. c. Cada vez que se vio acorralada por el "ordenamiento legal", se consideró libre de toda limitación, incluyendo las leyes creadas por ella misma. De modo que

---

[1] Mignet, *Histoire de la révolution*, vol. I, p. 218.

nunca se alejó del principio, sino que se sometió a él. No hubo anormalidad, sino afinidad.

4. La Revolución se valió de tres recursos

a. Organización de la omnipotencia revolucionaria

Considerad los rasgos de la estructura que reemplazó a las instituciones anteriores. Se disolvió el antiguo estado, y el nuevo estado fue dividido en departamentos y municipalidades, todos administrados desde la cúpula. Se cubrió al país con asambleas populares y clubes cuyo centro estaba en París. Desde este centro se puso en movimiento a todo el cuerpo político. Por lo tanto, se produjo una inmensa *centralización* con su propia maquinaria "una asamblea soberana, un poder ejecutivo dependiente de esta asamblea, una administración puntillosamente organizada, un personal innumerable financiado por Francia, y una ciudad capital que ocultaba entre su numerosa población a los agentes, ciegos o inteligentes, con quienes se preparaba y se realizaba, utilizando cualquier medio, lo que fuera necesario para mantener el dominio".[1] Esta centralización, dada su naturaleza y sus escasas restricciones, se conforma a la doctrina de la Revolución, no se puede apartar de ella, y es el único medio con el que cuenta un país grande para averiguar y ejecutar la "voluntad de la mayoría".

(Lo que Burke escribe acerca de la Asamblea constituyente es aplicable también a la autoridad revolucionaria: "El poder directo o indirecto de la Cámara de los Comunes [en Inglaterra], es realmente grande; ... Sin embargo, el poder de la Cámara de los Comunes, en todo su esplendor, es apenas una gota en el océano, comparado con el que tiene la

---

[1] *Appel à la France contre la division des opinions*, p. 9

mayoría de vuestra Asamblea Nacional. Desde la destrucción de los órdenes esa Asamblea no tiene ley fundamental ni convención estricta, ni costumbre respetada que restrinja sus facultades. ... Nada, ni en los cielos ni en la tierra puede servirle de control".)[1]

b. Eliminación de los disidentes

La estabilidad de semejante "ordenamiento legal" se basa en la exclusión de todos los que discrepan con su principio elemental. Las quejas con respecto a este exclusivismo son entendibles. "A pesar de que la Revolución había declarado libertad de prensa, cualquiera que hubiera escrito algo en defensa del orden y de la verdad habría sido muerto sin derecho a juicio. A pesar de que había declarado respeto por las personas y la propiedad privada, las propiedades y las personas sufrieron los ataques de sus leyes y los asaltos de sus asesinos a sueldo. A pesar de que había decretado la independencia de las cortes, poseía una corte suprema entre la chusma, que habría sentenciado y ejecutado personalmente a cualquier magistrado que hubiera dictado sentencia conforme a justicia. A pesar de que había instituido gobiernos departamentales y municipales que habían de ser elegidos por el cuerpo de ciudadanos, los verdaderos ciudadanos quedaron fuera de tales elecciones, transformándose estos puestos en los empleos de los revolucionarios. El resultado fue que todas aquellas proclamaciones de derechos y todas aquellas instituciones establecidas en nombre de la libertad sólo sirvieron para favorecer la organización de un poder monstruoso, para multiplicar en todas partes los agentes de su tiranía, para concentrar el poder supremo en hombres de-

---

[1] Burke, *Reflexiones*, p. 79.

votos a su causa, y para consumar la esclavitud de Francia".[1] Sin duda que estas restricciones apenas podrían conciliarse con la universalidad de las derechos solemnemente proclamados. Con todo, tal injusticia era imprescindible en ese momento. Si uno realmente desea la libertad revolucionaria, no debe entregar armas a quienes las usarían contra ella. La Revolución alega que sólo podrá lograr la salvación de la humanidad bajo las condiciones de un *intermezzo* de intolerancia, el cual preparará el camino para la tolerancia completa; por esa razón, aprueba este régimen de excepciones por medio del cual la libertad se transforma en un privilegio, y la oposición en una víctima indefensa.

c. Liberación de los ordenamientos legales

A pesar de un gobierno fuertemente centralizado y una política exclusivista que se restringió a la nación, sólo a los partidarios de la Revolución, ésta sólo halló reiterados obstáculos en la organización de su "ordenamiento legal". La maquinaria estatal bien podría haberse obstruido, paralizado e incluso desviado hacia fines espúreos, si el gobierno central se hubiera comportado con timidez o si hubiera sido infiel a la gran causa. Este caso se dio con mucha frecuencia según aquellos que no querían descansar sino hasta que se alcanzara la perfección revolucionaria. Tales casos requerían entonces de un nuevo recurso, el uso de *coups d'état*, con medidas extraordinarias y extrajurídicas. ¿Constituía esto una renuncia a los principios? Por el contrario, para ello se invocaba el principio supremo: el bienestar del estado y la preservación de la Revolución son suficientes para declarar

---

[1] *Appel à la France contre la division des opinions*, p. 11.

lícita, legal y loable cualquier supuesta irregularidad que pudiera derribar a un régimen titubeante y dudoso.

Pero veamos ahora la *forma* en que se utilizaron esos medios. Nuevamente, toda censura está por demás según la doctrina de la Revolución. En este caso, la investigación realmente es superflua dado que la esfera de acción de la energía revolucionaria no reconoce otro criterio que la necesidad de un campo de acción revolucionario. De manera que la política sólo es una cuestión de conveniencia, de agudeza subjetiva, de conciencia; una conciencia a la cual la mente y el corazón del revolucionario sólo necesitan responder esto: de acuerdo con su convicción interna nadie conoce, salvo el hacedor, si lo que se pretende hacer es necesario o es útil para la Revolución. El *bienestar del estado* justifica cualquier medio. En consecuencia, donde este precepto sirva como motivación y guía, lo incorrecto se volverá correcto; sacrificándose la verdad, la equidad y la humanidad como una ofrenda de confianza y obediencia a Moloc. Esto explica la sangre fría con que se perpetraron las peores atrocidades, o la firme convicción con la que el partido progresista pronunció el veredicto de exterminio de todo lo que se interpusiera en su camino. Todo se volvía meritorio y encomiable cuando se trataba del bienestar general y la utilidad política. Tal fue el caso con el asesinato del rey: no fue un asunto legal, sino, tal como lo expresó Robespierre, una "medida de seguridad pública", un "acto de providencia nacional".[1] Tal fue el caso con la proscripción de los girondinos: el gobierno "sintió la necesidad de mayor unidad y concentración de poder para actuar con mayor rapidez".[2] Tal fue el caso con la masacre de

---

[1] Citado en Mignet, *Histoire de la révolution*, vol. I, p. 346.
[2] Ibídem, vol. II, p. 27.

cientos de prisioneros en septiembre de 1792. Buonarrotti escribe que "estas ejecuciones, terribles pero irreparables, claramente intentaban consolidar la Revolución, y fueron la deplorable consecuencia de las hostilidades abiertas y solapadas de los enemigos de la libertad, y de los graves e inminentes peligros que amenazaban al pueblo francés".[1] Tal fue el caso con toda la serie de medidas por medio de las cuales se arrebató el poder supremo a las facciones que habían retrocedido ante nuevas y peores barbaridades. ¿Era posible todo esto? ¿Estaba permitido no hacerlo así?

Pero más de alguno dirá que los medios revolucionarios estaban más bien a disposición del gobierno que de sus asaltantes. Si es así, ¿por qué siempre tenían éxito los ataques al gobierno? —Tenían éxito porque el partido que lo atacaba estaba en lo correcto, era más consistente que el gobierno en avanzar en la aplicación directa e incondicional de los principios universalmente reconocidos. Los menos prevalecían sobre los más numerosos porque apelaban a lo que sus adversarios mismos habían dicho y hecho en el pasado. De acuerdo con la concatenación lógica de las ideas, el triunfo de unos pocos implicaba el triunfo de toda la Revolución. La repetición de su victoria daba testimonio de una lealtad generalizada hacia la doctrina de la Revolución. Madame de Stäel habla de los "crímenes con los que la nación se ensució", pero en forma injusta: la nación fue inocente de la mayoría de los crímenes de la Revolución.[2] ¿Qué podía hacer la nación, ahora que estaba dividida en personas, organizada en departamentos y era refrenada por la organización? La sentencia de muerte de Luis se aprobó con una mayoría de sólo 26

---

[1] Buonarrotti, *Conspiration de Babeuf*, vol. I, p. 22.
[2] Véase su propio testimonio citado anteriormente, p. 273.

votos en una asamblea de 721 miembros, donde votar fue casi un asunto de vida o muerte para los jueces. Si se hubiera apelado a la nación, ésta probablemente no habría confirmado el fallo. A través de todo el país había gran descontento y se reprobaban muchas de las medidas de la Convención; a veces la oposición al sanguinario régimen alcanzaba tal fuerza que la victoria parecía segura. ¿Por qué fracaso entonces la mayoría abrumadora, moderada y bien intencionada en sus intentos de derrocar al gobierno revolucionario? No sólo fracasó debido a su falta de unidad y cooperación, sino principalmente debido a su falta de convicción con respecto a la validez de la causa por la cual luchaba: en el fondo de su corazón ellos sabían que de ese modo perjudicarían y serían desleales a la teoría a la que no habían renunciado.

Pero, hay algo que no se puede negar; y es que la marea de la Revolución llegó tan lejos como nadie lo imaginó al principio. "La Revolución de 1789 se propuso abolir el feudalismo, reformar la sociedad, eliminar los abusos del régimen arbitrario y restringir el poder absoluto de la monarquía por medio de la intervención de la nación en la tarea de gobernar. Estas eran sus verdaderas intenciones, y todo lo que traspasó ese límite fue excesivo y sólo trajo desgracias".[1] Al principio, casi nadie quería el gobierno del jacobinismo, el derrocamiento del trono o la humillación de la autoridad real; nadie pensó en el trastorno del estado. Lo admito. Los hombres vivían de ilusiones. En la víspera de 1789 el parlamento de París le aseguró al rey que nada tenía que temer con respecto a la convocación de los Estamentos Generales en conjunto, salvo por "los excesos pródigos de su celo por apoyar el trono".[2]

---

[1] Thiers, *Histoire du Consulat*, vol. V, p. 88.
[2] Citado en Burke, *Reflexiones*, p. 73.

Inicialmente, en la apertura de los Estamentos Generales, los hombres sólo pensaban en la remoción de los abusos por medio del consenso. Luego, se reconoció a la constitución de 1791 como una obra que soportaría la prueba de los siglos. Y así continuaron, paso a paso, llenos de quimeras. Y así llegaron más lejos de lo que nadie pudo imaginar al principio. Lo admito. Se desviaron de la meta que ellos mismos se propusieron alcanzar. Lo admito. —Pero, ¿qué estoy diciendo? ¿Lo admito? Lo afirmo, y apelo a ello; pues lo considero la evidencia más contundente de la verdad de mi caso. No fue el triunfo de la voluntad de los hombres, sino el triunfo del poder de los principios. Aunque el hombre presuma de que puede permanecer incólume con sólo quererlo, quiéralo o no, finalmente será arrasado. El año 1793 no vino porque los revolucionarios lo previeran o lo quisieran, sino porque estaba implícito en el desarrollo y progreso de las ideas cuyo triunfo se determinó en 1789.

* * *

Hasta ahora no he dicho nada acerca del Reino del Terror. Lo he reservado para una consideración aparte. Ese episodio, en el que la muerte se transformó en el único medio para gobernar, nos presenta una imagen muy instructiva de la teoría y sus horribles prácticas, a la vez que proporciona pruebas abrumadoras contra cualquier argumento favorable a ella. Pero es aquí donde los defensores de la Revolución se han escondido tras el pretexto de los excesos y la exageración, como si este episodio de una crueldad casi sin par no fuera, antes que nada, la fiel continuación del experimento sistemático. Ahora me permitiré demostrar que este último acto es absolutamente consistente con toda la tragedia y que, lejos de estar en disonancia, más bien constituye un armonioso acorde y el final más digno de esta sinfonía infernal.

CONFERENCIA XIII

EL REINO DEL TERROR

Sólo nos falta considerar un período más de la fase de Desarrollo: el último, el más espantoso, el más instructivo de todos; es decir, el Reino del Terror. Sería superfluo hacer un bosquejo de este descenso político al infierno, que va desde la caída de los girondinos hasta la caída de Robespierre, entre el 1 de junio de 1793 y el 27 de julio de 1794. Pero no está por demás mostrar su conexión con la doctrina de la Revolución y demostrar que su exposición en modo alguno constituye en sí una exageración. No estamos tratando con un período excepcional, ni con personas excepcionales. Desde el punto de vista de los hechos, sólo fue la continuación, hasta lo más extremo posible, de lo que estaba sucediendo desde 1789; y en cuanto a las personas, se trataba de teóricos que, dentro del espíritu de la Revolución y lejos de cometer excesos, proclamaron las tesis revolucionarias y emplearon los medios revolucionarios con una frialdad sorprendente.

Permitidme que primero eche un vistazo general a la naturaleza de este notable período, para luego analizar en forma más detallada algunos de los hombres que estuvieron a la cabeza del desarrollo de la Revolución.

El envilecimiento de los revolucionarios de este período se explica por su ceguera, que no les permitió percibir las consecuencias de sus propios dogmas. A partir de 1789, todos los partidos de gobierno no eran sino matices de un mismo partido. A su vez, cada partido en turno consideraba a aquellos

331 que lo suplantaban más como enemigos que interrumpían su labor, que como discípulos e imitadores que continuarían con paso firme lo que ellos no habían terminado. Cada partido creyó que su antecesor se había vuelto moderado, cuando lo cierto es que se había vuelto inconsistente. Se ofendía por las conclusiones que se sacaban de lo que hace poco se había predicado, y por las consecuencias de lo que hace poco se había realizado. Tal fue la actitud del partido inglés hacia los Constitucionalistas, de los Constitucionalistas hacia los girondinos y de los girondinos hacia los jacobinos. Tal habría de ser pronto la actitud de todos contra la facción que recién había ascendido al poder. Anegados por el torrente que imaginaron poder controlar, todos los partidos casi se olvidaron del odio que se tenían unos a otros, para transferir
²322 su hostilidad, su indignación, su horror, y especialmente su
331 responsabilidad a los Terroristas. Según ellos, los desastres y las atrocidades se produjeron porque los Terroristas habían abandonado el camino seguido hasta entonces. Pero lo cierto era lo contrario, porque los principios tomados como directrices fueron los mismos, no sólo para los girondinos, sino mucho antes aun para los Constitucionalistas, para Mirabeau, Necker y Turgot, e incluso para el mismísimo rey benigno,
²322 inspirado por su bienintencionado celo reformador. Esto es
331 cierto, por ejemplo, con respecto a la máxima fundamental que contiene la piedra angular de toda la teoría y todo el Reino del Terror: *la promoción incondicional del bien común* o la seguridad pública. A veces Madame de Stäel prefiere limitar esta máxima a los hombres de 1793: "su doctrina era la arbitrariedad sin límites; sólo les bastaba presentar como pretexto para cada acto de violencia el peculiar nombre de su gobierno, *la seguridad pública,* una expresión fatal que implica

CONFERENCIA XIII   275

sacrificar la moralidad en función de lo que han acordado llamar el interés del estado; es decir, sacrificar la moralidad en función de las pasiones de los que gobiernan".[1] Pero esa regla no era nueva; había sido la regla desde el principio. Esa regla removía toda objeción. Esa regla, la deificación del estado, había sido la base de todo argumento.

Los ejemplos sobran. Antes de 1789, cuando muchos que aún no se habían empapado de la teoría retrocedieron frente a la abolición de los derechos de propiedad, Turgot dijo: "Las preguntas de este tipo tienen que ver con asuntos más elevados; tienen que ver con los derechos de la naturaleza y el bien común". En 1790 Camille Desmoulins, "un alma amable y gentil", según Mignet,[2] señaló que no habría paz hasta que los aristócratas de todos los ochenta y tres departamentos fueran ahorcados en los árboles, no siendo un destino injusto para ellos, puesto que se habían rebelado contra el inalienable derecho de la nación a autogobernarse. El bien común, los derechos de la nación, la preservación de la República y la Revolución fueron los móviles que constantemente impelieron la maquinaria de la destrucción.

Los principios eran los mismos; quizá los hechos eran diferentes. Al oír hablar a algunos sobre el Reino del Terror, uno podría pensar que previamente sólo se había hollado la senda de la inocencia y la filantropía. Sin embargo, la verdad niega tal afirmación. Hubo una ascendente escalada de maldad, cuyo primer paso ya había alcanzado un grado de violencia sin precedentes; no podemos festejar a los malhechores sólo porque fueron seguidos por otros malhechores peores. No vamos a felicitar a los girondinos sólo porque los jacobinos

---
[1] Madame de Staël, *Considérations*, vol. II, pp. 145ss.
[2] Mignet, *Histoire de la révolution*, vol. III, p. 38.

eran hombres de teoría que los sobrepasaron en la práctica de la violencia. Necker escribe que nadie habría sospechado que los girondinos se convertirían en futuros oponentes del ultraje revolucionario "cuando la mayoría de ellos, como miembros de la Asamblea Legislativa, en los días 20 de junio y 10 de agosto provocaron e instigaron el derrocamiento del rey; cuando fueron ellos los que trataron de engañar al pueblo y encendieron su furor ciego para perseguir a los emigrantes y a los sacerdotes hasta el extremo más odioso, a la vez que mostraban mucha indulgencia para con los inventores de la Torre Fría de Avignon y para con el celebrado Jourdan, el peor truhán de la época".[1] El tan alabado Roland dejó de ser tan loable cuando en 1792 se refirió a la barbaridad de los Septembriseurs con los eufemismos de "exceso", "efervescencia", "agitación". Necker nuevamente: "Casi todos los girondinos se distinguían por sus talentos, y (en 1793) se hallaron a la cabeza del más sabio de los partidos, el más apartado de las medidas tiránicas y violentas. Pero en gran parte fueron ellos los mismos diputados que, en la Asamblea Legislativa y con la confianza del pueblo, desbarataron la constitución monárquica de 1791. Ellos planificaron el día 10 de agosto al igual que los sucesos que lo precipitaron. Es notable, muy notable desde un punto de vista moral, que en 1793 hayan sucumbido bajo los mismos golpes y como resultado de las mismas maniobras y las mismas armas de asalto, a las que ellos habían apelado en 1792 para derrocar y destituir al rey".[2] Lo que Necker dice aquí sobre los girondinos se aplica también a toda la procesión de partidos extinguidos: "La creciente escalada de crímenes y ultrajes emanados

---

[1] Necker, *De la révolution française*, vol. II, p. 318.
[2] Ibídem, vol. II, p. 321.

de la Revolución han dado origen a críticas cada vez más fuertes, las que se transformaron en méritos comparativos, aun cuando la mayoría de tales méritos, por sí mismos, no habrían cosechado alabanza alguna, mucho menos muestras de estima".[1]

Chateaubriand observa acertadamente que "el Terror comenzó con los asesinatos privados y esporádicos de 1789, 1790, 1791, 1792, hasta llegar a los asesinatos públicos y regulares de 1793".[2] Esta regularidad es el frío sello distintivo del Reino del Terror. Ciertamente, no fue un tiempo de anarquía caótica, sino una espantosa dictadura impuesta para detener el desorden y la incertidumbre: "Los Diez fueron los más crueles porque fueron los últimos".[3] No tenían la intención de tomar un nuevo camino, sino de proceder de acuerdo con el mismo hasta el final. Sólo había un curso, una senda manchada de sangre, tal como Necker lo había predicho: "Las manchas de sangre serán nuestros guías, y los trofeos del crimen y los altares consagrados a la furia serán los hitos que demarcarán nuestra ruta".[4] Nuestra indignación no debe comenzar con el último hito, sino con el primero.

Así como a los autores les gusta presentar el Reino del Terror como un fenómeno inexplicable, como "un efecto sin una causa", desconectado de cualquier antecedente, para imputar de ese modo el horror de la Revolución sólo a este movimiento excéntrico, así también les gusta describir a los personajes que fueron sus líderes como excepcionales, como rarezas morales, cuyas inhumanidades no logran manchar la doctrina de la cual abusaron. De esta manera, el aborre-

---

[1] Ibídem, vol. II, p. 319.
[2] Chateaubriand, *Etudes historiques*, vol. I, Préface.
[3] Mignet, *Histoire de la révolution*, vol. II, p. 60.
[4] Necker, *De la révolution française*, vol. II, p. 317.

cimiento de tales personas se usa para exonerar a la teoría. Por tanto, es importante denunciar esta falsificación de la verdad histórica, demostrando que la calidad extraordinaria de esta gente consistió en su absoluto apego al principio de la Revolución y sus demandas.

No estoy hablando de todos. La psicología de la Revolución despliega una gran heterogeneidad. No faltaron los infelices movidos por su sed de sangre y de beneficio personal, gente a la que no le importaba llevar a cabo las ideas, sino satisfacer sus deseos y pasiones, gente a la que se le puede calificar como monstruos y demonios con forma humana. Tal fue el caso de Collot d'Herbois, Carrier y muchos otros. En el caso de algunos fue el temor a ser acusados de haberse ablandado, el temor de llegar a ser víctimas de su propia tolerancia, lo que los llevó a la crueldad. Tal como lo planteó Danton, al final de su carrera criminal: "Uno debía guillotinar o ser guillotinado".[1] Lo que al principio se hizo para sobrevivir, pero con renuencia, luego se transformó en un hábito, una necesidad, incluso una delicia y un placer. Tal fue el caso de Barrère, uno de los más viles depravados que emergieron de la Revolución. Barrère, cuyos habituales discursos frente a la Convención tenían el objeto de disimular ante ella su servilismo, fue uno de los instrumentos más útiles del Comité. No se adhirió al régimen del Terror por fanatismo o por crueldad. De modales apacibles y más allá de todo reproche en su vida privada, tenía una mente marcada por la moderación. Pero *tenía miedo*; y luego de ser un realista constitucional antes del 10 de agosto y un republicano moderado antes del 31 de mayo, se transformó en un

---

[1] Citado en Mignet, *Histoire de la révolution*, vol. II, p. 51.

CONFERENCIA XIII

panegirista y un partidario de la tiranía de los Diez".[1] Tal fue el caso de uno de los cómplices más despreciables del Terror, Lebon. "Joven, y de constitución más bien delicada, era por naturaleza un caballero. Había sido humano en su primera misión; pero se ganó el reproche del Comité y fue enviado a Arras con instrucciones de mostrarse un poco más revolucionario. Por el miedo a no cumplir con los requerimientos de la inexorable política de los Comités, se entregó a los excesos más inauditos, mezclando el libertinaje con el exterminio. Siempre estuvo junto a la guillotina, a la que llamó Santa Guillotina, y se hizo compañero de los verdugos, a quienes admitía en su mesa".[2]

Pero ese no fue el caso de Danton, Marat, Saint-Just y Robespierre, los máximos representantes del Terror.

He decidido dedicar el resto de esta tarde a la consideración de estos personajes, en relación a la puesta en marcha de las ideas de la Revolución. Procuraré: (1) presentar algunos elementos de su carácter; (2) inferir de ellos el secreto de su fuerza; (3) probar que su conducta fue encomiable de acuerdo con los parámetros revolucionarios; (4) ilustrar con Robespierre la notable relación entre los sofistas que proclamaron la teoría y los gobernantes que la llevaron a cabo.

1. Algunos elementos de su carácter

En cuanto al *carácter* de ellos, es suficiente recordar que ni la malicia ni los apetitos fueron las únicas o principales motivaciones de su actuar. Para Danton ningún medio fue demasiado fuerte si servía para llevar adelante la Revolución.

---

[1] Ibídem, vol. II, p. 66. El énfasis fue agregado por Groen en la 2a. ed.
[2] Ibídem, vol. II, p. 115.

"Temerario, ardiente, ansioso de sensaciones y placeres, se lanzó de todo corazón a los disturbios, siendo su destino el brillar especialmente en los días del Terror. Ágil y decidido, no se amilanaba ante las dificultades o lo inusitado de una situación; sabía cómo elegir los medios necesarios, y nunca tuvo temor ni escrúpulos frente a ninguno de ellos. Pensó que era urgente terminar con la lucha entre la Monarquía y la Revolución, y lo logró el 10 de agosto. Ante la aproximación de los prusianos, consideró necesario mantener a Francia bajo control e involucrarla en el sistema de la Revolución, de modo que se dice que él preparó los terribles días de septiembre".[1] Nunca lo abandonó su convicción de haber actuado de acuerdo al deber y al mérito, ni siquiera cuando enfrentó al Tribunal Revolucionario, sabiendo que estaba a punto de ser ejecutado: "Danton", dice el Presidente, "la temeridad es una cualidad de la culpa, la calma es parte de la inocencia". Ante estas palabras Danton exclama: "la temeridad individual debe ser reprimida, pero la temeridad nacional, que tantas veces yo he ejemplificado y utilizado en la causa de la libertad, es la más meritoria de todos las virtudes. Esa es mi temeridad; esa es la que empleo aquí por el bien de la República en contra de los cobardes que me acusan. ¿Cómo puedo contenerme, cuando veo que me difaman con tanta bajeza? No se puede esperar una defensa fría de un revolucionario como yo. Los hombres de mi temperamento son inestimables durante las revoluciones. El genio de la libertad ha puesto su sello en sus frentes".[2] —Ésta es una de las instancias más impresionantes de la forma en que los hombres se fabrican una moralidad *ad hoc*, que convierte

---

[1] Thiers, *Histoire de la révolution*, vol. VI, p. 169.
[2] Ibídem, vol. VI, p. 160.

hasta el crimen en algo meritorio. A pesar de todo, puede que Danton haya apuntado más a la igualdad democrática que a la realización de las teorías, en las cuales al parecer era mucho menos versado que sus secuaces. Por esta razón Mignet escribe que Danton "sólo fue un jefe político, mientras que los demás eran verdaderos sectarios".[1]

Marat fue particularmente un *sectario*. A pesar de la vileza y la ferocidad con la que se volvió hacia la escoria de la sociedad; no hay duda de que se inspiró en un solo ideal: presionar para el establecimiento de un radicalismo absoluto. Thiers lo ha caracterizado correctamente como "el más singular de los hombres de un período tan fértil en caracteres. Luego de emprender una carrera científica, se esforzó por derribar todos los sistemas; una vez involucrado en los problemas políticos, de inmediato surgió en él una idea terrible, una idea que las revoluciones aplican diariamente a medida que aumentan sus peligros; a saber, el propósito de destruir a todos sus enemigos. Marat se sentía el político más grande de los tiempos modernos ya que, aunque la gente condenaba sus consejos, con todo los seguía; y veía que a los hombres denunciados por él se les despojaba de su popularidad y luego se les sacrificaba en el mismo día predicho por él.

Todo esto lo llenó de una arrogancia y audacia extraordinarias, no dejando nunca de horrorizar a adversarios y desconocidos, e incluso a sus propios amigos. Este hombre llegó a su fin por un accidente tan singular como su vida, y sucumbió en el mismo momento en que los líderes de la República se reunían para formar un gobierno cruel y sombrío, en el cual ya no había lugar para un colega temerario, dog-

---

[1] Mignet, *Histoire de la révolution*, vol. I, p. 361.

mático y maníaco, cuyas extravagancias habían trastornado todos sus planes".[1]

También mencioné a Saint-Just. Fue él quien, por sobre los demás, compartió el supremo poder con Robespierre. Me conformo con las siguientes palabras de Mignet: "Saint-Just procedió a poner en marcha su sistema sin vacilación alguna. Con apenas veinticinco años de edad, fue el más temerario de los Diez, dado que era el más convencido de todos. Apasionado partidario de la República, era incansable en los Comités, intrépido en sus misiones para el ejército, donde habría de dar un ejemplo de coraje al compartir las marchas y los peligros de los soldados... Pero, más que sus creencias populares, fue su habilidad política la que lo hizo formidable. Poseía una gran temeridad, sangre fría, genialidad y firmeza. Poco susceptible a la compasión, habría de reducir sus medidas de seguridad pública a fórmulas, para después llevarlas a cabo. Si la victoria, la proscripción, la dictadura le parecían necesarias, las exigía de inmediato. A diferencia de Robespierre, fue un verdadero hombre de acción".[2]

Ahora llegamos al alma y guía del Reino del Terror. ¿Qué hemos de decir de Robespierre? Se dice que fue un detestable instrumento del averno, una mancha de la humanidad, alguien que no merece ser llamado un ser humano. Necker escribe: "En honor a la humanidad, no deberíamos considerarlo como parte de la naturaleza, sino alguien a quien no es posible aproximarse ni por medio del estudio ni la observación".[3]

---

[1] Thiers, *Histoire de la révolution*, vol. V, p. 71 [[2]329n]. Marat era la personificación del gobierno de la Revolución.

[2] Mignet, *Histoire de la révolution*, vol. II, p. 63.

[3] Necker, *De la révolution française*, vol. II, p. 329.

Pero no es nuestra intención el oscurecer la verdad para resguardar el honor de la humanidad; por lo demás sería impropio renunciar a un análisis histórico con tal pretexto. Es obvio que, habiéndose derrumbado el Reino del Terror, tanto a amigos como a enemigos les convenía culpar y responsabilizar sólo a Robespierre.[1] Pero, debido al recuerdo del Reino del Terror, incluso aquellos que pretenden ser imparciales tienen una imagen muy desfavorable del líder de los Terroristas y se le considera un hombre licencioso e inmoral, un cruel demagogo. Fue un ateo que se valió de una imagen de virtud y moralidad, así como de sus brillantes talentos, para acceder al primer lugar; lugar que el crimen, en combinación con el genio, siempre alcanza en días de confusión y excitación.

Ninguno de los rasgos de este retrato son ciertos en la vida real. Robespierre no fue un hombre inmoral. En comparación con otros, se destacó por su modestia. Su actuar desinteresado fue ejemplar. Con justicia se le llamó "el Incorruptible"; a su muerte, su hacienda no ascendía a más de 460 francos. Creía en la virtud, en la inmortalidad y en Dios. Era un deísta. No hay razones para suponer que fuera cruel por naturaleza. No poseía talentos que justificaran su superioridad y su prolongado dominio: en esto no se le puede comparar con Mirabeau, ni siquiera con Danton. Frente al peligro, huyó como un cobarde. No poseía una oratoria excepcional. Bajo de estatura, nada había en su presencia, su voz o su semblante que pudiera inspirar respeto. Sin embargo, ¡fue este hombre el que obtuvo tal grado de poder como nadie en la historia! "Robespierre poseía más popularidad

---

[1] [²330n] Robespierre se transformó en "el chivo expiatorio de la Revolución" (Croker, *Essays on the Early Period of the French Revolution*, p. 309).

que cualquier hombre de su época; en cierto modo fue el moderador de la República y líder de opinión".[1] En las instituciones republicanas gobernó de una forma arbitraria casi desconocida entre las autocracias orientales. ¿A qué se debe esto?

340 Muchos lo consideran un misterio sin solución. En su *Douze journées de la Révolution*, Barthélémy confiesa: "después de leer y ponderar cien libros acerca de él, aún no puedo entender su poder, su popularidad o el secreto de su capacidad de influenciar sobre las masas. Parece ser que los tiempos inexplicables requieren de fuerzas inexplicables". Creo que muchos no pueden comprender a Robespierre porque no se dan cuenta de que lo abordan desde una perspectiva errónea. Permitidme que intente demostrar, con la clave que ellos no tienen, cual fue el secreto del poder que hizo que Francia, "quiéralo o no, se sometiera a hombres como Robespierre, Saint-Just y Marat".

2. El secreto de su fuerza

Para mí, la solución se halla en su *creencia* en la teoría revolucionaria; y creo que aquí debemos fijar la atención en la *sinceridad* de su convicción, la *naturaleza* de la doctrina y la *simpatía* generalizada con la que ésta contaba. Ya hemos notado la *sinceridad* de convicción en el caso de Marat y Saint-Just, igualmente inconfundible en Robespierre. Esto no escapó a la perspicacia de Mirabeau quien, cuando aún Robespierre no había alcanzado ninguna notoriedad, exclamó: "¡Este hombre está convencido de todo lo que dice!".[2] Madame de Stäel, aunque en alguna parte se refiere a él

---

[1] Mignet, *Histoire de la révolution*, vol. II, p. 43.
[2] Citado en Wachsmuth, *Geschichte Frankreichs*, vol. I, p. 159.

como a un "hipócrita", en otra parte escribe con mayor veracidad: "Robespierre no fue ni más capaz ni más elocuente que el resto: pero su fanatismo político tenía tal carácter de moderación y austeridad que lo hizo temible ante todos sus colegas... Había algo misterioso en su modo que hacía flotar un miedo invisible en medio del terror visible proclamado por el gobierno".[1] Él prevaleció porque creía firmemente en la teoría política de la Revolución y porque la fidelidad a sus convicciones no le hubiera permitido retroceder ante las últimas y las peores consecuencias, aun cuando hubiera tenido que seguir solo.[2] Su total desinterés, que sólo buscaba el triunfo de la doctrina le dio una "preponderancia natural sobre aquellos que se detenían a medio camino, engañándose al imaginar que con una medrosa consistencia serían capaces de detener el Terror, cuyo principio fundamental ellos mismos endosaban ... Robespierre ilustra la gran verdad según la cual, en el curso de una revolución, el partido más consistente prevalece al fin sobre el menos consistente y que, tarde o temprano, cada principio llegará a producir *todos* sus frutos".[3] Lo notable es que en lo principal fue absolutamente consistente. En la primera asamblea, donde se discutió todo tipo de combinaciones de formas mixtas de gobierno, él se adelantó y propuso la igualdad universal de derechos políticos como la única forma de gobierno acorde con los derechos del hombre.[4] Su firme convicción le proporcionó energía en sus palabras y sus acciones, lo que le

---

[1] Madáme de Stäel, *Considérations*, vol. II, pp. 140ss. y 107ss.
[2] [²999*n*] "Con su gran aislamiento, demostró su poder y se ganó el ascendiente sobre las mentes indecisas" (Lamartine, *Histoire des Girondins*, vol. II, p. 47).
[3] *Berliner Politisches Wochenblatt*, 1832, p. 99.
[4] *Cfr.* Wachsmuth, *Geschichte Frankreichs*, vol. I, p. 203.

permitió prevalecer sobre aquellos que actuaban a medias porque sus convicciones también eran a medias. Es más, a medida que la Revolución progresaba, cada suceso importante era un paso que la acercaba al punto en el cual él se había mantenido desde el principio, de modo que su prestigio sólo pudo crecer a medida que el sistema se imponía. Cuando los hombres finalmente lograron su nivel de convicción, él se transformó en el líder natural del partido triunfante y toda la fuerza del radicalismo quedó a disposición de los más radicales, quienes sobresalían entre los demás. Su triunfo no sólo se debió a la astucia y la violencia, sino a la inflexibilidad y la perseverancia, producto de una fe inconmovible.

Pero, para poder apreciar la fuente y la naturaleza de la fuerza de Robespierre y compañía, debemos centrar nuestra atención en el *contenido* de su doctrina. Ellos entregaron su vida a una cosmovisión que para ellos no era sólo la más genuina, buena, útil y saludable, sino también como el único y más seguro medio para darle un fin rápido y total a la calamidad y al infortunio, y dar lugar a un nuevo comienzo de pacífica felicidad. Ya conocemos sus concepciones: que la tierra a través de todos los tiempos había sido un escenario de miseria como resultado de la violencia y la hipocresía; que los príncipes y los sacerdotes habían hecho un pacto para esclavizar los cuerpos y las almas de las pobres naciones, aherrojándolos con la doble cadena de la coacción y la superstición; que los dogmas degradantes e intolerantes del cristianismo con respecto a la depravación y la impotencia del hombre habían sido utilizados para empujar a la humanidad, bajo el estandarte de la moral y la justicia, a un esquema artificial que restringió toda libertad de movimiento y desarrollo. He aquí el origen de tanta y tan variada desgracia y sufrimiento; el origen de la dominación y la esclavitud, de la riqueza y la pobreza, de los conflictos, las disensiones y las guerras, del dolor y de los innumerables crímenes, cuya sucesión constituye la historia del mundo. Sólo un renacimiento filosófico, por medio de su tibio resplandor, podría poner fin ²335 a esta lastimosa degeneración. Pero ahora se había encendi- 343 do una luz en medio de las tinieblas y los derechos olvidados estaban saliendo a luz. La observancia de los preceptos de la filosofía significaría, entonces, destruir el prejuicio y la tiranía, para así establecer la libertad, garantizar la prosperidad, la abundancia, la verdadera cultura y el refinamiento; para que paso a paso se llegue a recrear y perfeccionar a la raza humana. Así se reprimiría la envidia y la disensión; se armonizaría la felicidad de todos con los intereses de todos; y en la tierra se establecería la paz, la verdad, la justicia, el amor mutuo, la obediencia a los preceptos de la naturaleza —no reprimiendo sino satisfaciendo nuestros deseos y pasiones—, la ayuda mutua y la hermandad; en resumen, en vez de miseria habría arrobamiento. Ahora habría de suceder lo que no había sucedido a causa de la ignorancia. La oportunidad estaba a la mano. En Francia podría abordarse y completarse la tarea de educar a la humanidad. ¡Qué oportunidad de ser los benefactores de su país, de Europa y del mundo! ¡Qué oportunidad de establecer el reinado de una doctrina que, una vez plantada, echaría raíces firmes y produciría todos sus beneficios para todas las generaciones. Sólo cuando logremos proyectarnos en ese estado de mente, que hace que los hombres crean que han recibido el apostolado de tal evangelio, seremos capaces de formarnos una idea de cómo el poder de los confesores se vio fortalecido por el contenido de la confesión, por su ceguera y entusiasmo, y —permitidme que use el término— por su fanatismo. Ni siquiera necesitamos, o debemos, considerar su fanatismo como un delirio insano. Muy por el contrario, su fanatismo carecía de excitación, pues no se basaba en la intoxicación de las pasiones, sino en el razonamiento de la mente. Se trataba del sometimiento a una teoría, cuyo esquema ilusorio de recrear al mundo se aceptaba sin cuestionamiento. De manera que fue el hecho de sentirse llamados a una vocación suprema lo que produjo la paz, la calma y la satisfacción, al igual que la desalmada crueldad con que se cometieron los crímenes que con tanta fuerza redoblaron la energía revolucionaria.

Finalmente, no debemos olvidar que este estado de mente se ajustaba al modo de pensar *general*. Tal descripción de la teoría como la panacea de la humanidad, como el medio por el cual se recrearía la tierra, transformándola en un paraíso, era la misma que la gente había adoptado con entusiasmo, luego de aparecer por casi medio siglo en las publicaciones más leídas. Cada vez que se invocaba la nueva sabiduría de moda se producía un eco, se pulsaba una cuerda sensible o se causaba un *shock* electrizante. Hasta el aire que la gente respiraba simpatizaba con la Revolución. Por esta razón el terrorismo era tan invencible. El Régimen del Terror disponía de encantos con los cuales sedujo a miles; a miles reprimió por la fuerza. Pero la razón de su irresistible poder se halla sobre todo en los atractivos de la solidaridad revolucionaria, las selectivas afinidades de su incredulidad y la consistencia de su lógica, que inspiraban a sus devotos y desalentaban a sus enemigos.

3. Su conducta fue encomiable de acuerdo con los parámetros revolucionarios

Ya he allanado el camino para examinar las políticas de Robespierre y sus compañeros desde un punto de vista totalmente justo para ellos y útil para nosotros. Sólo cuando logremos tener en mente su carácter y su verdadera motivación seremos capaces no sólo de dar razón de su omnipotencia, sino también de apreciar su conducta. Si sólo se vieran atrocidades en su conducta, sin ninguna unidad de principio o propósito, entonces habríamos guardado silencio frente a estos horribles hechos y dado vuelta a una página de la historia de la cual no podemos sacar nada en limpio. Pero tal posición es incorrecta. La conducta de estos líderes de la Revolución, incluso en su punto más horrendo, fue la consecuencia natural de su convicción, la fiel aplicación de las ideas de la Revolución y, de acuerdo con este parámetro, una forma *recomendable* de utilizar el poder revolucionario.

Tan pronto como la Revolución enfrentó sus primeros obstáculos surgieron actos de crueldad, producto del fanatismo al que ya nos hemos referido. Cuando a los hombres se les niega el acceso al futuro dorado, ¿no es natural, acaso, que su ira se encienda y se vuelva en contra de aquellos cuya oposición pretende impedir la realización de tal bendición, perpetuando así la injusticia y la miseria? ¿No es natural que la ira y la amargura en contra de tales sinvergüenzas egoístas aumente a medida que se multiplican sus objeciones? ¿Sería la sangre de tales hombres un precio demasiado alto para preservar y hacer triunfar la Revolución? ¿Acaso no acallarían permanentemente sus conciencias, preguntando al igual que Barnave cuando cayeron las primeras víctimas?: "¿Fue su sangre tan pura?". ¿No verían, más bien, en esta larga sucesión de errores una retribución justa, una condición justa, una condición necesaria para la victoria y un mal pasajero, de poca importancia en términos comparativos?

La crueldad de los fanáticos revolucionarios es presentada como algo sin paralelo y contrario a las inclinaciones de la naturaleza humana. No es mi intención inquirir en los rincones más íntimos del corazón corrupto, ni tampoco investigar cuán alto valora el hombre natural, abandonado a sí mismo, la vida de los demás, cuando ve amenazado su vida o sus intereses, o cuando sus deseos y sus planes han sido rechazados y desbaratados. Lo que encontraríamos sería atroz. Sólo me limitaré a observar que cuando la mente se embota con conceptos errados sobre los aspectos más importantes de la vida humana, y cuando el corazón del hombre es arrastrado por semejante fanatismo, siempre ha generado placer y perseverancia en el mal. No debe sorprendernos que cuando los hombres desconocen la verdadera fe cristiana, *desconozcan* también el deber del amor y la tolerancia. Cuando los hombres no conocen la promesa: "No con ejército, ni con fuerza, sino con mi Espíritu, ha dicho Jehová de los ejércitos",[1] entonces se valen de cualquier arma para obtener el triunfo de los principios que profesan. El no reconocer diferencia alguna entre lo bueno y lo malo al seleccionar los medios no es una característica peculiar de los jesuitas o del jacobinismo, sino de todo fanatismo, cuyo objetivo es destruir todo lo que se interponga en su camino. No sabe de remordimientos, puesto que cada crimen no es más que otra joya en la corona de sus buenas obras. En todos partes la historia da testimonio de ello, siendo éste el caso de Mahoma, quien, en nombre del único Dios, sembró la destrucción a

---

[1] Zacarías 4:6.

fuego y espada en medio mundo. Del mismo modo, la Roma papal asesinó a sangre fría a los protestantes, en medio de oraciones e himnos de alabanza. Temblamos cuando un Marat exige por decenas y cientos de miles los sacrificios para la venganza del pueblo. Sin embargo, los hombres del Terror actuaron con motivos relativamente nobles. Fueron inhumanos por amor al hombre. Uno de sus actuales panegiristas dice: "La profunda convicción de que se estaban consagrando al triunfo de la moralidad universal y a la sagrada causa de la humanidad forjó en nuestros padres una voluntad de hierro. Ellos nos enseñaron que todo se debe sacrificar en aras de la moralidad".[1] Fueron crueles, pero no por crueldad, sino porque a veces la severidad es indispensable. El médico debe actuar con mano firme si quiere sanar una herida y no se le ocurriría, por ningún motivo, dejar intacto un miembro descompuesto que muy pronto corrompería todo el cuerpo. El dolor es saludable y durará poco; tal vendría a ser el caso de la dolorosa transición del período revolucionario. Robespierre señala: "Aún no ha llegado el tiempo de hacer lo bueno"; más tarde, más tarde, algún día, el pueblo francés habría de distinguirse por su bondad combinada con la fuerza, y por "modales suaves, enérgicos, sensibles e inexorables hacia la tiranía y la injusticia".[2] Él y Saint-Just se regocijaban en el día futuro en que todo hombre se dirigiría con su arado o su pedazo de tierra, para pasar allí, el resto de sus días, cultivando su tierra en paz.

En segundo lugar, su política consistió también en una fiel aplicación de la teoría revolucionaria.

---

[1] Buchez, citado en Wachsmuth, *Geschichte Frankreichs*, vol. II, p. 302.
[2] Ibídem, vol. II, p. 305.

Se dice que estos hombres no fueron hombres de estado, sino anarquistas; que no fueron gobernantes, sino verdugos. —No lo niego. Pero fueron así porque fueron eminentemente teóricos y escrupulosamente ortodoxos en cuanto a la doctrina y la práctica. Sus ideas, tildadas como anárquicas, desde el comienzo habían sido proclamadas en medio de una aprobación universal. La única diferencia consistía en que los jacobinos deseaban para todos, no para muchos o para algunos, lo que los girondinos, sus antecesores inmediatos, sólo le habrían otorgado a la clase media, a la *bourgeoisie*, y en ningún caso a las clases bajas, los *sans-culottes*. Los jacobinos aspiraban a colocarse a sí mismos y a los demás bajo el yugo de la teoría, y pensaban que no tenían derecho a ser tímidos cuando se trataba del bienestar general. La constitución redactada por ellos estaba en armonía con su confesión y sus promesas. "La ley constitucional de 1793 estableció el genuino gobierno de las masas. No sólo se reconoció al pueblo como la fuente de todo poder, sino que se le delegó el ejercicio de dicho poder. Una soberanía sin límites; períodos de ejercicio cortos para los magistrados; elecciones directas, con participación para todos; asambleas primarias, que se reunían periódicamente para designar y supervisar a los representantes; una asamblea nacional que se renovaba cada año y que, en el fondo, no era más que un comité de las asambleas primarias —así fue dicha constitución".[1] Buonarrotti escribe que la Constitución de 1793 "no respondió totalmente a las expectativas de los amigos de la libertad; éstos se lamentaban de encontrar en ella las viejas y lacerantes ideas de la propiedad"; sin negar que lo tenía todo, pero sin alcanzar el pináculo de la perfección

---

[1] Mignet, *Histoire de la révolution*, vol. II, p. 12.

revolucionaria.[1] Los Terroristas estaban en lo correcto comparados con los girondinos. "Según los términos de su propia lógica, los girondinos realmente eran contrarrevolucionarios. Su caída se debió a esta falla en su posición. Los hombres de la Montaña se ciñeron a su lógica con crueldad, mientras que los girondinos sólo fueron unos sofistas".[2]

A Robespierre y a sus seguidores se les acusa de haber sido arbitrarios. Sin duda que nunca hubo un régimen más arbitrario que éste. Sin embargo, tal como hemos visto, sólo se trató del uso sistemático de los medios que la Revolución puso en sus manos; la centralización, la exclusión de la oposición y los medios extrajurídicos.

La Centralización. —Todos los poderes se concentraron en el Comité de Seguridad Pública. Mignet describe muy bien esta omnipotencia: "Así se creó ese terrible poder que primero devoró a los enemigos de la Montaña, luego devoró a la Montaña y a la Comuna, y no paró hasta que se devoró a sí mismo. El Comité dispuso de todo en nombre de la Convención, la que le sirvió como instrumento. Nombró y destituyó a generales, ministros, comisionados, jueces y juristas; derribó a las facciones y tomó todas las medidas. A través de los comisionados mantuvo en sujeción a los ejércitos y a los generales, y gobernó los departamentos en forma absoluta. Con la Ley de los Sospechosos se logró disponer de toda la gente; con el Tribunal Revolucionario, de todas las vidas; con las requisiciones y la Ley del Máximo, de todas las fortunas; y con la convención intimidada, de acusaciones contra sus propios miembros. En última instancia, su dictadura descansaba en las masas, que deliberaba en los clubes

---

[1] Buonarrotti, *Conspiration de Babeuf*, vol. I, p. 27.
[2] Nodier, *Souvenirs*, vol. I, p. 122.

y dominaba los comités, cuyo cooperación se compró con subsidios diarios, financiados con los medios del Máximo".[1] Pero incluso esta administración absoluta, este poder dictatorial, fue consistentemente revolucionario. Se trataba de la omnipotencia de la soberanía popular concentrada en el Gobierno —el ideal de una ejecución pronta y cabal de la llamada Voluntad Nacional y General.

La exclusión de la oposición. —Los enemigos de la Revolución fueron echados a un lado, enviados a prisión y asesinados. Es cierto; pero ¿qué habríais hecho vosotros? Para que todos puedan disfrutar plenamente de los beneficios de los derechos humanos, antes es necesario proteger tales derechos de los esquemas antirrevolucionarios por medio de medidas represivas temporales.

Medidas extralegales. —Todo el Reino del Terror consistió en un constante *coup d'etat*, la sustitución del "Orden Legal" por un "Gobierno Revolucionario". Suspendieron la Constitución de 1793, una obra excepcional del genio revolucionario, por el bien de la misma Constitución. Era su deber proceder con prudencia, tomando bien en cuenta las circunstancias, y no en forma temeraria o escrupulosa, para que la libertad no fuera puesta en peligro por los mismos guardianes de la libertad. Era obligatorio posponer el otorgamiento de la libertad. Sólo la postergación de la libertad podría allanar el camino para una implementación segura de las provisiones constitucionales. Los mentes más perspicaces podían entender esto. "Ellos se dieron cuenta de que, antes de conferir el poder soberano al pueblo, era necesario restaurar en todos el amor a la virtud; era necesario colocar el desinterés y la modestia en lugar de la avaricia, la vanidad

---

[1] Mignet, *Histoire de la révolution*, vol. II, p. 30.

CONFERENCIA XIII 295

y la ambición, que mantienen en disputas perpetuas a los ciudadanos. Se dieron cuenta de que las medidas coercitivas extraordinarias, tan indispensables para lograr un cambio tan grande y beneficioso, son incompatibles con las formas de organización de un estado regular. En resumen, se dieron cuenta —y la experiencia posterior ha refrendado de sobra su punto de vista— de que el tener elecciones sin estos preliminares sólo significaría abandonar el poder en las manos de los amigos del abuso, perdiendo así para siempre la oportunidad de asegurar la felicidad universal... Habría sido uno imprudencia fatal el dejar al pueblo por un instante sin un guía o un rector".[1] Saint-Just dijo: "La Constitución no puede entrar en vigor bajo estas circunstancias; sin duda significaría una invitación a todo tipo de violaciones de la libertad, puesto que la República carecería de la fuerza para reprimirlas".[2] Mignet escribe que "el partido de la Montaña, en vez de una democracia radical, requirió de la más estricta de las dictaduras. La Constitución se suspendió apenas se hizo, manteniéndose el Gobierno Revolucionario, mientras la corregían".[3]

Sin embargo, se argumenta que ninguna excusa es suficiente para justificar las atrocidades perpetradas durante el Reino del Terror. —Quien afirma esto demuestra que no conoce la elasticidad del principio de la Revolución. La fórmula "no puede ser de otra manera" ha de justificar cualquier crimen, no importa cuán grande sea. Los asesinos sistemáticos de este régimen se excusan precisamente de que fueron sistemáticos —lamentables aplicaciones de la ley de la necesidad;

---

[1] Buonarrotti, *Conspiration de Babeuf*, vol. I, pp. 33 y 132.
[2] Citado en Mignet, *Histoire de la révolution*, vol. II, p. 29.
[3] Ibídem, vol. II, p. 12.

tristes, pero inevitables durante un estado de transición. No es justo denunciar medidas adoptados con carácter provisorio: "Basta con un poco de discernimiento para detectar en estas protestas la ira del partido que las emitió; y, si los hombres juzgan sin pasión, tendrán que estar de acuerdo en que fue el amor al país y un profundo sentido del deber lo que finalmente obligó a los amigos de la igualdad a tomar medidas tan rigurosas en contra de sus incorregibles enemigos. —Una vez que se ha reconocido la justicia y la necesidad del régimen revolucionario, ya no tiene importancia inquirir cuán lejos llegaron las autoridades con el rigor con que se vieron obligadas a actuar; lo único que importa es saber si se logró o no el fin por el cual se aplicó.[1]

"El fin". El fin lo justifica todo. Pero ¿por qué detenernos en las excusas, cuando me había propuesto demostrar que, según los parámetros revolucionarios, el uso de la violencia revolucionaria por parte de los Terroristas merece loor y admiración? El uso de la violencia respondió claramente a una necesidad, no sólo en el sentido de *verse obligado* a ello, sino de *obrar correctamente*. Era lo que se debía hacer. La humanidad lo requería así. El promoverlo era un deber sagrado. Nada había de escatimarse donde la Revolución estuviera en peligro.

Imaginaos que vosotros mismos estáis en la situación de 1793. La oposición se había extendido de tal manera gracias al gobierno jacobino, que aparecía casi incontrolable. La población en su gran mayoría anhelaba el fin de una situación que cada día se hacía más intolerable. La simpatía, la sumisión y la paciencia comenzaron a dar paso al disgusto, el descontento, la agitación, la resistencia abierta y la insurrec-

---

[1] Buonarrotti, *Conspiration de Babeuf*, vol. I, p. 49.

ción. Después del 31 de mayo de 1793 la crisis era pasmosa. El maltrato de los girondinos vino a ser la señal para un movimiento en favor de un régimen más blando. Más de sesenta departamentos se levantaron en armas en contra de la tiranía parisina. Los heróicos campesinos de la Vendée pusieron en fuga a las tropas de los jacobinos. Por todos lados, los ejércitos hostiles cruzaban las fronteras, ingresando a Francia. La República había declarado la guerra a media Europa y, como si con las guerras interna y externa no fuera suficiente, la Convención misma se había dividido. De manera que se hacía inminente un vuelco total de la situación. 353

—¿Qué sucedió, sin embargo? Francia se libró de esta conjunción de circunstancias adversas sin precedente gracias a la constancia y a la perseverancia de unos pocos. Fueron estos pocos quienes lograron lo que parecía imposible; quienes se hicieron cargo, en forma simultánea, de los federalistas, la Vendée y las potencias extranjeras; quienes forzaron a Francia a la unidad y a sus oponentes en la asamblea al silencio y la sumisión; quienes, mientras preservaban a la Revolución y su bendición, dieron origen al colosal poder del estado que durante muchísimos años había de imponer su voluntad en Francia y en Europa. ¿Creéis vosotros que habrían triunfado con medidas blandas, en medio de pasiones desenfrenadas, logrando así encadenar a la nación y aplastar a la coalición? Sólo fueron capaces de llevar a cabo esta gran tarea porque se aseguraron de que los medios fueran coherentes con las necesidades del momento. No soy el defensor de tales hombres pero, según la doctrina de la Revolución, debo decir que merecen una corona de laureles y que no hay razones para admirarse de la gran serenidad con que se ha justificado todo lo que sucedió.

¿Se trata entonces de defender el sistema como un todo? Mignet cita a Saint-Just cuando señala: "Ciudadanos, vosotros anhelábais una República. Si vosotros no aceptáis además lo que la ha de establecer, ésta sepultará al pueblo bajo sus ruinas. Lo que establece una República es la destrucción de todo lo que se le opone".[1]

¿Se trata acaso de demostrar la legitimidad de las prodigiosas confiscaciones de gente y dinero? "Una vez que se admite que toda Francia, los hombres y las cosas, pertenecen al gobierno, este gobierno tiene la autoridad, en función de su seguridad, su inteligencia y su creciente energía, para hacer todo lo que juzgue útil e indispensable".[2]

¿Os oponéis a la erección de los cadalsos? ¿Abomináis la incesante guillotina? ¿Consideráis detestables las represalias como el fuego del cañón y la metralla, el lanzamiento de miles de personas al río, el asesinato de grupos completos de ancianos, mujeres y niños, la masacre de todos los campos? ¿Sentís que la inexorable espada se blandió con un furor excesivo? Guardaos, entonces, de no pasar por alto el noble propósito de aquellos que por amor a la Humanidad sofocaron la voz de la humanidad en su propio pecho. Pero dejemos que Thiers os dé un ejemplo de un juicio justo: "Fue necesario apaciguar la ira revolucionaria con grandes y terribles ejecuciones". Y si os complace considerar "la ira revolucionaria" como infame e inhumana, está bien; pero, ¿cambia eso en algo la necesidad del caso? "El gobierno se vio obligado a someterse a esas malas pasiones, en tanto que

---

[1] Mignet, *Histoire de la révolution*, vol. II, p. 48.
[2] Thiers, *Histoire de la révolution*, vol. V, p. 145.

eran inseparables de la energía que salva a una nación en peligro".[1]

Es ingrato e irrazonable aplicar parámetros ordinarios donde todo era extraordinario. "Nunca un gobierno tomó medidas al mismo tiempo tan amplias y tan atrevidas; y para poder reprochar a sus autores por su violencia hay que olvidarse del peligro de una invasión general... Hoy en día, una generación ingrata y superficial juzga tales acciones, y condena a algunas de ellas como violentas y a otras como contrarias a los sanos principios de la economía, sumándose así al error de la ingratitud que ignora el momento y la situación. ¡Dejad que la gente se vuelva a los hechos y que sea justa con los hombres, por lo menos, a quienes les costó tanto esfuerzo y tantos peligros el salvarnos!".[2]

Nuevamente toda la lucha es considerada como una guerra. —Una guerra entre el viejo y el nuevo orden. El Comité de Seguridad Pública se ha entregado a la tarea de llevar a cabo las ejecuciones más terribles. Los ejércitos sólo matan en el campo de batalla. No así los partidos que, en situaciones de violencia, por temor a que el combate continúe después de la victoria, toman precauciones ante nuevos ataques, recurriendo al rigor más inexorable. Siendo una práctica de todos los gobiernos el establecer su perpetuación en el poder como un derecho, todos aquellos que los atacan y vienen a ser considerados como enemigos mientras luchan, y como conspiradores una vez que han sido vencidos, matándolos, entonces, por medio de la guerra o por medio de la ley... El gobierno dictatorial asestó un golpe a los miembros más conspicuos de cada uno de los partidos con los que estaba

---

[1] Ibídem.
[2] Ibídem, vol. V, p. 164.

en guerra".¹ Las matanzas, incluídas las del patíbulo, fueron necesarias para conquistar, y en la guerra uno no necesita inquirir sobre la inocencia de los sacrificados.

Vosotros conocéis mis sentimientos. Ahora me alegro de citar a un francés bienintencionado: "¡Decir que la Convención actuó bien en lo que hizo, porque actuó para salvar a la Revolución o al principio revolucionario de un colapso inminente es un error atroz e inhumano! Es sacrificar los derechos de la justicia y la humanidad por una deidad desconocida, llamada Revolución, ante quien se ha de sacrificar todo —Francia, la vida de los franceses, sus fortunas, su industria, su gloria— ¡porque hay que salvar la Revolución! Uno no puede defender lo que no tiene, ahora yo no sé si la libertad que Francia gozó bajo la Convención era digna del esfuerzo de defenderla....El régimen defendió a Francia tal como el tigre defiende la entrada a su guarida donde esconde a su presa".² Bien dicho, pero este veredicto es justo sólo si uno no adora a la diosa Revolución. Por otra parte, si uno está enamorado de la teoría de la cual debe haber surgido el jacobinismo, uno no debe desconocer, entonces, las ideas y las acciones de sus propios compañeros creyentes; uno debe reconocer, con gratitud, entonces, los servicios y los méritos de aquellos que estuvieron listos para sacrificar sus vidas y las vidas de otros. En la lucha por la independencia de la República revolucionaria, los hombres de la Montaña triunfaron sobre los diversos ataques sólo gracias a una voluntad de hierro, apoyada en una incomparable perseverancia de fe. "Animados por una sola poderosa pasión, por una sola

---

¹ Mignet, *Histoire de la révolution*, vol. II, p. 24.
² Desmarais, *Etudes critiques de la Révolution*, tal y como lo cita Wachsmuth, *Geschichte Frankreichs*, vol. II, p. 302.

idea, a saber, la seguridad de la Revolución, los montañeses (experimentando esa excitación en el ánimo, en que uno toma las medidas más insólitas y atrevidas, con tal que sean útiles, sin detenerse jamás a pensar si son demasiado costosas o demasiado peligrosas) no dudaron en arrojar a la destrucción, con una sublime e imprevista defensa, a sus lentos, poco imaginativos y divididos enemigos, y en eliminar a las facciones que deseaban, de uno u otro modo, un poco del viejo régimen y un poco de la Revolución, sin estar resueltos y sin tener una meta clara".[1] Ellos deseaban completa libertad e igualdad, pero no lograron alcanzar esta meta. Con todo, *de no ser por ellos* menos se habría avanzado, sino retrocedido. La gloria de la empresa permanece, a pesar de que su fuerza resultó insuficiente. Thiers menciona que la mayoría de los jacobinos "se guiaron más por la pasión que por el discernimiento" y que, por lo tanto, "sólo aquellos que optaron por las medidas revolucionarias por razones políticas, más que por odio", fueron superiores a sus rivales.[2] Robespierre parece haber sido uno de esos hombres.

4. Ilustración de la relación entre sofistas y gobernantes

Este mártir y asesino fanático ejemplifica, en última instancia, la relación entre la filosofía y la práctica. Es notable la sorprendente correspondencia que se da entre *los hechos de Robespierre* y *los dogmas de Rousseau*. Tal y como lo hemos visto, lo que caracteriza a Rousseau *por sobre los demás*, es su aversión a todo tipo de compromiso. Él desea la más pura y plena aplicación de sus principios, en la misma medida en que él es el más convencido de la verdad y excelencia de

---

[1] Thiers, *Histoire de la révolution*, vol. V, p. 43.
[2] Ibídem.

tales principios. Pero Rousseau no es un ateo o un enemigo de la moral; tampoco es incapaz de ser tierno y cariñoso. Él se indigna frente a la desconsolada doctrina del ateísmo que destruye todas las virtudes, haciéndolas depender del egoísmo, y sus escritos respiran en todas partes una suerte de melancolía y susceptibilidad, *un sentimentalismo* relacionado con su profundo dolor por la decadencia y la miseria, y con su gran esperanza por la felicidad venidera de una humanidad regenerada.

Robespierre es el alumno de este maestro, la copia de este modelo.

Vosotros recordáis el radicalismo de Rousseau, el ídolo de su filosofía política, *el pueblo soberano*, que no reconoce magistrados sino agentes solamente; tampoco representantes, sino mandatarios solamente. Comparad esto con la Constitución de 1793 (en gran parte obra de Robespierre), o con el borrador que Robespierre hizo sobre una Declaración de Derechos, y hallaréis allí un gobierno que es la obra y el instrumento susceptible de ser cambiado por el pueblo: "*El pueblo es el soberano*; el gobierno es su obra y su propiedad; los funcionarios públicos son sus agentes y oficiales. Cuando al pueblo le plazca, puede cambiar su gobierno y destituir a sus mandatarios. La ley es la expresión libre y solemne de la voluntad del pueblo. La ley debe ser igual para todos".[1]

Vosotros sabéis que Rousseau hizo del *bienestar de la comunidad* la ley suprema. Del mismo modo, Robespierre no consideró ninguna medida como ilegal, si era útil para la preservación del estado. Tal como lo señala Benjamín Constant: "Sería fácil demostrar con un sinnúmero de citas que las mayores falacias de los más ardientes apóstoles del Terror,

---

[1] Citado en Buonarrotti, *Conspiration de Babeauf*, vol. I, p. 28.

en las circunstancias más repugnantes, no fueron sino las conclusiones perfectamente fundamentales e inferidas de los principios de Rousseau".[1]

Rousseau estaba muy enamorado de las instituciones de *la antiguedad*. Así también, Robespierre y Saint-Just "esperaban cambiar las maneras, los hábitos y el espíritu de Francia, para transformarla en una república al estilo de las antiguas. El gobierno por el pueblo, magistrados sin orgullo, ciudadanos sin vicios, relaciones fraternales, el culto a la virtud, simplicidad en las costumbres, un carácter austero —esto es lo que se intentó establecer".[2] Ellos habrían exigido una abstinencia espartana y una austeridad estoica. No fue broma el decreto que se emitió a instancias de Robespierre: "Justicia y honestidad son la orden del día". No fue por vana pretensión, sino por convicción, que Robespierre recitó un largo catálogo de virtudes, las cuales, según él, brotarían en el terreno ya purificado —sigue: "En nuestro país queremos cambiar el egoísmo por la moral, el honor por la honestidad, las costumbres por principios, el decoro por los deberes, la tiranía de la moda por el imperio de la razón, el desprecio por la desgracia por el desprecio al vicio, la insolencia por el orgullo viril, la vanidad por la magnanimidad, el amor al dinero por el amor a la gloria, la gente bien criada por la gente buena, la intriga por el mérito, la inteligencia por la genialidad, la ostentación por la verdad, el fastidio del placer por la magia de la felicidad, la pequeñez de lo grande por la grandeza del hombre, un pueblo bonachón, frívolo y miserable por un pueblo altruista, fuerte y feliz —es decir, todos los vicios y las siutiquerías de la Monarquía por todas las virtudes y milagros

---

[1] Constant, *Cours de politique constitutionnelle*, vol. I, p. 170.
[2] Mignet, *Histoire de la révolution*, vol. II, p. 61.

de la República. En pocas palabras, queremos pagar los votos de la naturaleza, llevar a cabo los destinos de la humanidad, cumplir las promesas de la filosofía, absolver a la Providencia del largo reinado del crimen y la tiranía. Que Francia, hasta hoy ilustre entre los naciones esclavas, eclipse la gloria de todos los pueblos libres que jamás hayan existido, y que ella se transforme en el modelo de las naciones, el terror de los opresores, el ornamento del universo; y que a nosotros, así como hemos sellado nuestra obra con nuestra sangre, al menos se nos permita presenciar el amanecer de la felicidad universal".[1]

Robespierre fue un *deísta*; la confesión de fe de Rousseau también fue la suya. No fue por un mero artificio del arte de gobernar que, a instancias de él, se haya celebrado un festival en honor al Ser Supremo. Fue la realización de lo prescrito por Rousseau: "Los dogmas de la religión civil deben ser simples, pocos en número, y deben estar establecidos con precisión, sin explicaciones ni comentarios: La existencia de una Deidad poderosa, inteligente, benevolente, omnisciente y proveedora, la vida en el más allá, la felicidad del justo, el castigo del impío, el carácter sagrado del Contrato Social y de las Leyes".[2] A Robespierre, en tanto que correligionario de Rousseau, también se le asignó en esta ocasión el sitio de honor acordado para él. "Robespierre, jefe de todos, consultado sobre todos los asuntos, sólo hablaba en las grandes ocasiones. En sus discursos, él se pronunciaba sobre los sublimes temas de la moral y la política; estas delicadas materias se reservaban para él, siendo las únicas dignas de ser tratadas por su talento y su virtud. En esta ocasión y dado el tema a

---

[1] Citado en Buonarrotti, *Conspiration de Babeuf*, vol. I, p. 37.
[2] Rousseau, *Du Contrat Social*, vol. IV, p. viii.

tratar, el rol de orador le correspondió a él por derecho propio. Nadie habría hablado con más fuerza contra el ateísmo; nadie imponía tanto respeto; nadie tenía tal reputación de pureza y virtud; y finalmente, nadie estaba tan calificado, por su ascendencia y su dogmatismo, para esta especie de sumo sacerdocio. Nunca se había dado una ocasión tan hermosa para imitar a Rousseau, cuyas creencias profesaba".[1]

El objetivo de la dictadura de Robespierre fue, ni más ni menos, el de llevar a la práctica el *"ideal de Jean Jacques"*.[2] Si se tiene esto en mente, se pueden comprender las extrañas luchas partidistas de los meses finales del Terror. En ese tiempo, Robespierre intentó eliminar a tres grupos de la oposición política: a los hebertistas, a los dantonistas, y a la mayoría de los colegas del Comité de Seguridad Pública. Esta enemistad mortal de su parte no era el resultado de su capricho o su antojo, sino que se relacionaba con su programa global de regeneración moral. Infelices como Hébert, Chaumette, Anacharsis Cloots y otros eran odiosos defensores del ateísmo. Ellos eran los únicos que encabezaban las sacrílegas procesiones que internaban a la Diosa Razón entre los muros de los santuarios cristianos; y esto era algo que Robespierre no podía tolerar. Él habría de promover con gusto la abolición de la religión cristiana, pero el culto al Ser Supremo era algo que él consideraba esencial para el estado; y el reconocimiento de este culto como un deber civil requería la remoción de tales sinvergüenzas.

La facción de Danton era muy distinta. Él y sus amigos, por lástima o tal vez remordimiento ante tal plétora de atro-

---

[1] Thiers, *Histoire de la révolution*, vol. VI, p. 191.
[2] Alusión a Da Costa, *1648 en 1848*, línea 238, *Kompleete Dichtwerken*, vol. III, p. 25.

361 cidades, quisieron abolir el Gobierno Revolucionario para establecer el "orden legal" incluso antes del triunfo total de la Revolución. Esto difícilmente podría haber sido fomentado por Robespierre, dada su inquebrantable convicción que le hacía inmune a cualquier impulso de misericordia, así como a cualquier escrúpulo de conciencia. Danton, Camille Desmoulins y sus principales seguidores tuvieron que pagar en el cadalso su prematuro arranque de moderación.

Así fue como triunfó, eliminando a diestra y siniestra a todo aquel que se le opuso. Mas no en forma ciega, sin propósito. Él aborrecía los derramamientos de sangre innecesarios, por cuanto privaban a las ejecuciones de toda su fuerza moral; tal como lo expresó alguien en el mismo espíritu que él: "¿Qué nos queda si degradamos la pena de muerte?" Por esta razón, preparó un golpe contra los miembros de su comité que estaban dispuestos a derramar sangre por venganza, egoísmo o por simple sed de sangre. Al sucumbir en este enfrentamiento con criminales peores que él, su caída vino a ser sacrificio por la causa de la moderación y la humanidad. En su famosa alocución en la víspera de su caída, el 8 Termidor, usó expresiones cuya sinceridad no me atrevería a cuestionar: "Aquellos que nos hacen la guerra, ¿no son acaso los apóstoles del ateísmo y la inmoralidad? —¿Qué? ¿Acaso pasé mis días en la tierra para dejar tras de mí el nombre de tirano? ¡Un tirano! Si fuera un tirano, tendrían que humillarse ante mis pies, los llenaría de oro, les aseguraría el derecho a cometer cualquier tipo de crimen, y ellos me lo agradecerían! ¿Quién soy yo? ¿A quién están acusando? Un esclavo de la libertad, un mártir viviente de la República, mucho más una víctima que el flagelo del crimen. Arrancadme mi conciencia y seré el más infeliz de los hombres".[1] —Esta apelación a la conciencia, en la misma hora de su muerte, la integridad de esta inhumanidad consistente, son características del hombre que fue la encarnación de la Revolución, la personificación de la Revolución política, social y religiosa, tal como lo diseñó Rousseau en sus escritos, especialmente en *El contrato social* y en *La confesión de fe del Vicario de Saboya*. 362

* * *

Toda la fase del Desarrollo entre 1789 y 1794, tal y como se trata en las dos conferencias, es tremendamente instructiva.

Estos años nos demuestran la profundidad de nuestra depravación. Ellos nos demuestran a lo que llega el hombre cuando sólo toma una porción de la verdad cristiana, negando su origen y su esencia, y la pone al servicio de un falso principio: la semilla venenosa del error, sembrada en un terreno tan bien preparado, se multiplica por diez y, con las circunstancias a su favor, da fruto al ciento por uno. —"Si la luz que en ti hay es tinieblas, ¿cuántas no serán las mismas tinieblas?".[2]

Estos años son la prueba irrefutable de cuán vacía es la afirmación según la cual la Revolución fue el resultado de la agitación provocada por los abusos. Los principales líderes no mostraron agitación, sino una reflexión sosegada, siendo encauzados por la lógica, no por la pasión. Si hubo alguna agitación, fue por parte de la oposición ante la completa aplicación de las teorías y no porque prevaleciera algún abuso, de los cuales, al menos en ese tiempo, ya no quedaba vestigio

---

[1] Citado en Nodier, *Souvenirs*, vol. I, p. 147.
[2] Mateo 6:23.

363 alguno. Pero, ¿por qué la gente seguía protestando, de todas maneras, contra la continua presencia de abusos? La razón es obvia. La religión revelada, la autoridad legítima, la desigualdad de las clases sociales, la propiedad privada: a los ojos de la Revolución, estos pilares de la sociedad son los abusos más peligrosos de todos, ya que son los más extensos y están enraizados con mayor profundidad que el resto. Removed mentalmente, entonces, todo lo que *vosotros* correctamente llamáis *abusos*; continuad, e imaginaos una utopía, un estado político donde las diferencias de rango y ocupación van de la mano con la concordia y el amor mutuo; donde el clero no tiene intereses temporales; donde la nobleza consiste exclusivamente en hombres nobles; donde los monarcas son ángeles; aseguraos de eliminar todo lo que dé pie u ocasión para el descontento, pero permitid que continúe la simpatía

²357 con las teorías revolucionarias: la sociedad que habéis puri-
363 ficado, la utopía que habéis establecido, en tanto niega la doctrina de la incredulidad, será considerada por los revolucionarios como los establos de Augias que, para conseguir una limpieza ideal, precisan de un río de sangre humana.

El estudio de estos años, en definitiva, arroja mucha luz sobre la semejanza familiar y la afinidad entre los incrédulos y los revolucionarios —entre todos aquellos que fueron Revolucionarios en palabras y Revolucionarios en hechos; e ilumina su unidad de principio y su solidaridad en la culpa. Ahora que ya hemos trazado la genealogía de las concepciones erradas y de los hechos erróneos, estemos atentos de aquí en adelante a la relación entre pensamiento y hechos, y no volvamos a olvidar que la teoría lleva a la práctica. La remoción de la sumisión a la revelación divina remueve la barrera que detiene todo error y todo crimen. Tal como lo demostré expresamente, es ofensivo decir que Lutero fue el padre de los sofistas y de los radicales, el precursor de Voltaire y Marat. Es ofensivo porque, para él, el principio de la regeneración y la reforma estaba supeditado a la Sagrada Escritura, y no a la Razón. El cargo es válido, sin embargo, en referencia a todos aquellos protestantes que, a diferencia de Lutero o Calvino, o de cualquier cristiano, han negado el poder de la piedad o han rechazado la sabiduría de lo alto para quedarse con la sabiduría de abajo.[1] Si es cierto que la obra de Robespierre sólo consistió en trasponer la idea principal de Rousseau al dominio de la práctica; si la doctrina de Rousseau sólo se compone de inferencias extraídas de los principios proclamados por Montesquieu; si la libertad universal y la igualdad universal, en las cuales Montesquieu y compañía buscaron su punto de partida, se vuelven innegables en el momento en que se niega la soberanía y la Palabra de Dios, entonces toda la cadena de afiliación sobresale en alto relieve; la culpa principal cae, pues, sobre los que primero socavaron la creencia en la Revelación. Por tanto, la responsabilidad mayor no cae sobre quienes en su ignorancia se entregaron a las ilusiones de libertad y moralidad, sino sobre aquellos que hicieron que aquellas quimeras del engreimiento humano surgieran como corolarios inevitables —sobre aquellos que, en medio del goce pleno de la bendición del Evangelio, se volvieron a los ídolos hechos con sus propias manos. Y, con vuestro permiso, yo debería agregar: vemos, entonces, que el haber apostatado de Él, quien dijo "Yo soy el camino, la verdad y la vida",[2] fue la causa de toda la Revolución. Vemos, entonces,

---

[1] *Cfr.* 2 Timoteo 3:5; Santiago 3:15, 17.
[2] Juan 14:6.

que la confesión activa del único Salvador es el medio para la restauración y la salvación.

No se vio esto en 1794, en medio de la intoxicación y el delirio de la fiebre revolucionaria. De manera que era imposible que la caída de Robespierre resultara en un retorno genuino a los principios antirrevolucionarios. Insensibles a la luz del Evangelio y a las lecciones de la experiencia, los hombres culparon a la praxis, a la debilidad y obstinación humanas de la destrucción causada por la teoría. Después de tanta miseria tenía que haber alguna esperanza de progreso; pero esta esperanza sólo pudo construirse con base en un esfuerzo mancomunado para preservar y moderar el principio revolucionario. La fase de la Reacción ya comenzó. Ahora, el eslogan modificado es: libertad, sin duda; pero libertad en orden. —¡Un deseo inalcanzable, un esfuerzo inútil! Después de aprender que la aplicación incondicional no funciona, ahora van camino a aprender una segunda lección muy costosa. Parecería que donde los hombres desean paz y moderación la libertad revolucionaria es vana, y que en la fase de Reacción, no obstante las buenas intenciones, el despotismo del orden se iguala al despotismo de la libertad.

CONFERENCIA XIV

VISIÓN GENERAL: 1794-1845

Ya está terminando el invierno y es tiempo de concluir con estas conferencias. De los cinco períodos que me propuse tratar sólo se pueden analizar dos; a saber, la Preparación y el Desarrollo. En esta tarde, me gustaría presentaros una visión general de las tres restantes, un resumen de la forma en que los eventos acaecidos desde 1794 hasta la fecha en las fases de Reacción, Experimentación Renovada y Resignación se entrelazan entre sí, unidos por el hilo de las ideas de la Revolución.

Los momentos de transición revelan el carácter y el curso de una nueva fase. Por lo tanto, en primer lugar me referiré a la naturaleza de la Revolución del 9 Termidor de 1794, que disparó la Reacción, cuyo climax había de darse en el Imperio; luego continuaré con la forma de gobierno representativa (aparentemente la más histórica) que fue puesta en marcha con la llamada Restauración; y finalmente me referiré al sistema parlamentario de la Revolución de 1830; es decir, al germen y genio de la condición en la que Europa se halla hasta el día de hoy.

1. Fin del Reino del Terror

El Reino del Terror llegó a su fin con Robespierre. La lógica y su aliada la muerte cedieron ante el sentimiento humano. La moderación y el orden se pusieron en primer plano. El desarrollo de los acontecimientos dio paso a la resistencia. Los moderados lograron controlar el gobierno.

A través de toda la fase de Reacción, el régimen se caracterizó por los siguientes aspectos, a los cuales ya me he referido parcialmente:

²361
368 Fue un régimen *revolucionario*. A pesar de que el repudio nacional había triunfado sobre los radicales, todos los partidos conservaron, en menor o mayor grado, una mentalidad revolucionaria. Nadie pensó en abandonar la teoría. La doctrina de la Revolución continuó teniéndose en alta estima, en tanto que los grandes cambios que operó en el estado y la sociedad se consideraron como grandes beneficios que había que preservar.

Fue un régimen *reaccionario*. Sin apartarse del curso inicial, sólo retrocedieron unos pasos. ¡No hay de qué extrañarse! Era impensable continuar avanzando, cuando se había llegado al borde del abismo y se habían caído las vendas de los ojos. Detenerse o retroceder al llegar a este punto era una simple cuestión de vida o muerte. Los hombres querían libertad, no libertinaje. Había que oponer resistencia a quienes aún seguían presos de su ceguera y detener su acelerado avance en el punto exacto en que la libertad se conjuga con el orden.

Pero el régimen actuó en *forma arbitraria* cuando determinó actuar así. Se carecía de un principio firme que ayudara a diferenciar la timidez del exceso de confianza. ¿Por qué detenerse aquí y no hacerlo un poco más adelante? o ¿por qué retroceder hasta este punto y no un poco más atrás? Lo que se decidiera era un asunto de conveniencia, de necesidad, de intereses; en resumen, de las circunstancias. En todo momento, el régimen sólo siguió el camino de su propia sabiduría (¿qué otra cosa podía hacer?). A quienes quisieron avanzar más y a quienes quisieron retroceder se les tildó de ultrarrevolucionarios y contrarrevolucionarios, respectivamente, mientras que los que estaban en el poder pretendían haber hallado el *juste milieu*, el justo término medio: ellos le administrarían al estado enfermo la cantidad de libertad suficiente que juzgaran beneficiosa y tolerable.

Semejante régimen era *fuerte sólo a causa de las circunstancias*. El pueblo anhelaba la paz y el orden, pero a la vez aborrecía tanto el antiguo Régimen como el Reino del Terror. La oposición estaba dividida internamente, de modo que siempre había una mitad dispuesta a aliarse con el régimen en contra de la otra. La administración disponía de los amplios poderes del gobierno centralizado.

Un régimen como este también era *débil debido a la falta de principios*. No era capaz de sostenerse frente a los argumentos lógicos. Todos los partidos tenían buenas razones para protestar contra el *status quo*: frente a la masa de los revolucionarios aparecía como reaccionario; frente a la masa de gente que quería recuperar algunos de sus derechos y libertades perdidas aparecía como revolucionario. El régimen no tenía ningún apoyo, salvo el matiz revolucionario que representaba. Toda libertad incluida en el "orden legal" —de sufragio, de prensa, de asociación— no era sino un arma más con la que facciones rivales combatían al régimen en un ataque conjunto, lo que era posible por una reconciliación temporal entre ellas. Por cierto que se trataba de una situación extraordinaria. De cuando en cuando, el régimen no era atacado por necesidad en tiempos de coerción; con prontitud en tiempos de peligro. Pero tan pronto se soltaban las cadenas o se alejaba el temor de una insurrección, nuevamente se deterioraba la situación del régimen al surgir con más fuerza la oposición desde ambos lados.

Por lo tanto, el régimen necesitaba ser reforzado, lo que sólo se podía lograr con el poder superior de la *fuerza física*. Se vio obligado a sobrepasar todos los principios, a reprimir las teorías y la pasión popular por medio de los trucos de una astuta tiranía, a buscar apoyo en el poder militar, lisonjeando a los ambiciosos y a los egoístas, satisfaciendo por turnos opiniones y sentimientos contrarios, y volviéndose a la violencia a medida que la oposición se hacía más violenta. El destino de los moderados es ser menos moderados que cualquiera, cuando se trata de defender su cada vez más inestable autoridad. "En toda Revolución", escribe Bonald, "donde hay necesariamente dos partidos, no tarda en formarse un tercero a expensas de los otros dos ... los dos partidos extremos saben con exactitud lo que quieren; el partido del medio no puede saberlo, porque la posición que ha adoptado, extraída de las otras dos es necesariamente indecisa, aún cuando sus miembros sean hombres decididos ... Es precisamente este partido, que se cree moderado porque está en el medio, el que no puede ser moderado y dejar de lado sus armas, porque tiene que defenderse de dos rivales, cada uno de los cuales quiere arrastrarlo a su propio terreno. Cuando se le amenaza, reacciona en forma doblemente violenta, pues debe enfrentarse a dos enemigos".[1] Cuando se anhela la doctrina de la Revolución, más no su total desarrollo, la llamada "necesidad de la posición intermedia" justifica la tiranía de la Reacción, como la defensa indispensable contra una reapa-

---

[1] Bonald [*Testament politique* (1817)], citado en la *Gazette de France*, 29 de diciembre, 1840.

rición del horrible fanatismo que había prevalecido entre 1789 y 1794.

Los cambios de gobierno entre 1794 y 1814 no fueron sino un continuo reforzamiento de la autoridad, la que impidió el retorno del jacobinismo.

Concentrémonos primero en los cinco años anteriores a Napoleón. Allí vemos: (a) la Convención, hasta la nueva Constitución; (b) el Directorio, hasta octubre de 1797, cuando este arreglo político casi queda en nada como resultado de la intervención del ejército; y finalmente (c) el régimen dictatorial mismo hasta que se disolvió el 18 Brumario de 1799 ante una señal del César, aún joven en aquella época.

a. La Convención

Actuó en forma loable al romper el yugo de los sanguinarios comités sedientos de sangre. Se castigó a los criminales, se declaró impracticable la Constitución de 1793, se clausuró el club de los jacobinos y se concedió libertad de prensa. Sin embargo, al mismo tiempo se mantuvo el gobierno revolucionario, en oposición a los campeones de los cambios más radicales, a quienes se tildó de "anarquistas", y en oposición a los defensores de un movimiento retrogrado, a quienes se les acusó de ser "monarquistas" o partidarios del antiguo régimen. La Convención trató de tomar una posición intermedia "entre ambos partidos, sin favorecer a ninguno de los dos".[1]

A ningún partido le era útil esta neutralidad, lo que produjo la revuelta de los jacobinos del 1 Pradeal (20 de mayo de 1795), cuando la turba excitada invadió la asamblea y, después de matar a un diputado, trató de imponer su voluntad sobre los otros. Por otra parte, la misma neutralidad

---

[1] Mignet, *Histoire de la révolution*, vol. II, p. 176.

produjo la insurrección del 13 Vendimiario (5 de octubre de 1795), cuando la burguesía parisina se levantó en armas, ofendida por la arbitrariedad de la convención. El régimen sólo se mantuvo en el poder gracias a la fuerza de los militares. Las tropas capturaron sectores que por años habían sido la guarida favorita del jacobinismo, mientras que el cañón de Bonaparte acalló la voz de los parisinos que anhelaban una retirada contrarrevolucionaria. "La Convención", señala Mignet, "fue un poder intermedio. El deseo generalizado de aquel tiempo era el de una república sin gobierno revolucionario, un régimen moderado sin una contrarrevolución. Esta situación, así como sus propios riesgos, le dió a la Convención el coraje para resistir y la seguridad de la victoria".[1]

b. El Directorio

372 Sin embargo, se precisó de más poder. Los catorce meses de la Convención que anuló la unidad y el vigor del Terror
[2]364 fueron "verdaderos días de anarquía".[2] Mas esto tenía que terminar, así que se terminó con el Directorio. Un cambio de Constitución fortaleció al partido que deseaba una barrera más efectiva contra el radicalismo. Las ideas apuntaron más al orden que a la libertad.

372 La meta no podía ser repudiar la Revolución. ¿Entonces qué? Regulando y fortaleciendo la autoridad se garantizaba en mejor forma la libertad. La unión de los poderes en una sola asamblea había desembocado en un poder despótico: muy bien, entonces se separarían los poderes. Ya no habría más dictadura: una nueva Constitución establecería dos cámaras y un ejecutivo. La fórmula constitucional pare-

---

[1] Ibídem.
[2] Madame de Staël, *Considérations*, vol. II, p. 146.

cía apropiada; las intenciones eran muy buenas; al principio,²365 los esfuerzos se vieron coronados por un reavivamiento de los negocios y la prosperidad: en términos comparativos, la gente tenía bienestar.

¿Por qué, entonces, no cesó la turbulencia? ¿Por qué contrariaron, obstruyeron, amenazaron y asaltaron también al Directorio? Porque la prosperidad material no satisface ni las esperanzas ni las pasiones políticas. A los terroristas se les hacía cada vez más odioso el arreglo constitucional a medida que éste parecía transformarse (dado que era soportable) en la perpetuación de todo lo que ellos consideraban dañino para el estado y degradante para la humanidad; mientras que aquellos que deseaban una forma de gobierno menos revolucionaria y que aún mantenían viva la memoria de la vieja monarquía no cesaban de explotar las libertades de asamblea y de prensa para promover sus ideas. A la fermentación le siguió la erupción. La conspiración de Babeuf fue ahogada bajo los muros de París en la sangre de sus principales instigadores. Sin embargo, el poder militar no sólo entró en juego en contra de la insurrección, sino también en contra del funcionamiento normal de las libertades constitucionales. La oposición aparecía alcanzando la mayoría como resultado de las elecciones, de la prensa y del lenguaje abierto y franco de los diputados. El Directorio mismo estaba dividido y la Revolución estaba en peligro. ¡Mas no había nada que temer! Bonaparte envió al General Augereau a París y, después de que un número suficiente de hombres marchara hacia la ciudad, se invalidaron las elecciones, se prohibieron los periódicos de oposición y se deportó a escritores y diputados problemáticos. Los Directores que estaban bajo sospecha apenas se salvaron porque alcanzaron a escapar. Y de este modo la Revolución del 18 Fructidor (4 de septiembre de 1797) demostró que los adornos constitucionales sólo eran una brisa y que la realidad sólo correspondía a un despotismo sostenido por mercenarios.

c. El régimen dictatorial

Sin embargo, esta demostración no fue suficiente para eliminar a la nueva oposición. Cada medida arbitraria vendría a incrementar la amargura. La violación de las formas no las había destruido. Una vez más, cada partido trató de alcanzar sus metas siguiendo el camino de la *legalidad*. Una vez restituido, al Directorio le faltó poder para mantenerse firme y con dignidad frente a una coalición hostil y a un populacho disgustado. Los jacobinos y los realistas nuevamente levantaron sus cabezas. Por otra parte, el grueso de la gente sentía aversión a una guerra interna o externa y temía una reacción realista u otro reino del terror, y andaban a la búsqueda de un brazo fuerte. Se necesitaba una concentración del poder. Desde que se acabara el delirio jacobino, la población se había visto embargada por una constante agitación a causa de la debilidad del gobierno; una convención débil de carácter había producido la anarquía y el Directorio se había transformado en el juguete de los partidos. ¿Había acaso una necesidad de despotismo? No, pero sí de una energía déspota. Llegó el 18 Brumario (9 de noviembre de 1799) y Napoleón apareció en escena.

Se ha hecho una costumbre explicar la carrera de Napoleón en términos de su personalidad: Se atribuye su poder a sus talentos poco comunes, su tiranía a su voluntad sin límites para dominar, sus conquistas a su insaciable ambición y su caída a su arrogancia sin paralelo. Sin contradecir la verdad relativa de tales afirmaciones, quisiera recordaros que el destino y la conducta de esta figura dominante están íntimamente relacionados con la biografía de la Revolución. Así como Robespierre no había escatimado nada con el objeto de mantenerse en la línea *revolucionaria*, así también Napoleón se ajustó en forma consistente a la línea de la *reacción*. Su capacidad, su poder, su ambición y su caída han de atribuirse, principalmente, a la influencia de la doctrina de la Revolución.

De ninguna manera quisiera desvirtuar sus capacidades, su voluntad indomable y su genio militar excepcional. Pero su repentino ascenso al poder fue más bien el resultado de las circunstancias que de sus talentos; se debió mucho menos a un logro suyo que a la fuerza reaccionaria que se concentró en él. El clamor por orden y tranquilidad era universal. Todo se concentró en él. Cada facción lo quería para sí como maestro y protector temporal, para liberarse o asegurarse ante el dominio de la facción contraria. De manera que una nueva administración vendría a ser una transición a un mejor estado de cosas. Francia deseaba un gobierno vigoroso. La oposición era impopular. Más que perder su libertad, la gente tenía miedo de que se perturbara el orden. Además, a causa de la Revolución, el poder supremo era también el único poder: Dado que se habían eliminado toda las categorías independientes de los cuerpos intermedios, el estado estaba compuesto de individuos indefensos. Todo estaba a disposición del régimen y, por lo tanto, ahora a disposición del único regente, habiendo todo un cúmulo de leyes y precedentes revolucionarios que confirmaban la jurisprudencia de la arbitrariedad.

La pregunta obvia es: Si la sumisión a Napoleón fue voluntaria, ¿por qué se transformó en un tirano?

No fue por su propia voluntad. Incluso para el hombre que había tomado el timón del estado con su puño de hierro por aclamación general, la fuerza bruta fue o se transformó en la condición para su propia conservación. Las facciones en conflicto, luchando por un respiro, habían decidido votar por un gobierno arbitrario, pero sólo por una temporada. Una vez pasada la emergencia, se erigirían nuevamente. De manera que reaparecieron en el momento en que el temor del desastre comenzó a declinar. Pero en el momento en que quedó claro que Napoleón no tenía intenciones de pavimentar el camino para otros; en el momento en que este guerrero, luego de consolidar el Consulado e incluso de establecer el Imperio, se transformó en gobernante por derecho propio y por consiguiente en un obstáculo para sus propias esperanzas y aspiraciones, entonces los realistas se dedicaron a conspirar y conseguir el apoyo del sentir de un sector considerable de la nación; y el partido de la libertad revolucionaria invocó las teorías por las cuales el entusiasmo general se había enfriado, pero no se había extinguido. Desafíos como éstos no se podían refutar con silogismos: Para Napoleón, al igual que para Luis XVI, la Convención, o el Directorio, las solas palabras no servirían de nada en un debate abierto con estos partidos tan heterogéneos. Un grupo quería un gobierno constitucional como el de 1791; el otro, el libertinaje jacobino; y el tercero, la restitución de la dinastía expulsada. El poder de Napoleón, que al principio era agradable para todos, se había transformado en algo odioso para todos. La enemistad se había concentrado en una persona y los enemigos ya comenzaban a centrar sus esperanzas en la "Maquinaria infernal" o en el puñal asesino.

¿Qué podía hacer Napoleón? ¿Restituir a los Borbones? No estaba en condiciones de abdicar y entregarles el poder a ellos. Pero, alterando las formas, ¿podía haber instaurado una genuina monarquía para sí mismo? Fiévée, su astuto consejero privado por doce años, lo instigó a hacer eso. Sin embargo, eso le habría exigido, por lo menos, el desligarse de las tareas de gobierno para recibir alguna instrucción preparatoria por parte de Fiévée o algún otro defensor de las ideas realmente antirrevolucionarias. Pero, lo que es más, habría requerido de lo imposible; es decir, la restauración del antiguo orden, cuyas bases habían sido derrumbadas. Pero si la continuación modificada del estado histórico era tan poco posible bajo una legitimidad derivada de la Revolución como bajo la antigua casa real ¿Qué quedaba, entonces? La escuela constitucional liberal replica: Napoleón debería haber respetado las ideas de libertad, organizado el gobierno en conformidad con la constitución, activado los cuerpos políticos que constituían el contrapeso apropiado para su poder, otorgado libertad de prensa y haberse puesto bajo la ley y no sobre ella. Muy buenas sugerencias, por cierto. Pero habría significado soltar al monstruo que recién había atado con cadenas enmedio del aplauso de toda Francia. Su rechazo a embarcarse en tales proyectos se basó tanto en la voz de la experiencia como en la del sentido común. En contraste con la ceguera de aquellos que aún flotaban en la atmósfera liberal, él vio con claridad que la restitución de la libertad de prensa "habría significado tener de una sola vez treinta periódicos realistas y varios jacobinos en mis manos: Una vez más habría tenido que gobernar con una minoría, una facción, y comenzar de nuevo la Revolución; en consecuencia, todos mis esfuerzos han apuntado a gobernar con toda la nación".[1] La habilidad de Napoleón para gobernar conservaba su origen reaccionario. Desde su punto de vista era natural y recomendable que detestara la "ideología", que prefiriera controlar a las asambleas diseñadas para controlarlo a él; que transformara toda institución en un instrumento pasivo de su voluntad; a toda voz nominalmente libre en un eco de sus propios tonos; que evitara al máximo las discusiones públicas en reuniones o por escrito; y que no escatimara ningún medio —la policía, el reclutamiento, la centralización e incluso la religión— para establecer y consolidar la mayor de las autocracias.

Esta autocracia, esta república comprimida que, a pesar de estar bajo una sola cabeza, distaba mucho de la verdadera monarquía; esta dictadura, esta reunión de todas las riendas del poder en las manos de un solo déspota fue la consecuencia inevitable de la doctrina de la Revolución, fue su aplicación en la forma en que lo exigieron las circunstancias. Lejos de ser abandonada, aquí se estaba aplicando la doctrina de la Revolución con las modificaciones necesarias para la instauración de una autocracia absoluta. Nadie apeló más a la soberanía popular que Napoleón. Recordad la solemne proclamación en el *Moniteur*: "El Emperador es el primer representante de la Nación, porque todo poder viene de Dios y de la Nación".[2] Recordad su recomendación confidencial cuando se estaba redactando el decreto sobre el encarcelamiento arbitrario: "Es necesario un preámbulo

---

[1] Citado en Wachsmuth, *Geschichte Frankreichs*, vol. II, p. 241.
[2] Ibídem, vol. III, p. 557.

de dos páginas con ideas liberales".[1] Tales demandas no eran fingidas, sino sinceras. Después de todo, aquí yace el origen de su poder. El pueblo era soberano y el Emperador era el primer representante del pueblo; la voluntad popular le había delegado la omnicompetencia que descansaba en el seno de la nación. Él la poseía con el mismo derecho que toda la serie de gobiernos revolucionarios anteriores a él. En tanto un producto de la doctrina de la Revolución, nada tiene la tiranía de Napoleón que nos pueda sorprender; nada (si aprobamos la doctrina) que podamos sostener en contra de él. Se necesitaba de la represión para evitar una repetición de las atrocidades, para conservar la paz, e incluso mantener la esperanza de llevar a cabo las ideas de la Revolución en una fecha posterior. La seguridad pública ahora consistía en la supresión de los partidos. Todo lo necesario para ese fin era razonable, lícito y loable. Todo se habría de juzgar según la ley de la *necesidad* y, si tal necesidad estaba presente o no, era algo que lo determinaba la opinión individual del señor protector.

Napoleón fue un hijo de la Revolución, no sólo como tirano, sino también como conquistador. Se dice que lo consumía una ambición insaciable. Cada victoria lo incitaba a redoblar su energía sin par. Supongamos que fue cierto. Es cierto. Pero también es indiscutible que la naturaleza misma del poder que se le encomendó lo habría impulsado, voluntaria o involuntariamente, a las guerras y las conquistas. Para mantener la paz doméstica requería de la fuerza bruta; para hacer tolerable tal fuerza se demandaba la guerra, porque las cadenas serían menos dolorosas si se cubrían con laureles. Francia sería apaciguada y compensada por su falta de

---

[1] Ibídem, vol. III, p. 643.

380 libertad por medio de devorar a Europa. Para aclarar mi aseveración, cito a Madame de Stäel: "Bonaparte necesitaba la guerra para establecer y preservar el poder absoluto. Una gran nación no habría soportado la presión monótona e ignominiosa del despotismo, si la gloria militar no hubiera animado y revivido incesantemente el espíritu público. La continua promoción a diversos rangos, los que podían ser compartidos por las distintas clases de la sociedad, hizo del reclutamiento militar algo menos doloroso para la población rural. El continuo interés por la victoria reemplazó a cualquier otro interés. La ambición era el principio activo que operaba desde el gobierno hasta las ramas más pequeñas. Títulos, dinero, poder todo se lo dio Bonaparte a Francia en lugar de su libertad. Pero para que pudiera otorgarles esas fatales compensaciones, se requería nada menos que devorar a Europa".[1]

[2]376 En la medida que las demás naciones experimentaban
380 en carne propia esta táctica distractora, Europa apenas podía ponerse de acuerdo para acomodarse a las demandas de este apetito revolucionario. Por lo tanto, más ofensivas provocarían mayor oposición. La intensificación de la guerra en una escala cada vez más expansiva obligaba al emperador a aumentar las cargas impuestas al pueblo miserable en levas
381 de hombres y dinero. El incremento de las cargas revivió las simpatías por las teorías de la libertad. —Se ha buscado la razón de la caída de Napoleón en la Guerra Peninsular, en el Sistema Continental y la Campaña Rusa; y está claro que su política se volvió cada vez más incauta, injusta, y yo diría chiflada. Pero debemos internarnos en la causa de su política. Lo que la constante operación de la guillotina había

---

[1] Madame de Stäel, *Considérations*, vol. II, p. 476.

CONFERENCIA XIV   325

sido para el Comité de Seguridad Pública, lo fue el constante brillo de la espada para este nuevo tipo de Terror: una condición de vida. A Napoleón se le condenó a seguir una senda que lo llevó al abismo. Le fue imposible escapar a la aplicación del proverbio: "El que se eleva muy alto, sufrirá una caída estrepitosa". La naturaleza revolucionaria de su posición, que antes le brindó todo el poder, ahora lo dejaba impotente: porque no había ningún vínculo entre él y el pueblo, excepto la conscripción y los impuestos, porque la duración de este vínculo dependía de la constancia de sus victorias; porque él permaneció aislado del torturado pueblo de Francia y de las atormentadas naciones de Europa como el odiado representante del dominio y la tiranía. Con su caída, la Reacción, después de haber seguido su desastroso curso casi hasta el fin, estaba destinada a desaparecer.[1]

---

[1] [²377n] ¿Qué otra cosa, que no sea la naturaleza del radicalismo político, puede explicar que en lugar de la monaquía moderada que se quería en 1789 lo que 1791 trajo fue una "democracia real", 1792 una república, 1793 un reino de terror, 1795 un régimen arbitrario, y luego un gobierno militar, un cónsul, un emperador y un tirano? Stahl se refiere al Imperio como "una monarquía absoluta basada en la Revolución... Toda su constitución está esencialmente basada en una fuerza mecánica y no en la fuerza moral y orgánica" (*Philosophie des Rechts*, vol. III, pp. 454ss.). En una locución del 24 de abril de 1855 sostiene: "La tradición del antiguo imperio no fue la *Paz*, sino la *Conquista*, no fue la *preservación*, sino la *propaganda de las ideas de la Revolución*. El Imperio representó la aniquilación de las antiguas bases de la sociedad, la erección de la omnipotencia gubernamental en el terreno de la nivelación revolucionaria. Representó a la Revolución, con excepción de la anarquía, pero además con excepción de la libertad, porque excluyó toda libertad —tanto la libertad genuina que emana del orden genuino como la falsa libertad de la Revolución" (*Parlamentarische Reden*, pp. 47ss.)

2. La Caída del Usurpador

La Caída del Usurpador puso en marcha la violencia reaccionaria. Pero con el inicio de un nuevo período reapareció la doctrina de la libertad, así como el anhelo de reintentar la realización de sus preceptos. La experimentación renovada fue el comienzo, la desilusión renovada fue la suma o más bien el resultado de este período de quince años (1815-1830). ¿Por qué? Porque el mismo camino lleva al mismo destino.

Los años de la liberación (1813-15) constituyeron un momento impresionante en la historia de las naciones. Cuando hay juicios del Señor en la tierra, los moradores del mundo aprenden justicia.[1] Con el odio a Napoleón había surgido un genuino entusiasmo por la causa de Dios, el País y la Libertad. Ya habían desaparecido los obstáculos que la tormenta de la Revolución había extirpado completamente. Era el momento oportuno para una verdadera restauración, para un gobierno nacional cristiano, para la aplicación de verdades imperecederas por medio de nuevas formas. Pero la primera condición habría sido renunciar al principio de la Revolución y someterse a una ley superior a la ley de los hombres

---

Sin embargo, uno debe cuidarse de imputar a la *persona* lo que fue un producto natural del ciclo vital de la Revolución. Si por *ideología* se entiende la filosofía de Rousseau y compañía, entonces Napoleón estaba en lo correcto en 1812: "Es a la ideología a la que se deben atribuir todas las desgracias de Francia". Dejad solamente que esta falsa filosofía se convierta en la atmósfera intelectual, y pronto os veréis atrapados en la senda de Robespierre y sin daros cuenta llegaréis a la política de Bonaparte. Donde gobiernan las ideas liberales, las ideas napoleónicas estarán en camino: un abismo llama a otro abismo. El sistema de Bonaparte es el heredero legítimo y directo del sistema jacobino.

[1] *Cfr.* Isaías 26:9.

—en efecto, habría sido necesario reafirmar la autoridad y respetar los derechos adquiridos en tiempos pasados y recientes. Pero tal condición no fue satisfecha. Por cierto, desde ese momento en adelante, la gente empezó a respetar la religión, sacó provecho de las lecciones de la experiencia y produjo constituciones con un barniz y un matiz cristiano e histórico. Pero para los gobernantes, los escribas y los hombres sabios, continuaría siendo absurdo y dañino el reconocer como norma y regla los principios cristianos, históricos y antirrevolucionarios. Según ellos, Napoleón llegó a cometer muchos errores porque se apartó de la doctrina que lo elevó al poder; tal como Robespierre, él había sido un hombre violento y sanguinario. Ahora bien, la libertad que llegó en 1789 fue tenida en mucha más alta estima, a causa de las diversas calamidades que vinieron por el mal uso de su nombre y la frustración de su saludable operación.

¿Por qué, a pesar de su excelencia, la Revolución tuvo un final tan triste? Se respondió que la razón fue que repetidas veces fue muy lejos. Al despreciar lo antiguo, quitó el fundamento del edificio del estado. Además, por turnos cayó en los extremos opuestos. El jacobinismo trajo la libertad sin orden y el bonapartismo trajo el orden sin libertad, cosas que hicieron de la libertad y el orden algo odioso. La experiencia ahora advertía al hombre que tenía que evitar las rutas de la melancolía, para volver al camino de 1789. De ahora en adelante el lema sería: hay que reasumir la Revolución en una forma modificada, no un radicalismo rabioso, sino un liberalismo dulce (¡un radicalismo al que se le impide su desarrollo!).

Es así como el falso principio siguió siendo tenido en alta estima. El gobierno centralizado omnicompetente se preservó como el fruto más preciado de la Revolución. La única interrogante era: ¿Quién tiene el "poder constituyente"? ¿Quién tiene el poder de forjar una Constitución? ¿Quién gobernaría la maquinaria del estado con sus complicadas ruedas e irresistibles ballestas? ¿Quién empuñaría una autoridad que dispusiera a voluntad del terruño y del país? Esta forma de abordar el asunto sólo podía significar que algún tipo de "orden legal" arbitrario seguiría siendo confundido con la legitimación histórica.

Se continuó con la Revolución poniéndole la etiqueta de monarquía. Se dio autoridad a los reyes, muy al estilo de la teoría filosófica, para moldear —y si fuera necesario para presionar— la vida histórica de la nación hasta configurarla según lo que ellos creyeran adecuado, con o sin ministros, notables o los llamados representantes populares. La pasión que el pueblo sentía por la libertad fue mitigada por medio del sistema representativo, que se decía derivaba de su asociación con los estados anteriores y de la excelente constitución de Gran Bretaña. La imitación era sólo una caricatura, en la cual todo el tejido de libertades que se levanta de la naturaleza y la historia se disolvió —o fue exorcizada, para ser más preciso— bajo el desfile de los derechos políticos. Las cámaras constitucionales, adornadas de nombres históricos, se convirtieron en la continuación de las asambleas revolucionarias desde 1789. En el centro del estado debería haber un saludable equilibrio a través de una operación cuidadosamente calculada de los diferentes poderes; no se previó que después de un tiempo de oscilación y colisión este equilibrio estaría destinado a romperse, haciendo volver otra vez la violencia y la opresión sea en el nombre de la libertad o de la seguridad u orden público.

CONFERENCIA XIV

Por la forma en que estaba organizado el estado, la gente tendría que enfrentar tal como antes la alternativa entre libertinaje o represión, entre desarrollo o reacción, entre Rousseau o los revolucionarios como Robespierre, entre Rousseau o los reaccionarios como Napoleón, o, como ya se ha dicho, entre "el triunfo completo de la escuela democrática, que hará que la Carta Constitucional termine en la soberanía del parlamento (que tenemos desde 1830) y la reacción violenta de la escuela despótica, que se opondrá a la anarquía con la arbitrariedad, al libertinaje con la tiranía, al desorden con la fuerza bruta (que tenemos desde 1830)".[1] Este fue el final del auspicioso comienzo de 1813. Ese fue el fruto que, bajo la jardinería del artificio político, surgió de un florecimiento que parecía tan prometedor. Cuando los líderes enloquecen es el pueblo el que paga.

La historia de Francia durante la restauración no fue otra cosa que la constante autodefensa del régimen contra las consecuencias de su propia teoría fundacional. Las ideas liberales no eran más que una sombría copia de los conceptos jacobinos, pero idénticas en principio y tenor. La monarquía, según la definía la Carta Constitucional, continuaba la república revolucionaria bajo una sola cabeza, con la sola diferencia de que ahora tendría un Napoleón bueno, no malo, un príncipe en lugar de un tirano. Pero olvidaron que en el caldo de cultivo revolucionario hasta el príncipe legal se convierte en un tirano irresistible o bien un oficial insignificante, terminando como un autócrata o como un esclavo victimado. Ningún rótulo o silogismo, ninguna concesión o consulta podrá constituirse en prueba contra un principio que ha sido la piedra angular aun cuando se procedió

---

[1] *Gazette de France*, 28 de diciembre de 1840.

a la "restauración". Por un tiempo podía darse una tregua, dado que el liberalismo temía la intervención de los Poderes y porque había sido modelado como un sistema sumiso por Napoleón. Pero era natural que la semilla, sembrada en tierra apropiada, germinara, brotara, creciera y diera fruto. Era inevitable que surgiera la contienda por una interpretación reaccionaria o radical de la Carta constitucional. Poco a poco las teorías que con destreza habían sido relegadas a un plano secundario volvieron al primer plano. Lo que uno denominaría una *patente* concedida por el príncipe, otro la llamaría *contrato* bilateral o un simple *mandato*. El sistema de inclinarse alternativamente hacia la izquierda o la derecha (*báscula*) fue un fracaso, ya que era el columpio que se movía entre la intriga y la promoción de los intereses materiales. El rey, que era la cabeza del régimen revolucionario y estaba separado de los monarquistas y el pueblo, no tenía cómo defenderse de los llamados representantes del pueblo. Al verse continuamente acorralado más y más, llegaba a los límites de tener que rendirse o de usar la fuerza física. —La lucha terminó con la derrota de Carlos X, y la Revolución de 1830 cortó el nudo gordiano que fue hecho en 1815.

386 Después de esta aclaración general, dejadme que os diga algunas palabras acerca de las razones específicas que usualmente se dan para explicar el curso y desarrollo de la Restauración. Se afirma que la inestabilidad y caída del régimen se debió sólo a la manera tan torpe de gobernar de los Borbones. Siendo un gobierno impopular e impuesto sobre la nación, se ve que nada olvidaron ni aprendieron. Constantemente siguieron una política antiliberal. Su administración fue dañina a la prosperidad y la libertad. Finalmente, produjeron su propia caída mediante la violencia y la mentira.

Ninguna de estas aseveraciones tiene suficiente fundamento. Lejos de ser impopular, la restauración de la antigua casa real fue bienvenida con gozo por la masa del pueblo, y si los Poderes mostraron cierta parcialidad no fue en favor de la legítima dinastía. Los Borbones practicaron la lección de perdonar y olvidar tan diligentemente que más de una vez sometieron los intereses del país y de la dinastía a la influencia de sus enemigos.[1] La política de Luis XVIII fue constantemente liberal, tanto al dictar la Carta constitucional a *la Montesquieu* como cuando disolvió la Cámara realista de 1815, por oponerse a la centralización y a todo lo que traía consigo, haciendo imposible su reelección mediante una alternación de la ley electoral. Tampoco fue menos liberal cuando mantuvo todo lo que pudo el Ministro Decazes, el cual había aconsejado y forzado estas medidas. Aunque ambos diferían en muchos puntos, ni la política de Carlos X ni la del competente estadista Villèle estuvieron basadas en principios genuinamente antirrevolucionarios. Sea lo que sea que hayan tratado de lograr —fueron injustamente acusados de planear la caída de la forma de gobierno—, lo que realmente hicieron, por falta de algo mejor, fue valerse de medios y medidas liberales. Nunca desde 1789 Francia había gozado de tanta prosperidad y libertad como durante la Restauración. Y en cuanto al perjurio de Carlos X, las Ordenanzas de julio, aun si se considera la referencia al artículo 14 de la Carta totalmente equivocada,[2] estaban en la misma categoría que

---

[1] [²385] Uno de los ministros del rey que volvió en 1815 fue el regicida Fouché.

[2] [²385n] "El rey es la suprema cabeza del estado. Él ... establecerá las regulaciones y ordenanzas necesarias para la ejecución de las leyes y la *seguridad del estado*" (el énfasis es del autor).

el 18 Fructidor, el 18 Brumario y todos los otros *coups d'état* desde 1789.

²386   Uno podría asumir que Carlos X también quería sincera-
387   mente apoyar la Carta constitucional. Por contraste, la mayoría de sus adversarios no eran sinceros. Desde el principio estuvieron inclinados a desarrollar el germen revolucionario contenido en la Carta, a fin de provocar una nueva revolución. Entre promesas de amor para con la Carta lo que realmente hicieron fue ser buenos actores por quince años.

Aun cuando algunas de la descripciones dadas arriba, respecto a personas y hechos, se pusieran en tela de juicio y se diera crédito incondicional a, por ejemplo, los exagerados informes sobre favores hechos a clérigos y jesuitas, uno todavía podría afirmar con toda razón que las ideas y actuaciones equivocadas del gobierno son sólo causas subordinadas, pero no se podría ignorar el hecho de que los Borbones se encontraron, al igual que todos los gobiernos anteriores, en una situación en la que les fue imposible combinar el mantenimiento de la autoridad con la implementación liberal de la Constitución a causa de sus ideas revolucionarias.

3. Naturaleza y resultado de la Revolución de 1830

Dejadme usar el tiempo que queda para indicarles por medio de un breve bosquejo cuál fue la naturaleza y resultado de la Revolución de 1830. No niego, sino afirmo, que la mayoría de los líderes fueron sinceros y actuaron de buena fe. Tampoco ellos estaban concientes de que el liberalismo des-
388   truye la libertad; ellos también estaban convencidos de que la libertad es la consecuencia natural de las ideas liberales. No querían aceptar que sus aspiraciones fueron frustradas precisamente por la tenacidad con la que se aferraron a sus

doctrinas, lo cual los llevó otra vez a buscar la causa de su desengaño en circunstancias secundarias, como el carácter de una dinastía que, debido a una supuesta autoridad antigua y a un derecho hereditario, no era idónea ni estaba dispuesta a acatar el poder popular y la voluntad del pueblo. Por tanto, la fe en la teoría prevaleció, a pesar de haber sufrido tantos azotes de la experiencia. Se suponía que la falla primero estuvo en Robespierre, después con Napoleón, y ahora con los Borbones. Tuvieron que expulsarlos para poder lograr un gobierno genuinamente liberal. El golpe que por tanto tiempo se temía venir, finalmente llegó cuando la oportunidad se presentó en la promulgación de las Ordenanzas.

Se puso al rey fuera del país. Pues bien, ahora que ya estaban libres del intolerable yugo de los Borbones, ¿cómo lograrían la felicidad de la nación? Otra vez las opiniones se dividieron en dos: desarrollar más las ideas de la Revolución era la orden del día, pero simultáneamente se levantó la reacción en contra de su desarrollo. Esto no era más que el ya familiar antagonismo entre *le mouvement* y *la résistance*. De ninguna manera se podía decir que todos querían seguir adelante. Muchos pensaban que por la excitación del momento la Revolución había ido ya demasiado lejos, muchos pensaban que por lo menos no debía ir más lejos. Cuando en forma instantánea emergieron las ideas, deseos y demandas radicales, la clase media acomodada se alarmó en París. De inmediato una sola idea se apoderó de sus mentes: cómo poner otra vez bajo cadenas a ese monstruo de mil cabezas que tan irresponsablemete habían soltado. El triunfo del desarrollo radical en la última parte de julio de 1830 fue seguido por el triunfo de la reacción en los primeros días de agosto.

Los defensores de la idea de retroceder y reprimir el liberalismo sabían bien cómo argumentar su causa con exhibición de dignidad y justicia. Decían que, después de todo, la ira popular ha explotado sólo porque se defendió la Carta. Tal objetivo se logró por completo. Ahora había una dinastía que simpatizaba con la Revolución y una Carta constitucional que había sido despojada de todo aquello que se condenaba como monárquico. No se podía desear nada más. Si la incompetencia y obstinación de los Borbones produjo desconfianza, el capaz y liberal Duque de Orleans merecía toda confianza. Si la Carta en su versión de 1814 ya había sido alabada como el paladión de la libertad, la presente edición, purgada por la crítica de 1830, debía tenerse como la salvaguarda más plena.

Por fin se llegaría al pináculo de la libertad y la felicidad de Francia. Esa era la promesa, incluso de aquellos que, seguidos y empujados por los radicales, habían estado a la cabeza del movimiento. Pero vosotros sabéis cómo fue que se cumplió esta promesa. En medio de exuberantes declaraciones de amor a la libertad, se aplastó toda oposición y se abandonó vergonzosamente todo principio en "cinismo de apostasía" sin paralelo. El rey ciudadano vino a ser cabeza de un gobierno parlamentario, que era fuerte por el apoyo de la burguesía, la guardia nacional y el ejército. Surgió la teoría del "*orden legal y constitucional*", que capacitaba al gobierno para hacer lo que quisiera, todo a pesar de la refinada terminología del "*rey-ciudadano*", de la "*Charte vérité*", y de la "*monarquía rodeada de instituciones republicanas*". Luis Felipe, que se suponía los libraría de la tiranía de Carlos X, hizo lo que el rey Jeroboam hizo a Judá: "El menor dedo de los míos es más grueso que los lomos de mi padres. Ahora, pues,

CONFERENCIA XIV 🙤 335

mi padre os cargó de pesado yugo, más yo añadiré a vuestro yugo; mi padre castigó con azotes, más yo os castigaré con escorpiones".[1] Luis Felipe continuó el gobierno de Carlos X con una energía de la que su predecesor no tuvo ni la sombra. Logró llevar a cabo lo que Carlos no pudo lograr. En 1832, cuando la asamblea se puso de pie para felicitarlo por sofocar un levantamiento en París, se le preguntó a Berryer, quien se quedó sentado, "¿qué vas a hacer tú?", a lo que él respondió: "voy a escribir una carta a Carlos X, diciéndole que sus órdenes han sido cumplidas". No extraña que semejante contradicción entre promesa y conducta, palabra y hecho, haya levantado una indignación que se ha manifestado en intentos de golpe de estado y de asesinar al rey.

Es justo aborrecer la insurrección y el asesinato, excepto cuando uno le debe su poder a un principio que hace del levantamiento la más sagrada de las tareas y del tiranicidio el acto más glorioso de sacrificio personal. Cuando vemos a republicanos después de 1830 enfrentar la muerte en forma heroica por sostener ideas que sus oponentes proclamaron sólo mientras daban ganancias, pero que descartaron tan pronto les dejó de convenir, entonces sentimos simpatía por las víctimas de sus propias convicciones. Nunca olvidaré la impresión que me causó, una vez que visité París en 1836, el estar parado casi al lado de Alibaud en la Cámara de Peers. Le escuché defender su caso delante de hombres que habían casi todos llegado al poder por proclamar y aplicar los mismos principios, hombres que por quince años y que hasta hace poco, idolatraban, en oposición a la dinastía legítima, teorías para cuya aplicación ahora estaban preparados a condenar a muerte a un joven varón respetado y querido

---
[1] 1 Reyes 12:10-11.

por todos los que le conocían. Debemos culpar no sólo a discípulos y maestros, sino a las enseñanzas fanáticas que los animaron a él y a otros, y no nos sorprendamos de que seguidores ingenuos y mal dirigidos se hayan enfurecido frente a tal flagrante violación de principios que una vez sostuvieron, de promesas que una vez hicieron, de derechos que una vez apoyaron libre y entusiastamente.

Pero, al apreciar con propiedad la influencia de las ideas revolucionarias, también podemos ser justos con los que se oponían. ¿Las acciones de Luis Felipe y sus ministros fueron tan solo un tejido de mala fe? ¿Realmente codiciaba un poder tan arbitrario? Hombres como Guizot y Thiers ¿no tenían otro ideal más alto que ganarse a la burguesía y enseñorearse de su jefe real? ¿Debemos presumir que su retórica liberal no era más que un espectáculo y que sólo buscaban obtener poder y elevados puestos? Yo estoy convencido de lo contrario. Ellos hicieron lo que debía hacerse en el espíritu de la reacción, según las necesidades del momento. El Ministro Lafitte había llegado a la confusión más grande antes de que Casimir Perier inagurara la política de la "represión y la intimidación". Remontémonos en la imaginación a agosto de 1830. Todos los que desataron la explosión deben haber tenido en común una sola idea, pero este motivo fue seguido por una cadena de motivos ulteriores. Dos partidos principales quedaron frente a frente. Empezó la lucha. Por un lado estaba la demanda de avanzar más todavía; por el otro lado estaban el miedo y la renuencia a hacerlo. Temerosas de todo cuanto pareciera jacobino o ultraliberal, las autoridades recurrieron a cualquier expediente que los ayudara a sobrevivir. Al actuar así no estaban traicionando a la Revolución. Al igual que Napoleón, los ministros de Luis Felipe y él mismo eran de la opinión de que todavía no había llegado el tiempo de otorgar libertad, que el camino a la libertad tenía que ser pavimentado por un gobierno temporalmente arbitrario. ¿Estaban equivocados? ¿Debieron más bien haber fomentado a los que osadamente excitaban a la turba en contra de la clase media y que hubieran incitado a la Nación francesa en contra de la pacífica Europa? ¿Era aconsejable tomar medidas a medio camino que finalmente los llevaría con seguridad a la destrucción, o estaban obligados a preparar sin demora una defensa que pudiera detener el vigor de los ataques? El hecho simple de que era indispensable una política conservadora inexorable explica por qué semejante retroceso se encontró con una amplia respuesta. La razón era que muchos compartían la convicción del gobierno: la burguesía propietaria, que no tenía ningún apego a la igualdad de derechos o a la comunidad de los bienes, estaba del todo dispuesta a monopolizar la Revolución a través de leyes electorales excepcionales y estratagemas políticas similares. La otra razón es que Luis Felipe, aun en el caso de que hubiera estado despojado de los extraordinarios talentos que tiene, habría tenido un poder incalculable como el protector natural contra la anarquía, y esto por la naturaleza misma de su posición revolucionaria. La otra razón era que la desilusión era tan grande que empezó a conmover la fe en la confiabilidad de las teorías: la sospecha de que era imposible llevar a cabo las teorías empezó a ganar terreno, y entonces muchos se llenaron de la aversión napoleónica a todo lo que sonara a "ideología". El turbulento liberal, ahora defensor de la *faits accomplis* y del *status quo*, cualquiera que este fuera, cayó en la resignación completa.

No debo seguir reteniendo vuestra atención. Si alguno de vosotros piensa que después de haber sufrido las turbulencias de 1830 y de los años que siguieron Francia se encuentra ahora en una condición floreciente y prometedora, o al menos tolerable, por favor recuerde que la prosperidad material es una triste compensación de derechos y libertades que han sido rendidas. Si vosotros pensáis igual que yo, que ahora hay menos razones para protestar por la injusticia y la fuerza bruta, recordad que las autoridades pueden ser gentiles en su política cuando los súbditos son dóciles por el hábito. La autoridad puede aliviar el yugo de aquellos cuyo coraje y fuerza han sido destrozados y que han sido reducidos a la sumisión. Tomad nota de la verdadera condición de un estado donde la franquicia (extendida en 1831 al 1/189 de la población) consigna a una nación, a una no muy numerosa aristocracia de riqueza. Comparad esto con el requerimiento de la doctrina liberal o con el radicalismo de Rousseau, o hasta con los derechos y libertades políticas que se respetaban bajo la ley constitucional antigua. No olvidemos especialmente que el régimen, a la vez que asume una postura más flexible, tiene a mano las armas en caso de necesidad: tiene ante todo las leyes de septiembre, pero también un anillo de fortalezas alrededor de París. También está la Asamblea legislativa, bien preparada para aprobar cualquier ordenanza que se necesite para guardarse de peligros. *Sobre todo* está el principio revolucionario que puede ser usado para justificar cualquier medida de violencia reaccionaria.

La condición de Francia hoy en 1846 es tolerable porque los hombres ya no se ofenden si se repudia todo aquello que alguna vez tuvieron en alta estima. Ahora aman más el orden que la libertad, prefieren gozar de paz a costa de la

CONFERENCIA XIV 🙵 339

justicia que tener que luchar por la justicia. Después de tantas ²396 desilusiones la gente ha aprendido a tomar la libertad como un término vacío, como una ficción fraudulenta. ¿Qué es la verdad? ¿Qué es la libertad? El fruto final del liberalismo es 394 que: ¡una vez que la gente ha perdido la libertad, también pierde el amor a la libertad y la fe en la libertad!¹

★ ★ ★

---

¹ [²396*n*] La clave para entender la historia de la monarquía de julio es la *continua lucha contra la Revolución*. Guizot y sus amigos pensaban que era poco probable poder a la larga detener el curso del desarrollo teorético al que la convulsión de 1830 dio nuevos bríos.

Es posible que Guizot mirara demasiado a la *pays légal* y favoreciera mucho a la clase media. Él lo negó repetidamente. Como lo expresara Tocqueville (tanto antes de 1848, en su ensayo "De la classe moyenne et du peuple", octubre de 1847, *Oeuvres complètes*, vol. IX, p. 514ss., como después de 1848): "Todos los derechos, todo poder, toda influencia, todo honor, toda la vida política estaba encerrada en el seno de una clase extremadamente estrecha, y debajo de esto: ¡nada! Eso fue lo que me hizo pensar [en enero de 1848] que la Revolución estaba a la puerta (ibídem, vol. IX, p. 548). —Thorbecke también encuentra la causa de la tormenta de febrero en una franquicia demasiado restringida: "Guizot podría haber tenido a Francia en la palma de su mano, si hubiera tenido éxito en manejar la fuerza contra la cual defendía la monarquía ... Su final ilustra gráficamente que el peligro que uno ve en los cambios a veces radica en no hacer cambios. Al no extender la franquicia perdió la oportunidad de forzar al corazón de la nación que estaba entre él y la República" (*Historische Schetsen*, p. 169). Dudo que este veredicto sea incorrecto. Es muy posible que a Guizot le hubiera ido bien si en 1847 o antes hubiera tomado la iniciativa mediante esta política, la cual habría mantenido al gobierno en el poder por más tiempo. Pero hay que distinguir aquí entre ocasión y causa. La clemencia no es el pago de una deuda. Si una fermentación subterránea persiste, la erupción es inevitable. Por mucho tiempo el objetivo ha sido, otra vez, no este u otro cambio en la forma de gobierno, sino el llevar a cabo las teorías de 1789.

Si mi investigación histórica es correcta, entonces confirma lo que primero deduje de la naturaleza de las teorías incrédulas, a saber, que la historia de este último siglo se resume en el reino de las ideas de la Revolución. A esto debe atribuírsele el hecho de que la Revolución, poniendo de lado todo sentimiento, llegase a las más asombrosas alturas de la barbarie sistemática. Esto explica que, para poder someter al sistema por medio de la reacción, la gente exigiera un tipo de tirano y dominación como el de Napoleón. Son esas ideas revolucionarias las que explican que todo intento genuino de restauración terminara en el fracaso y que al final los hombres se contentaran, habiendo perdido totalmente todo interés y esperanza en alguna verdad excelsa, con buscar sólo el interés material.

395 Los revolucionarios, en particular aquellos cuya situación en términos de propiedad privada y prestigio personal no son causa de protestas, se consuelan a sí mismos mediante una firme confianza en el futuro. Por ejemplo, Thiers concluye su obra con este pronunciamiento: "La libertad todavía no ha llegado, pero vendrá".[1] Yo estoy seguro que hoy en día, veinte años después, y después de la mistificación de 1830, en la que él jugó un papel prominente, todavía tiene el coraje de hacer semejante promesa. No existe mejor canción de cuna para hacer dormir a una humanidad engañada.

396 Pero nosotros, amigos míos, que no tenemos como meta dormir, sino despertarnos, podemos pensar con certeza que la libertad jamás vendrá de esa manera. Jamás llegará, a menos que la gente renuncie al principio de la Revolución y vuelvan al Evangelio. Aparte de la verdad del Evangelio, todos los esfuerzos y agotamientos de la filosofía y la filantropía

---

[1] Thiers, *Histoire de la révolution*, vol. X, p. 383.

han terminado en la desesperación o en una resignación pasiva y abatida. Sólo el avivamiento del amor cristiano y del espíritu evangélico podrá sacar la fuerza para enfrentar la incredulidad y obtener confianza, sin lo cual no será posible conseguir el progreso. Sólo a través del Hijo del Dios viviente [2]400 se podrá exterminar la Revolución.

CONFERENCIA XV

CONCLUSIÓN

En esta última charla de la tarde quisiera compartir con vosotros algunos pensamientos sobre cuatro temas distintos, cada uno de los cuales habría merecido un tratamiento por separado: (1) la ley internacional, (2) los signos de los tiempos, (3) la historia de nuestra nación durante la Revolución, y (4) nuestro llamamiento y tarea personal.

1. La ley internacional

La teoría de la moderna *ley internacional* se edificó sobre la misma base que la ley constitucional revolucionaria. A continuación presentaré un breve resumen de esta sabiduría diplomática, lo que nos librará de tener que leer a Grocio, a Pufendorf y todos los engorrosos folios y cuartos de los primeros publicistas.

Lo que la soberanía popular es para el país, la soberanía de la humanidad lo es para el mundo. En esta área más amplia tampoco se puede apelar a lo sagrado de los tratados y de los derechos adquiridos en contra de la voluntad general. El único criterio es el bienestar de Europa o del mundo. Además, como las opiniones sobre cuál es el bien común y cuál la "seguridad pública" difieren entre sí, y como esta voluntad general también carece de órganos generalmente aceptados; por tanto, nuevamente la voluntad de todos se disuelve en la voluntad de unos pocos, así que las relaciones que deben darse entre los estados se decide según el parecer de los que dominan. Cuando las opiniones difieren, pronto se prefiere una de ellas, y será la opinión que más se ajuste, sea a la teoría o a los intereses de aquellos cuyo poder de persuasión descansa sobre la espada y la artillería, sobre la "ley del cañón".

En cuanto a la práctica de esta ley internacional, se ve claramente en la conducta tanto de Francia como de las otras potencias.

De Francia. —Sólo fijaos en lo que ocurrió en la Revolución hasta la caída del Imperio; esto es, en tanto que Francia gozó de supremacía total. Desde el punto de vista revolucionario era del todo propio el tono y la actitud de la Convención: unir a los pueblos contra sus príncipes, diseminar la llama de la libertad, ofrecer protección a los movimientos revolucionarios en cada país, luchar para que el mundo se convirtiera en una fraternidad bajo la protección del pueblo francés. También la conducta de Napoleón se ajustó a las demandas de la teoría. Después de todo, el mundo entero estaba interesado en que se desarrollase la Revolución. Para preparar este desarrollo las distintas facciones de Francia necesitaban estar sujetas al régimen de Napoleón; y, para conseguir y preservar ese tipo de unidad, Francia no podía evitar la guerra, la victoria y la conquista.

399   De las otras potencias. —Su conducta también revela la influencia del dogma revolucionario. Con la posible excepción de Inglaterra durante el período de la Reacción, es incorrecto afirmar que las otras potencias fueran antirrevolucionarias. En cada fase se veía una tendencia revolucionaria o liberal.

Examinemos la fase de la Preparación. —Ya aquí encontramos un tipo de estadista que, guiado por el pragmatismo y el deseo de grandeza, no tiene escrúpulos para destruir antiguas alianzas y para jugar con los tratados. A aquel período pertenece la alianza depredadora que hizo pedazos a Polonia y la traicionera conducta que se tuvo hacia el Imperio Turco, la cual buscaba extender el territorio de los países vecinos más que el Evangelio. Los cálidos amigos de los sofistas franceses fueron también los celosos oponentes e instigadores de estos viles trucos de diplomacia: Catalina II, José II, Federico II —aunque el último era demasiado práctico como para no atrincherarse detrás de principios e instituciones antiguas, tan pronto como se dio cuenta de que los intereses y derechos de Prusia o el Imperio se estaban perjudicando por la aplicación de las nuevas ideas.

Veamos ahora la fase del Desarrollo. —De hecho, las potencias promovieron los horrores de la Revolución, no por excesos, sino por carecer de verdaderos principios antirrevolucionarios. ¿Por qué se frustraron los designios y esfuerzos de los gobernantes? Porque ellos mismos estaban enamorados de la doctrina de la supuesta libertad; porque apoyaban la doctrina de la Revolución en su origen y esencia, oponiéndose sólo a sus llamados excesos; porque vieron en el gobierno revolucionario no un poder autoconstituido, sino a Francia; no a una facción criminal, sino a un estado legítimo.[1] No sorprende que las potencias, dada su actitud básica, 400

---

[1] [²404n] En sus obras, Edmund Burke apuntó con toda claridad lo pernicioso de la política Europea. Por ejemplo, en sus *Letters on a Regicide Peace* (1796), particularmente en la segunda, *On the Genius and Character of the French Revolution, As It Regards Other Nations*. Allí leemos: "Mis ideas y principios me llevaron, dentro de esta contienda, a tener a Francia, no como un estado, sino como una facción... La facción no es local o territorial. Es un mal generalizado... Lo distintivo de sus puntos de vista nos dice que los jacobinos son nuestros superiores. Ellos juzgaron que en su espíritu y para lograr sus objetivos, se necesitaba la *guerra civil*; y la

tuvieran a los representantes y defensores del estado histórico, los cuales eran víctimas de una manifiesta injusticia y tremenda violencia, como rebeldes, o al menos como partidarios estrechos de mente, que defendían una forma de gobierno innecesaria. La triste situación de Luis XVI llegó a ser motivo de preocupación tan sólo por su *persona* o por su *forma* monárquica de gobierno; toda intervención se concentró en el aspecto de la guerra contra el estado francés. Esta postura explica su política de descansar no en principios estables, sino en circunstancias cambiantes; su deseo de que venciesen no los antirrevolucionarios, sino el partido menos violento y, por tanto, débil; su falta de unidad y vigor, que surgían de una errónea evaluación de la naturaleza y extensión del peligro. Ésta es la razón de por qué una guerra que los aliados podían ganar, si la llevaban a cabo en forma desinteresada, se transformó en una especulación codiciosa que buscaba extender sus propios territorios. Esto explica por qué traicionaron vergonzosamente a los franceses realistas cada vez que su alianza les pareció desventajosa o inútil. Esta abominación terminó uniendo a todos los franceses para defender su patria. En una palabra, esto explica su insípida, descolorida, miserable y vil diplomacia, cuyo único efecto fue esparcir las llamas de la Revolución e infligir sobre ellos mismos una cadena de derrotas.

Las cosas no mejoraron en el período de la Reacción. El que la mitad de Europa quedase bajo el dominio de la violen-

---

promovieron como tal. Se trata de una guerra entre los partidarios del antiguo orden político, moral y cívico de Europa en contra de una secta de ateos fanáticos y ambiciosos,... una secta que pretende conseguir un imperio universal que empieza con la conquista de Francia" (*Works*, vol. III, pp. 141-146).

cia de Franica se debe en gran parte a las mismas ideas falsas. Los hombres sagaces que gobernaron Gran Bretaña, *ellos* se dieron cuenta de que el coronado Jacobino estaba obligado, tanto por la inestabilidad de su régimen como por la tendencia natural de sus principios, a librar una guerra incansable en busca del imperio universal.[1] Por contraste, en otros países se engañaron pensando que Napoleón sería el domador de la Revolución, el hombre con el que se podía llegar a un entendimiento acerca de dividir a Europa en una gran "*arrondissement*" mediante varias secularizaciones y anexos que traerían el beneficio de los poderosos. No extraña que Napoleón se convirtiera de inmediato en su protector y árbitro, y pronto también su opresor y amo. —Pero, para ser precisos, digamos que desde el principio hubieron coaliciones, pero ¿quién no está familiarizado con la melancólica historia de estas asociaciones de corta vida, porque sucedía que las partes permanecían pasivas en tanto fuesen los derechos de otro los que se violaran? Si alguno encontraba la oportunidad de enriquecerse participando en ganancias injustas,

---

[1] [²406n] Ya antes de 1799 también Willian Pitt se dio cuenta de que Edmund Burke había predicho, con tanta anticipación como lo es 1790, el carácter pernicioso del jacobinismo en cualquiera de sus formas de gobierno. "No estamos en guerra contra las opiniones de los cerrados ni tampoco contra las especulaciones de la escuela. Estamos en guerra contra opiniones armadas". Otra vez: "¿Cómo un caballero honorable [Tierney] descubrió que el jacobinismo se desvaneció del todo por centrarse y condensarse en un solo hombre que fue criado y alimentado en su seno, cuya celebridad se obtuvo bajo su auspicio y que fue a la vez el hijo y el defensor de todas sus atrocidades y horrores? Nuestra seguridad al negociar será este Bonaparte... Se dejó que el jacobinismo existiese porque el poder estaba dividido. Ahora es uno solo, y ya no tiene vida. Este descubrimiento es nuevo..." (*Speeches in the House of Commons*, vol. III, pp. 89 y 152; 7 de junio de 1799; 17 de febrero de 1800).

entonces colaboraba con entusiasmo en conspirar con los amigos revolucionarios. Austria se confabuló con Bonaparte cuando, después de abandonar a Bélgica y Holanda, aceptó el desmantelamiento del Sacro Imperio Romano, a fin de gozarse en la liquidación de Venecia, que le fue dada como un exquisito bocado en compensación de la indignidad de tanta injusticia. También se puede mencionar la duplicidad, codicia y cobardía de Prusia; el servilismo de los príncipes alemanes, sátrapas del déspota, que se comportaron de lo más dóciles, a fin de que él les permitiera tiranizar a su propio pueblo. No podía haber coalición durable y útil mientras los gobernantes creyesen que, por medio de postrarse a sí mismos en el polvo, podían escapar de la extensa espada del potentado. No se podía levantar alianza efectiva alguna, hasta que quedara claro que a la larga la sistemática violencia napoleónica sólo sería desastrosa para todos, aun en asuntos de interés personal. Entonces el egoísmo mismo vino a ser la principal fuente de una actitud noble. Fue entonces que el grito de los pueblos pidiendo libertad hizo que el instinto de conservación de los gobernantes los forzara a unirse para dar lucha a muerte contra el usurpador. —Dios bendijo esta guerra, llevándola al éxito.

¿Qué pasó en la fase de la experimentación renovada, desde 1815 hasta 1830? El fundamento de la ley internacional vino a ser la tendencia de los gobernantes a ayudarse mutuamente en la aplicación moderada de las ideas liberales. No diré nada de la Santa Alianza; por cierto que no protegió a Europa de medidas muy poco santas. La fatal arbitrariedad liberal es evidente en las consultas grotescas, ilegítimas y hasta escandalosas. Por medio de estas consultas se dividía a las naciones y se traficaba con ellas como si fueran bienes

CONFERENCIA XV 349

muebles o ganado. La arbitrariedad del liberalismo también se hace evidente en la manera en que la verdadera libertad y la genuina autoridad era frustrada por la promulgación de constituciones liberales, y en las intervenciones armadas que se organizaban con el fin de sofocar las rebeliones, cuyas semillas ellos mismos habían plantado, y finalmente en la forma en que la diplomacia europea promovía al partido liberal, particularmente en Francia, por lo cual ayudó a preparar 1830.

La prolongación de esta política durante la última fase, desde 1830, ha sido obvia por los ultrajantes espectáculos que tuvimos que presenciar, y de los cuales también fuimos en parte víctimas. La Revolución de julio fue un golpe tremendo, que la diplomacia no anticipó ni deseaba. Con todo, desde un punto de vista liberal, no había razón o derecho o fuerza suficiente como para combatirla. Las naciones se pusieron a rivalizar una con otra al darse cuenta rápidamente que no la podían apagar. La criatura de una revolución exitosa sería [2]408 de inmediato admitida en la sociedad europea como la con- 402 tinuación modificada del estado que había sido echado por tierra, a condición que el emblema tricolor no se usase como la señal para un levantamiento general contra los gobiernos. 403 El partido moderado debía recibir apoyo. La preservación de la paz vino a ser la base de una alianza permanente a causa de que todos tenían el mismo interés. Luis Felipe fue el "Napoleón de la paz", con el cual era posible una *entente*, dado que gozaba del apoyo de la burguesía amante de la paz. En 403 él se centraba la represión que recibía la Revolución. Cualquier medida que sirviera para apoyarlo estaba justificada. Así que el pragmatismo vino a ser la norma de la conducta. Así que fue inevitable acomodarse constantemente a lo que era un *fait accompli*, fue inevitable romper con todo signo de amistad para con el antiguo gobernante, a fin de entrar en relaciones con el gobernante actual. Fue necesario saludar al rey ciudadano entre el coro de príncipes. Fue ineludible admitir a Francia en la conferencia de Londres, lo cual le dio la primacía allí. También se tuvo que sacrificar los derechos e intereses del holandés leal, para que cedieran a las demandas de los belgas insurgentes. Fue inevitable abandonar a España en una pugna interna. Todas estas cosas fueron inevitables. Acomodar el curso de la nave según la veleta parisina no era otra cosa que continuar por el camino que se había seguido por muchos años. Por supuesto que muchos se impresionaron y enojaron, pero muy pocos se dieron cuenta que no injustamente los liberales consideraban esta política (¿la llamaremos diestra o menospreciable?) como la única aconsejable y apropiada bajo las circunstancias en que se vivía. ¿Existe alguna otra alternativa, cuando la prosperidad y la civilización europea parece peligrar con cada caída de la empalizada contrarrevolucionaria de París?[1]

---

[1] [²409n] Prueba del triunfo de la Revolución en el área de la ley internacional es la identificación de la *nación francesa* con el *gobierno revolucionario*, la confusión sistemática del *estado* con la *facción*, del *pueblo* con la *secta*. Este fue el efecto inevitable de la extendida popularidad de las ideas de 1789. La simpatía hacia esas ideas constantemente traían consigo la aprobación de los correspondientes *hechos* acaecidos en Francia. Una y otra vez las potencias estuvieran prontas a considerar un reconocimiento factual que llevaba a una *consolidación moral* del régimen. Por tanto, fue imposible que se desarrollara un mejor orden de cosas nacionales. La nación de Francia fue *entregada* al gobierno revolucionario. Como pariente de las potencias extranjeras, se hizo una *ecuación* entre el gobierno y la *nación*. Como Europa era una con Francia en principio, podía ver sus revoluciones como un mero cambio en la *forma* de gobierno, lo cual hacía creer que se trataba sólo de asuntos *internos*. No se produjeron protestas diplomáticas. Por el

contrario, tanto en 1789, como en 1830 y 1848, lo propio fue respetar la encarnación de *facto* de la voluntad soberana del pueblo. Así que tampoco cabe tristeza alguna por aquel que tan sólo estuvo ayer gobernando, mientras que ahora está exiliado. El tal sería acusado de rebeldía, si opusiera resistencia.

Pero no sólo se aprobó, sino que se apoyó la Revolución, porque había interés en apagar el fuego y miedo de que se levantaran disturbios en Francia y después en otros lugares. Quienquiera que llegase a la cima sería sostenido, sin acepción de personas. Pues, una vez en el poder, todo partido, hasta el más radical, se convertía en el *partido del orden*, el partido del *establishment*, el partido que era por comparación y definición antirradical y reaccionario.

Excelente, *siempre que durara*. Pero sucedía una de dos cosas: o la reacción era demasiado débil, y viene seguida de 1830 y 1848, lo que fue una guerra de *propaganda*, aun en contra del deseo del gobierno francés; o la reacción era demasiado fuerte. ¿Pero cómo? Buscando apoyo en una desviación gloriosa. Entonces, al estilo napoleónico, la guerra se convierte en el "antídoto de la anarquía, aun adoptando el lema *L'Empire, c'est la paix,* "¡El imperio es la paz!".

De 1815 a 1848 en general se guardaba todavía algún vestigio de respeto por los principios de la ley. Pero desde ese entonces la Revolución tuvo otra vez libertad de acción en las relaciones internacionales. Antes de esto Europa trataba de frenar la soberbia de Francia. Aun cuando se alteraban los tratados, las potencias todavía los reconocían como teniendo alguna fuerza. Pero desde ese entonces éste ya no es el caso. Primero siguieron la política de la permisividad. Hoy en día compiten en quién realiza más injusticias. "El golpe de gracia en la política de Bismarck es atacar la influencia revolucionaria de Francia mediante actos más revolucionarios que los de ella" (*Edinburgh Review*, julio 1866).

La ley internacional contemporánea está basada en la *soberanía popular*, en años recientes bajo el falso título de *nacionalidad*; excelentes observaciones al respecto se pueden encontrar en el ensayo de Albert De Broglie ("Diplomatie de la révolution"). En nombre de la pretendida voluntad del pueblo, todos los derechos y tratados se convertirán en meras expresiones del antojo pasajero de un populacho todopoderoso que, representado en

2. Los signos de los tiempos

Pero ya es hora de que aborde otro tema, *los signos de los tiempos*.

404   Se me ha preguntado cómo concibo una sexta fase, habiendo las primeras cinco corrido su curso. En lugar de introducirme inútilmente en el inmenso universo de las con-

---

su gobierno, aprueba hoy lo que mañana desconocerá. "Uno bien podría decir que el régimen de la soberanía popular es el régimen de la sistemática deslealtad y de la perfidia permanente. Dios salve al mundo de estos anónimos e irresponsables soberanos que, emancipados de todo freno de una humanidad con corazón noble, y careciendo de una reputación que perder o una conciencia que aplacar, se comportan frente al perjurio y el crímen sin ningún miedo a la infamia o al remordimiento".

Aborreciendo justamente a este sistema que termina justificando todo crímen diplomático, legitimizando a una "gran banda de ladrones", nuestro generoso autor demanda que la soberanía popular sea regulada. Él quiere que este poder sea sometido, al igual que todas las potencias de la tierra, a los requerimientos de la justicia y la buena fe. ¡Ni esperanza! Semejante regulación estaría en conflicto con la misma piedra angular del edificio de la Revolución, a saber, la licencia total de la voluntad popular, la cual es la fuente del derecho y que no reconoce otra ley que no sea la propia, y que incluso afirma su independencia de la soberanía de Dios. Por lo tanto, mientras este colectivismo absolutista del llamado "contrato social" sea lo normal, la alternativa está sólo entre dos tipos de tiranía: el antojo de una persona, "que concentra en su persona la totalidad de la soberanía popular" y que hará lo que hizo Napoleón; o la arbitrariedad que De Broglie describe tan correcta y lacónicamente: "el despotismo ilimitado de una mayoría casual dominada por la minoría criminal". Para siempre un traicionero juego de palabras y homenaje que termina en la esclavitud del pueblo bajo un estado omnipotente que siempre se ejerce en el nombre de la *nación* y para el bien de un *pueblo soberano*. Como dice De Broglie, "sea Napoleón o Bismarck, lo que debe condenarse en todo lugar es la hipocresía que trae la opresión de los pueblos que viene del exagerado homenaje a su soberanía".

CONFERENCIA XV &

353

jeturas, creo que debemos fundamentar nuestro pronóstico ²411 en las principales características que ahora son discernibles. Características que las circunstancias pueden doblegar y alterar pero no destruir. Entre estos rasgos incluyo: (a) el poder 404 de las ideas conservadoras, (b) el progreso del principio radical, (c) El alboroto de la iglesia romana, (d) el resurgimiento de la fe cristiana.

a. El poder de las ideas conservadoras

Por cierto que muchas cosas presagian la continuación de la concordia y la paz, o al menos la *conservación* de los arreglos políticos del presente. Hay tristeza cuando se recuerda las luchas del tiempo de la Revolución; también hay desazón con las teorías que trajeron desilusión y dolor; hay miedo a que se produzcan disturbios que pongan en peligro la prosperidad y el crédito extranjero; antipatía hacia una oposición que sólo ha sido la máscara de intereses mezquinos y el medio de la subversión política; también está el dominio de un gobierno que todo lo controla, y que es sin duda poderoso a causa de la indiferencia política y la intensa búsqueda del bienestar material que tanto caracteriza a las clases alta y media.

b. El progreso del principio radical

Que no se nos escape, sin embargo, que la aversión a las teorías revolucionarias vienen ante todo de intereses personales. Pero si nos movemos a los estratos más bajos de la sociedad y nos fijamos en la condición en que vive la masa del pueblo, ¿no encontraremos allí también intereses, los cuales generaran simpatía y entusiasmo por las ideas *radicales*? Al ha- 405 ber disuelto muchos lazos sociales, la Revolución ha creado una tensión entre el rico y el pobre, debido al crecimiento continuo de la pobreza. Esta tensión se hace cada vez más alarmante, más aún en vista de que las clases pobres están recibiendo ilustración pero no la luz de lo alto, ya que gracias a un sistema educacional deficiente en contenido cristiano se les está dotando de habilidades pero no de principios, lo cual los hace más susceptibles a la predicación de los dogmas perniciosos. De tal forma que cuando uno ve el avance del socialismo y del comunismo, la propaganda del ateísmo y la deificación del hombre, tan común en Alemania y otros lugares; y cuando uno ve en estos sucesos no el producto de un espíritu excéntrico deplorable, sino la continuación sistemática de la obra inconclusa de Robespierre y Babeuf; cuando uno contempla los renovados esfuerzos para llevar a cabo las calamitosas ilusiones mediante la aplicación completa de las ideas revolucionarias; cuando recuerda que esos dogmas, en la proporción que amenacen a los que viven en la opulencia, serán cada vez más atrayentes a los pobres y necesitados; cuando uno ve que estos dogmas están hechos para encender el fanatismo en la gente, siendo muy inflamables pues se encienden ante la posibilidad de satisfacer las pasiones y los deseos; cuando uno ve todo eso, tiene de más razones para alarmarse, porque enfrentamos la probabilidad de nuevas explosiones. Así que descubrimos que el echar a andar otra vez el viejo experimento podría llevarnos nuevamente, pero con más intensidad y a una escala más alta, a todo tipo de regímenes terroristas y despóticos. Entonces veremos que en comparación con las escenas de confusión, saqueos y asesinatos en las que terminarán los hombres, la Revolución Francesa fue un idilio.[1]

---

[1] [^{2}412n] El socialismo, la política económica de la revolución radical, esta ganando terreno. Según Tocqueville, esta doctrina "apela a las pasiones

c. El alboroto de la iglesia romana

La creciente actividad y engreimiento del papado no condu- 406
ce a despejar estos negros presagios. ¿Qué podemos pensar
del celo que tiene la iglesia romana? ¿Se trata de una simple
superstición o es una loable resistencia contra la incredulidad

---

materialistas en una forma energética, incansable y desenfrenada. Sea a veces directo, otras indirecto, el socialismo es el ataque siempre sostenido contra los principios de la propiedad privada: la confiscación de la libertad humana, una nueva forma de esclavitud" (*Oeuvres complètes*, vol. IX, pp. 539-41). En 1848 él mismo había absuelto a la Revolución y la democracia de las tendencias socialistas: "La Revolución de febrero será cristiana y democrática, pero no socialista". Pero este orador perspicaz, que al momento, en su calidad de miembro de la Asamblea Constituyente, trataba de creer en esa ilusión, pronto se dio cuenta que su apología no tenía fundamento y que su sueño era inalcanzable, porque desde 1789 el elemento cristiano que se necesitaba estuvo ausente. Otra vez surge la pregunta, ¿*es cristiana o anticristiana*? Tomás Chalmers dio el ejemplo, escribiendo: "La condición moral de los seres humanos no tiene remedio, que no sea a través de la religión. Si se admite esto, entonces las bendiciones temporales que forman la infaltable herencia de un hombre virtuoso y sabio, y el gran bienestar y abastecimiento que acompañan el valor y la inteligencia de la gente, deben tenerse como ejemplos de lo que dice la Escritura: que si buscamos primero el reino de Dios y su justicia, todas las cosas serán añadidas, y que la piedad tiene la promesa de esta vida, así como de la que está por venir". Muy instructivas son las palabras del obispo de Maguncia, Barón von Ketteler: "Todos los movimientos sociales que se han apartado de los fundamentos morales y religiosos hacen que la distancia entre los pobres y los ricos sea aún más larga. Estos movimientos llevan a la masa de la gente que pertenece a la clase obrera a una condición en la que carecen de las necesidades más mínimas, lo cual no es sólo inhumano en sí mismo, sino que al final también lleva a guerras sociales internas entre la pobreza y la riqueza, tal como lo vemos en los antiguos estados en el tiempo de su disolución" (*Deutschland nach dem Kriege von 1866*, p. 221). La clave para el futuro está en la solución de estos problemas sociales.

que surge del residuo de devoción que tiene a las verdades de la religión cristiana? Los movimientos en Alemania, aun cuando sean deficientes, ¿son los precursores de mejores cosas por venir? ¿Son los triunfos de Roma en algunos países algo más que compensaciones por sus derrotas en otros lugares? Es muy cierto que este rejuvenecimiento del papado viene acompañado por el regreso de la medio olvidada deplorable superstición. También es verdad que donde Roma está en el poder, la persecusión empieza, de tal manera que se ajuste a las circunstancias de la época. Roma está dispuesta a reeditar las antiguas escenas de terror. Además, el temperamento de nuestros tiempos le da la oportunidad de convertirse en la religión dominante ya que, dada la necesidad universal de religión, cualquiera que sea su especie, no cabe duda que los aderezos y el esplendor de sus ceremonias atraen la imaginación, el gusto y los sentimientos de la gente. Hay que considerar también que sus engañosas promesas hacen que las conciencias se duerman y que ella ofrece, aparte de una forma de religiosidad que puede ser comprada con plata y oro, un cierto espacio para pensar y actuar. En consecuencia, dado que precisamente el ultramontanismo todavía retiene una relación con los recuerdos de lo que fuera el cristianismo, podría, más que cualquier otra confesión cristiana, llegar a ser, una vez que degenere más y asimile los intereses y conceptos jesuitas y jacobinos, la *religión civil* que el estado requiere para la cura de almas, la religión que destruye todo culto a Dios en espíritu y en verdad, como intolerable e intolerante; todo sobre la base de que altera la paz, así que merece ser castigado.[1]

---

[1] [^{2}415n] Nunca he permitido que mi apego a la Reforma me haga olvidar los vínculos cristianos que tenemos con los romanos ante la incredulidad.

2. El resurgimiento de la fe cristiana

También he mencionado el resurgimiento de la fe cristiana. Los últimos treinta años han sido testigos de una reafirmación de las verdades que, bajo la influencia de la falsa filosofía, habían sido objeto de descuido y menosprecio, si no es que de hostilidad y escarnio. Por otra parte, tampoco podemos negar que errores groseros han tomado control de muchas denominaciones protestantes. Pero todavía queda la pregunta: ¿Dónde está la fe ortodoxa que está surgiendo? ¿Es

---

La Revolución es hostil hacia todo aquél que confiese el Evangelio. Stahl ha escrito: "Si el poder de nuestro tiempo, que es la incredulidad y el odio a Dios, triunfase, tanto creyentes católicos como protestantes tendrán que erigir su propio cadalso hombro con hombro" (*Der Protestantismus als politisches Prinzip*, p. 114). Y Vitet escribe, "Los protestantes sinceros e informados ya no creen que el *Anticristo* y la iglesia romana sean una y la misma cosa" (*Cfr.* "De l'Etat actuel du Christianisme in France"). Por cierto, el Anticristo es el escepticismo filosófico (ibídem, p. 701). Eso es lo que está minando el cristianismo y destruyendo la religión. El que el papado sea humillado no trae siempre consigo ventajas para el Evangelio. Tanto la política del josefismo de Austria como las libertades gálicas de Francia (que sirven al estado omnipotente, según el concepto de nuestro tiempo) exhiben una tendencia más peligrosa que el ultramontanismo, que aboga por la independencia de la Iglesia bajo la autocracia del Papa. Tocqueville comparte esta opinión: "Se dice que la iglesia queda como una esclava cuando el Papa ... llega a ser el absoluto déspota que gobierna directamente sobre todas las cosas, sin que sea restringido por algún derecho general o local de los fieles. Ésta la actual tendencia. Pero ... existe otra forma de esclavitud para la iglesia, la cual se da cuando es entregada de tal manera en manos del estado, que viene a ser un instrumento del gobierno... Para mí no existe una esclavitud tan formidable y detestable como ésta... Debo admitir que todavía considero la esclavitud de la Iglesia a su cabeza espiritual, lo cual trae la separación de los poderes temporales y espirituales, como algo preferible a la unión de ambas cosas en manos de una dinastía laica" (*Correspondance*, vol. II, pp. 352-54).

la ortodoxia en el sentido evangélico de vibrar y actuar en amor? Y como lucha contra el mundo, ¿es lo suficientemente fuerte para vencer tantas debilidades y la apatía y el letargo de los mismos cristianos? Además, ¿cómo se compara el elemento cristiano en magnitud y proporción con los otros ingredientes de la presente crisis mundial?[1]

---

[1] [²417n] Tampoco debemos olvidar el avivamiento que se está dando entre católicos romanos. Guizot observa: "A pesar de los obstáculos, inconsistencias, desviaciones y faltas que encontramos, en el seno de la iglesia romana de Francia el avivamiento cristiano es indiscutible". Al igual que los protestantes, sus católicos "están avanzando en la fe, en las obras cristianas, en el aprendisaje cristiano, en influencia cristiana. Que no se equivoquen los enemigos del cristianismo: podrán estar comvatiéndolo a muerte, pero no pelean con una causa agonizante" (*Méditations sur l'état actuel de la religion chrétienne*, p. 189). De la misma manera, un erudito alemán dijo hace poco: "el espíritu cristiano de hoy posee una claridad y fuerza poco conocida anteriormente. Sólo basta echar una mirada a los niveles altos de investigación teológica o comparar la predicación de hoy con la del pasado o la explosiva actividad en el área práctica y la sacrificada labor de las misiones dentro y fuera del país con la actividad misionera de antaño. Todo esto nos debe hacer reconocer que el espíritu cristiano es una fuerza actual ... Pero el espíritu no cristiano es también una fuerza como nunca antes. Antiguamente el poder de la moral religiosa todavía funcionaba como dique contra los espíritus que negaban la religión, pero frente a las corrientes de los tiempos modernos estos diques de formas fijas tradicionales están progresivamente retirándose. Además, los ataques solían ser espasmódicos; hoy son sistemáticos. Desde los ataques del espíritu francés en los días de Voltaire, la negación del cristianismo ha recibido instrucción, la instrucción filosófica del espíritu alemán, llegando a ser un sistema coherente de una visión del mundo que está haciendo serios intentos para tomar el lugar del cristianismo" (Luthardt, *Apologetische Vorträge*, 1864, pp. 1ss.). Añadamos a esto la separación de iglesia y el estado, lo que termina en la enemistad de un estado humanista contra toda verdad revelada. Ya en 1845 Vinet escribía: "la incredulidad negativa y burlona ha sido reemplazada por una incredulidad que sí cree por medio de un

Podría suceder que, sin encontrar ninguna oposición notable de parte de la religión evangélica, el principio radical triunfe completamente por un tiempo. Quizá sin ningún conflicto o tensión peligrosa estemos avanzando a una reforma de fe y moral que tenga una perspectiva más amplia que la de la época de la Reforma. Lo más probable parece ser que estamos viviendo *la calma antes de la tormenta*: es posible que la fermentación de todo tipo de ideas y que la postura amenazante de principios de batalla estén anunciando la venida de una guerra entre la luz y las tinieblas nunca antes vista en la historia del mundo.

Ante tantas cosas dudosas, nuevamente la certeza que necesitamos se encuentra en la Santa Escritura. Sabemos lo que fue profetizado: muchos se apartarán de la fe, se multiplicarán las tribulaciones, el que se viste como angel de luz estará muy activo, los fieles al Señor serán perseguidos, los tiempos serán malos. Pero en la hora de mayor sufrimiento llegará la redención, y los creyentes se levantarán victoriosos, cuando Aquél a quien han amado y servido consuma a los impíos con el aliento de su boca, destruyéndolos con el resplandor de su venida.[1]

---

ateísmo ferviente y por medio de un materialismo entusiasta. En nuestros días la impiedad ha llegado a ser una religión. Cansada de demoler está edificando; hastiada de disolver está organizando. Sus devotos están formando una iglesia... Nunca la maldad fue tan confiada, porque ahora tiene convicciones. ¡Qué horror! Busca su fuerza en todas las inclinaciones que el hombre tiene hacia el mal, las que eleva al nivel de principios. Busca su fuerza en las miserias del hombre, las que promete terminar y vengar" (*Considérations*, p. 37).

[1] *Cfr.* 1 Timoteo 4:1; Mateo 24:21; 2 Corintios 11:14; 2 Tesalonicenses 2:8.

3. La historia de Nederlandia durante la Revolución

Suficiente sobre las señales de los tiempos. Ahora quiero comentar algunas ideas sobre la influencia que el principio revolucionario ha tenido en *nuestro propio país*.

Sostener que nos libramos de las atrocidades de la Revolución debido a nuestra excelencia y que fuimos seducidos por las locuras revolucionarias por la intervención extranjera, que era más poderosa, es un engaño que agrada a nuestra vanidad nacional. Nuestra humillación y miseria también se debe a que nuestra búsqueda de grandeza y felicidad nacional venía acompañada de un alejamiento de Dios y de la fe, lo cual es aún más vergonzoso, ya que Holanda gozó de más privilegios. La influencia moral (o inmoral) de los escritos revolucionarios causó más estragos que el poder de las armas revolucionarias. Es cierto que desde 1795 hasta 1813 fuimos arrastrados por las principales cuerdas (o cadenas) de nuestros vecinos protectores. Pero ¿qué hicimos antes y después, cuando éramos libres de ataduras externas? Por nuestra propia voluntad seguimos trotando sobre los mismos caballos. Holanda tiene su propia fase de Desarrollo revolucionario que va de 1780 a 1787, aun antes de que en Francia llegara la explosión. Si no se hubiese frenado por la fuerza la continuación del avanzado proyecto revolucionario, tanto por los franceses en 1795 como por los prusianos en 1787,[1] está por verse si la cadena lógica no se hubiera revelado en un reino del terror, si nosotros no hubiésemos visto a nuestro propio Robespierre y Saint-Just al timón del estado, demandando "hacer sangrar las venas de oro", "aplastar las jurisdicciones de Orange", y "cortar las cabezas" de la oposición. —Expresiones que salieron de uno de los más

---

[1] [²421n] Cfr. *Handboek*, §§771a, 772.

CONFERENCIA XV 👤   361

hábiles líderes de los revolucionarios de 1795; me refiero a Valckenaer, el cual escribió estas cosas en una carta que es clara evidencia de la existencia, también en Holanda, de una mentalidad bastante terrorista.[1] En 1813 nos acordamos de Orange, que había sido heredero de esta Casa, que el Señor mismo colocó en antaño, para resguardar la religión y la libertad. Pero, como se quería un cambio en la forma de gobierno, el heredero volvió a sentarse en el trono revolucionario que quedó vacío al ser expulsado Napoleón. Volvió para conceder una Constitución que, juzgada por sus interpretaciones e implementaciones, daba homenaje a la doctrina, si no de Rousseau, al menos de Montesquieu; mientras la fuerza del gobierno se colocaba en una administración centralizada y el beneficio de la libertad en una asamblea. Todo lo cual era una peligrosa responsabilidad para el rey o un gasto superfluo para el pueblo.

Dado que nuestros voluntarios arreglos políticos mostraron nuestra docilidad a las ideas en boga, se esperaba que aceptáramos pasivamente nuestra forzada unión con Bélgica, que era el matrimonio de dos tipos diferentes de pueblos, cosa que el ciego amor al liberalismo no nos dejo ver. Nuestra ceguera nos nos dejó ver en la Constitución de 1815 al precursor de la Revolución de 1830. Si al rey Guillermo se le hubiese inducido a seguir una política verdaderamente revolucionaria, él no habría carecido de salvaguardas constitucionales ni de superioridad de fuerzas, ya que una gran parte del pueblo belga le era fiel y le tenía afecto. Pero cuidado, porque él tampoco se pudo librar de las ataduras de

410

---

[1] Véase *Rutger Jan Schimmelpennick en eenige gebeurtenissen van zijnen tijd*, vol. I, pp. 52-62. Carta de Valckenaer a Schimmelpennick, desde Madrid, el 15 de marzo de 1800.

su educación y del espíritu de nuestro tiempo. Se puso a la moda y tropezó, así que fue reducido por el efecto alternante de infructuosas concesiones y vanas amenazas a aquel estado de total impotencia que, dado el avance del partido radical, amenazaba hundir a Holanda en la confusión, la anarquía, los cismas y la guerra, aun si la Revolución no se hubiera producido en París.

411 Pero no se puede culpar sólo al rey. El país era el cómplice. Intoxicados por las fantasías prevalecientes, primero continuamos dormitando en un tipo de complacencia somnolienta y flemática sobre nuestra propia compostura en comparación con otras naciones. Pero, despertados por los belgas, hacia ellos tuvimos, especialmente durante el embrollo político de los tres años que precedieron a la revuelta, una pasividad e indolencia, un tipo de servilismo y sumisión, que en parte se debía a la debilidad de nuestra fibra nacional, pero principalmente al dócil y lánguido liberalismo que prevalecía en el país. Sólo examinemos el ánimo que teníamos desde que se rompió el yugo francés. En general, nos contentamos con enganchar nuestro carro político al partido cuyo período sería llamado *moderadamente liberal*. En 1813 teníamos que tener una Constitución, como las demás naciones. En 1815 nosotros también pensamos que la unión con Bélgica no causaría ningún daño, con tal que prevaleciera nuestra habilidad y sabiduría superior. De 1815 a 1830 aceptamos como real cualquier espectáculo que los comediantes políticos de París montaran. Con frecuencia gastamos nuestros aplausos en las extravagancias de estos bufones. En 1829 Lafayette era nuestro héroe. En julio de 1830 fuimos fascinados por la expulsión de los insoportables Borbones, bajo

CONFERENCIA XV 363

cuya tiranía los inocentes y decentes liberales habían sufrido por demasiado tiempo.

Naturalmente que administramos nuestros propios asuntos dentro de las mismas líneas. Si en el sector norte del reino de Holanda teníamos miedo de aplicar los dogmas liberales, no era por principios, sino en defensa propia contra nuestros poco fraternales hermanos, era por intereses y necesidades nuestras. A mi modo de ver, las semillas de la oposición también habían producido suficientes raíces en nuestro país, lo cual preocupaba a las autoridades. La deslealtad de Bélgica era un importante instrumento para fortalecer la lealtad en Holanda. Los acontecimientos antes y después de 1830 se orientaron por la doble acción de una inclinación hacia el liberalismo y una reacción hacia la soberbia de los belgas. Cuando se revivió la teoría de la soberanía popular y el contrato social, al igual que las ideas sobre la subordinación del rey a los representantes y la de los representantes a la opinión pública y la voluntad general, en esencia fuimos atrapados en el mismo problema, aunque con menos fuerza, que la gente de 1789 tuvo respecto a los girondinos, y los girondinos hacia los jacobinos, y cada partido tímido hacia los partidos rabiosos. Y a juzgar por los debates de la segunda cámara, hubiéramos sido pronto dominados, invadidos y sobrepasados por la facción liberal (con la cual la iglesia romana se había aliado y asimilado por un tiempo), si a la vez un sano golpe no hubiera dado fin a los lazos con Bélgica y con la dominación ultraliberal.

Tampoco debería extrañarnos de lo que hizo y dejó de hacer la política interior y exterior. Nosotros también nos convencimos de que Carlos X había perdido el derecho a la corona, de que no había por qué considerar escrupulosamente los derechos hereditarios, de que Luis Felipe merecía un voto de aplauso por evitar la explosión de una guerra generalizada al someterse a los radicales. No extraña que hayamos reconocido al partido reaccionario de Francia sin demora ni deliberación, y que nuestra política fuese similar. [²425]

No conocíamos otra libertad que la libertad del liberalismo, ese implacable enemigo de la ley y el orden. Cualquier desarrollo de las formas constitucionales ahora parecía peligroso, o al menos inapropiado y fuera de tiempo para el presente. [412]

Todo lo que se hacía o prometía sobre el tema tenía como fin apagar la excitación y que la gente se resignara al *status quo*. [²425]

Así que hemos sido testigos del surgimiento de un sistema conservador que ciertamente ha evitado muchos abusos y formas constitucionales, pero que de ninguna manera ha protegido nuestro espíritu cívico y vigor nacional, nuestro prestigio internacional, nuestra prosperidad o genuina armonía, y qué decir de nuestras finanzas. Este conservadurismo no es más que la continuación de la Revolución, la preservación de la situación revolucionaria, el despotismo del estado revolucionario en la forma de una autocracia revolucionaria.[1] [412, 413]

4. Nuestro llamamiento y tarea personal

Permitidme terminar con algunas palabras acerca del *llamamiento de aquellos que confiesan el Evangelio*, con algo acerca de la tarea de aquellos que conocen mejores principios. Porque si he querido guiaros con la luz del Evangelio por el camino de la historia a lo largo de las varias fases del predominio

---

[1] [²425n] Sin una base histórica cristiana, el conservadurismo no es más que el ala inconsistente del liberalismo. Los conservadores permiten y también promueven la pérdida de todo aquello que incluso reconocen es digno de preservarse.

revolucionario, no es por amor al viaje mismo, sino por su destino, al punto donde hemos llegado. Las lecciones de la historia reciente se pierden en buena parte si uno no se percata de sus conexiones con nuestro propio tiempo, si uno no logra retener en mente que aquí también todo no es más que una consecuencia y transición, un pasar de un eslabón a otro dentro de la cadena. Para saber qué debemos hacer en estos tiempos malos se requiere fijarse en: (a) la necesidad de mejorar; (b) la impotencia de las ideas revolucionarias, y (c) el poder que tienen los principios cristianos en este respecto.[1]

414

---

[1] [²426n] Las siguientes páginas se escribieron en parte para referirse a la propuesta de una revisión de la Constitución, que primero se rechazó, pero que después se aceptó en toda su esencia, pero *bajo colores revolucionarios*. El pánico vino a ser la fuente de la política en 1848. Teniendo la impresión de que el radicalismo, que en ese entonces triunfaba en Francia, era irresistible, se efectuó un cambio en la forma de gobierno y en el personal de gobierno, que muy pocos querían. Gran parte de lo que en enero se tuvo como necio y extravagante, seis semanas después se tenía como sabiduría política; lo que hasta hacía poco se tenía como impracticable y absurdo, ahora se recomendaba como el único curso de acción posible. Una pequeña minoría se constituyó en consejeros, líderes y legisladores.

a. La necesidad de mejorar

Veamos primero la presente necesidad de mejorar. No cabe duda que la condición de nuestro país es deplorable. ¿Y qué quiere el pueblo? Paz y tranquilidad a cualquier precio. El pueblo cree que cualquier funcionamiento libre de los cuerpos constitucionales sería una amenaza a la tranquilidad, lo cual explica por qué tal funcionamiento ha llegado a niveles insignificantes, que serían difíciles de explicar de otra manera. El estado se ha convertido en lo que podríamos llamar una *autocracia revolucionaria*. Me he tomado la libertad de decirlo en varias ocasiones, por ejemplo en mi *Contribución a la revisión de la Constitución* de 1849 y en mis discursos parlamentarios en ese mismo año.[1]

Recordad, por favor, que cuando llamo al estado actual "autocracia revolucionaria" mi propósito no es acusar por despecho y sin fundamento, sino tan sólo indicar la naturaleza actual de la autoridad, tal como resulta de las circunstancias e ideas de nuestro tiempo. Realmente no vivimos en una monarquía ni en una república, sino bajo un gobierno centralizado que todo lo controla. El poder del gobierno lo ejerce una persona o está distribuido convenientemente entre funcionarios del estado.[2] Vivimos bajo el todopoderoso poder de un gobierno revolucionario bajo una cabeza, un

---

[1] *Bijdrage tot herziening der Grondwet in Nederlandschen zin*, p. 76; *Adviezen in de Tweede Kamer der Staten-Generaal, in dubbelen getale*, p. 155.

[2] [²427n] Lo que queremos es una monarquía, en la cual la deliberación común se efectúe a través de la preponderancia de la corona y la influencia del parlamento. "Lo más normal y natural es que el rey tenga el poder y el parlamento la influencia" (Stahl, *Die gegenwärtige Parteien*, p. 171). Este requerimiento se acomoda a nuestro país muy bien. La soberanía de Orange no será verdadera, a menos que busque su fuerza en la libertad de Holanda.

gobierno limitado de *jure* en diferentes formas, pero de *facto* en ninguna. Preguntáos: ¿qué independencia tienen los ministros de la corona con respecto a la cabeza del estado, cuando se trata de las libertades populares? ¿Qué pensáis de la actitud y el comportamiento de la segunda Cámara y de su perseverancia en sus deseos una vez que los ha expresado? ¿Véis vuestro camino despejado para calcular el verdadero poder de la primera Cámara en su carrera en estos treinta años? ¿Qué garantías creéis que hay en la estipulación *"por y con la recomendación del Consejo del Estado"*? ¿Creéis que la autonomía municipal y territorial, tan esencial a la verdadera libertad y desarrollo, ha sido armonizada plenamente con la unidad del estado? No estoy condenando. Sólo quiero decir que el deseo incondicional de la paz se manifiesta en la pasividad y la autoneutralización de los poderes del estado.

La discusión de asuntos potencialmente controversiales también sería una amenaza a la tranquilidad. Esto explica por qué la autoridad muestra un gran deseo de evadir asuntos vitales, en vez de encarar los problemas. Esto explica por qué cualquiera que exija su investigación, aunque esté motivado por el patriotismo más puro, quedará bajo sospecha de ser un agitador y arrebatado. Vosotros sabéis en qué condiciones está la iglesia, el colegio, la ayuda a los pobres, la educación media y superior, la legislación sobre el castigo corporal, las franquicias y el sufragio, y tantas otras materias. Vosotros sabéis qué pocos esfuerzos se están haciendo, si es que se hace alguno, para terminar con la consabida confusión general. El continuo descuido trae un deterioro continuo. El mantener andando la economía política promoviendo exclusivamente el interés material no es garantía de estabilidad. *Debe mejorarse* la condición de nuestra patria, antes que llegue a su ruina total.

b. La impotencia de las ideas revolucionarias

Pues bien, ¿*son los hombres capaces* de traer un cambio para mejorar? ¿Qué medios se usarán para mejorar? ¿Serán estos provistos por los moderados (o sea, casi moribundos) liberales que todavía están en el poder? No, ellos no pueden satisfacer esta necesidad. Ésta es la verdadera razón de su inercia. Ellos no conocen otro principio que no sea el que, una vez puesto en marcha, produce todos los males que tenemos que solucionar. Ellos presienten que todo nuevo tratamiento del paciente termina en un maltrato, en curaciones sin eficacia curativa, en garantías que sólo llevan a la misma [2]429 rutina. La parálisis del liberalismo está demostrando cada vez más su impotencia.

416 Pero —¡momento!— estoy equivocado. No todos están vencidos por la desesperación. Hay liberales que culpan del estancamiento al egoísmo y a la falta de energía; quienes, si tuvieran una mano libre, la pondrían en el arado; quienes quieren activar las formas constitucionales y de cuyas cabezas y corazones ha surgido una bastante interesante propuesta para una forma de gobierno verdaderamente liberal, con cámaras que se disuelvan, un ministro responsable y elecciones directas. Con todo, estoy convencido de que, habiendo cambiado las formas, no habrán cambiado la esencia de las 417 cosas. Retener la raíz del mal impide una restauración verdaderamente radical; esto es, que derive de una raíz distinta. Con las mejores intenciones, lo que se producirá será un cambio en aquellos que sustentan el poder, sin un cambio en la naturaleza del poder: sólo el mismo despotismo del

estado revolucionario, el mismo ateísmo reflejado en la ley, el mismo desdén hacia el Legislador y Rey supremo, la misma sujeción de la iglesia al estado, la misma centralización, que es a la vez espada y escudo del régimen, la misma indiferencia arbitraria a todo lo que pertenezca a la inviolabilidad de derechos adquiridos y la autonomía de distintas esferas.

Me parece que estoy obligado a decir por qué pienso que estos hombres del futuro y de las promesas carecen de todo poder. Primero, son impotentes porque dudo si, como miembros del partido del progreso, tendrán alguna oportunidad de llegar al poder, en tanto el gobierno encuentre ese tipo de apoyo en las condiciones y conceptos actuales, que le permiten hacer lo que se le antoje. Así que por ahora sólo les queda estar en la oposición. Pero, lo que es más importante todavía, carecen de poder porque el tenor de sus propios principios los hace impotentes. ¿No creéis que tenemos derecho a preguntarles dónde están las pruebas de sus lindas promesas? No pongo en duda su sinceridad, pero tenemos el ejemplo de tantos cuya sinceridad estaba lejos de ser dudosa y, sin embargo, tan pronto como llegaron al poder, usaron el poder que buscaban para producir libertad, en contra de la libertad. Yo puedo identificar la causa de esa inevitable incredulidad y deslealtad como el poder de las ideas que guían incluso a los reformadores políticos de hoy en día. Ellos se preguntan por qué no hay el menor interés en lo que antes, y aun hace poco, levantaba entusiasmo o al menos alguna atención o celo. Se preguntan por qué sus voces no encuentran eco, por qué el clamor por revisar la Constitución se empieza a parecer más y más al suspiro casi inaudible de un moribundo. ¿No se dan cuenta de que el país necesita algo más que la expectación agonizante de alguna alteración del remiendo constitucional? ¿Se imaginan que la sed por la justicia y la verdad se puede apagar con un espectáculo como el de 1840 o insertando algunos artículos en la Constitución? ¿Acaso no están familiarizados con los sorprendentes avances que ha hecho la ciencia de la interpretación, que capacita a los herejes políticos para probar la regla que dice "el diablo puede citar la Escritura para su propio beneficio"? ¿Esperan que las víctimas de los experimentos políticos se quedarán impávidos por todo el tiempo en que los médicos estén confiados, a pesar de que empeora la enfermedad? Pueden cantar victoria, pero no producirla. Si hubieran sabido lo que es la libertad, serían menos celosos por formas virtualmente anticuadas y más solícitos por aquellos primeros elementos de verdadera libertad, que uno no debe abandonar, a menos que esté cegado por falsas teorías.

Entre los tristes hechos de nuestro tiempo no conozco ninguno comparable al embotamiento del sentido de justicia.

419 Alguna pasión queda para reescribir leyes electorales, todavía se pueden encontrar arquitectos dispuestos a suplir maquetas de sedes políticas, pero difícilmente se puede hallar el verdadero espíritu de libertad, aquél que busca respeto por los derechos de los demás. La teoría liberal ha demostrado su mortal influencia sobre los afectos más nobles del corazón humano en que apagó la capacidad de ser sensible a la injusticia y provocó la indiferencia universal ante el pisoteo de los derechos más sagrados, en tanto que uno goce seguro de su propia vida.

Para clarificar y fundamentar lo que quiero decir, escojo dos ejemplos notorios: la Iglesia Reformada y la educación.

La Iglesia. —No voy a entrar en debates teológicos. No me refiero a la forma en que por votación el gobierno organizó la iglesia en 1815. Es la injusticia más grande, cuando esta organización administrativa ha servido para establecer el completo control de los infieles sobre la enseñanza de la iglesia, cuando el poder del gobierno ha sido usado para poner el entrenamiento de los futuros pastores en las manos de los enemigos de la doctrina de la salvación, cuando a los fieles que son víctimas de esta liberalidad se les prohibe reunirse para adorar, y ahora se les permite hacerlo[1] sólo a condición de que renuncien a su Iglesia. Toda esta atroz injusticia es posible sólo cuando el sentido de justicia de la gente ha sido extinguido, adoptando la libertad un sonido opaco y débil.

La educación. —No me refiero a la perniciosa dirección que se le está dando al sistema educativo de hoy. No quiero en este momento contradecir el punto de vista que afirma que para protegernos de los católicos romanos deberíamos sacar las Biblias del colegio. Pero cuando a dicho sistema no sólo se le confiere prioridad y patrocinio oficial, sino también un carácter monopólico; cuando a quienes consideran un tipo distinto de educación como un asunto de conciencia se les niega el derecho a tener un lugar de refugio en escuelas particulares; cuando un decreto de la corona,[2] que se emitió para acomodar a gente que piensa así, puede interpretarse por cuatro y más con una creciente arbitrariedad contradiciendo la voluntad real; y cuando, a pesar de las más fuertes protestas hechas por un considerable número de ciudadanos, son pocos los que se toman la molestia de investigar los

---

[1] Decreto del 9 de Enero de 1841.
[2] Decreto del 2 de Enero de 1842.

hechos del caso, entonces a todo esto yo lo llamo las señales de los tiempos en nuestro país. Entonces todo esto es una prueba del endurecimiento que se ha forjado en la gente por medio de largos años de jugar juegos con las palabras y los principios. Pero a la vez veo en ello una señal de lo poco que podemos esperar de cualquier influencia que pudieran ganar los liberales que al igual que en 1844 todavía están trabajando con base en lo que ellos creen que es una Constitución modelo. Tengo derecho a decirle a estos ingenieros: Admiro su esfuerzo y hasta el talento para manufacturar o diseñar un plan para rescatar a la gente anegada, pero mientras esté en el agua les ruego que por un momento me extiendan la mano. Estoy seguro de que vosotros sois capaces de proveernos con bosquejos y borradores muy legibles, que estaré gustoso de exhibir bien empastados en mi colección de alquimia política, pero por favor dejad que vuestros contemporáneos gocen de un poco de la libertad que vosotros tan liberalmente estáis preparando para la posteridad.[1]

---

[1] [²433n] Todo aquel que no olvide los muchos años de silencio que los principales representantes del liberalismo han guardado respecto a esta coerción moral, no podrá más que reconocer cuánta razón tenía yo cuando, al regresar a la segunda Cámara de 1862, me dirigí a Thorbecke con estas candorosas palabras: "Ambos hemos peleado durante treinta años por la libertad de la educación. El ministro ha escrito muchas excelentes páginas al respecto. Al resistir el mezquino monopolio estatal, mis correligionarios han peleado por esta causa en el terreno práctico. Fue el ministro en particular el que atrincheró la libertad de educación en la Constitución; pero fue gracias a mis amigos en particular que esto se llevó a cabo, no como el apéndice de alguna teoría, no como algo impuesto sobre nosotros por alguna influencia foránea más o menos revolucionaria, sino como el fruto nativo del compromiso holandés hacia la libertad y la religión".

Tengo el derecho a protestar cuando aquellos que hablan lindo sobre la libertad y la constitución se callan cuando ven ultrajes de este tipo. Pero nuestra legítima y justa indignación podría fácilmente convertirse en excesiva e injusta, porque no debemos olvidar que el principio revolucionario se enseñorea tiránicamente sobre las inclinaciones e intenciones del pueblo. Me inclino a pensar que ni nuestros conservadores ni nuestros anticonservadores se alegran de la opresión de la religión. Creo que querrán conceder con gozo toda la libertad que sea compatible con sus principios, pero encuentran que cualquier libertad que no se monopolice para promover sus propios puntos de vista se convierte en una amenaza a su poder. Continuamente se les hace volver a los preceptos del liberalismo, aun en contra de los dictados de su conciencia. Y es irrefutable que, en contraste con el ciudadano indefenso, cualquier medida arbitraria, no importa cuán sensurable sea, tendrá su excusa y justificación en los conceptos de unidad del estado, supremacía del estado, bienestar del estado y seguridad del estado. No: los defensores de las ideas liberales son incapaces, aun si quisieran, de darme la libertad que requiero, demando y reclamo como ciudadano, como neerlandés y como cristiano. Los liberales y los conservadores son la continuación de las dos escuelas antagónicas implícitas en la doctrina revolucionaria: el *progreso*, que desea poner en práctica lo impracticable; la *reacción*, que desea detener el progreso y que busca controlar lo incontrolable; a saber, la conciencia. Ambas concuerdan en esto, que se aferran a un principio que, infinito en promesas, es en sí mismo el infranqueable obstáculo de su propia realización y la fuente de constante desilusión.

c. El poder de los principios cristianos

Pero, cuando se trata de la vocación de los cristianos, no sólo debo señalar la capacidad de las ideas revolucionarias, sino también el poder del principio cristiano.

422   La última arma que se esgrime contra las verdades que sostenemos es que son sólo teorías inútiles para la práctica.

Se dice que somos ardientes y severos críticos en el área de la ley constitucional, cuyos propios tratados se esperan en vano. Pues bien, *Fungar vice cotis, expers ipsa secandi* ("que juegue yo el papel de piedra de afilar, aunque yo mismo no corte") . La refutación de las ideas falsas ya es en sí misma algo muy útil. No es un favor pequeño advertir al caminante para que no tome el camino equivocado: la advertencia misma es ya un incentivo para mirar al camino correcto.

Creo, sin embargo, que nuestro principio político cristiano también nos lleva más directamente a un mejoramiento político. Un principio general muestra señales de su verdad cuando muestra gran flexibilidad en su aplicación. Son muchas sus aplicaciones. No me detendré para bosquejaros los particulares de una utopía acorde a las máximas antirrevolu-
423   cionarias que establecí al principio de nuestra investigación. Cuando pongo la mirada en una verdadera restauración, mi intención no es volver a formas obsoletas ni tampoco a una inversión súbita del orden social. Tampoco propongo descuidar los derechos de todos en favor de los derechos de un partido. Sugerencias de este tipo las condenaría como consistentes con el espíritu revolucionario. Pero, guiado e instruido por la experiencia y la eterna Palabra revelada, mantengo la inmutabilidad de verdades cuyo abandono ha llevado a aquellas ideas falsas que demuestran cada día su impotencia y su carácter pernicioso. La verdadera necesidad

de nuestros tiempos es la aplicación, modificada según las circuntancias, de la ley constitucional cristiana.

¿Es posible tal aplicación? ¿Por qué no? La imposibilidad de su aplicación surgiría de sus mismos principios o de las circunstancias o de las personas.

¿Podría surgir de los *principios*? ¿Pero cómo? Toda verdad es práctica, tanto por sí misma como porque está vinculada a todas las otras verdades. Así que la verdad que defiendo en la ley constitucional tiene un poder inestimable porque su base o marca y reflejo se encuentra por todas partes: en el Evangelio, en el sentido de justicia del ser humano, en la historia de la antigüedad o de las naciones de tiempos modernos, en el destino de nuestro propio país, en la crónica especialmente de aquellos períodos en que los hombres voluntaria y sistemáticamente dieron la espalda a la verdad. La sumisión a la verdad es la única verdadera práctica. La admonición de Casandra fue práctica, aun cuando voló al aire y Troya fue destruída. Los preceptos de justicia y humanidad fueron prácticos bajo Robespierre, así como lo fue la independencia de las naciones y la libertad de sus ciudadanos bajo Napoleón. La proclamación del Evangelio es práctica, a pesar de que lo único que despierta es oposición. La recomendación de las ideas antirrevolucionarias es práctica, aun cuando el principio revolucionario prevalezca.

Pero se nos dice que las *circunstancias* pueden impedir que se apliquen nuestros principios prácticos. Esto podría ser verdad si por práctico entendemos algo con aceptación y victoria universal. Sin embargo, aun en circunstancias desfavorables uno puede dar testimonio de la verdad; y la continuación de este testimonio es ya una aplicación y práctica poderosa. Predicar la justicia mientras la injusticia continua no es algo superfluo; y las palabras de aquél que se atreve a enfrentar al tirano omnipotente no se pierden por que él mismo sufra las consecuencias de su admirable candor.

Pero no necesitamos limitar el poder de nuestros principios a una protesta. Admito que hubo un tiempo en que no quedaba otra cosa que hacer que protestar. Pero no me atrevería a decir que éste fue el caso una vez que nos liberamos del yugo francés, en 1813, en 1815, en 1830 y en 1840. Creo más bien que ya en 1813, y en cada crisis que vino después, estaba la oportunidad de realizar una verdadera mejora volviendo a ideas superiores. Sea como sea, de haberse conocido y apreciado esas ideas no habría sido necesario rendirse tan incondicionalmente al principio de la Revolución. Tampoco habría sido necesario establecer el destartalado reino de Holanda y rechazar tan completamente las más queridas memorias de la nación. No lo habríamos ganado todo, pero tampoco habríamos perdido tanto.[1]

---

[1] [²437n] Inmediatamente después, habiendo sido reelegido al parlamento en 1848, luché en mi país por activar el partido *cristiano-histórico*, y por consiguiente un *partido antirrevolucionario*. ¿Logré mi objetivo en alguna medida? Veinte años después de haber escrito *Incredulidad y Revolución* escribí en un discurso al electorado (*Aan de Kiezers*, pp. 20-22): "Los más destacados publicistas de nuestra época, Guizot, Stahl, Tocqueville, un cristiano como Vinet, han destacado el hecho, que también la historia de nuestro país demuestra que, al mismo tiempo que los cristianos peleaban por la libertad de religión, se convertían en los fundadores de excelentes formas de gobierno, y así en la sal de la tierra. A nosotros que tenemos su ejemplo, influencia y compromiso con la escuela cristiana histórica de pensamiento, debería habernos sido posible dar vida al estado constitucional y conquistar el liberalismo con la libertad. ¿Pero qué hemos hecho? y ¿qué estamos haciendo? Nada. Nos estamos eliminando a nosotros mismos. Nos estamos haciendo insignificantes. Porque no aspiramos a algo más alto, somos una camarilla en la iglesia y conformistas o desechados en el estado.

CONFERENCIA XV

No quiero evadir la pregunta de si el tiempo presente es oportuno. No creo que lo sea. Las esperanzas vanas y las ilusiones ciegas no aprovechan. Tampoco necesitamos repetir que estamos viviendo en un tiempo de lánguida vitalidad. 424

Ante todo alegamos amargamente contra Thorbecke, y después contra la segunda Cámara, después contra los liberales, después contra los católicos romanos, y después contra todo, pero se nos olvida quejarnos de nosotros mismos, contra nuestra postración, letargo y apatía. Merecemos quizá en doble medida el reproche que libremente dirigí a los conservadores de la segunda Cámara: "Vosotros no sois un partido político activo, sino casi siempre mirones que escriben y que no lograr ejercer influencia en asuntos que os competen". Aunque no entiendo, respeto las objeciones de conciencia de algunos de nuestros amigos en el sentido de que ejercer la ciudadanía lo hace a uno accesorio a la Revolución. Pero, para quienes no participan de esta objeción, pues creen que la Constitución no prescribe un credo político particular, sino que sólo lo compromete a uno con la observancia escrupulosa de sus estipulaciones, para estos debo puntualizar que existe una inequívoca relación entre la falta casi total de espíritu *público* (que se ve en la alarmante indiferencia con la que los cristianos abandonan y entregan el futuro de nuestro país a la incredulidad) y el *egoísmo*, que es también el eterno enemigo del cristiano. En el estado y en la iglesia estamos siendo consumidos por un desprecio *individualista* de las demandas más elementales de nuestro deber patriótico y cristiano. No sólo me refiero a los conceptos teóricos errados. Aunque debemos tener recelos contra la *filosofía del individualismo*, estemos especialmente en guardia contra el individualismo de nuestros *corazones*, que es el mal más perenne, ya que está enraizado en los defectos de nuestro carácter nacional y de nuestra época. Tocqueville bosqueja este carácter de la sabiduría práctica de una enervada sociedad: "El individualismo es un sentimiento considerado y pacífico que dispone a todo ciudadano a aislarse a sí mismo de la masa de sus prójimos y a retirarse al círculo de su familia y amigos, de tal forma que, después de haber creado una pequeña sociedad para su deleite privado, está contento con abandonar la sociedad en manos de sus propios recursos" (*Democracy in America*, parte 2, cap. 2). El ciudadano patriótico se disuelve en el esposo y padre devoto.

425 Debemos esperar que dentro de poco surja una crisis, saludable para el cuerpo enfermo. No os prometemos un triunfo fácil, rápido y total. Nadie debe de entregarse a la política antirrevolucionaria que quiera conseguir el bienestar de su país sólo por un camino por el cual el viajero encuentra sus deseos e intereses personales. Pero si, por el contrario, nos impulsa el amor a la verdad y un sentido de obligación, entonces tomemos nota de que nuestros días no carecen de oportunidades para llevar a cabo nuestro deber. ¿Acaso es la proclamación de nuestros principios, cada cual dentro de su propio círculo, un trabajo de poca monta? ¿Creéis que la influencia que ejercieron los escritos y conversaciones del siglo dieciocho no tuvo mayor importancia para la preparación de la Revolución? También el día de hoy la candorosa confesión de vuestras creencias ejercen una influencia, cuyo efecto sólo lo conoce Dios, quien da el crecimiento.[1] Ya hemos hablado y escrito bastante. A veces uno escucha decir: ha llegado el momento de la acción. Como si hablar y escribir no fueran acciones, como si plantar no lograra nada. Reconozco, sin embargo, que tal aguijón que nos empuja a la acción es saludable y significativo, pues nos recuerda que no debemos quedarnos en la teoría, cuando es posible su práctica. Seamos fieles, cada cual en su lugar. Si no se nos da la oportunidad de hacer grandes cosas, recordemos que cuando tengamos la oportunidad de dar testimonio de la verdad la gran infidelidad podría cometerse en las cosas pequeñas. Tampoco olvidemos que si el dar testimonio puede llamarse una obra, las obras también son testimonios. En vista de los sacrificios tan pequeños que hemos hecho y para perseverar en la abnegación y la devoción al deber, recordemos que el Reino

---

[1] *Cfr.* 1 Corintios 3:6.

de la verdad se extendió grandemente por medio de testigos que tenían fuerza para, si era necesario, ser mártires hasta la muerte.

Esto me lleva a lo que dije en el último lugar. La aplicación práctica podría resultar imposible como resultado de la actitud y conducta de las *personas*. En dos formas: sea porque no conocen los principios o porque carecen de la energía para ponerlos en práctica. ¿No será esto último aplicable a nosotros? Con frecuencia se acusa a los cristianos, con y sin razón, de que si el corazón depravado del hombre lo hace orgulloso, la verdad lo hace humilde. La razón de esto es simple: mientras más aprendamos, más notorio será el contraste entre el conocimiento y la acción. Hemos visto que el reino de las falsas teorías en algún grado atenúa las obras más terribles, hacia las que se mueven a sus fanáticos devotos. Por otra parte, mientras más excelente sea una teoría, más se puede esperar de sus adherentes. Mientras más poder se atribuya a una confesión, más probable será que su improductividad se deba al letargo de parte de sus confesores. En cuanto a mí, yo reconozco mi culpa. Pero si el arrepentimiento es verdadero, no se contentará con un lamento improductivo. Es mejor que nos dirijamos a la única fuente de la cual fluye abundantemente todo lo que necesitamos para ser fortalecidos. La fuente de nuestra vida no radica en la esfera de las especulaciones de alguna filosofía de reputación, sino a los pies del Calvario, que por la misericordia de Dios nuestro Salvador se convirtió en el árbol de la Vida.

Ahora conocéis cuál es la idea que resume todo lo que os he hablado: que la Revolución, en la extensión total de sus perniciosos frutos, es la consecuencia de la doctrina de la Revolución, así como la doctrina misma es la consecuen-

²441 cia del rechazo sistemático del Evangelio. Pero las verdades del Evangelio, cuya importancia nunca se hizo más evidente
426 que en su ausencia, no son misterios en los cuales uno sea iniciado por algún profundo discernimiento de una filosofía humana. Son más bien los misterios que el Señor da a
427 conocer a los humildes y pobres. Son las verdades que son expresadas tan positivamente como con simpleza en la Santa Escritura: paz a través de la sangre de la cruz; un sacrificio expiatorio; un cambio de corazón, que se hace visible en el trabajo del amor y en la luz de las buenas obras. Son las verdades que han sido siempre y en todo lugar objeto de todo tipo de ataques, pero de las cuales el Señor dijo: "Te alabo, Padre, Señor del cielo y de la tierra, porque escondiste estas cosas de los sabios y de los entendidos, y las revelaste a los niños".[1] La primera condición para poder entender los secretos de la erudición es aceptar como un niño estas cosas. Vosotros sabéis que yo no menospreciaré ninguna labor a la que el mundo atribuya un tremendo valor. Por el contrario, estoy convencido de que en la medida que seamos llamados a hacerlo por actitud, estudio o posición social, tenemos la obligación de realizar con toda nuestra energía todo lo que podamos realizar en el mundo académico y político. Pero a la vez cada día me persuado más de que todo nuestro trabajo queda sin fruto en tanto las barreras de la sabiduría humana bloqueen el cálido resplandor del sol del Evangelio.
442 No desechemos lo que el mundo llama vil. Gran parte de lo que el mundo considera grande es pequeño, y gran parte
427 de lo que considera pequeño es grande. "...no altivos, sino asociándoos con los humildes".[2] Esta es la forma de obtener

---

[1] Mateo 11:25.
[2] Romanos 12:16.

y realizar lo que el mundo llama cosas sublimes. Si habiéndosenos dado una convicción intelectual acerca de la verdad del Evangelio descubrimos en nosotros sólo poca fuerza y una medida de impotencia, que con frecuencia nos apena y desanima, busquemos con fervientes oraciones dentro de nosotros mismos si aquella chispa ha sido apagada en nuestro corazón, aquella chispa que convierte los huesos secos de la teología en algo vivo y fructífero.

La fe vence al mundo. Si queremos vencer al mundo, ante todo se necesita echar de nuestra mente todos los argumentos y toda altivez que se levanta contra el conocimiento de Dios, llevando todo pensamiento cautivo a la obediencia a Cristo.[1] Recordemos siempre que el clamor: ¡Ayuda mi incredulidad! viene precedido del otro: ¡Creo![2] Nunca olvidemos que ninguna actividad, incluso en la historia y la ley constitucional, tiene valor para Dios, quien conoce los corazones, si no está santificada por la doble oración que expresa la necesidad común tanto del filósofo como del niño: "sé propicio a mí, pecador"; y la otra: "Abatida hasta el polvo está mi alma; vivifícame según tu palabra."[3]

---

[1] 2 Corintios 10:5.
[2] Marcos 9:24.
[3] Lucas 18:13; Salmo 119:25.

REFERENCIAS BIBLIOGRÁFICAS

Alison, A. *History of Europe from the Commencement of the French Revolution in 1789 to the Restoration of the Bourbons in 1815*. 10 vols. París, 1841-42.

Ancillón, J.P.F. *Nouveaux essais de politique et de philosophie*. 2 vols. París y Berlín, 1824.

——. F. *Über Souveranität und Staats-Verfassungen*. 2a. ed. Berlín, 1816.

Anónimo [Ancillón]. *De nos réformes des causes qui s'opposent á notre liberté politique, et des moyens qui nous restent pour acquérir une liberté raisonnable*. Leipzig y París, 1829.

Anónimo [C.H. von Schütz]. *Geschichte der Staatsveränderung in Frankreich unter König Ludwig XVI*. 5 vols. Leipzig, 1827-30.

Anónimo [H. de Lourdoueix]. *Appel à la France contre la division des opinions*. París, 1831.

Anónimo. *De nos réformes*. Leipzig, 1829.

Baird, R. *La religion aux Etats-Unis d'Amérique*. 2 vols. París, 1844.

Barante, [G.P.] de. *Histoire de la Convention nationale*. 6 vols. París, 1851-53.

Bautain, L. *Philosophie du Christianisme*. 2 vols. Estrasburgo y París, 1835.

Berliner Politisches Wochenblatt. 6 vols. Berlín, 1832-1837.

Bilderdijk, W. *Briefwisseling met M. en H. W. Tydeman, gedurende de jaren 1807 tot 1831*. Comp. por H.W.F. Tydeman. Vol. I. Sneek, 1866.

Blanc, L. *Histoire de la Révolution*. Vol. I. París, 1847.

Bonald, L. de. "Testament politique (1817)". *Gazette de France*, 28 dic. 1840.

Bossuet, J. B. *Politique tirée des propres paroles de l'écriture sainte*. Vol. I, 3ra. ed. París, 1714.

Broglie, A. de. "Diplomatie de la révolution". *Revue des Deux Mondes*, 1 feb. 1868.

———. *Questions de religion et d'histoire*. 2 vols. París, 1860.

Buonarrotti, Ph. *Conspiration pour l'égalité dite de Babeuf*. 2 vols. Bruselas, 1828.

Burke, E. *Works*. 8 vols. Londres, 1823.

———. *Textos políticos*. México, Fondo de Cultura Económica, 1942.

———. "Reflexiones sobre la Revolución Francesa". En Burke, *Textos políticos*, pp. 39-258.

Calvino, J. *Institución de la religión cristiana*. Rijskwijk, Fundación Editorial de Literatura Reformada, 1967.

Calvino, J. *Institutio Christianae religionis*. 1559.

Capellen tot den Pol, J. D. van der. *Vervolg der Vaderlandsche Historic*.

Chalmers, T. *On the Christian and Economic Polity of a Nation*. Glasgow, s/f.

———. *Works*. 25 vols. Glasgow, 1836-42.

Cicerón, M.T. *De legibus libri tres*.

———. *De oratore*.

———. *De re publica libri sex*.

Claudius, M. *Asmus omnia sua Secum portans, oder Sämtliche Werke des Wandsbecker Bothen*. 8 vols. 1775-1812.

Clercq, G. de. "Louis Blanc". En *De Gids*, vol. X, no. 2 (1846), pp 1-33, 43-78, 131-62.

Constant, B. *Cours de politique constitutionnelle*. 2 vols. París, 1836.

Da Costa, I. *Kompleete Dichtwerken*. Comp. por J.J.L. ten Kate. 3 vols. Haarlem, 1861-63.

Cousin, V. *Cours de l'Histoire de la philosophie: Histoire de la philosophie du XVIIIe siécle*. 2 vols. París, 1829.

Croker, J.W. *Essays on the Early Period of the French Revolution*. Londres, 1857.

De Chateaubriand, F.A.R. *Etudes historiques*.

Dumont, E. *Tactique des assemblées législatives, suivi d'un traité des sophismes politiques; ouvrages extraits des manuscrits de Jérémie Bentham*. 2a. ed. rev. París, 1822.

Edictum Pistense 864. Comp. por A. Boretius y V. Krause. *Monumenta Germaniae Historica. Leges. 3. Capitularia regum Francorum.* Hannover, 1819.

Evangelische Kirchen-Zeitung. Berlín, 1827–.

Fiévée, J. *Correspondance et relations avec Bonaparte premier consul et empéreur, pendant onze années (1802 à 1813).* 3 vols. París, 1836.

Filmer, R. *Patriarcha; or, The natural power of kings.* 1680.

Fruin, R. *Het antirevolutionaire staatsregt van Mr. Groen van Prinsterer ontvouwd en beoordeeld.* Amsterdam, 1853. Reproducido en *Verspreide Geschriften*, vol. X, (La Haya, 1905), pp. 76–167.

Gasparin, A. de. *Intéréts généraux: du Protestantisme français.* París, 1843.

Gazette de France.

Gentz, F. von. *Ausgewählte Schriften.* Comp. por W. Weick. 5 vols. Stuttgart y Leipzig, 1836–38.

——. *Fragmente aus der neuesten Geschichte des politischen Gleichgewichts in Europa.* 1806 Reimpreso en *Ausgewählte Schriften*, vol. IV.

——. *Schriften von F. von Gentz: Ein Denkmal.* Comp. por G. Schlesier. 5 vols. Mannheim, 1838–40.

——. *Über den Ursprung und Charakter des Krieges gegen die französischen Revolution.* Berlín, 1801.

Gerlach, O. von. *Das Neue Testament nach Dr. Martin Luthers Uebersetzung, mit Einleitungen und erklärenden Anmerkungen.* 3a. ed. 2 vols. Berlín, 1843–44.

Gerlache, E.C. de. *Histoire du Royaume des Pays-Bas, depuis 1814 jusqu'en 1830.* 2 vols. Bruselas, 1839.

Groen van Prinsterer, G. *Aan de Kiezers*, vol. XX, 1865, pp. 20–22.

——. *Archivos.* 2da. ed.

Grocio, H. *De Antiquitate Reipublicae Batavicae.* Leyden, 1610.

——. *De Jure Belli ac Pacis.* 1631. Trad. al francés por J. Barbeyrac: *Le droit de la guerre et de la paix.* 2 vols., Ámsterdam, 1724.

Guizot, F.P.G. *Cours d'histoire moderne. Histoire de la civilisation en France depuis la chûte de l'Empire romain jusqu'en 1789.* 4 vols. Bruselas, 1835.

——. *Cours d'histoire moderne. Histoire générale de la civilisation en Europe depuis la chûte de l'Empire romain jusqu'à la Revolution française*. París, 1828.

——. *De la Démocratie en France. (Janvier 1849)*. La Haya, 1849.

——. *Discours académiques*. París, 1861.

——. *Discours prononcé dans le séance publique du 20 Avril 1836 á la Soc. Bibl. Prot* París, 1861.

——. *Essais sur l'histoire de France*. París, 1823.

——. *Histoire parlementaire de France. Recueil complet des discours prononcés dans les Chambres de 1819 à 1848, par M. Guizot*. 5 vols. París, 1863-64.

——. *Méditations sur létat actuel de la religion chrétienne*. París, 1866.

——. *Mémoires pour servir à l'histoire de mon temps*. 8 vols. París, 1858-67.

——.*Nos Mécomptes et nos espérances*. Bruselas y Leipzig, 1855.

——. *Oeuvres choisis*. Bruselas, 1848.

——. *Pourquoi la révolution d'Angleterre a-t-elle réussi?* París, 1850.

Haller, C.L. de. *Histoire de la révolution religieuse ou de la réforme protestante dans la Suisse Occidentale*. 3a. ed. París, 1838.

——. *Restauration de la Science politique, ou théorie de l'état social naturel opposée á la fiction d'un état civil factice* (traducción del alemán por el autor). 2 vols. Lyon y París, 1824-25.

D'Haussonville, O. *L'Eglise romaine et le premier Empire, 1800-1814*. 2 vols. París, 1850.

Heeren, A.H.L. *Handbuch des Europäischen Staatensystems*. 2a. ed. Gotinga, 1811.

Henry, P. *Das Leben Johann Calvins des grossen Reformators*. 2 vols. Hamburgo, 1835-38.

Journal des Débats.

Ketteler, W. E. von. *Deutschland nach dem Kriege von 1866*. Maguncia, 1867.

Laboulaye, E. de. *Etudes contemporaines sur l'Allemagne et les pays Slaves*. París, 1856.

——. *Histoire politique des Etats-Unis*. 3 vols. París, 1855-66.

Lacretelle, J.Ch. de. *Histoire de France pendant le XVIIIe siécle*. 14 vols. París, 1808-26.

Lamartine, A. de. "Bonaparte." En *Oeuvres choisis. Poésie*. Tomo I. París, 1825.

——. *Histoire des Girondins*. 4 vols. Bruselas, 1847.

Lamennais, F.H.R. de. *Essai sur l'indifférence en matiére de religion. 1817-23*. En *Oeuvres completes*, vol. I, pp. 21-452.

——. *Oeuvres completes*. 2 vols. Bruselas, 1839.

——. *Des Progrés de la Revolution et de la guerre contre l'Eglise*. París y Bruselas, 1829.

Leibniz, G. W. von. *Nouveaux essais sur l'entendement humain* (1704), 1765.

Locke, J. *Two Treatises of Government*. Londres, 1690.

Louis XVI. *Correspondance politique et confidentielle inédite de Louis XVI avec des observations par Helene-Maria Williams*. 2 vols. París, año XI [1803].

Luthardt, C. E. *Apologetische Vorträge uber die Grundwahrheiten des Christentums*. Leipzig, 1864.

——. *Apologetische Vorträge über die Heilswahrheiten des Christentums*. Leipzig, 1867.

Macaulay, T. B. *Speeches of the Right Honorable T.B. Macaulay, M.P. Corrected by Himself*. Londres, 1854.

McCrie, I. *The Life of Knox; containing illustrations of the history of the reformation in Scotland*. 2 vols. 3a. ed. Edinburgo, 1814.

——. *Miscellaneous Writings, chiefly historical*. Comp. por su hijo. Edinburgo, 1841.

Mallet du Pan, J. *Mémoires et correspondance*. Comp. por A. Sayous. 2 vols. París, 1851.

Merle d'Aubigné, J.H. *Histoire de la reformation du seiziéme siécle*. 4 vols. París, 1835-47.

Mignet, F.A.A. *Etudes et portraits politiques*. Bruselas, 1841.

——. *Histoire de la revolution française, depuis 1789 jusqu'en 1814*. 5a. ed. 2 vols. París, 1833.

Mohl, R. von. *Staatsrecht, Völkerrecht und Politik*. 3 vols. Tubinga, 1860-69.
Moreau, J.N. *Discours sur l'histoire de France*. 21 vols. París, 1777-1789.
Müller, J. von. *Vier und zwanzig Bücher allgemeiner Geschichten*. 3a. ed. 3 vols. Tubinga, 1817.
Neander, A. *Vorwort*. In A. Vinet, *Der Sozialismus in seinem Prinzip betrachtet*.
Necker, J. *De la révolution française*. 2 vols. París, 1797.
Niebuhr, B. G. *Lebensnachrichten*. Comp. por Madame Dora Hensler. 3 vols. Hamburgo, 1838-39.
Nodier, J.E.Ch. *Souvenirs, épisodes et portraits pour servir à l'histoire de la Révolution et de l'Empire*. 2 vols. Bruselas, 1831.
Palmer, C. von. *Evangelische Pädagogik*. 2a. ed. Stuttgart, 1855.
Pascal, B. *Pensées*. París, 1670.
Pitt, W. *Speeches in the House of Commons*. Comp. por W.S. Hathaway. 2a ed., 3 vols. Londres, 1808.
Pressensé, E. de. *Conferences sur le Christianisme dans son application aux questions sociales*. París, 1849.
Racine, J. Athalie. *Tragédie tirée de l'Ecriture Sainte*. 1691.
Radowitz, J. M. von. *Gespräche aus der Gegenwart uber Staat und Kirche*. Stuttgart, 1846.
Ranke, L. von. *Deutsche Geschichte im Zeitalter der Reformation*. 6 vols. 1839-47.
——. *Fürsten und Völker von Süd-Europa, die Osmanen und die spanische Monar- chie im 16. und 17. Jahrhundert*. 1827.
Renan, J.E. *Etudes d'histoire religieuse*. 4a. ed. París, 1858.
——. "De l'influence spiritualiste de M. Victor Cousin; a propos de ses *Fragmens et Souvenirs*". *Revue des Deux Mondes*, vol. XIV, no. 28 (1858), pp. 497-520.
——. "De la philosophie de l'Histoire contemporaine; à propos des *Mémoires pour servir à l'Histoire de mon Temps par M. Guizot*". *Revue des Deux Mondes* vol. XXII, no. 29 (1859), pp. 179-209.
Rougemont, F. de. *Les deux cités. La philosophie de l'histoire aux différents ages de l'humanité*. 2 vols. París, 1874.

REFERENCIAS 389

Rousseau, J. J. *Oeuvres*. Nueva ed. rev. 11 vols. Ámsterdam, 1769.

———. *Du Contrat social, ou Principes du Droit Politique*, en *Oeuvres*, vol. 2.

———. *El contrato social*. Editorial Porrúa, México, 1992.

Saint-Marc Girardin. *Souvenirs et réflexions politiques*. París, 1859.

Schimmelpenninck, G. *Rutger Jan Schimmelpenninek en eenige gebeurtenissen van zijnen tijd*. 2 vols. La Haya, 1845.

Schlosser, F.C. *Geschichte des achtzehnten Jahrhunderts und des neunzehnten*. 6 vols. Heidelberg, 1836-48.

Sieyes, E.J. *Qu'est-ce que le tiers état?* Enero de 1789. Nueva ed. por A. Morellet. París, 1822.

Simon, J. *La liberté civile*. 3a. ed. París, 1867.

Soulavie, J.L. *Mémoires historiques et politiques du régne de Louis XVI*. 6 vols. París, an X [1801].

Stähelin, E. *Leben und ausgewählte Schriften der Väter und Begrunder der reformierten Kirche*. 4 vols. Elberfeld, 1857-63. Vol. IV: *Johannes Calvin*.

Staël, A.L.G. Necker, baronesa de. *Considérations sur les principaux: événemens de la révolution françoise*. 3 vols. París, 1818.

Stahl, F.J. *Ansprache zur Eröffnung der Berliner Pastoral-Conferenz in der Trinitatiswoche 1861*. Berlín, 1861.

———. *Der christliche Staat*. Berlín, 1847.

———. *Die deutsche Reichsverfassung nach den Beschlussen der deutschen Nationalversammlung und nach dem Entwurf der drei königlichen Regierungen beleuchtet*. Berlín, 1849.

———. *Die gegenwärtigen Parteien in Staat und Kirche. Neunundzwanzig akademische Vorlesungen*. Berlín, 1863.

———.*Die Kirchenverfassung nach Lehre und Recht der Protestanten*. 2a. ed. Erlangen, 1862.

———. *Die lutherische Kirche und die Union. Eine wissenschaftliche Erzirterung der Zeitfrage*. Berlín, 1859.

———. *Parlamentarische Reden*. Comp. por J.P.M. Treuherz. Berlín, s/f [1855-56].

——. *Die Philosophie des Rechts*. 3a. ed. Heidelberg, 1854-56.

——. *Der Protestantismus als politisches Prinzip. Vorträge auf Veranstaltung des Evangelischen Vereins für kirchliche Zwecke im März 1853 gehalten*. Berlín, 1853.

——. *Die Revolution und die constitutionelle Monarchie; eine Reihe ineinandergreifender Abhandlungen*. 2a. ed. Berlín, 1849.

——. *Über christliche Toleranz. Ein Vortrag auf Veranstaltung des Evangelischen Vereins fir kirchliche Zwecke gehalten am 29. März 1855*. Berlín, 1855.

——. *Über Kirchenzucht. Vortrag gehalten in der Pastoral-Conferenz zu Berlín am 22. Mai 1845*. 2a. ed. Berlín, 1858.

——. *Was ist die Revolution? Ein Vortrag, auf Veranstaltung des Evangelischen Verein: für kirchliche Zwecke am 8. März 1852 gehalten*. Berlín, 1852.

Star Numan, C. *Diatribe academica in Nicolai Machiavelli opusculum, Del principe inscriptum*. Utrecht, 1833.

Stijl, S. *De opkomst en bloei van de republiek der Vereenigde Nederlanden*. Amsterdam y Harlingen, 1774.

Sybel, H. von. *Die Erhebung Europas gegen Napoleon I. Drei Vorlesungen*. Munich, 1860.

——. *Geschichte der Revolutionszeit von 1789 bis 1795*. 3 vols. 2a. ed. rev. Düsseldorf, 1859-60.

Tácito, C.P. *Annales*.

Terencio, P. *Eunuchus*.

Thiers, A. *Histoire du Consulat et de l'Empire, faissant suite à l'Histoire de la Révolution française*. 20 vols. París, 1845-62.

——. *Histoire de la révolution française*. 2a. ed. 10 vols. Lieja, 1828-1829.

Trigland, J. *Kerckelycke Geschiedenissen ende aenmerckingen op eene Kerkelycke Historie van Johannes Uutenbogaert*. Leiden, 1650.

Thorbecke, J.R. *Historische schetsen*. La Haya, 1860.

——. *Over de verandering van het algemeen Staten-stelsel van Europa sedert de Fransche omwenteling*. Leyden, 1831.

Tocqueville, A. de. *L'Ancien Régime et la Révolution*. París, 1856.

——. *Correspondance inédites*. Comp. por Gustave de Beaumont. 2 vols. París, 1861.

——. *De la Démocratie en Amerique*. 5a. ed. 2 vols. Bruselas, 1837.

——. *Oeuvres completes*. Comp. por Madame de Tocqueville y Gustave de Beaumont. 9 vols. París, 1864-66.

Tours, G. de. *Histoire des Francs*. 2 vols. París, 1823.

Vinet, A.R. *Chrestomathie française, ou Choix: de morceaux tirés des meilleurs écrivains français*. 2a. ed. 3 vols. Basilea, 1833-36.

——. *Considérations présentées á Messieurs les Ministres démissionnaires*. Lausana, 1845.

——. *L'Education, la famille et la société*. París, 1855.

——. *Essai sur la manifestation des convictions religieuses, et sur la séparation de l'Eglise et de l'Etat, envisagée comme consequence nécessaire et comme garantie du principe*. París, 1842.

——. "Des Etudes classiques. A propos d'une discussion entamée dans la chambre des députés le 29 mai 1835". En *L'Education, la famille et la société*.

——. *Etudes sur la littérature française au dix-huitième siècle*. 2 vols. París, 1853.

——. *Etudes sur la littérature française au dix-neuvième siècle*. 3 vols. París, 1849-1851.

——. *Liberté religieuse et questions ecclésiastiques*. París, 1854.

——. *Der Sozialismus in seinem Prinzip betrachtet*. Trad. del francés por D. Hofmeister. Berlín, 1849.

Vinet, L. "De L'Etat actuel du Christianisme en France?". En *Revue des Deux Mondes*, vol. LXVII, no. 37 (1867), pp. 678-708.

Vreede, G.W. *De Regering en de Natie Sedert 1672*. Ámsterdam, 1845.

Wachsmut, W. *Geschichte Frankreichs im Revolutionszeitalter*. 4 vols. Hamburgo, 1840-44.

ÍNDICE ONOMÁSTICO

Los numerales se refieren a las páginas originales, al margen en esta edición.

A

Alibaud, L., 390
Alison, A., 275
Alphen, H. van, 30
Alva, duque de, 277
Ancillon, F., 112, 186, 188, 287-94, 303
Aranda, duque de, 277
Aristotle, 26
Augereau (General), 373

B

Babeuf, Fr. N., 219s, 373, 405
Bacon, Fr., 28
Bailly, J.S., 307
Baird, R., 262
Barnave, A., 307, 345
Barnevelt, *véase* Oldenbarnevelt
Barrère, B., 335
Barthélemy, A.M., 340
Bautain, L., 228
Bentham, J. 247
Berryer, P.A., 56, 390
Bilderdijk, W., 38-41
Bismarck, O. von, 403
Blanc, L., 222, 275, 298
Boehmer, J.H., 139
Bonald, L. de, 7, 35, 153, 370
Bonaparte, N., *véase* Napoleón
Bossuet, J.B., 171, 195
Broglie, A. de, 385, 403
Buchez, Ph.J.B., 347
Buonarrotti, Ph., 219s, 325, 349, 350s, 351s
Burke, E., 31, 90, 106, 142, 189, 199, 262, 313, 315, 322, 327, 399, 400

C

Caligula, 41
Calvin, J., 23, 64, 147s, 162, 363
Capellen tot den Pol, J.D., 102
Carlomagno, 78, 82, 126
Carlos I, 136, 173, 301
Carlos II, 64, 173
Carlos V, 161, 167

Carlos X, 302, 385-88, 389, 390, 411, 412
Carrier, J.B., 334
Casimir Périer, P., 391
Catalina II, 277, 279, 399
Catón el Viejo, 47
Chalmers, Th., 63, 405
Chateaubriand, F.R. De, 74, 333
Chaumette, A., 360
Christian VII, 277
Cicerón 26, 47, 71, 74, 88, 128, 211
Clercq, G. de, 298
Cloots, A., 360
Coligny, G. de, 149
Collot d'Herbois, J.M., 334
Condillac, E. de, 198
Condorcet, M.J., 192
Constant, B., 36, 249-52, 358
Costa, I. da, 360
Cousin, V., 154, 188
Cristo, 9, 41, 58, 146, 157, 158, 177, 178, 193, 200, 226, 257, 258, 267, 362, 364, 396, 408, 426, 427, 428
Croker, J.W., 275, 338

D

Da Costa, I., *véase* Costa, I. da
Danton, G., 213, 279, 335, 336f, 339, 360
Dathenus, P., 149
Decazes, J.E.O.S.A., 386
Descartes, R., 28
Desmarais, C., 355
Desmoulins, C., 332, 361
Diderot, D., 191, 198
Donker Curtius, H.H., 269
Dumont, E., 247s

E

Enrique IV, 115
Enrique VII, 167

F

Federico II, 280, 399
Federico Enrique (príncipe), 115
Federico Guillermo II, 280
Felipe II, 56, 141
Fénelon, Fr., 135, 171
Fiévée, J., 35, 377
Filmer, R., 131
Fortman, *véase* Gaay Fortman
Fouché, J., 386
Francisco de Anjou, 141
Francisco de Sales, 171
Francke, A.H., 175
Fruin, R. [J.], 286

G

Gentz, F. von, 33, 116
Gerlach, O. von, 51

Gerlache, E.C. De, 150
Grocio, H., 28, 79, 131-34, 397
Guillermo I, 40, 302, 410, 412
Guillermo II, 420
Guillermo III, 64, 115, 262
Guillermo V, 40, 302
Guillermo el Taciturno, 115, 141, 149
Guizot, F.P.G., 17, 24, 36, 80, 154, 182, 188, 249, 391, 394, 407, 424
Gustavo Adolfo, 115
Gustavo III, 277

H

Haller, A. von, 199
Haller, K.L. von, 36, 144, 202, 218, 265f, 270f, 27779
Hébert, J., 360
Heeren, A.H.L., 99
Hegel, G.W.F., 228, 273
Helvetius, Cl., 198, 199
Henry, P., 162
Hobbes, Th., 136-39, 143, 208, 218, 242
Hotman, Fr., 146

I

Isabel I, 115
Isocrates, 88

J

José II, 280, 284, 399
Jourdan (General), 333
Juan de Nassau, 149

K

Kant, E., 244
Kasteele, P.L. van de, 12
Kemp, C.M. van der, 64
Ketteler, W. von, 405
Klopstock, F.G., 12
Kluit, A., 80
Knox, J., 162
Koenen, H.J., 144

L

Lafayette, M.J., 411
Lafitte, J., 391
Lally-Tollendal, Th. A., 306f
Lamartine, A. de, 209, 275, 341
Lamennais, F.H.R. de, 4, 35, 56, 153, 191, 194-96, 204f, 213, 227, 237, 250
Lamettrie, J. 192, 198
Languet, H., 146
La Noue, Fr. de, 149
Lavater, J.K., 12
Lebon, J., 335
Leibniz, G.W., 28
Leicester (Robert Dudley), 141

Lelarge de Lourdoueix, J.H., 285
Lichtenberg, G.Chr., 228
Livy, 128
Locke, J., 134
Lohman, *véase* Savornin Lohman
Luis XI, 167
Luis XIV, 73s, 97, 108, 115, 135, 248
Luis XVI, 80, 282, 283, 284, 290, 299303, 306f, 319, 324, 326, 327, 331, 376, 400
Luis XVIII, 385, 386, 411
Luis Felipe, 389–92, 403, 412
Luthardt, C.E., 4 07
Lutero, M., 23, 155, 160f, 163, 363

Masillon, J.B., 135
Matías (archiduque), 141
Mauricio (príncipe), 65, 115
McCrie, Th., 162
Merle d'Aubigné, J.H., 162
Mignet, F.A.A., 74, 270, 274, 282, 284, 294, 300, 310, 317, 320, 331, 332, 333, 337, 338, 339, 349, 350, 355, 357, 371, 309s
Mirebeau H.G.R. 192, 307, 309s, 331, 339, 340
Montesquieu, Ch.L., 24, 74, 189, 192, 216, 280, 289, 317, 363, 386, 409
Moreau, J.N., 80
Mornay, Ph. du Plessis, 149
Mounier, J.J., 306s
Müntzer, Th., 164

M

Mably, G. de, 74
Mahoma, 346
Maistre, J. de, 35, 153
Malesherbes, Chr. de L., 283
Mallet du Pan, J., 275
Maquiavelo, N., 128
Marat, J.P., 192, 279, 335, 337, 346, 363
María Antonieta, 306s
María Estuardo, 150
Marnix de St. Aldegonde, Ph., 149

N

Napoleón, 30, 50, 189, 236, 281, 302, 370-81, 382, 384, 385, 388, 392, 394, 398, 400s, 403, 409
Napoleón III, 403
Necker, J., 105, 108, 192, 274, 283, 307, 317s, 331, 333, 334, 338
Nerón, 51
Newton, I., 180
Nijevelt, C. van Zuylen van, *véase* Zuylen

ÍNDICE ONOMÁSTICO

Nodier, Ch., 349

O

Odillon Barrot, C.H., 242
Orange, Casa de, 409, 415

P

Pablo (apóstol), 51
Palmer, Chr. Von, 65
Pitt, W., 30, 248, 400
Platón, 26, 88, 128, 236
Pombal, S.J.C., 277, 279
Protágoras, 26
Pufendorf, S., 139, 397

R

Racine, J., 215
Ranke, L. von, 162, 164
Raynal, G.T., 195
Renan, E., 23, 200, 274
Richelieu (cardenal), 115
Robespierre, M., 189, 192, 319, 325, 330, 335, 336 338-42, 344, 347, 357-362, 363, 367, 374, 381, 382, 384, 388, 405, 409
Roland, J.M., 333
Rousseau, J.J. 151, 189, 192, 195, 197, 203, 206-215, 216s, 237, 242, 249, 267, 280, 283, 286, 289, 357-362, 363, 381, 384, 393, 409

S

Saint-Juste, L.A., 319, 335, 337s, 340, 347, 351, 353, 358, 409
Santiago I, 50
Satanás, 58, 59, 178, 187, 215
Schimmelpenninck, R.J., 409
Schlosser, F.C., 275
Scholte, H.P., 59
Schütz, C.H. von, 101
Sidney, A., 136-38, 143
Siéyés, E.J., 292
Soulavie, J.L., 293
Spener, Ph., 175
Staël, Madame de, 74, 273, 274, 276, 281, 285, 290, 292, 301s, 304, 305, 306s, 310s, 317, 326, 331, 340, 372, 380
Stahl, F.J., 151, 169, 187, 200, 222, 263, 268, 381, 406, 415, 424
Stanislas Poniatowski, 277
Stilling, J.H. Jung, 12
Sybel, H. von, 275

T

Tácito, 89
Talleyrand, Ch.M. de, 270
Thiers, A., 74, 274, 313, 318, 327, 336, 337, 353f, 356, 359, 391, 395

Thorbecke, J.R., 269, 394, 420, 424
Tocqueville, A. de, 113, 241, 253, 263, 273, 275, 286, 304, 405, 406, 424
Trigland, J., 64
Turgot, A.R.J., 283, 331

V

Valckenaer, J. 409
Villa Hermosa, duque de, 277
Villéle, J.B.S.J., 386
Vinet, A.R., 56, 59, 63, 65, 200, 407, 424

Vitet, L., 406
Voltaire, 189, 191, 197, 199, 227, 363, 407
Vreede, G.W., 106

W

Wachsmuth, W., 109, 274, 541
Wesley, J., 22, 175
Whitefield, G., 175
Witt, John de, 52

Z

Zwinglio, H., 160

ÍNDICE TEMÁTICO

Los numerales se refieren a las páginas originales, al margen en esta edición.

A

Absolutismo real, 72
Acomodaticia, doctrina, 193
Administración centralizada, viii, 48, 113, 245, 321, 349, 383, 409, 414
Aislamiento, 20, 29, 341
Alemania, 30, 33, 167, 172, 401
 -Revuelta campesina, 163
 -*Véase también* Prusia
Anatomía de la historia, 182
Anarquía, 6, 189, 233, 237, 372, 374, 384, 403
Anticristo, 178, 406
Antigüedad clásica, 25s, 71, 87-89, 123-29, 236, 358, 405
Antiguo Régimen, 48, 68-119, 140-44
Antiguo Testamento, 49
Año de la Revolución (1848), xiii, 394, 414
Apologética, 11, 177, 423s, 426

Apostasía, 6, 144, 171, 191, 192, 271, 364
Asistencia pública, 2
Ateísmo, 182, 189, 188, 194-200, 357, 405; ferviente, 199s, 360, 407; político, 67, 242; práctico, 7
Austria, 115, 280, 401, 406
Autonomía: del hombre, xii, 202, 403; de la razón, 186, 192, 202

B

Bastilla, la, 101s
Bélgica, 401, 410; revuelta belga, 103, 110-112
Berliner Politisches Wochenblatt, 35, 268, 341
Biblia, véase Escritura
Bien común, *véase* Bienestar general
Bienestar general, 99, 130, 134, 243, 244, 254, 265, 279, 283, 324, 331s, 348, 398

Bonapartismo, 268, 382
Burguesía, 255, 320, 348, 371, 388-94, 403, 404
Burocracia, *véase* Administración centralizada

C

Cahiers de doléances, 285-87, 304
Calvinismo, 144-51
Capitalismo, 2
Cargas hereditarias, 100-03
Católicos, *véase* Católicos romanos
Catolicismo romano, 35f, 171s, 406; *véase también* Ultramontanismo
Católicos romanos, 407, 419, 424
 -y liberales, 412
 -y la Reforma, 36, 153
 -y la Revolución, 293, 304
Causalidad, 189, 222
Cesaropapismo, 64
Chartistas, 221
Ciencia de la historia, 17, 24, 124, 162, 163
 -en la Ilustración, 200
 -y sesgo, 298
 -y verdad 28-25, 75, 95, 155, 159, 334, 338
 -*Véase también* Historia, lecciones de; Anatomía; Fisonomía; Fisiología
Civilización europea, 273, 403; *véase también* Cristiandad
Clases trabajadoras, 2, 404s
Coalición, 353, 399-401
Codificación, 279
Comunismo, 220-22, 405
Concilio Laterano, 166
Congreso (Concierto) de Europa, 33, 402, 403
Consenso universal, 20ss, 43
Conservadurismo, viii, 6, 240, 392, 404, 412f, 421, 424
Constitución de los Países Bajos,
 -de 1815, 40, 410
 -revisión de 1840, 418
 -propuesta de 1844, 8, 12, 414-20
 -revisión de 1848, 414
Constitución mixta, 89
Constitucionalismo, 151, 268
Contrailustración, 29-33
Contrarreforma, 173
Contrarrevolucionario, 235, 350, 352, 368, 371
Contrato social, 5, 37, 130-39, 205-15, 271, 411
Conveniencia, 324, 368, 403
Corporaciones, 283; *véase también* Cuerpos intermedios

ÍNDICE TEMÁTICO 401

Cosmovisión, xiii, 342, 407
Coup d'état, 240, 324, 350, 387
-9 Termidor (1794), 367
-18 Fructidor (1797), 373
-18 Brumario (1799), 374
Creyentes, los revolucionarios como una secta de, 4, 124, 126, 134, 273, 337, 399, 403; *véase también* Ateísmo
Cristiandad, 5, 14, 44, 144, 168, 170, 263
Cristiano histórico, 382, 422, 424
Cuerpos intermedios, 37, 47s, 83-85, 99, 112s, 242, 253, 283, 315, 322, 975

D

Declaración de los Derechos del Hombre, *véase* Derechos
Democracia, 206ss, 237, 267, 275, 293, 384
Depauperación, 2, 221, 405
Derecho divino, 49-56, 68, 135, 169, 203, 237
Despotismo ilustrado, 276-81, 399
Derechos: civiles, 12, 246-51; políticos, 12, 251-53, 383, 393; del Hombre, 86, 222, 249-51, 341, 350; Declaración de los, 246-49, 357

Derechos civiles, *véase* Derechos
De Reformatie, 59
Dictadura, 32, 2,93, 236, 333, 338, 350, 360, 378
Dinamarca, 277
Dos Espadas, doctrina de las, 166

E

Eclecticismo, 35
Edad Media, 82s, 94, 123; Tardía, 167, 176
Edictum Pistense, 78
Edinburgh Review, 403
Educación: pública, 13, 200, 213, 419s
-escuela cristiana cotidiana, 13, 420
-Decreto de 1842, 420
Egalitarismo, 86, 219-22, 247, 264, 337, 363
Escepticismo, 3, 5, 27, 176, 193, 226, 406
Escritura, xi, 10, 11, 22s, 50s, 148, 156, 165, 167, 175, 176, 1921; 408, 423, 427
Escuela de Groningen, 155
Escuelas cristianas, *véase* Educación
España, 115, 167, 172, 277, 403
Espíritu de la época, 25, 189s, 288, 293, 410

Estado laico, 65
Estado revolucionario:
  -despotismo del, 241-56, 413, *et passim*
  -omnicompetencia del, 137, 242, 251, 322, 379, 404, 414
  -omnipotencia del, viii, 48, 60, 208, 242, 253f, 276-80, 350, 381, 383, 403, 415
Estados Unidos de América, 253, 262, 263, 424
  -Revolución estadounidense, 141, 151, 262
Estamentos, *véase* Cuerpos intermedios
Estamentos Generales (franceses), 83-85, 97, 285-87, 289s, 327
Evangelische Kirchenzeitung, 23, 228

F

Familia, 212
Fanatismo, 197, 199, 230, 234, 239, 335, 340, 343f, 345f, 370, 390, 399, 405, 425
Fases de la Revolución: ix, 264, 273, 403s
  -Preparación, 229f, 275-94
  -Desarrollo, v, 1, 6, 200, 230-33, 295-362, 388, 394

  -Reacción, ix, 233-37, 364-81, 388
  -Experimentación renovada, 238-40, 381-87
  -Resignación desesperanzada, 240, 393
  -en las relaciones internacionales, 399-403
Fatalismo, 180, 288
Filantropía, 396
Filosofía, 177, 200, 228, 396, 425s
Fisiología de la historia, 182
Fisonomía de la historia, xii, 276
Francia, 30, 148, 162, 171f, 273, 281, 343, 359, 380, 392, 394, 398-403, 406, 407, *et passim*
  -medieval, 74-82, 167
  -Revolución de Julio, 386-88, 402, 403
  -Revolución de Febrero, 394, 403, 405
Franquicia, 12, 348, 369, 393, 394, 416

G

Gazette de France, 370, 384
De Gids, 298
Ginebra, 64, 145-48
Girondinos, 319f, 325, 932s, 348s, 352

ÍNDICE TEMÁTICO

Globe, The, 250
Gobierno responsable, 12, 416
Gran Bretaña, 64, 167
 -constitución británica, 48, 89, 169, 210, 383; *véase también* Partido inglés
 -revolución inglesa, 136, 141, 151, 172, 263, 301
 -Revolución Gloriosa, 90, 141, 262
 -y la Revolución, 30, 263f, 399
Gremios; *véase también* Cuerpos intermedios
Groen, escritos de:
 -*Aan de Kiezers*, XX (1865), 424
 -*Adviezen* (1840), 415
 -*Archives* (1835-47, 1857-61), 14
 -*Contribution Toward a Constitutional Revision* (1840), 415
 -*Manual* (1841-46), vi, 1, 39, 262, 409
 -*Ter Nagedachtenis van Stahl* (1862), vi
 -*Nederlandsche Gedachten* (1829-32), vi; *véase también* Overzigt
 -*Overzigt* (1831), vi
 -*Le Parti anti-révolutionnaire* (1860), vi

Guerra de religión, 147, 162s, 168
Guerras revolucionarias, 273, 309, 352, 380s, 398

H

Historia: lecciones de, 11, 190f, 220f, 271, 414, 428
 -normativa, xi, 23-25, 28, 204, 205, 223, 224
 -bendición y juicio divino en, xii, 11, 94, 170, 271, 298, 308, 382, 401
 -mano de Dios en, 18, 163, 164
 -*Véase también* Historia del mundo
Historia del mundo, 14, 24, 144, 164, 176/, 271, 293, 343, 346, 406; *véase también* Historia
Historiografía de la Revolución Francesa, 274s
Hobbesianismo, 208, 218, 237
Holanda: Estamentos de, 52, 79; *véase también* Países Bajos
Humanismo; *véase* Religión de la humanidad

I

Idealismo, 4s, 15s
Ideas, ix, xi, 1-7, 223, 303, 334
Ideología, 236, 378, 381, 393

Iglesia Reformada Holandesa, 65, 419
Iglesia y estado, vii, 12, 13, 57–65, 169, 224, 406, 407, 419
Iluminismo, 217f, 280
Ilustración, 143, 183-89, 192-99, 254, 266, 343s
 -ciencia histórica en la, 200
 -filosofía política de la, 202-15, 276-79
 -*Véase también* Autonomía; *Philosophes*
Imperio Otomano, 106, 399
Incredulidad, xi, 7, 65, 180-223, *et passim*
Indiferencia, 3, 18, 226s, 241, 394, 424
Individualismo, viii, 3, 60, 65, 203, 249-51, 326, 375, 424
Inglaterra, *véase* Gran Bretaña
Innovacionismo, 188, 204f, 283
Israel, 49, 59
Italia, 128, 172, 277

J

Jacobino (jacobinismo) xi, 268, 327, 332s, 348, 352ss, 371, 381, 382, 399, 400; *véase también* Radicalismo
Jansenistas, 172

Jesuitas, 387
Journal des Débats, 264
Jurisprudencia y Escritura, 167
 -*Juste milieu*, 6, 239s, 368

L

Legitimidad, 383
Legitimismo, 144, 264s
Lettres de cachet, 102
Ley Constitutional, perversión de, 123-42
Ley del Máximo, 349s
Ley de los Sospechosos, 349
Ley divina (orden, ordenanzas), viii, 7, 14, 187, 222, 249; *véase también* Orden de la creación
Ley internacional, 114s, 308, 397s
Ley romana, reavivamiento de la, 125–29
Liberalismo, viii, 203, 387, 394
 -cristiano, 144, 147, 148
 -holandés, 411s, 416–24
 -Francés, 391—93
 -moderado, 222, 249, 982, 985
 -*Véase también* Moderados
Libertades, *véase* Derechos
Libertad: y responsabilidad, ix; y orden, *véase* Orden
 -*Véase también* Conciencia; Prensa; Derechos; Tolerancia

ÍNDICE TEMÁTICO

Libertad de conciencia, 58, 60, 420s, 424
Logic[ismo], v, 15, 200

M

Masacres de septiembre, 325, 333, 336
Materialismo, 61, 65, 192, 198, 200, 240s, 372, 393s, 404, 407, 415
Mayfield, 77
Moderados, 190, 235, 306, 331, 370, 402, 416
Monarquía, 286, 385
-constitucional, 415
-medieval, 107, 109, 119
-moderada, 39, 70-74, 80-82
Monarquía de Julio, 388-394
Misticismo, 228

N

Negación, 192, 407
Némesis, 400
Neología, 193
Nuevo Testamento, 51

O

Opinión pública, 20, 24, 104, 289
Orange, Casa de: *motto de*, 262; *Véase también* el Índice Onomástico

Orden de la creación (ordenanzas, estructuras), 116; *véase también* Ley divina
Orden del mundo, *véase* Orden de la creación; Ley divina
Orden, y libertad, v, 23, 168, 235, 372, 374s, 382, 384, 987, 394, 403
Ortodoxia, muerta, 175s, 187, 226

P

Países Bajos, 2, 167, 408-13, 415-21, 424
-Revuelta holandesa (1568-) 141, 149s, 162s, 262
-República holandesa, xii, 52, 91, 169, 175s
-Revolución Patriótica (1780-87), 40, 106s, 109, 281, 409
-Revolución bátava (1795), 91, 263, 409
-Restauración (1813), 409, 424
-*Véase también* Bélgica; Constitución; Educación; Holanda; Parlamento; Iglesia Reformada; Secesión
Panteísmo, 200, 228
Papado, 166-68, 346, 406
Parlamento de París, 97, 327

Parlamento holandés (Estamentos Generales, Primera Cámara, Segunda Cámara), 415, 420, 424
Partido Doctrinario, viii, 6
Partido Inglés, 274, 317s
Pasión, humana, 273; *véase también* Fanatismo
Pays légal, 255, 394
Pena capital, 207, 214, 337, 338, 345s, 351f, 354-56, 361, 390
Perfectibilidad, doctrina de la, 244, 266, 268, 343
Philosophes o filósofos, 187, 192, 195, 196, 263, 277, 278, 280, 399
Pietismo, 12
Platonismo, 26
Polonia, 277; partición de, 399
Portugal, 277, 279
Prensa, libertad de, 247s, 322, 369, 373, 977s
Prerrevolución, 281, 284, 304
Prescripción, 45s
Principios antirrevolucionarios, 7, 231, 238, 364, 377, 382, 386, 422, 424
Propiedad, 219, 247, 306, 307, 322, 349, 363, 392, 395, 405
Providencia, 11, 51, 293, 359; *véase también* Historia, mano de Dios en la
Prusia, vii, 280, 401
Pueblo (nación) francesa, 273, 326, 403
Puritanismo, 64, 136, 151, 263

R

Racionalismo, 65, 192
Radicalismo, vii, viii, 183, 201-22, 337, 342, 357, 372, 381, 382, 988, 393, 404s
Razón, x, 153, 156, 176, 194, 200, 225-29, 250, 293, 360, 363; *véase también* Autonomía
Realpolitik, 403; *véase también* Relaciones internacionales
Reforma (Protestante), 14, 36, 156–78
-los católicos sobre la, 36, 153
-la escuela de Groningen sobre la, 155
-los liberales sobre, 154, 363
-*Véase también* Ortodoxia
Regicidio, 92, 136, 3001, 319, 324, 326, 399
Regla de la mayoría, 206-14, 216, 251s, 269, 278, 289s, 322, 403
Relaciones internacionales, 115s, 398403; *véase tamabién* Guerras revolucionarias
Religión, 199, 406

ÍNDICE TEMÁTICO

Religión civil, 65, 213s, 359s, 406
Religion de la humanidad, 65, 200, 230
Renacimiento, 123s, 165
República Holandesa, *véase* Países Bajos
Restauración, 32, 69, 239f, 382-87
Réveil (despertar religioso), 18, 155, 164, 396, 406s
Revelación, 44, 229; respuesta humana a, x, 26, 156, 194, 363s; *véase también* Escritura
Revolución, la, 5, 14, 293, 426, *et passim*; irresistibilidad de, ix, 181, 237; naturaleza permanente de la, 15, 273; *véase también* Fases
Revoluciones, 5, 118, 120, 140-42, 256, 262, 269, 275, 293, 394; legales, 201, 221, 23, 56, 269, 319; *véase también* Bélgica; Gran Bretaña; Francia; Alemania; Revuelta Griega; Países Bajos; Estados Unidos
Revolución Francesa, 5, 108s, 151, 262s, 281, *et passim*
Revue des Deux Mondes, 273, 403, 406
Revuelta, derecho a la, 142, 147-51, 161, 240, 390

Rusia, 277, 279

S

Sans-culottes, 348, 350
Santa Alianza, 402
Secesión (1834), medidas gubernamentales, 13, 269, 419
Secularización: de la propiedad de la iglesia, 401; de la ciencia histórica, *véase* ciencia histórica; de la educación pública, 200, 405, 420
Separación de poderes, 72, 113, 216s, 268
Siglo Dieciocho, *véase* Ilustración
Sistema parlamentario, 151
Sistema representativo, viii, 209, 239, 245, 252, 267, 290, 315s, 348, 357, 383, 412
Soberanía de las esferas, 48; *véase también* Cuerpos intermedios; Estado, omnicompetencia del
Soberanía popular, viii, 5, 37, 67, 86, 133, 137, 150, 206, 209, 217, 221, 242-55, 269, 278s, 291s, 316, 348, 350, 357, 378s, 403, 411
Socialismo, viii, 222, 405

Sofisma, 26, 65, 226
Subjectivismo, 3, 27
Suecia, 277
Sufragio, *véase* Franquicia
Suiza, vii, 12
Superstición, 14, 165, 227f, 303, 342, 406

T

Teocracia, 49, 145, 150
Teología, 175s, 177, 226, 427; *véase también* Ortodoxia, muerta
Terror, Reino del, 328-63
 -Blanc sobre, ix
 -Buonarrotti sobre, 50s, 351s
 -Chateaubriand sobre, 333
 -Constant sobre, 358
 -Desmarais sobre, 355
 -Lamartine sobre, ix, 341
 -Madame de Staël sobre, 331, 340
 -Mignet sobre, 333s, 335, 338, 348s, 349s, 355, 358
 -Necker sobre, 332-34, 338
 -Nodier sobre, 349
 -Thiers sobre, 337, 354, 356
Tolerancia, 13, 58, 199, 213, 248, 254, 269, 406, 421
Trinidad, 114
Turquía, *véase* Imperio Otomano

U

Ultramontanismo, 65, 169, 406

V

Venecia, 401
Voluntad general, 137s, 208-13, 222, 242-52, 316, 320, 350, 998, 412

REFERENCIAS ESCRITURALES

Génesis 3:15 237
Génesis 15:16 94
Éxodo 32:1 227
I Samuel 2:30 xii
I Reyes 3:8-12 54
I Reyes 12:10-14 389
II Reyes 6:17 266
Salmo 2:10,11 57
Salmo 14:1 28
Salmo 19:1 11
Salmo 81:11, 12 257
Salmo 106:6 94
Salmo 119:25 428
Salmo 119:104 23
Salmo 147:6 256
Proverbios 4:23 234
Proverbios 7:27 255
Isaías 9:2 229
Isaías 26:9 382
Isaías 28:29 264
Isaías 57:12f 258
Jeremías 2:19 262
Jeremías 6:19 257, 262
Ezequiel 13:10-14 256
Ezequiel 37:1-14 18

Daniel 11:36 243
Hoseas 4:1 256
Hoseas 12:2 256
Miqueas 4:5 53
Miqueas 6:12 256
Zacarías 4:6 346
Mateo 6:23 362
Mateo 6:33 405
Mateo 11:25 427
Mateo 12:43-45 178
Mateo 18:7 288
Mateo 19:26 229
Mateo 22:21 56
Mateo 23:8-10 41
Mateo 24:21 408
Mateo 28:20 xi
Marcos 1:15 177
Marcos 9:24 428
Lucas 12:32 xi
Lucas 18:13 428
Lucas 23:24 13
Juan 3:36 177
Juan 14:6 364
Hechos 5:29 12
Hechos 16:31 177

Romanos. 1:18 257
Romanos. 1:21-25 229
Romanos. 10:2 150
Romanos. 12:16 427
Romanos. 13:1 12, 50
Romanos. 13:4 52
I Corintios 1:19 xii, 258
I Corintios 2:14 156, 192
I Corintios 3:6 425
I Corintios 15:32 196
II Corintios 4:18 196
II Corintios 5:7 266
II Corintios 6:15 58
II Corintios 10:5 428
II Corintios 10:14 176
II Corintios 11:14 187, 408
Efesios 2:5 267
Efesios 2:10 53
Efesios 2:12 195

Efesios 6:6 55
Efesios 6:16 178
Colosenses 1:20 178
I Tesalonicenses 1:10 257
II Tesalonicenses 2:4 243
II Tesalonicenses 2:8 4 08
I Timoteo 4:1 4 08
II Timoteo 3:5 364
Hebreos 4:12 176
Santiago 3:15,17 364
I Pedro 2:13 157
I Pedro 2:18 51
I Pedro 4:10 87
I Juan 1:7 177
I Juan 5:19 58
Apocalipsis 2:10 148
Apocalipsis 3:17 257
Apocalipsis 19:15 257